006 아랍이슬람총서

기독교와 이슬람
그 만남이 빚어낸 **공존과 갈등**

김동문 저

세창출판사

아랍이슬람총서 006

기독교와 이슬람
그 만남이 빚어낸 **공존과 갈등**

초판1쇄 발행 2011년 10월 30일
초판2쇄 발행 2016년 11월 1일

저자 김동문 ㅣ **펴낸이** 이방원
편집 김명희 · 이윤석 · 안효희 · 강윤경 · 김민균 · 윤원진
디자인 박선옥 · 손경화 ㅣ **마케팅** 최성수
펴낸곳 세창출판사 ㅣ **출판신고** 1990년 10월 8일 제300-1990-63호
주소 03735 서울 서대문구 경기대로 88 냉천빌딩 4층
전화 723-8660 ㅣ **팩스** 720-4579
이메일 sc1992@empas.com
홈페이지 http://www.sechangpub.co.kr
ISBN 978-89-8411-342-8 04330
       978-89-8411-272-8 (세트)

ⓒ 김동문, 2011

값 24,000원

잘못 만들어진 책은 바꾸어 드립니다.

국립중앙도서관 출판시도서목록(CIP)

(기독교와 이슬람 그 만남이 빚어낸) 공존과 갈등 / 김동문 저. --
서울 : 세창출판사, 2011
    p. ;   cm. -- (아랍이슬람총서 ; 006)

ISBN   978-89-8411-342-8 04330 : ₩ 24000
ISBN   978-89-8411-272-8(세트) 04330

이슬람[Islam]
다문화 주의[多文化主義]

331.5-KDC5
306.4-DDC21   CIP2011004379

기독교와 이슬람

그 만남이 빚어낸 **공존과 갈등**

　나는 외교관으로서 이스라엘과 아랍 이슬람 지역인 이집트, 요르단, 쿠웨이트 등지에서 많은 시간을 보낼 수 있었다. 분쟁과 갈등의 땅으로만 보이는 곳에도 평화와 더불어 함께 살아가고자 하는 열망이 가득 넘치는 것을 볼 수 있었다. 무지나 편견이 바른 만남을 방해하고 뒤틀리게 만들고 평화를 가져오고 누리는 것을 방해한다. 21세기, 세계화시대에 우리 땅에서도 기독교와 이슬람이 서로 마주하고 있다. 이 책은 기독교와 이슬람은 어떻게 닮았고, 어떻게 다른지에서부터 이야기를 시작한다. 그리고 지난 1400여 년의 역사 속에서 어떻게 서로 만나왔는지, 공존과 갈등의 이유가 무엇이었는지를 차분하게 짚어준다. 이 책은, 맹목적 비판과 옹호를 넘어서서, 그리스도인과 무슬림이 상식과 배려로 만남의 자리에 서도록 도울 것이다.

_ 박동순 : 주 이스라엘, 이집트 대사 역임

　김동문 씨와 인연을 맺은 것도 벌써 10년이 훌쩍 넘었다. <한겨레21> 편집장을 맡고 있던 무렵 요르단에 있던 그를 중동지역 전문위원으로 영입해 생생한 현장 리포트를 실으면서다. 그 때나 지금이나 그는 성실하고 치열하다. 이슬람 세계에 대해 사람들이 갖고 있는 편견을 깨뜨리려는 그의 노력은 날이 갈수록 더욱 빛을 발하고 있다. 그가 이번에 펴낸 『기독교와 이슬람, 그 만남이 빚어낸 공존과 갈등』은 그가 평생을 붙잡고 있는 화두가 빚어낸 또 하나의 결실이다. 풍부한 현장감과 이슬람 역사에 대한 깊은 내공을 바탕으로 쓰여진 이 책은 단순한 과거사를 넘어 지금 이 시대 세계가 당면한 문제에 대한 많은 시사점을 던져준다. 기독교 세계와 이슬람 세계의 수많은 만남 속에 이루어진 문화사와 문명사와 관련된 풍부한 읽을거리는 이 책을 읽는 또 다른 기쁨이다.

_ **김종구** : 한겨레신문 논설위원, 전 편집국장

오늘날은 배우고 듣기보다 보고 느낀 대로 말하기를 즐기는 시대이다. 잠시 아랍 이슬람 세계에 다녀와서도 아랍과 이슬람 세계를 소개하는 글을 남기는 용감한 사람들이 있다. 이런 글에서 글쓴이의 자신감과 우월감이 우리를 씁쓸하게 만드는 경우가 적지 않다. 이러한 시대에 저자는 대학교에서 아랍어를 전공하고, 아랍 이슬람 현장에서 20여 년간 배우고 들었던 지식과 보고 겪었던 느낌을 정리하여 책으로 묶었다. 이 책은 아랍과 이슬람 세계에 대해 섣부르게 소개하는 인스턴트 저작물과는 전혀 다르다. 저자는 아랍과 이슬람 세계를 소개하면서 지나치게 부정적이지도 않고 급진적이지도 않다. 책 속에서 펼쳐지는 저자의 생각은 느린 물길과 같이 다양한 시각으로 아랍 이슬람 세계를 보고 이해할 수 있도록 우리를 이끌어주고 있다. 아랍·이슬람이라는 큰 세계를 쉽게 평가하거나 단정하지 못하는, 저자의 조심스러움에 감동되어 이 책을 적극 추천하는 바이다.

_ **이인섭** : 한국외국어대학교 통번역대학원 한아과 교수

이 세상에는 다양한 종류의 기독교들이 존재하며, 수많은 종류의 이슬람들이 존재한다. 하나의 기독교가 나머지 모든 기독교들의 대표

라고 말할 수 없듯이, 모든 이슬람들의 대표로 특정한 이슬람을 지목할 수 없다. 때로는 기독교들 내부의 차이와 이슬람들 내부의 차이가, 기독교와 이슬람 사이의 차이보다 더 큰 경우가 많다.

저자가 이슬람을 무엇이라고 단순하게 정의할 수 없다는 정직한 고백은 무슬림들과 20년간의 생생한 경험에서 비롯된 것이다. 이 책은 획일적인 정체성을 갖는 이슬람이 아니라, 다원적인 특성과 다양한 의미를 갖는 이슬람을 이해할 수 있게 한다.

_ **홍미정** : 건국대학교 중동연구소 연구교수

이슬람은 기독교 이후의 유일한 주요 종교이며, 기독교와 공통의 뿌리를 가지고 있다. 이슬람은 그 시작 이래로 오늘까지 기독교와 1400여 년이 넘는 기간 동안 길고도 고통스런 관계를 유지해 오고 있다. 이슬람은 역사상 기독교에 의해 가장 많이 왜곡된 종교라는 평가를 받기도 한다. 그러나 서구 기독교권 세계가 종교의 권위에 눌려 학문의 진보를 이루고 있지 못할 때, 대신 꽃피운 철학과 과학, 예술을 전해주어 동서 세계의 학문적, 문화적 소통을 이루었다. 최근에는 특별히 동남아시아와 북아프리카, 중동지역에서의 민주화 운동에 종교의 경계선을 넘어 협력하는 모습을 보여주기도 하였다.

한국 기독교 내에서 이슬람에 대한 정리되지 않는 담론들이 횡횡한 가운데 출판되는 저자 김동문의 『기독교와 이슬람, 그 만남이 빚어낸 공존과 갈등』은 의미가 깊다. 기독교·이슬람의 만남이 파괴적 긴장으로 일관되지 않고 창조적 긴장감을 유지해왔다는 역사적 이야기들을 들려주고 있다. 동시에 화해와 공존의 미래적 모습을 제시하고 있다. 본서는 그리스도인들과 무슬림들, 그리고 두 종교 공동체를 넘어서 관심 있는 분들 모두에게 기쁨으로 추천하는 바이다.

_ **김아영 박사** : 한국이슬람연구소 소장

　　지난 20여 년간 아랍 이슬람 지역과 미국과 유럽 그리고 또 다른 세계에서 다양한 무슬림을 만났다. 그야말로 다양한 삶의 자리에서 다양한 삶의 꽃을 피우고 있었다. 처음에는 무슬림은 이렇다 저렇다 쉽게 정의했던 것 같다. 지금은 그것이 불가능해졌다. 엄두도 안 난다. 살아 있는 존재들의 삶을 단순화시키는 것은 불가능한 것이 아닌가 싶다. 이 책에서 다루려고 하는 기독교와 이슬람의 만남이 빚어낸 공존과 갈등이라는 주제도 그런 면에서 쉬운 일이 아니었다.

　　이슬람과 기독교는 공존이 가능한가? 기독교와 이슬람은 갈등과 반목을 빚을 수밖에 없는 적대적인 두 문명인가? 이슬람은 무엇인가? 무슬림은 누구인가? 이 주제는 그 동안 계속 논의되어 오던 세계적인 화두이다. 2001년 9·11 이후 이런 논의는 더욱 거세졌다. 이제 이슬람이나 무슬림[1]은 유행어의 하나가 되었다. 한국도 예외가 아니다. 이슬람을 무조건 미화하려는 듯한 목소리는 물론, 악의 화신인 양 거세게 몰아붙이는 이들도 있다. 이슬람에 얽힌 수없이 쏟아지는 주장들로 말미암아 어느 목소리가 더 진실에 가까운 주장인지 혼란스럽다.

　　지금도 우리 곁에는 아랍 이슬람 지역은 영원한 화약고인 양 분쟁의 소식이 이어진다. "이란의 핵 테러 위협", "알카에다", "헤즈볼라",[2]

1_ 물론 지역에 따라 표준발음이 다양하다. 무슬림은 아랍어 표준어법에 따른 표기이다.
2_ 1982년 레바논에서 시작한 시아파 이슬람 정치 조직으로, '알라의 정당(政黨)'이라는

"하마스" 같은 세계를 위협에 빠뜨리는 악의 축 같은 느낌을 전해주는 기사들도 멈추지 않고 넘쳐난다. 이 지역은 유대교와 기독교의 발원지인 동시에 이슬람의 탯줄로 평가된다. 문명충돌론3을 주장하는 이들은 분쟁 소식을 대하면서 '그것 보라!'는 듯이 살아 있는 문명충돌 교과서의 무대인 양 이것을 우려먹는다. 이슬람과 기독교의 문명충돌이 불가피하며, 이슬람의 호전성을 경계할 것을 은근히 주장한다. 이것은 기독교와 이슬람 양쪽에서 흘러나오는 목소리이다. 물론 그 목소리가 지역이나 공동체에 따라 다수가 되기도 하고 소수가 되기도 한다. 그러나 분명한 것은 상대방을 향한 적대적인 목소리가 끊이지 않고 있다는 점이다.

기독교나 이슬람 모두 아브라함의 자손들이라 말한다. 일부에서는 아브라함의 종교라고 기독교와 이슬람, 유대교를 정의하기도 한다. 이런 관점을 수용한다면 이 3대 종교는 이복형제일 수 있다. 그러나 필자는 이런 시각을 거부한다. 이삭의 종교와 이스마엘 자손의 종교인 이슬람 사이의 갈등이라는 논리는 역사적 실체가 결여된 것이다. 백 번 양보한다고 하여도 이스마엘 자손들이라 불리는 이들 가운데도 수많은 이들이 기독교 또는 유대교에 남아 있기 때문이다.

기독교와 이슬람 양자가 적대적인 관계로 존재하는 이유는 무엇일까? 아니 정말 기독교와 이슬람은 적대적인 관계를 맺고 있는 것일까? 태생적으로 라이벌이었고, 원수였던가? 아니면 역사상의 경험을 통해 뒤엉키고 서로 돌아설 수 없을 만큼 뒤틀려져 버린 것인가? 또는 양자 간의 갈등을 통해 반사이익을 챙기려는 무리에 의한 음모의 희생

뜻을 지닌다. 대 이스라엘 무장 투쟁을 병행하고 있다.

3_ 헌팅턴이 1996년 펴낸 <문명충돌과 세계질서의 재편>에서 냉전의 종언과 함께 세계는 문명 대 문명의 충돌 국면으로 접어들게 됐다고 주장했다. 이것을 문명충돌론으로 부른다. 이 주장은 이슬람권과 서구의 갈등을 필연적으로 보았다. 그는 다양한 문명권 가운데서도 특히 이슬람문명과 서구 기독교문명이 정면으로 충돌할 여지가 가장 큰 대립적 문명으로 진단했다. 그러나 그의 주장은 이슬람권을 단순화하고 현실을 오해한 것에 바탕을 두고 있다.

자들인가? 그 연원을 짚어가다 보면 오늘날 갈등의 묵은 원인을 찾아낼 수 있을 것 같다. 그것은 결국 화해로 가는 키워드가 될 것이다.

이 책은 기독교와 이슬람의 만남이 빚어낸 다양한 이야기에 주목했다. 물론 중심 관찰 대상은 기독교가 아니라 이슬람이다. 무대도 전 세계 이슬람이 아니라 아랍 이슬람 세계와 그 사람들이 살고 있는 땅이다. 그렇다고 아랍 이슬람 지역 밖의 외적인 요인들을 무시하거나 배제하지는 않았다. 무대가 이곳이라는 것일 뿐 이 지역을 둘러싼 기독교 세계와 이슬람 세계 양자 간의 다양한 만남들을 짚어보는 것이다.

이 책은 이슬람 세계를 그 무대로 하여 기독교와 이슬람의 만남과 화해, 공존과 갈등과 반목의 역사를 다루고자 했다. 기독교와 이슬람 사이에 충돌이 있었다면 그 충돌의 원인을 짚어내고, 공존이 있었다면 공존의 동인이 무엇이었는지를 살펴보았다. 이런 일련의 흐름을 따라가다 보면 자연스럽게 이슬람이나 기독교 모두가 폭력적인 경우도 있었고 평화와 공존의 동인이 되었던 경우들도 접하게 될 것이다. 결국 종교를 정치권력의 이데올로기로 악용하고 권력을 확장하기 위해 종교를 동원하고, 상대를 극도로 적대화시키는 이데올로기 게임은 그때나 지금이나 같다는 작은 결론을 보게 될 것이다. 라인홀드 니버(Reinhold Niebuhr, 1892-1971)[4]의 말처럼 개인은 도덕적일 수 있지만 사회나 집단은 도덕적일 수 없다. 인간은 조직을 만들어 내었지만 조직은 자생력을 지니고 오히려 인간을 억압하는 힘으로 작용하고 있다는 역사적 교훈은 지금도 유효한 것이다.

이 책의 내용 중 일부는 나의 두 권의 책 <이슬람의 두 얼굴>(예영, 2001), <이슬람 신화 깨기 무슬림 바로 보기>(홍성사, 2005)에서 소개하였던 내용의 일부가 보완된 상태로 담겨 있다. 아울러 <한겨레21> 등에 기고했던 기사 글의 일부도 다듬어서 담았다. <이슬람의 두 얼굴>은 사람은 다 같다, 사람 사는 세상은 모두 같은 흐름을 가진다

4_ 미국 개신교 신학자이며 사회학자이다. 기독교 신앙을 현실 정치에 접목시켰다.

는 '사람' 중심의 접근이었고, <이슬람 신화 깨기 무슬림 바로 보기>는 이슬람 세계를 유기체로, 움직이고 변화하는 개체로 다룬 '집단' 중심의 접근이었다. 이번 책은 역사 속에서 기독교와 이슬람, 유대교가 시대정신 속에서 움직이고 있음에 주목하고 있다. 때로는 충돌하고 때로는 공존과 수용으로 영향을 주고받았음을 살피고 있다. 신학이나 종교적 접근을 가급적 피했다. 오히려 주목하였던 것은 '그때 그 사람들'이 살았던 그 시대 상황 한복판이 무대이다. 그 무대 안에서 어떻게 어떤 일이 왜 일어났는지를 보고자 했다. 아울러 과거를 교과서적으로 보는 것에 멈추지 않고 21세기 지금의 실제 상황을 있는 그대로 보고자 했다. 이념이나 권력은 그것을 다루는 자에 의해 공존의 동인이 되기도 하고, 충돌과 폭력의 힘이 되기도 한다는 것을 알게 한다. 특정 시대 특정 인물을 통해 일반화시키지 않으면서도 오늘날도 살아 있는 화두가 되고 있는 '공존'의 길을 찾아볼 수 있기를 바라는 마음을 담았다. 기독교 세계와 이슬람 세계의 수많은 만남을 통해 이루어진 문화사 또는 문명사를 둘러싼 풍부한 읽을거리를 담고자 했다. 여전히 기독교와 이슬람의 만남과 충돌의 이야기를 종교적으로 접근하기를 원하는 이들이 많았기에 그 틈새를 살펴보고자 한 것이다. 종교로서의 기독교나 이슬람을 다루는 것에 크게 신경을 쓰지 않았다.

이 책은 논문이나 새로운 사실을 담은 주장 글이 아니다. 다 알 수 있는(아니면 다 알고 있는) 이야기들을 바탕으로 기독교와 이슬람 사이의 만남에 주목했다. 이슬람에 얽힌 화두들을 풀어나가는 과정에 필자의 경험과 지식의 한계로 이슬람 내부 깊숙한 곳의 고민과 마음을 다 담아내지 못한 면이 있을 것이다. 할 수 있는 범위 안에서 가급적 해석을 피하고 현상을 드러내고자 했다. 아울러 이 책은 이슬람을 종교적 시선에 가두어두지 않았다. 본질이 옳았다고 해도 잘못된 모습으로 비춰질 수 있다. 기독교나 이슬람도 이런 한계를 보여주고 있다. 그것은 종교를 수용하는 인간이 가지는 근본적인 한계와 오류 가능성 때문이다. 결국 필자는 '상식'이라는 하나의 기준을 선택했다. '종교심'도 상식과 제3

자에 의해 평가될 수 있다고 보기 때문이다. 아울러 출발점이 옳았다고 현재의 상황을 정당화시킬 수 없다는 점도 주목하고 싶었다. 현재의 상황이 안 좋다고 그 근거를 원뿌리에서 찾는 수고가 일면 타당성이 있지만 그것만이 최선의 방법은 아닌 것 같았다. 과거를 살피는 것은 현재를 이해하기 위한 것이지 규정하기 위한 것은 아니다.

이슬람은 종교이다. 너무 당연한 말일지 모른다. 그러나 다른 한편에서 이슬람은 종교가 아니라 무슬림의 모든 것이라고 말하기도 한다. 무슬림의 생활 모든 것을 주관하고 영향을 주고 있기 때문에 이슬람은 종교가 아니라 삶의 체계라는 것이다. 그렇지만 이슬람은 종교이다. 종교는 인간의 영역 속에 자리하고 있는 것이다. 무슬림의 믿음 안에 절대자의 무한함이 있지만, 인간을 통해 표현되고 간직되는 것이기에 한계성을 지닐 수밖에 없는 것이다. 즉 인간의 유한성에 의해 절대적인 진리가 제한받을 수도 있다.

기독교 근본주의자나 이슬람 근본주의자, 유대교 근본주의자는 자신이 선과 악 사이에서 메시아를 대신하여 전쟁을 치르고 있다고 생각한다. 그렇기 때문에 이들 대다수는 적을 굴복시킬 수 있다면 폭력마저 서슴지 않고 사용해야 한다고 믿는다. 말 그대로 목적이 수단을 신성하게 만드는 것이다. 그러니까 폭력을 사용할 용의가 있다는 점, 그것이 어떤 종교이든 모든 근본주의자들이 가진 특징이다.[5]

무슬림 학자나 무슬림 당사자들은 이 책에 담은 필자의 의견이나 관점과 정보에 동의하지 못하는 점이 있을 수도 있다. 필자는 이런 한계를 겸허히 인정하고 진심 어린 충고와 조언을 받아들이고자 한다. 한 사람의 비무슬림이 던져보는 무슬림과 이슬람에 대한 관심과 호기심 어린 질문이라고 넉넉한 마음으로 받아들여 주기 바란다. 열린 만남과 대화는 서로를 알아가는 가장 중요한 열쇠가 아닌가 싶다.

아랍 이슬람 지역에서 어린 시절부터 대부분 시간을 같이해준 큰

5_ 알브레히트 메츠거, <이슬람주의>(도서출판 푸른나무, 2008), pp.25-26.

아들 하언과 작은 아들 하림, 언제나 창조적 비판과 조언을 아끼지 않는 사랑하는 아내 세경에게 말로나마 고마움과 감사의 마음을 전해야겠다. 전문가로 불리기에는 여러 면에서 부족한 나를 아랍 이슬람 총서 작업에 참여하도록 격려해주고 함께해준 세창출판사 가족들에게도 고마움을 전한다.

2011년 9월

김 동 문

■ 차 례 ■

제6장 | 지성적 만남

제7장 | 종교적 만남

제8장 | 변신 중인 무슬림

◈ 일러두기

1. 가급적 전문 용어를 피하고자 했다. 한국어에도 유사한 뜻의 어휘가 있는 경우는 아랍어 원어와 한글을 함께 적었다. 그럼에도 이미 잘 알려진 전문 학술 용어가 되어버린 아랍어들은 그대로 적었다.

2. 표기에서 한글 맞춤법과 외래어 표기법을 따르기는 했지만, 아랍 이슬람 지역 지명·인명 표기에서는 발음나는 대로, 이슬람 세계의 본토인 아랍 이슬람 지역에서 알려진 명칭을 우선으로 표기하였다. 무하마드가 아닌 무함마드, 코란이 아닌 꾸란 등이 그것이다.

제 1 장

서 론

이슬람은 무엇이고, 무슬림은 누구인가?

이 질문에 대하여 우리는

아주 간단·명료하게 답하는 것에 익숙하다.

그러나 이런 태도가 익숙하지만

잘못된 관점과 시선일 뿐이다.

우리의 상식과 오해를 넘어

객관적인 이해로 다가선다.

기독교와 이슬람
그 만남이 빚어낸 공존과 갈등

1. 이슬람

2010년 5월 미스 USA로 뽑힌 레바논계 여성 리마 파키(24)를 둘러싼 논란이 있었다. 봉춤[1]을 춘 경력이 있는 등 품행이 바르지 않다는 비판에서부터 헤즈볼라 지지자라거나 헤즈볼라 자금의 지원을 받았다는 식의 루머도 돌았다. 2010년 5월 1일, 미국 뉴욕 타임스퀘어에서 폭탄 테러 미수 사건이 벌어졌다는 언론 보도가 있었다. 파키스탄계 미국인 파이잘 샤자드(30)가 그 용의자로 알려졌다. 대구 지역 이슬람 사원의 파키스탄계 이맘 안와르 울하끄(31)가 한국에서 암약하던 파키스탄 탈레반 요원이라는 보도가 나왔다.[2] 2009년 11월 5일(현지 시각) 포트 후드에서 총격 사건이 벌어졌다. 팔레스타인계 미국인 니달 말릭 하산(39) 소령이 총격 사건의 용의자였다. 그러자 여기저기서 하산 소령의 무슬림 정체성에 지나치게 집착을 했다. 그가 9·11 테러 용의자 또는 사상적 스승 안와르 알아울라키(Anwar al-Awlaki, 39)로부터 영향을 받았을 것이라거나 알카에다와 연관성이 있을 수 있다는 식의 추측이 난무했다. 미국 내에서 종종 벌어지는 총격 사건을 다루는 때에는 사건 용의자의 종교에 크게 주목하지 않는다. 그런데 상대가 '무슬림'인 경우

1_ 체조와 춤을 조화시킨 것이지만, 일부 공간에서는 선정적인 춤으로 변형되기도 한다.

2_ 2010년 6월 10일 서울중앙지법 형사단독1부(정선재 부장판사)는 안와르가 탈레반과 밀접한 관계로 간첩활동을 벌이며 국내 주둔하고 있는 미군기지를 정탐했다는 이른바 검찰측의 탈레반 간첩혐의 주장은 받아들이지 않았다.

는 심할 정도로 사건을 이슬람 종교와 연결하려는 이들이 적지 않다. 자신들의 범죄행위를 두고 이슬람 수호 등의 명분을 내세우는 경우가 아닌 경우에도 이런 모습이 빚어진다.

　한국의 한 언론사 후배 기자와 메신저로 대화를 나눴다. 대화 중에 후배 기자는 이슬람은 알아갈수록 오리무중이라는 뜻의 고민을 드러냈다. 뭔가 단순화시킬 수 없는 복잡한 내용들이 넘쳐나기 때문이다. 요르단에 살던 한국인 아랍 이슬람 전문가 한 사람이 최근 이집트에 새로이 정착을 했다. 지인을 통해 전해 듣기로는 그 전문가가 본 이집트는 또 다른 세계였다고 한다. 요르단과 옆 나라 이집트 사이에도 체감되는 이슬람 세계는 이처럼 다르다. 그렇지만 우리 머릿속에 자리한 이슬람 세계는 단순하기 그지없다. 마치 수학(보다는 산수) 공식을 대하는 듯하다. 다양한 민족과 종족, 문화와 정치, 사회적 배경의 차이가 있음에도 이들을 하나로 보려고 한다. 그리고 그렇게 관련 이슈들을 정답 쓰듯이 풀어낸다.

　우리가 생각하는 이슬람이 있다. 아랍 이슬람 지역을 처음 여행하는 사람들이라면, 무슬림 남성들은 이른바 터번(turban)[3]을 머리에 감고는 흰 통옷을 입고 있고, 무슬림 여성들은 온몸을 검은 색 베일로 감싸고 있을 것으로 기대한다. 그러나 걸프 지역을 제외한다면 다른 아랍 이슬람 국가에서 그런 기대에 완전히 부응해주는 모습의 사람들을 찾는 것은 쉽지 않다. 서구의 보통 도시에서 볼 수 있는 양복과 양장, 평상복을 입은 이들이 거리를 가득 메우고 있다. 게다가 머리는 물들이고, 귀걸이, 코걸이까지 하고 다니는 젊은이들도 본다.

　길거리는 그렇다 치고 사원 안에서는 다른 풍경이 연출되겠지 싶어 사원을 살펴본다. 하지만 그곳도 거리에서 보는 그런 사람들조차 기도를 하고 있다. '어, 이게 아닌데…!' 그런데 이것이 사실이다. 비종교

3_ 인도의 시크 신봉자들이나 터키 지역의 무슬림들이 쓰던 머리 덮개 형식을 말한다. 아랍 이슬람 지역에서는 '구트라', '핫따', '케피예', '쉬마그' 등 다양한 모양과 이름으로 부른다.

적으로 보이는 무슬림들도 종교적인 모습이 보이고, 종교적인 모습이
보이는 무슬림들도 세속적으로 살기도 한다.

이스라엘 점령지 가자지구나 예루살렘 북쪽 10킬로미터 정도 떨
어진 라말라(Ramallah)[4] 같은 대표적인 반이스라엘 저항 도시에 들어설
때마다 보게 되는 희한한 간판이 있다. "the Big Taste of America." 말
보로 담배 광고 문구이다. 청바지를 입고, 나이키 상표가 달린 운동화
를 신은 팔레스타인 젊은이들, 말보로 같은 양담배를 물고 커피를 마시
거나 펩시콜라를 마시면서 말을 이어간다. "미국을 반대한다. 시온주
의를 거부한다…." 이들 젊은이들이 먹고 입고 마시는 것 대개가 미국
화되었고, 말투는 서구적이다. 그러나 반미 목소리를 드높인다. 이것을
아이러니라고 하여야 할 것 같다.

무슬림들의 종교 색이 느껴지는 옷차림새나 아랍의 전통은 이들
에게서 찾아볼 수 없다. 아랍지역에서 이들을 만났기에 아랍인으로 보

동예루살렘, 유대인과 아랍인이 공존과 갈등을 빚곤 한다(이스라엘/동예루살렘).

4_ 팔레스타인 자치정부(Palestinian National Authority: PNA)의 행정수도가 자리하고 있
다. 1994년 당시 오슬로 협정으로 이스라엘은 제한적으로 팔레스타인의 자치를 인정
했다.

일 뿐 런던이나 뉴욕 시내에서 이들을 만난다면 한눈에 이들을 아랍인으로 쉽게 알아채지 못할 정도이다. 반미의 투사들이 먼저 떠오르는 중동의 아랍 무슬림들에게 언제 이 같은 일들이 벌어진 것일까? 미국식 옷차림새나 미국 문화는 이들 무슬림들을 완전히 옷과 담배, 패션으로 정복한 것이 아닌가?

"이슬람 군대가 지중해를 넘어 유럽 대륙에 몰아닥쳤다"는 식의 내용을 접하면 이내 머릿속에는 몇 가지 장면이 떠오른다. '이슬람의 잔인한 정복 전쟁', '칼과 코란(꾸란)을 앞세운 종교전쟁' 같은 충돌하는 이미지가 대표적일 것이다. 그러나 묘하게도 아랍 군대5의 스페인 점령은 간단하고 당당하며 신속하게 이루어졌다는 점이다. 지중해를 넘은 아랍 군대는 거의 아무런 저항도 받지 않고 스페인에 입성했다. 그것도 현지인들의 환영과 지원을 받기조차 했다. 그 배경에는 스페인을 지배하고 있던 서고트 왕국6의 과도한 지배에 대한 스페인 주민들의 반감과 저항이 깔려 있다. 아랍제국 군대는 이들에게 해방군의 의미로 다가온 것이다. 이 장면은 대다수의 아랍 국가, 오늘날 중동이라 일컫는 대부분의 국가에서 아랍 군대가 적극적인 저항을 받지 않고 손쉽게 그 세력을 확장하던 것과 너무나 흡사하다. 비잔틴제국의 중동 지배와 아리우스주의,7 기독교를 수용한 서고트 왕국의 스페인 지역 지배는 모두 정착민들의 저항의지를 자극하고 있었던 것이다. 어쨌든 아랍 이슬람제국은 스페인까지 진출했다.

몇 년 전 모로코에서 지중해를 넘어 스페인 남부 지역을 방문하면서 생각한 것이 있다. 아랍어로 생각하지 않았던 많은 지명이나 인명이 아랍어에 기원을 둔 것이었다는 점에 어리둥절했다. 지브롤터(앞에

5_ 여기서 이슬람 군대라고 표현하지 않은 것은 아랍 역사가들 다수는 이슬람 선지자 무함마드 사후 200여 년 정도를 아랍제국 시대로 구분하기 때문이다.

6_ 서고트 왕국(Visigothic Kingdom)은 415년경 서고트족(族)이 로마제국으로부터 아키텐을 정식으로 양도받아 건설한 게르만 부족 국가이다. 711년 아랍 이슬람 군대에 의해 무너지기까지 지금의 스페인 지역을 다스리고 있었다.

7_ 예수가 절대자 하나님에 의해 지어진 피조물이며, 유한한 존재였다고 주장한다.

서도 언급했듯이 스페인을 정복한 이슬람 장군 따리끄의 이름을 붙인 것이다)는 물론 그라나다8의 알함브라(알하므라 : 아랍어로 '붉음'이란 뜻을 지닌다)까지 아랍어가 변용된 것을 새삼 알게 되었다. 15세기 말 신대륙의 발견, 식민지배의 시작, 항해 기술의 확대가 이루어졌다. 그런데 다른 나라도 아닌 이슬람제국의 지배를 받던 스페인과 포르투갈이 선두에 있었다. 이 지역에서 이슬람의 지배가 끝나자마자 이런 일이 벌어졌다. 이러한 스페인과 포르투갈의 새로운 발돋움은 분명히 이슬람제국과의 상호 관계성을 가지고 설명하여야 할 필요가 있다. 이슬람제국의 이 지역 지배가 학대와 탄압, 폭거 같은 개념으로만 해석할 수 없음을 보여준다.

이슬람은 '역사'

이슬람에 호의적이든 냉소적이든 부정해서는 안 될 것이 있다. 그것은 이슬람은 역사라는 것이다. '역사', 무슬림들이 초월의 영역을 얘기한다고 해도 시공간 속에서 읽어야 할 부분이 있다는 것을 부인할 수 없다. 이슬람은 동시대성 또는 시대정신으로 읽어야 할 부분이 있다. 이슬람은 무함마드의 탄생과 출현으로 시작된다. 이슬람 신앙의 전승을 아브라함(이슬람에서는 이브라힘)으로 거슬러 올라가도 지금의 이슬람의 구체적인 출현은 선지자 무함마드 시대로 거슬러 올라갈 뿐이다. 이슬람의 출현과 확장에 얽힌 간략한 정리가 필요하다. 이 주제만으로도 수많은 책이 나와 있다. 짧게라도 이슬람 확장의 역사를 다루는 것은 <아랍 이슬람 세계의 현재>를 이해하는 데 필요하기 때문이다. 우선은 이슬람의 선지자 무함마드(AD 570-632) 출생 전후의 시대적인 배경을 살펴보는 것이 좋겠다. 그 또한 시대정신 속에서 살았던 역사적 존재였기 때문이다.

8_ 스페인 남부 안달루시아 지방의 그라나다주의 주도(州都)로, 1492년 이슬람 세력이 물러날 때까지 유럽 속의 이슬람 중심지였다.

수천 년 전 요르단 강 서편과 지중해 사이에 놓인 경상도만한 작은 땅,9 그곳에는 오늘날의 이스라엘과 팔레스타인이 형식적으로나마 공존하는 독특한 체제가 존재했다. 주변 어느 나라도 갖지 못한 종교와 정치의 구별이 이루어진 체제가 있었다. 정치권력이 종교의 신성함을 악용하려던 순간들도 있었지만, 하나님의 대리인으로서 예언자들은 권력을 절대화하려는 세력에 쉼 없이 꾸준하게 저항하며 그 자리를 지켜왔다.

그러던 중 2천 년 전 정치와 종교가 하나의 권력 공동체로 야합하는 시대를 맞이하고 말았다. 로마 황실로부터 종교 영역에서의 거의 독립적인 지위를 보장받았고 친로마적 경향을 띠고 있었다. 야합된 세력들은 하나님의 이름을 빙자하여 스스로의 권력을 유지하고 특권을 향유하고자 했다. 그것은 쉽게 백성을 우민화하고 억압하는 도구가 되어버렸다. 예언자들의 전통은 그런 암울한 시대적인 상황에 멈춰 있지 않았다. 예언자 정신을 간직하고 암담한 현실을 직시하고 있던 소수에게 하나님은 자신의 시대가 도래했음을 예고했다. 시간이 흘러 중앙 권력자들의 시선이 닿지 않았던 유대 광야, 그곳에 광야의 외치는 자의 소리로 들려왔다. 세례 요한의 세례 운동은 절대자 앞에 가장 낮은 모습으로, 자신들의 거짓과 권력의 허울을 벗을 것을 촉구하고 있었다. 예수는 그 광야의 외치는 자의 소리가 지목하던 그였다. 요단강에서 세례를 받고 광야의 유혹을 견뎌내었다. 돈(떡)과 권력과 명예의 시험을 통과하여야 했다. 줄곧 예언자의 소리는 왜곡된 체제에 살고 있던 수많은 이들에게 던져졌다. 권력자들은 그가 눈엣가시 같은 존재였다. 음모는 계속되고, 결국 예수의 운동은 로마 공권력과 이스라엘의 종교권력과 경제권력, 의회권력(산헤드린 Sanhedrin)10 등이 야합하여 가장 잔인했던

9_ 28,000㎢의 땅으로, 한국은 100,140㎢ 정도이다.

10_ '모여 앉음'의 뜻을 가진 로마제국 지배하의 이스라엘의 최고 판결기관이다. 성경 복음서에 나오는 공회(산헤드린)는 대(大)산헤드린으로 71명으로 구성된 이스라엘의 최고 재판기구였다. 사회와 종교적인 사안과 관련한 입법·사법권을 가진 기구로 볼 수 있다.

처형장 골고다로 그를 내몬다. 어두운 세력들의 승리였고, 모든 것의 종결로 보였다. 그러나 그것은 새로운 시작일 뿐이었다. 주류 계급에 의해 죄인으로 버려졌던 이들, 종교권력으로부터 버림받았던 이들이 예수를 따르는 공동체로 몰려들었다.

이 공동체는 다시금 황제 스스로가 신이고 싶었던 체제, 로마제국과 마주쳐야 했다. "칼이냐 황제냐?" 로마제국의 원조 권력 집단과 그들에게 아부하길 원하는 권력의 불나방들은 이들을 자신들의 이익을 위한 희생물로 전락시켰다. 음모와 술수가 이들을 감쌌다. 결국 기독교 공동체는 극심한 견제와 탄압을 피와 눈물로, 죽음으로 통과했다. 이런 박해는 로마제국으로 뻗어나간 기독교 공동체에만 국한된 것이 아니었다. 중동 본토에서도 꾸준하게 기독교는 신장하고 있었다. 그 중심에는 이집트의 알렉산드리아와 시리아의 안디옥, 터키의 이스탄불 등이 자리하고 있었다. 이들 기독교 공동체 역시 로마제국의 지배하에서 수많은 고통을 겪으며 피로써 그 긴 여정을 통과하여야 했다. 이들에게 기독교 신앙은 광야로 가는 길목이었고, 말 그대로 좁은 문이었다. 그럼에도 로마제국의 "칼이냐 황제냐"는 엄포 어린, 핏발 서린 압력도 이들을 굴복시키지 못했다. 모두가 광야의 신앙을 유지하고 있었다. 그래서 그들은 하나였다.

결국 306년 로마 황제 콘스탄티누스는 기독교를 인정했고, 313년 밀라노 칙령11으로 기독교를 공인했다. 기독교 박해가 멈추고 활동의 자유가 보장된 것이다. 더 나아가 330년 콘스탄티누스 황제는 로마의 수도를 비잔티움(지금의 터키 이스탄불)으로 옮기고 콘스탄티노플로 이름을 바꾸었다. 이어 381년 테오도시우스 황제(347-395, 재위기간 379-395)는 콘스탄티노플에서 종교회의를 소집했다. 여기서

11_ 313년 2월 콘스탄티누스 황제(재위 306-337)가 로마제국의 동부를 지배하고 있던 리키니우스 황제와 이탈리아의 밀라노에서 회견했을 때 발표한 칙령이다. 이 칙령을 통해 콘스탄티누스 황제는 기독교가 로마제국 아래서 영원히 종교적 자유를 누릴 수 있도록 허용했다.

기독교의 삼위일체 논쟁을 마무리했다. 그리스도는 완전한 인간이며 완전한 하나님이라는 교리도 마무리되었다. 이를 두고 니케아 콘스탄티노플 신조로 부른다. 그는 392년에는 기독교를 국가종교로 정하고 기독교 외의 다른 종교를 불법으로 규정했다. 기독교 외의 이방 신전에서의 일체의 종교 행위가 금지되었다. 이것은 다신숭배, 다종교를 바탕으로 하는 로마제국의 사회체제와 세계관이 무너졌음을 보여주는 것이다.

이제는 "칼이냐 예수냐!"가 된 것이다. 정치권력의 중심에 선 기독교, 그러나 그것은 기독교의 승리이기도 했지만 위기이기도 했다. 광야의 세례를 제대로 받지 못한 이들이 자신들의 기득권 유지와 확장을 위해 '하나의 출세 종교'로서 기독교에 '합류'했다. 395년 동서 로마제국이 탄생했다. 동서 로마제국으로 분열된 것은 어떤 갈등 때문이 아니었다. 테오도시우스 1세 황제가 자신의 두 아들 아르카디우스(Flavius Arcadius, 377-408)와 호노리우스(Flavius Honorius, 384-423)에게 제국을 양분하여 물려주었던 것이다. 이 체제는 단절은 아니었다. 혼인 관계로 연결되어 있었고, 종종 군사 동맹으로 서로를 돕곤 했다. 468년 동·서로마제국은 협조하여 아프리카를 지배하고 있던 반달족을 공격하기 위하여 대규모의 연합군을 파견하기도 했다. 동로마제국은 476년 서로마제국이 무너진 이후 비잔틴제국으로 강화되었다.[12] 서로마제국의 멸망으로 고대 로마제국이 멸망했다고 볼 수 없다. 단지 로마제국의 영토 일부가 상실되었을 뿐이다. 이내 아랍 이슬람 세계의 주요 국가들은 기독교 비잔틴 대제국의 압제를 받았다. 새로운 식민지로 전락했다. 이 같은 배경에는 서유럽 기독교 세계의 신학적인 논쟁도 한몫을 했다. 당시 정통파는 예수가 완전한 신성, 완전한 인간성을

12_ 비잔티움(콘스탄티노플, 오늘날의 터키 이스탄불)을 수도로 하고 있다고 하여 비잔틴제국 또는 비잔티움제국으로 불렀다. 비잔티움제국이라는 일컬음은 유럽 역사학자들의 동로마제국에 대한 비아냥거림이 담겨 있는 것 같다. 이른바 로마제국만이 진짜 유럽사라는 편견을 미루어 짐작할 수 있기 때문이다.

지닌 양성을 지닌 인물이라는 이른바 '양성론'을 정통으로 받아들였다. 그렇지만 중동의 대다수의 국가는 단성론 입장을 견지하고 있었다. 비잔틴제국은 안으로는 다른 정치적인 입장과 종교적인 소수파들을 통제하고, 제국의 영향력을 강화했다. 이런 논쟁과 대립, 통제와 억압의 시대에 일부에서는 이 같은 세상을 정죄하고 수도원 운동을 전개하기도 했다.

이 시기 아랍 각국의 통치자들과 주민들은 여러 형태로 비잔틴제국의 억압적인 식민 지배를 벗어나려는 시도를 펼쳐갔다. 그러나 실패였다. 오히려 비잔틴제국의 강력한 통제는 강화되어 갔다. 다른 한편 337년부터 (서)로마제국과 전쟁을 펼치고 있던 사산 왕조 페르시아의 새로운 상대가 되어 전쟁을 벌였다. 이때가 527년 유스티니아누스 1세(527-565) 때이다. 그 와중에 로마는 페르시아와 항구적 평화를 누린다. 이제 페르시아의 새로운 전쟁 상대는 동로마제국이 되었다. 페르시아제국은 614년 비잔틴제국의 속지였던 예루살렘을 점령하고 주가를 올렸다.

그 시대에도 제국의 통제력이 미치지 않는, 아니 거들떠보지도 않

비잔틴제국의 수도였던 콘스탄티노플의 교회 양식은 오스만 터키의 전형적인 이슬람 사원 양식이 된다
(터키/이스탄불).

는 사각지대는 있었다. 사막의 검은 진주 석유가 발견되기 전의 아라비아 반도13는 무관심의 영역이었다. 아라비아 사막, 그곳은 무가치한 빈들로 치부되었기에 제국의 관심권에서 멀어져 있었다. 서구제국의 이단논쟁에서 밀려난 버림받은 자들이 그 광야를 찾았다. 다양한 종교활동을 지원하면서 부를 축적하던 이른바 상업화된 종교권력들이 그곳에 있었다. 아라비아의 중심은 메카였다. 인도양과 지중해를 연결하는 대상로의 중요한 거점이 되었다.

비잔틴제국과 페르시아 간의 긴 싸움과 적대관계는 당시의 가장 중요한 무역로였던 페르시아와 시리아 다마스커스를 연결하던 대상로를 폐쇄시켰다. 이 길은 비단길로 불렸다. 때문에 국제 교역로는 우회하게 되는데 예멘과 사우디아라비아 서부의 무역 거점들이 시리아 다마스커스로 이어졌다. 메카는 자연스럽게 당시 국제 무역의 중심에 서게 되었다. 이런 이유 등으로 이곳은 물신 숭배의 중심이 되었고, 우상숭배의 중심지로 자리잡고 있었다. 수많은 신들의 이름으로, 가진 자의 종교로 자리하던 물신주의가 그곳에 있었다.

이런 시대에 사우디아라비아 메카의 유력 부족 꾸라이쉬 가문의 유복자로 무함마드가 태어났다. 570년의 일이다. 무함마드는 국제무역(대상)을 하면서 그의 안목을 열 수 있었다. 이슬람 전통에 따르면 무함마드는 610년 천사 지브리엘(가브리엘)을 통해 알라의 계시를 받았다. 그 이후 유일신 알라를 전파하기 시작했다. 그렇지만 무함마드는 처음부터 새로운 종교를 전파한 것으로 보이지 않는다.

그는 당시 아랍사회의 기존 전통이나 관습, 가치관에 배치되는 일대 혁명적인 발언을 이어갔다. 물신숭배에 찌든 우상숭배를 부정했다. 고리대금이나 도박, 음주, 난잡한 결혼 등 아랍의 고대 악습에 대한 근본적인 개혁을 주장했다. 당연히 당시 권력자들, 유력자들의 반발을 불러일으켰다. 그들의 응전을 받고, 박해와 수난을 받아야 했다. 그 박해

13_ 오늘날 사우디아라비아는 아라비아 반도에 1744년에 무함마드 이븐 사우드 (Muhammad Ibn Saud)가 힘을 행사할 때로 거슬러 올라간다.

중인 622년 무함마드는 일단의 무리들과 더불어 '야스리브'라는 도시로 이주했다. 후에 그 도시의 이름은 메디나[14]로 바뀌었다. 이 해가 공식적인 이슬람의 시작, 즉 히즈라[15]의 원년이다. 메디나로 이주한 무함마드는 그곳에서 최초의 이슬람 공동체인 '움마'를 형성하는 데 성공했다. 메디나 이주 10년이 지난 뒤에 다시 메카에 무혈 입성한다. 이때부터 이슬람 세력은 급속히 팽창했다.

이슬람은 아라비아반도에서 북으로 진출해 7세기 초반에는 고대 문명의 발상지인 이라크 메소포타미아 지역과 이집트 지역으로 세력을 확대했다. 이 두 지역 사이에 있는 팔레스타인과 시리아 지방이 자연스럽게 이슬람화되었다. 당시 이슬람은 비잔틴제국의 압제에서 벗어나려던 대부분의 아랍 민중들을 만났다. 비잔틴제국의 강력한 성은 하나둘씩 이슬람 군대에 의해 무너져갔다. 통쾌감으로 반가움으로 이슬람 군대를 받아들인 아랍 민중들은 이제 이슬람의 새로운 신민이 되어갔다. 거기에는 정치적·경제적·종교적 이유들이 있었다. "칼이냐 이슬람이냐." 이것은 피할 수 없는 선택이었다. 그 선택의 와중에 모든 이들이 이슬람을 받아들이거나 환영한 것은 아니었다. 이제는 소수파로 전락한 잔존 기독교인들은 다양한 제재를 감수해야만 했다. 그들의 선택은 모든 기득권으로부터의 소외를 의미하였다. 이른바 소수파 기독교인들을 향한 '왕따'현상은 이제까지 아랍사회의 자연스런 사회 현상이 되어 버렸다.

이슬람 국가는 '국가'

'이슬람 국가에서는…', '이슬람 국가는…' 또는 '이슬람 지역에

14_ 아랍어로 단순한 뜻으로는 도시(시) 또는 성을 말한다. 우리가 흔히 부르는 메디나는 정식 이름으로는 알마디나 알무나우와라(al Madinah al Munawarah)로 표기하여야 한다.

15_ 히즈라(Hijra)는 아랍어로 '이주'라는 단순한 뜻을 지니고 있다. 이것이 이슬람 역사에서 이슬람의 시작의 의미로 확대되었다.

서는…' 이런 표현은 우리가 많이 사용하는 어휘이다. 많은 이들은 이슬람 국가로 57개 이슬람 국가를 지칭하곤 한다. 그렇지만 이미 익숙해진, 너무나 당연하게 사용하는 이런 표현이 무엇을 기준으로 이렇게 말하는 것인지 살펴볼 필요가 있다. 어떤 나라가 이슬람 국가이며, 우리가 이슬람 국가를 떠올릴 때 염두에 두고 있는 것은 무엇인지 이해할 필요가 있다. '무슬림'이라는 용어 이상으로 이슬람 국가라는 용어 사용에서도 분명한 기준이 보이지 않기 때문이다.

짧게 표현하자면, '이슬람 국가도 국가일 뿐'이다. 이슬람 국가도 하나의 정상적인 국가로서 국가와 국민의 이익을 위한 조직이라는 의미이다. 이슬람 국가들도 다른 나라들처럼 서로 다양한 이해관계로 뒤엉켜 있다. 그런 까닭에 전 세계 이슬람 국가의 중심은 없었다. 한 이슬람 국가 지도자나 종교 지도자가 어떤 말을 한다고 하여 전 세계 이슬람 국가나 무슬림 개인들이 이의 없이 움직이거나 할 수 있는 그런 체제나 강제력, 결집력도 없었다. 바티칸에 자리잡은 로마 천주교의 교황 같은 종교활동의 구심점이 되는 존재도 없었다.

이슬람의 태동 이후 아랍 이슬람제국에서도 세력다툼은 존재했다. 이라크 바그다드와 이집트 카이로, 시리아 다마스쿠스, 터키 이스탄불과 이란 등 주요 이슬람 세력 간의 힘겨루기가 이어졌다. 아랍 이슬람제국 아래에서도 아랍계와 비아랍계 사이의 주도권 다툼은 물론 문화적·사회적 입장 차이로 인한 갈등도 이어졌다. 이런 세력다툼의 배경은 종교적인 견해 차이도 작용되었지만, 주로 정치적·경제적 이해 차이에 바탕을 둔 경우가 더 많았다. 마치 서유럽 세계가 기독교라는 공통 요소가 있었지만 정치적인 이해관계에 따라 제휴하거나 대립하면서 세력 대결을 펼쳤던 것과 크게 다르지 않다. 물론 겉으로 내세운 명분은 다분히 종교적인 언사들이었지만, 안으로는 권력 싸움이었던 것을 연상시킨다.

이슬람 세계는 이슬람 세계 안의 다양한 권력집단들의 주도권 쟁탈로 점철되었다. 이슬람은 초기 이슬람 시대부터 한목소리에 의해 주도된 것이 아니었다. 최소한 무함마드 사후 정통 칼리프 시대로부터 이후 모든 시대에 이르기까지 통치의 중심부는 존재하지 않았다. 형식적으로는 꾸란이나 무함마드의 언행록 하디스가 자리했다. 이른바 절대자 알라의 계시에 바탕을 둔 신정정치와 무함마드의 유언 통치가 존재했다. 그러나 그 해석은 종종 아전인수식으로 이루어지기도 했다.

전체 이슬람 지역을 통일하여 통치했던 제국도 통치자도 초기 이슬람 역사를 제외하면 거의 없었다. 최소한 지역 분권이 이루어지고 있었다. 오스만 터키의 지배하에서도 이슬람제국이 존재했지만 오스만제국에 대항하여 아랍 민족의 대터키 투쟁과 독립 운동이 펼쳐졌다. 시리아의 북부 도시 알레포에서부터 아라비아 반도 최남단의 예멘까지를 통합한 아랍 국가를 세우기 위한 투쟁이었다.16 독립 운동 과정에서 아랍 이슬람 세계는 이른바 서구 기독교 열강 세력인 영국과 손을 잡고 이슬람 종주국 터키를 몰아내는 일에 협력했다. 이슬람 역사에서도 주요한 지역에서는 민족주의가 강하게 자리하고 있었고, 근대 국가 이후에는 국가 중심주의가 자리하고 있었던 셈이다. 최소한 이 시기의 아랍 민족주의는 이슬람 형제애를 앞서 있었고, 더 깊숙하게 바탕에 자리하고 있었다.

이슬람 국가를 떠올리면서 갖는 고정된 이미지가 있다. 이슬람이 국교인 나라, 이슬람법(샤리아)에 의한 통치가 이루어지는 나라, 이슬람 외의 다른 종교나 신앙을 가질 수 없는 나라, 타종교로의 개종이 금지된 나라, 일부다처가 허용되는 나라, 공휴일이 금요일인 나라 등이다. 그러나 이런 고정된 이미지로 규정하기보다는 문화적 개념으로 또는 역사적·지리적 개념으로, 아니면 정치적 개념으로 다양하게 정의할 수 있다.

16_ 1916-1918년 사이에 쉐리프 후세인 이븐 알 리가 주도한 '아랍혁명'이다.

상식적 개념의　　이슬람회의기구(OIC) 소속 국가　　이슬람 세계의
이슬람 국가　　구심점으로 이슬람회의기구(OIC)를 꼽는다.

　　OIC는 이슬람회의기구(Organization of Islamic Conference)의 줄임말
로 1969년 이슬람 국가들의 연대(連帶) 및 협력 등을 목적으로 창설된
국제기구이다. 그러나 OIC(이슬람회의기구) 가입 국가 57개국 중에도 기
독교 인구가 무슬림 인구를 압도하는 나라들도 많다. 아프리카의 가봉
은 무슬림 인구가 1% 정도인 데 반하여 기독교 인구는 55-75% 정도로
추산하고 있다. 모잠비크의 경우도 무슬림 인구(17-20%)보다 기독교 인
구(30-41%)가 크게 앞서고 있다. 카메룬도 비슷한 상황이다. 카메룬의
무슬림 인구(20-22%)는 기독교 인구(40%)의 절반에 불과하다. 토고도
무슬림 인구(13-20%)보다 많은 기독교 인구(29%)를 가지고 있다. 남미
의 가이아나의 경우 무슬림 인구(7.2%)는 기독교 인구(41-50%)에 턱없
이 떨어진다. 수리남도 13-19% 정도의 무슬림 인구가 48%에 달하는
기독교 인구보다 엄청나게 적다. 탄자니아는 무슬림 인구(35-45%)가 기
독교 인구(30%)를 조금 앞서는 수준이다. 이처럼 최소한 7개 국가는 이
슬람 다수 국가가 아닌 기독교 다수 국가이다. 이들 국가들이 OIC에 가
입하게 된 것은 OIC가 종교적인 이슈를 위한 기구가 아니라 정치와 경

■ 회원국　　■ 회원가입 신청국　　■ 옵서버 국가
이슬람회의기구 가입국 현황

일가족이 이슬람 사원을 찾았다. 무슬림들의 종교생활에는 무속적인 요소가 뒤엉킨 경우도 많다(파키스탄/카라치).

제 현안을 다루는 기구임을 보여주는 것이다.

　보스니아, 북사이프로스, 중앙아프리카공화국, 태국, 러시아와 같은 옵서버 국가들의 현황을 살펴보면 이런 특징을 더 쉽게 이해할 수 있다. 이 기구의 주목적은 이슬람 종교 연대나 이슬람 종교 확산이 아니라 국가 연대 및 동맹이다. 그 출범의 동기가 어디에 있었는지 관계없이 현재 OIC는 종교 조직이 아닌, 가입국가의 이익을 꾀하는 정치 조직이다.

**전통적 개념의
이슬람 국가**　　무슬림이 다수인 국가가 이슬람 국가이다. 전체 인구 대비 무슬림 인구가 다수를 차지하는 나라를 이슬람 국가로 부른다. 그러나 사실 이슬람 세계는 구심점이 없다. 인종, 지역, 국가와 언어와 민족이 제각각이다. 이슬람을 공통분모로 할 수 있지만, 같은 것보다 다른 것이 더 많을 뿐이다. 아프리카와 중동, 동남아시아와 중앙아시아에 이르기까지 이른바 이슬람 인구가 많은 지역은 지역 내 분쟁과 갈등도 여전하다. 형식상으로 치자면 이슬람 국가

간에 싸움이 있고, 무슬림 사이에 갈등과 분쟁이 있다. 제각기 정치적 이해관계에 따라 적이 되기도 하고 동맹이 되기도 한다. 이슬람권의 정부는 대개 세속적인 정부이다. 이슬람 국가라고 하여도 대부분의 나라에서는 이슬람 원리주의의 확산과 테러를 막기 위한 테러와의 전쟁을 전개하고 있다. 다른 무엇보다 안전과 안보를 최우선으로 하고 있다. 더욱이 이슬람 세계 안에 종교적 구심점은 없다.

정치적 개념의 이슬람 국가　　정치적 개념에서 본 이슬람 국가는 정치체제와 관련이 있다. 이슬람이 국교이거나 이슬람법에 의한 신정체제를 추구하는 나라들이 여기에 속한다. 전통적으로 이슬람 국가로 간주해온 나라들 가운데 단지 24개국만이 여기에 해당한다. 모든 전통적 의미의 이슬람 국가가 이슬람을 국교로 삼고 있는 것도 아니고, 이슬람법에 의한 통치를 추구하고 있는 것도 아님을 보여준다.

국교가 이슬람인 나라　　국교가 이슬람인 나라를 이슬람 국가로 지목할 수 있다. 이들 나라들은 24개국으로 다음과 같다. 카타르, 리비아, 몰디브, 말레이시아, 모로코, 바레인, 방글라데시, 브루나이, 소말리아, 아랍에미리트, 알제리, 오만, 요르단, 이라크, 이집트, 코모로, 쿠웨이트, 튀니지, 사우디아라비아, 모리타니, 이란, 아프가니스탄, 예멘, 파키스탄 등이다. 전 국민의 90% 이상이 무슬림인데도 국교가 이슬람이 아닌 나라로는 알바니아, 아제르바이잔, 감비아, 코소보, 말리, 세네갈, 시리아, 타지키스탄, 터키, 투르크메니스탄, 우즈베키스탄 등이 있다.

이슬람법이 적용되는 나라　　이슬람법과 정신에 의해 통치한다고 선포한 나라는 이슬람 신정체제로 구분할 수 있다. 지금 현재 6개 나라가 이에 해당한다. 사우디아라비아를 비롯하여 모리타니, 이란, 아프가니스탄, 예멘, 파키스탄 등이다. 정치체제에 이슬람법에 의한 통치를 공공연하게 밝히고 있지는 않아도 그런 정책을 펴는 나라로는 나이지리아, 리비아와 수단을 꼽을 수 있다. 이들 국가들은 국교가 이슬람임에도 불구하고 이슬람법보다 일반 세속법의 지배가 이루어지는 나라들과는 비교가 된다. 사우디아라비아와 이란은 모든 법 위에 이슬람법이 존재한다. 이슬람법을 강제하기 위한 종교경찰이 존재한다. 이슬람법이 적용되는 나라 가운데는 제한적으로 이 법이 적용되는 경우가 있다. 인도네시아, 방글라데시, 파키스탄 등은 이슬람법을 따르지만, 헌법 같은 일반법이 우선하고, 이슬람법은 주로 친족과 상속 등을 규정한 가족법에 제한된다. 터키는 철저하게 세속법을 따르고 있다. 대부분의 아랍 이슬람 국가들은 세속법과 이슬람법 두 체제가 운영된다. 이슬람 법정은 결혼과 상속과 같은 이슈를 다룬다. 비이슬람 국가로서 이슬람법 샤리아가 적용되는 나라가 있다. 이스라엘의 경우 이슬람법은 무슬림의 민법상 지위를 논할 때 적용된다. 결혼과 이혼, 후견인 제도 등이 그 예이다.

종교적 개념의 이슬람 국가 이슬람 외의 다른 종교나 신앙을 가질 수 없는 나라 어떤 이들은 이슬람 국가는 이슬람 외의 다른 종교나 신앙을 가질 수 없는 나라로 생각한다. 그러나 여기에 해당하는 국가는 없다. 대부분의 이슬람 국가에도 거의 2천년 안팎의 역사를 가진 정교회나 가톨릭교회와 영국과 프랑스의 위임통치 이전부터 존재하던 개신교회들이 존재한다. 법적으로는 기독교와 이슬람, 유대교만이 종교로 인정된다. 이들 나라에는 건물을 가진 교회가 존재한다. 이 가운데 종교부지 안에서의 활동만 허용되는 나라와 상대적으로 자유로운 기독교 활동이 허용되는 나라로 구분할 수 있다. (기독교) 종교부지 안에서의 기독교 활동만이 허용되는 나라는 사우디아라비아를 제외한 걸프 연안의 쿠웨이트, 바레인, 카타르, 오만, 아랍에미리트 등을 꼽을 수 있다. 이들 지역 모두에는 한인교회가 존재한다. 종교부지 밖에서의 기

무슬림 여성의 히잡은 이제 패션이다(터키/이스탄불).

독교 활동이 허용되는 나라는 걸프 연안 국가를 제외한 대부분의 아랍 국가를 꼽을 수 있다. 시리아, 레바논, 요르단, 이집트, 예멘, 모로코, 튀니지, 중앙아시아의 키르키즈스탄, 타지키스탄, 카자흐스탄 등이 대표적이다.

타종교로의 개종이 금지된 나라　이슬람 국가 안에서는 타종교로의 개종이 불가능하다고 생각한다. 그러나 개종이 허용되는 나라 또한 존재한다. 타종교로의 개종이 허용되지 않는 나라들, 여기에 해당하는 국가들은 이슬람 국가의 대부분을 차지한다. 대개의 경우 기독교 → 이슬람 개종은 가능하지만, 그 반대는 법에 의해 허용되지 않는 나라들이다. 특히 사우디아라비아, 아프가니스탄, 파키스탄, 이집트, 이란, 몰디브 등은 개종을 불법행위로 규정하고 있다. 징역형이나 최고 사형에 처할 수 있다.

그렇지만 타종교로의 개종이 허용되는 나라들도 있다. 중앙아시아의 이슬람 국가로 카자흐스탄, 키르키즈스탄, 우즈베키스탄, 투르크메니스탄, 타지키스탄 등 5개 국가이다. 여기에 터키가 포함된다. 법적

이슬람법에 의해 통치되는 국가 　 ■ 갈색: 국교가 이슬람인 국가 　 ■ 세속 정부

으로는 개종이 허용되고 있지만, 나라마다 관습법에 의해 제약을 받는 등 약간의 차이는 있다. 이들 나라들은 18세 이상 미성년자의 경우 성년이 된 다음에 자신의 종교를 선택하도록 되어 있다. 그러나 타 종교 선교활동이 금지된 나라임에도 목사나 선교사 비자가 있는 나라도 있다. 이슬람 국가라 하면 공식적·비공식적인 선교활동이 금지된 나라로 생각한다. 그렇지만 제한된 것이지만 목회자 비자나 선교사 비자를 발급하는 이슬람 국가도 상당수에 이른다. 특히 영국의 위임통치를 받았던 나라들의 경우 일정 범위 안에서 목회자 또는 기독교 사역자 거주 비자를 발급하고 있다. 쿠웨이트와 아랍에미리트, 요르단, 레바논 등은 물론 중앙아시아 국가 중 키르기즈스탄, 타지키스탄 등이 대표적이다.

　　이슬람 비판이 허용되지 않는 나라　　이슬람 비판을 두고 이슬람 모독죄가 성립되는 나라들이 있다. 대부분의 무슬림 다수 국가가 여기에 해당한다. 이것은 실정법에 의해 적용되기도 하고, 관습법에 의해 규정되기도 한다. 이슬람 비판 금지는 무슬림은 물론 비무슬림에게도 적용된다.

사회적 개념의 **일부다처가 허용되는 나라** 이슬람 국가 하면 일
이슬람 국가 부다처(일부사처) 국가로 떠올린다. 그렇지만 절
대 다수의 무슬림이 차지하는 이슬람 국가라고 하여 한결 같이 일부다
처를 허용하거나 조장하고 있는 것은 아니다. 비이슬람 국가라고 하여
일부다처제가 없는 것도 아니다. 우선 일부다처를 허용하고 있는 국가
들을 살펴보자.

아프가니스탄, 알제리, 바레인, 방글라데시, 브루나이, 부르기나
파소, 카메룬, 차드, 중앙아프리카공화국, 코모로, 콩고, 지부티, 이집
트, 가봉, 감비아, 인도, 인도네시아, 이란, 이라크, 요르단, 쿠웨이트, 레
바논, 리비아, 말레이시아, 몰디브, 말리, 모리타니, 모로코, 미얀마, 니
제르, 오만, 파키스탄, 팔레스타인, 카타르, 사우디아라비아, 세네갈, 싱
가포르, 스리랑카, 수단, 시리아, 탄자니아, 토고, 우간다, 아랍에미리
트, 예멘, 잠비아 등이다.

이슬람 국가가 아닌 나라 가운데 인도, 싱가포르에서도 무슬림에

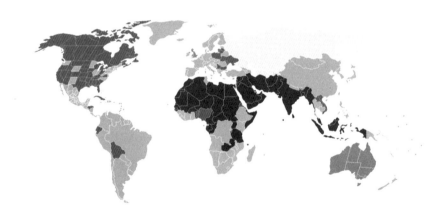

■ 일부다처제 합법
■ 일부다처제 일부 지역에서 합법적으로 인정
■ 일부다처제 넓게 시행
■ 일부다처제 관습법
▨ 일부다처제 정치적 고려
■ 일부다처제 불법
■ 일부다처제 불법
■ 일부다처제 불법(헌법으로 금지)

한하여 일부다처를 허용하고 있다. 이 때문에 일부다처를 선호하는 인도 힌두 남성들이 종교를 이슬람으로 바꾸는 일도 벌어진다. 아프리카의 기독교 국가에 해당하는 콩고, 우간다, 잠비아에서 일부다처가 허용되는 것은 묘하다. 소말리아, 에리트레아와 나이지리아, 보츠와나, 기니, 레소토, 라이베리아, 케냐, 말라위, 모잠비크, 나미비아, 시에라리온, 남아프리카, 스와질란드, 짐바브웨 등 비이슬람권 일부 지역에서는 국법이 아닌 지역 관습법에 의해 일부다처제가 이루어지고 있다. 불교 국가에 해당하는 미얀마에서도 일부다처제가 허용되고 있다.

부탄과 네팔의 경우 일부다처가 불법이지만, 일부에서 이루어지고 있다. 이런 경향은 한국에서도 빚어졌던 일이다. 조선시대는 물론 근현대사에서는 일부에 의해 첩이나 소실제도가 존재했다. 법적으로 적법한 결혼이 아니었기에 첩이나 소실로 들어온 여성들이 호적에 아내로 등재될 수 없었고, 그 슬하의 자녀들은 본부인의 자녀로 등재되곤 했던 것을 연상시킨다. 그러나 이슬람권의 일부다처제는 형식상으로나마 법률상의 동등권리가 주어진다. 적서차별도 법률상으로는 존재하지 않는다.

일부다처가 허용되는 이슬람 국가라고 하여 일부다처 관행이 일반적인 것은 아니다. 구체적인 통계는 나라마다 다르지만 평균 10% 이내의 비율이 일부다처 현황이다. 요르단의 경우는 일부다처 결혼을 한 남성들이 전체 기혼 남성의 8% 정도이다. 서구에서는 영국과 오스트레일리아 등에서 제한적으로 일부다처를 인정하고 있다. 그러나 이것은 사회보장제도를 시행할 때에 제한적으로 인정된다. 또 이것은 영국이나 오스트레일리아에 들어오기 전의 일부다처 상황에 대한 인정이지, 자국 안에서의 일부다처 결혼을 허용하는 것은 아니다. 그러나 오히려 절대적인 이슬람 국가인 터키와 튀니지는 일부다처를 불법으로 규정하고 있다.

여성 할례를 행하는 나라　　어떤 이들은 여성 할례는 이슬람 세계에

만연되어 있으며, 이슬람에서 기인한 것이라고 생각한다. 이집트, 동아 프리카, 예멘 그리고 인도네시아 등 이슬람 공동체 내에 확산되어 있으며, 대다수의 무슬림들이 여성 할례는 샤리아에 규정되어 진 것으로 받아들인다. 그렇지만 여성 할례는 이슬람 공동체 내의 이슈만이 아니다. 그리고 대다수의 무슬림들이 행하고 있는 의식도 아니다. 그 근원은 아프리카에서 전래되던 오래된 악습이다. 대부분의 이슬람 법학자들도 여성 할례를 금지하고 있다. 가까운 사례로 이집트의 그랜드 무프티[17] (최고 종교 지도자) 알리 고마는 2007년 6월 (여성 할례) 관습은 금지되어야 한다고 파트와(법해석)를 내놓았다. 2006년 11월 24일 여성 할례를 금지하기 위한 회의가 카이로에서 열렸다. 물론 많은 무슬림 학자들이 이 모임에 참석했다. 회의에서 여성 할례는 이슬람에 어긋나는 것이고, 여성을 공격하는 것이며, 이 같은 관습은 범죄로 규정되어야 한다는 결론에 이르렀다. 회의에서 결의된 내용 중에는 아래와 같은 내용이 포함되어 있다.

"이번 회의는 어떤 사람이라도 해롭게 하는 것을 금하고 있는 이슬람의 가르침에 따라, 모든 무슬림들이 이 같은 관습을 중지할 것을 강조한다. … 이번 회의는 이 관습의 해로운 영향에 대해 모든 사람들에게 설명하여 그것을 제거하도록 하여야 하는 이슬람의 모든 가르침과 미디어 기구의 역할에 대해 돌아본다. … 회의는 사법 기구들이 꾸란과 구전 율법 순나가 찬성하지 않음에도 불구하고 일부 무슬림들이 받아들였고, 일부 사회에서 이루어지는 이 습관을 금지하고 범죄로 규정하는 법을 제정할 것을 요구한다."

여성 할례는 이슬람의 전통이 아닌 것은 사실이다. 이슬람 국가에서 여성 할례가 제한적이나마 시행되는 나라도 일부에 불과하다. 비이슬람 국가인 케냐에서도 이 같은 관습이 암암리에 시행되고 있다. 그 현황은 아래와 같다.

17_ '무프티'는 단순하게는 순니, 이슬람 세계에서 이슬람 법학자를 지칭한다. 또한 이슬람 고위 종교 지도자를 일컫는다.

나라 이름	보급률 (%)	나라 이름	보급률 (%)
베 냉	16.8	케 냐	32.2
부르키나파소	76.6	라이베리아	50
카메룬	1	말 리	91.6
중앙아공화국	35.9	모리타니	71.5
차 드	44.9	니제르	4.5
코트디부아르	44.5	나이지리아	19
지부티	90-98	세네갈	28.2
콩고 공화국	미확인	시에라리온	80-90
이집트	97.3%	소말리아	90-98
에리트레아	88.7	수 단	90
에티오피아	79.9	탄자니아	17.7
감비아	60-90	토 고	12
가 나	5.4	우간다	5
기네아	98.6	예 멘	22.6
인도네시아	100		

문화적 개념의 이슬람 국가   이슬람 국가는 공휴일이 금요일인 나라   이슬람 국가 가운데 파키스탄이나 터키, 중앙아시아 국가들은 일요일을 휴일로 쉬고 있다. 튀니지, 이슬람왕정국가 모로코, 인도네시아, 말레이시아는 토요일과 일요일 이틀을 쉰다. 이들 국가에서 금요일은 평일에 해당한다.

금요일을 휴일로 지키는 나라들은 금요일 하루를 쉬는 나라와 금요일과 토요일 이틀을 쉬는 나라도 있다. 요르단, 시리아, 이라크, 알제리, 모리타니, 이집트, 수단, 방글라데시 같은 경우는 금요일, 토요일 이틀을 휴일로 쉰다. 기독교인들의 일요일 종교 예배 참석을 허용하고 있다. 물론 그 반대도 허용된다. 이슬람 국가에서는 무슬림이 기도 참여를 이유로 자리를 비우는 것을 법으로 허용하고 있다.

이처럼 이슬람 국가는 다양하다. 그런 이유로 출신 국가를 기준으로, 이슬람 국가 출신 외국인들이 다 무슬림이라고 단정지을 수 없다.

외국인 출입국 기록에 나타나지 않는 외국인 출입국자, 체류자의 '종교 통계'를 과학적으로 뽑을 방법이 없다. 출신 국가 단위로 종교를 '단정' 짓는다고 하여도 해당 국가 출신자 모두가 무슬림은 아니다. 무슬림 다수 국가에도 상당수의 기독교인이 존재한다. 한국을 찾은 이슬람권 외국인 이주자가 자동적으로 무슬림으로 간주될 이유도 없다. 그런 점에서 한국 내에 몇 명의 무슬림이 있다는 식의 수치는 단정지을 것이 아니다. 너무 단순화하여 회자되는 무슬림 인구 관련 수치는 다소 과장되었거나 구체적인 근거를 갖지 않는 것이다.

제 2 장

기독교와 이슬람, 닮음과 다름

거룩함을 추구한다는 면에서의
'비슷함'과 '닮음'이 있다.
이 '비슷함'은 때로는 '같음'이기도 하고
때로는 형태 또는 본질이나 성격상의
'닮음'이기도 하다.
그렇지만 기독교와 이슬람에 있어서
거룩함에 대한 개념이나 실천에 있어서
'다름'을 보이기도 한다.

기독교와 이슬람
그 만남이 빚어낸 공존과 갈등

2. 하나님과 알라

　이슬람과 기독교의 유사성을 말하는 이들은 기독교의 하나님과 이슬람의 알라가 같다고 말한다. 꾸란과 성경이 비슷하다고 소개한다. 그러나 비슷하게 보이는 것이 사실이지만 그 차이는 본질적이다. 사소해 보이지만 본질적인 차이라면 그것은 다른 것이다.

하나님과 알라

　2010년 1월 초 말레이시아의 보수적인 무슬림 일부 그룹에서 "'알라'라는 호칭을 기독교인들이 사용하지 못하도록 해야 한다"는 목소리가 터져 나왔다. 이 와중에 일부 교회가 방화로 곤욕을 치르기도 했다. 충돌 과정에서 사상자도 발생했다. 이 사건은 이보다 앞선 2009년 12월 말레이시아 법원 판결에 대한 불만으로 터져 나온 것이다. 2009년 12월 31일 말레이시아 고등법원은 "알라라는 용어는 무슬림에게 배타적으로 사용이 허용된 단어가 아니다"고 판결을 내린 바 있다.

　그런데 알라라는 호칭은 말레이시아어가 아니다. 아랍어로, 기독교의 하나님이나 이슬람의 알라가 모두 알라로 표기된다. 지금도 아랍 기독교인들도 하나님을 알라로 부른다. 이슬람에서 알라라는 호칭을 사용하기 이전부터 아랍 기독교인들은 지역적인 발음 차이가 있지만, 알라라는 호칭을 사용하고 있었다.

이 책에서는 기독교의 하나님과 이슬람의 알라라는 표현을 사용하고자 한다. 그것은 편의상의 용어 표기를 구분한 것이다. 기독교의 하나님(알라)과 이슬람의 알라는 동음이의어라 생각한다. 같은 단어로 다른 개념과 존재를 표현하는 경우는 너무나 많기 때문이다. 그 용어가 담고 있는 내용에 대한 비교가 필요하다. 그래서 그 안의 내용이 다르다면 같은 이름을 가진 다른 존재로 구별하여야 한다. 왜 기독교의 하나님과 이슬람의 알라를 다른 존재라 말하여야 하는지를 짧게 정리해보자. 지나치게 전문적이지 않은 개괄적인 개념으로 정리하려고 한다. 그것은 기독교나 이슬람에 대해 종교적인 이해가 없거나 부족한 이들을 혼란스럽게 하고 싶지 않아서이다. 그러다보니 두루뭉실한 내용이 담길 수도 있을 것이다.

기독교와 이슬람의 신이 다른 존재인 것은 그 이름 때문이 아니다. 절대자가 자신의 뜻을 계시하였다는 것에는 유사성이 많다. 창조자, 절대자, 심판자 등등 여러 인격으로 그 절대자가 묘사된다. 그러나 기독교는 그 절대자가 인간이 되어 이 땅에 내려왔다고 말하지만, 이슬람은 그런 개념이 없다. 기독교에서는 인간의 선행에 의한 구원을 말하지 않는다. 행위에 따라 구원받거나 멸망한다고 말하지 않는다. 잠시 몇 가지를 살펴보자.

가장 먼저 꼽을 수 있는 것은 신 또는 절대자에 연관된 것이다. 유일신을 믿는 두 종교 모두 창조자, 권능자, 심판자로서 절대자를 묘사한다. 그러나 가장 큰 차이점은 기독교에서 말하는 성부 하나님, 성자 예수 그리고 성령 하나님 세 존재가 하나라는 삼위일체 사상에 관련되어 있다. "어떻게 하나님이 셋일 수 있느냐? 말도 안 된다. 신성모독이다." 취재 현장에서 무슬림을 만나게 될 때 종종 듣는 반문이다. 이슬람 지역에서 선교활동을 하는 선교사들은 자주 듣는 질문으로 삼위일체 이슈를 언급한다. 기독교인을 대상으로 이슬람을 전하는 무슬림 선교사(다이)들도 이 문제를 집중적으로 지적한다. 이슬람은 이 삼위일체 사상을 두고 신성모독이라고 강하게 거부감을 가진다. 이슬람의 기본 신학에 의하면 알라는 태어나지도 낳아지지도 아니했는데 어떻게 신이 아들을 낳을 수 있으며 아내를 가질 수 있냐며 강하게 거부한다. 그러나 기독교에서는 삼위일체 사상을 설명하는 것에 다양한 차이가 있음에도 성부 하나님, 성자 예수, 성령이라는 세 존재가 한 하나님임을 거부하지 않는다. 이것을 부인하거나 거부하면 이단으로 규정하거나 기독교인으로 간주하지 않는다. 기독교의 하나님이나 이슬람의 알라가 자신의 뜻 또는 인간이 구원받는 길을 계시했다고 생각한다. 그러나 기독교는 계시한 존재가 인간의 시공간 속에 내재한다고 믿는다. 이슬람은 주로 초월자로서만 존재한다고 생각한다.

다른 하나는 예수의 존재에 대한 상이한 이해이다. 양자 모두 예수가 동정녀 마리아에게 태어났음을 부인하지 않는다. 그러나 예수가 누구냐를 두고는 상반된 해석이 존재한다. 기독교는 예수가 인간(인류)을 구원하는 구세주라고 말한다. 이슬람은 예수가 단지 위대한 선지자 중의 한 사람일 뿐이라고 주장한다. 예수의 십자가 죽음을 받아들이지도 않는다. 이슬람에서는 예수가 아닌 다른 제자가 예수 대신 십자가에서 죽임을 당했다고 말한다. 그런 가운데 멜 깁슨이 연출한 <패션 오브 크라이스트>(2004)가 많은 이슬람권에서 상영[1]된 것은 특이한 일이었다. 영화는 여러 형식으로 예수의 고난과 십자가 죽음을 묘사하고 있기 때문이다. 예수의 재림을 둘 다 주장하지만, 이슬람은 예수의 재림이 무함마드의 재림을 준비하는 준비자로 온다고 말하고 기독교는 마지막 심판을 위해 예수가 재림한다고 주장한다.

이삭과 이스마일

두 종교 모두 믿음의 조상으로 아브라함(이슬람에서는 이브라힘)을

---

[1] 바레인과 쿠웨이트, 사우디아라비아는 이 영화의 상영을 금지했다. 그렇지만 요르단, 시리아, 레바논, 이집트 등에서는 큰 인기를 끌었다. 사우디 등 상영금지 국가에서는 CD 등의 해적판이 인기를 끌었다.

가리킨다. 그렇지만 그 다음이 문제이다. 알다시피 아랍 이슬람 세계는 장자를 중심으로 하는 부계혈통이 강조된다. 이브라힘(아브라함)에게는 이스마일(이스마엘)과 이삭이 있었다. 유대인은 이삭의 후손, 무슬림은 이스마일의 후손이라고들 말한다. 기독교인 가운데도 이 같은 주장을 하는 이들이 있고, 이렇게 주장하는 무슬림도 있다. 오늘날의 아랍과 이스라엘 사이의 유혈충돌을 일컬어 아브라함의 자손들 사이의 해묵은 투쟁이라고 평하기도 한다. 그러나 이것은 적잖은 오해와 선입견이 작용한 해묵은 주장이다.

성경에는 종종 '누가 누구를 낳았다'는 식의 족보가 등장한다. 그러나 꾸란은 그런 경우가 드물다. 그래서 이삭의 후손이 누구이고 이스마일의 후손이 누구인지 말하지 않는다. 꾸란이나 성경 모두 아브라함의 큰아들은 이스마엘이라고 적고 있다. 이스마엘은 아브라함의 첩(또는 둘째 부인) 하갈(성경에서는 하갈을 여종으로 적고 있다. 꾸란은 하지라 또는 하자라로 부르고, 아내로 적고 있다)이 아브라함에게서 낳은 아들이다. 이삭은 아브라함의 조강지처 사라가 낳은 아들이다. 적자와 서자 간의 구별로 맏아들이 바뀌는 것은 아니다.

이스마일의 후손들이 아랍 무슬림의 조상이고, 이삭의 후손이 유대인의 조상이라는 주장을 좀 더 짚어보자. 아랍인들 가운데는 이스마엘을 아라비아 반도 북부 지역 원주민들의 조상으로 생각한다. 이슬람에서는 이스마일이 12명의 자손을 두었다고 말한다. 그 맏아들 느바욧(Nebaioth, 이슬람에서는 Nabit)의 후손들이 아라비아 반도 북부와 중부, 서부에 자리잡았다고 말한다. 그렇지만 아라비아 반도 북부 지역이나 오늘날 아라비아 반도 대부분 지역에 거주하였던 원주민들은 아브라함이 셋째 부인 그두라에게서 낳은 자손들이다(창세기 25장 참조).

꾸란과 성경 사이의 가장 큰 차이점은 '아브라함이 제물로 바치려던 아들이 누구였는가?'이다. 이슬람에서는 이스마일로, 기독교에서는 이삭이라 말한다. 성경은 정확하게 이삭을 언급하지만 꾸란은 단지 아브라함의 아들로만 적고 있다(참조 꾸란 37:99-113). 이슬람의 남자 할례의식의 기원을 이슬람에서는 이스마엘이 할례받은 것에서 찾는다. 이슬람에서는 이스마엘은 120-143세까지 산 것으로 말한다. 성경은 137세에 죽었다고 적고 있다.[2]

기독교인들에게 크게 주목을 받지 못하는 인물인 이스마엘이 꾸란과 이슬람에서는 아주 중요한 역할을 하고 있다. 그래서인지 스스로를 이스마일의 후손이라고 부르는 무슬림들이 존재하는 것 같다. 그렇지만 유대인을 이삭의 후손이라고 생각하는 개념에 대응하는 다분히 정치적인 표현인 것으로 보인다.

이삭의 자손을 두고 유대인의 조상이라 말하지만 그렇지만도 않다. 이삭에게는 에서와 야곱 두 아들이 있었다. 에서는 헷족속 여인 엘론의 딸 아다, 가나안 족속인 히위족속의 시브온의 딸 아나의 소생 오홀리바마, 이스마엘의 딸 느바욧의 누이 바스맛을 아내로 맞이했다.[3] 그 후손들은 오늘날의 요르단과 이스라엘, 팔레스타인 지역, 사우디아라비아 지역에 흩어져 살았다. 이스라엘이라는 이름을 갖게 된 야곱의 12 아들의 결혼 상황을 보자. 그의 아들들은 친족혼이나 종족혼이 아니라 이른바 족외혼, 혼혈 결혼이었다. 야곱 집안에 시집온 여성들은 요셉의 아내 아스낫(이집트), 유다의 아내 가나안(오늘날의 팔레스타인 지역) 여인 수아의 딸, 그의 며느리이며 아내가 된 가나안 여인 다말(팔레스타인), 빌하와 실바(터키와 시리아) 등 다양한 종족 출신들이다. 오늘날 유대인을 두고 이삭의 후손들이라 말하는 것은 적절하지 않다. 야곱의 후손이라고 표현해도 그 또한 적절한 표현은 아니다. 어떤 순수 혈통으로 유대인만의 피가 유전된 것은 아니기 때문이다.

2_ 창세기 25:17 "이스마엘은 향년이 일백삼십칠 세에 기운이 진하여 죽어 자기 열조에게로 돌아갔고…."
3_ 창세기 36장 참조.

3. 거룩한 책

성경과 꾸란은 같은 사건이나 인물을 두고 다른 해석이나 관점을 보이곤 한다. 이로 말미암아 권위에 대한 논쟁이 일어난다. 둘 중 하나가 가짜라는 것이다. 이슬람에서는 성경이 전승 과정에서 잘못되었다거나 변질하였다고 주장하고, 기독교에서는 무함마드 선지자와 꾸란이 성경 이야기를 전달받고 전달하는 과정에서 와전시켰다고 말한다.

꾸란과 성경

경전에 대한 해석이 다르다. 흔히들 성경과 꾸란의 유사성을 말하지만 그러나 비슷한 듯 너무 다른 해석이 두 경전 사이에 존재한다. 이것은 비슷한 재료로 아예 다른 음식을 만들어 낸 것과 마찬가지이다. 배추김치와 배추로 만든 샐러드는 다른 음식일 뿐이다. 꾸란은 이미 적혀 있던 알라의 계시를 무함마드 선지자가 읽은 것이다. 그러나 성경은 하나님이 보낸 자들이 하나님의 계시를 기록했다. 꾸란을 전달한 인물은 무함마드 선지자뿐이지만, 성경은 여러 시대를 거쳐오면서 여러 지역에 살던 다양한 인물들이 하나님의 말씀을 기록한 책이다. 꾸란에도 성경에 등장하는 일부 인물들과 사건, 내용이 언급된다. 그러나 그 세부적인 내용과 해석이 같다고 할 수 없다. 아예 다른 해석과 전제를 담고 있는 경우가 대부분이다. 이 꼭지글의 제한된 목적으로 상세하게 이 문제를 소개할 수는 없지만, 아담으로부터 예수에 이르기까지 다양한 인물들의 묘사가 서로 다르다. 성경과 꾸란 양자 사이의 최소한의 공통 분모를 뽑아낼 수는 있어도 다른 해석은 다른 종교적 관점에 바탕을 두고 있음을 부인할 수 없다. 기독교에서는 개인도 하나님의 기록된 계시인 성경을 해석할 권리가 있다고 말하지만, 이슬람은 특별한 전문가들만이 꾸란을 해석할 권리와 자격이 있다고 말한다.

구원의 길이 다르다. 꾸란이나 성경 모두 아담과 하와가 절대자와의 약속을 깨뜨리고 금기된 과일을 먹었다고 말한다. 그러나 성경은 그 결과로 아담과 하와로 표현되는 인간과 인간의 후손들이 죄인이 되었다고 말하지만, 꾸란은 아담과 하와가 그 잘못을 뉘우치고 알라에게 용서를 받았다고 말한다. 그래서 조상(아담)의 잘못(죄) 때문에 그 후손들(인간들)이 죄인으로 태어나지 않는다고 말한다. 즉 원죄(태어날 때부터 타고나는 죄)를 가지고 태어난다는 기독교와 원죄 없이 태어난다는 이슬람은 본질적인 차이를 보인다.

이것은 구원의 길을 두고 다른 해석과 적용이 벌어지게 한다. 이슬람이나 기독교 모두 에덴동산에서 지음받은 아담과 하와가 죄를 짓고 타락하고 낙원에서 쫓겨났다고 받아들인다. 그렇지만 태어날 때의 인간성을 두고 사람은 본래 착하게 태어난다는 주장(성선설)과 본래부터 악하게 태어난다는 주장(성악설)이 맞선다. 기독교는 성악설, 이슬람은 성선설을 받아들인다. 결국 원죄라는 문제에 대한 해석을 두고 그 원죄를 해결하는 방법과 대안으로서의 메시아의 존재에 대한 거부 또는 받아들임의 이슈가 나오기 때문이다. 기독교는 그 원죄를 해결하는 대안으로 메시아로서 예수가 이 땅에 내려왔으며, 예수를 구세주로 받아들이면 구원받는다고 주장한다. 그러나 이슬람은 메시아가 필요 없다. 개개인이 지은 잘못은 그 당사자와 알라의 몫이라고 생각한다.

이렇듯 기독교와 이슬람은 비슷하지만, 아예 이질적이다. 현상에 대한 관찰은 물론 그 해석과 대안(구원의 문제)에 대해 상이한 주장이 자리하고 있다. 외형상의 유사함 때문에 두 종교의 본질을 같다거나 비슷하다고 말하는 것은 무리가 있다.

베스트셀러 성경 vs 꾸란

아랍 이슬람 지역에서 꾸란을 비롯한 이슬람 종교 서적 전문서점 찾기는 땅 짚고 헤엄치기일까? 이슬람이 절대다수를 차지하는 이곳에서 성경 구하기는 하늘의 별따기일까? "아랍 이슬람 국가에서 제일 많이 팔리는 책은 무엇일까?" 하고 물어보면 "그거야 당연히 꾸란 아닌가요? 어디서나 언제나 쉽게 구입할 수 있는 것이 꾸란일 테니까요…." 이런 대답이 돌아온다. 다음 질문을 이어본다. "그렇다면 아랍 이슬람 국가에서 제일 팔리지 않는 책은 무엇일까?" "그거야 당연히 금서일 수밖에 없는 성경 아닐까요?" 그러나 이 두 짧은 질문과 대답 안에는 우리가 가지고 있는 고정관념과 신화가 녹아 있다.

아랍 이슬람 지역의 베스트셀러 중에는 당연히 이슬람의 경전 꾸란도 있다. 그렇다. 이슬람 사원 주변은 물론이고 동네 조그만 책방에서도 꾸란을 구하는 것은 어렵지 않다. 그렇다고 하여 모든 서점에 꾸

꾸란은 이슬람 최대의 경전이다. 기도하기 위하여 줄을 선 무슬림 예배자 앞에 꾸란이 놓여 있다(쿠웨이트/쿠웨이트).

란 취급 코너가 큼직하게 자리잡고 있는 것은 아니다. 일반 서점에 꾸란 코너가 있다고 하여 다양한 제본(디자인)의 꾸란이 비치되어 있는 것도 아니다. 어디서나 구할 수 있기에 아예 꾸란을 공들여 취급하지 않는 서점들이 이곳에는 더 많다. 아랍 이슬람 국가의 서점들이 모두가 이슬람 종교 서점은 아니다. 단지 몇 권의 꾸란만 비치해 놓은 경우도 많다. 이슬람 국가인 이곳에도 이슬람 종교 서적을 전문 취급하는 이슬람 전문 서점이 따로 존재한다.

꾸란의 저작권은 사우디아라비아 종교성이 가지고 있다. 기독교에서는 성서 공회가 성경 저작권을 행사하고 있다. 꾸란에는 역본이 존재하지 않는다. 다른 나라 말로 된 꾸란은 꾸란 해설서이지 꾸란 역본이라고 하지 않는다. 그래서 이슬람 원칙에 따른다면 한국어 꾸란은 없다. 한국어 꾸란 해설서가 존재하는 것뿐이다. 한국어로 꾸란이 번역되어 나온 것은 김용선 역과 <최영길 역본>이 대표적이다. 이 중 <최영길 역본>은 사우디 종교성 공인 한국어 꾸란 해설서이다. 대략 5-6종류의 한글판 꾸란(해설서)이 존재한다.

4년 전 봄에 듣게 된 흥미로운 이야기가 하나 있었다. 현대 아랍어로 번역된 꾸란이 있다는 것이었다. 요르단에 돌아온 나는 이슬람 종교 서적 전문 서점을 찾았다. "현대어 꾸란 있어요? 최근에 나왔다고 들었습니다." 그러자 서점 주인은 이상한 표정으로 나를 쳐다보았다. "아랍어 꾸란은 한 종류밖에 없고, 현대 아랍어 꾸란이 나왔다는 이야기는 금시초문입니다." 사실이 그랬다. 누구는 현대어 꾸란이 나온다면 그것은 살만 루시디4의 '악마의 시'5 논쟁 이상의 이슈가 될 것이라고 귀

4_ 인도 봄베이(현 뭄바이) 출신 인도계 영국인으로 본명 아흐마드 살만 루시디(Ahmed Salman Rushdie)이다. 소설가이며 수필가로, 1988년 발표한 '악마의 시'라는 이슬람 비판 작품으로 곤욕을 치루고 있다. 갈등이 일자 그에 대한 사과의 뜻을 담아 1990년, 수필집 'In Good Faith'를 펴냈다. 그러나 이란 성직자들은 기존의 그에 대한 사형 선고를 철회하지 않았다. 그는 2007년 영국 왕실로부터 기사 작위를 받았다.

5_ 1988년 9월 루시디가 펴낸 소설 <악마의 시>는 논란 그 자체였다. 작품에서 이슬람을 조롱하고, 이슬람 선지자 무함마드의 부인들을 창녀 분위기로 묘사하는 등 무슬림들 보기에 불경스러운 묘사를 담았다. 이 때문에 이슬람 세계로부터 많은 비난을 불러일

띰해 주기도 했다. 그것은 불가능하다는 것이다. 아울러 아랍어판 꾸란은 하나의 버전만 존재한다. 꾸란 아랍어가 1,400여 년 전 아랍어인 까닭에 아랍 문학을 전공하는 아랍인들도 꾸란의 의미를 쉽게 이해하지 못하는 경우들이 있다. 서울의 한 대학에서 아랍어를 가르치고 있는 한 아랍권 교수(아랍문학 박사)는 "아랍 문학을 전공한 나에게도 고대 아랍어로 된 꾸란 아랍어는 쉽지 않다"고 말한다. 이 정도면 현대 아랍어 꾸란이 나옴직하다고 생각할 것이다. 그러나 꾸란은 알라에 의해 무함마드에게 꾸란이 계시될 당시에 사용된 그 꾸란 아랍어만이 진짜 꾸란이라는 입장이다. 884년 신드어(오늘날 파키스탄 지역 언어)로 번역6된 이후 현재 112개7 언어로 200종 이상의 꾸란 역본(해설서)이 존재한다.

(한국) 기독교에서 개역성경, 개역개정, 현대인의 성경, 표준 성경, 표준 새번역 등 다양한 한글 역본 모두를 원어 성경과 동일한 권위를 지닌 성경으로 받아들이는 것과는 비교된다. 성경은 국제성서 공회의 2008년 통계에 따르면 모두 451개 언어로 성경 전체가 완역되어 있다. 성경이 부분적으로라도 번역된 언어는 모두 2,479개8 언어에 이른다. 소수민족의 종족어로까지 성경이 번역되고 있는 것이다.

아랍 이슬람 지역에서의 성경 판매량은 꾸란에는 훨씬 못 미치지만 무시하지 못할 정도이다. 해마다 수십만 권에 이르고 있다. "국교가 이슬람인 아랍 이슬람 국가에 기독교 서점이 공식적으로 있을 수 있나요?"라거나 심지어 "성경은 팔 수도 가질 수도 없는 금서 아닌가요?" 의아스런 표정으로 질문하는 이들을 종종 만난다. 사우디아라비아를 제외한다면 물론 성경은 금서가 아니다. 아랍 이슬람 지역에서도 기독교 서점을 찾을 수 있다. 그것은 이곳에도 2천여 년 전통을 가진 전통

으켰다. 급기야 1989년 2월 14일 이란의 최고 성직자 루홀라 호메이니가 그의 처형을 허락하는 종교 해석(파트와)을 내놓았다. 한국에서는 2001년, 김진준 연세대 교수 번역으로 문학세계사에서 <악마의 시>(상·하)로 나왔다.

6_ 다른 자료에는 9세기에 페르시아어로 완역되었다고도 한다.

7_ 터키의 Hürriyet Daily News and Economic Review(2010. 8. 12) 보도.

8_ 1168개 언어로 신약성경 전체가 완역되었다.

기독교인들이나 개신교인들이 존재하기 때문이다. 카이로의 한 가판대에서 보게 된 풍경이다. 가판대 상인 아저씨는 무슬림이었다. 한쪽에서는 꾸란도 팔고 있었다. 그런데 성경도 눈에 띄었다. "아저씨 성경도 팔아요? 그것 금지된 것 아닌가요?" 아저씨의 대답은 의외였다. "성경책을 파는 데 문제가 되지 않아요." 책 장사꾼으로서 책의 하나인 성경책을 파는 것이 이상할 것이 없다는 것이었다.

이집트는 2010년 한 해에 보급된 신구약 성경(성경전서)의 양이 19만 6천 4백여 권에 이르렀고, 신약은 43만 8천여 권에 달했다. 레바논의 경우는 성경전서의 경우 1만 7천 5백여 권이었고, 신약 성경은 11만 5천여 권이었다. 요즘은 다양한 아랍어 성경 역본이 기독교 서점이 아닌 일반 서점이나 가판대에서도 팔리고 있다. 아랍 이슬람 지역 안에서의 성경 판매량은 꾸준하게 늘고 있다.

꾸란 판매량은 얼마나 될까? 다른 언어로 번역된 꾸란 해설서의 판매량은 또 얼마나 될까? 공식적인 통계수치는 쉽게 접근할 수 없다. 그냥 많이 팔린다는 감을 잡는 것에 어려움이 없을 정도이다. 그러나 생각보다 많이 팔리는 것은 아니다. 기독교인의 성경 보유량에 훨씬 못미친다는 생각이 든다. 그래도 집이나 직장에서 무슬림 한 사람이 여러 디자인으로 된 꾸란을 가지고 있는 경우를 어렵지 않게 볼 수 있다. 요즘 들어서는 휴대용 전자 꾸란은 물론 DVD나 CD 버전의 낭송 꾸란들도 늘고 있다.

4. 거룩한 공동체

나는 기독교와 이슬람의 가장 큰 차이 중 하나로 누가 선민인가에 대한 개념의 차이를 꼽고 싶다. 기독교인은 선택에 따른 것이지만, 무슬림은 대개의 경우 운명적인 것이기 때문이다. 개인의 자유의사에 따라 무슬림이 되는 경우는 개종자 외에는 없다. 이른바 무슬림 집안에서 태어난 이는 무슬림이라는 신분으로 살아가야만 한다. 그것은 마치 국적이나 성씨와도 같다. 그래서 이슬람의 공동체와 기독교의 공동체는 구성원의 자격 요건이 다른 것이다.

기독교와 이슬람 모두 하나님과 알라 앞에 만민이 평등하다고 말한다. 평등의 종교지만 그 안에는 이런 이상향이 존재하지 않았다. 갈등도 있었다. 이른바 선민주의가 자리하고 있기 때문이다. 특별히 선택된 민족이 있거나 선택된 특별한 사람들이 있다는 것이다. 같은 신앙을 갖지 아니한 이방인은 논외로 하더라도 같은 신앙을 가진 집단 안에서도 성골과 진골 같은 차별을 둘러싼 갈등과 논쟁이 있었다. 지금도 이어진다.

기독교의 코이노니아

기독교와 이슬람의 공동체적 유사성을 찾으라 하면 그리스도의 공동체 교회의 코이노니아와 이슬람 움마의 형제애를 들 수 있을 것 같다. 그러나 외부에서 보는 이 공동체성은 그 무리 안에 들어오게 될 때 보기와는 다른 긴장과 갈등이 존재했다. 기독교나 이슬람 모두 초기에 공동체의 위기를 맞이했다. 그것은 기득권 의식과 텃세 등으로 표현될 수 있는 차별주의가 종교의 옷을 입고 그릇된 선민주의로 확대된 경우들이다. 이 그릇된 우월주의는 소유의 욕망으로 정치권력과 일체감을 갖고 싶어한다. 결국은 세속 권력과 내세 모두를 보장받으려는 줄타기 곡예가 아무렇지 않게 벌어진다. 기득권 세력의 텃세 의식과 자리 지킴을 위한 투쟁도 치열하다.

초기 교회의 치열한 광야 정신, 예언자 전통은 고난을 겪으면서 강해졌고, 권력 안에 안주하면서 쇠퇴해갔다. 가지려 하고 더 가지려 하는 세상에 기독교 공동체는 나누고 싶었고, 또 죽음에 이르기까지 나누었다. 그래서 그들은 지탄의 대상이 되었고, 지구를 떠나야 할 존재가되었다. 그들에게 죽음이 다가왔고, 피 흘림은 계속되었다. 종교 박해가 계속되는 상황에서도 예수를 그리스도로 믿는 공동체가 점점 수적·질적으로 성장하고 있었다. 유대계가 아닌 사람들, 이른바 헬라계 기독교인들이 폭발적으로 증가했다. 그러다보니 유대계와 헬라계 사이의 갈등이 폭발지경이었던 것을 사도행전은 적고 있다. 초기 기독교 전통은 기독교 공동체 내의 계급과 계층 간의 차이로 인한 차별을 반대했다.

그러나 기독교인들은 더불어 사는 공동체를 포기하지 않았다. 수많은 변절자들이 신의 호의를 구하면서 권력 또는 돈과 악수하는 상황에서도 여전히 경계인으로 남아 사람들의 질시와 관심의 대상이되었다.

기독교의 코이노니아를 성경은 이렇게 묘사하고 있다. "믿는 무리가 한 마음과 한 뜻이 되어 모든 물건을 서로 통용하고 제 물건을 조금이라도 제 것이라 하는 이가 하나도 없더라. … 그 중에 핍절한 사람이 없으니 이는 밭과 집 있는 자는 팔아 그 판 것의 값을 가져다가 사도들의 발 앞에 두매 저희가 각 사람의 필요를 따라 나눠줌이러라."9 그랬다. 기독교의 영성은 광야에 있었다. 그것은 광야에 멈춰 서 있는 고립된 신앙이 아니었다. 그것은 가진 것으로 함께 나누며 사는 공동체 정신이었다. 그러던 것이 이제는 더 많이 갖고 더 많이 누리기 위해 기독교회가 바쁘게 움직이고 있었다. 그런 면에서 교회는 위기에 빠져들었다.

이슬람의 움마

아랍, 아랍인, 아랍어, 아랍 문화 등등 다양한 표현 안에 '아랍'이 자리한다. 아랍 무슬림이라는 표현이 가능한 것처럼 아랍 기독교인과 아랍 유대인도 존재한다. 그렇다면 '아랍'은 누구를 말하며 무엇을 뜻하는 것인가? 지금 우리가 사용하는 '아랍' 개념은 아랍어와 아랍어를 말하는 지역에 살고 있는 사람을 뜻한다. 종교적인 개념이 아니라 다분히 문화적·인종적 개념이다. 그러나 중세까지 아랍은 지금의 사우디아라비아 반도에서 서쪽으로 시리아 사막에 이르는 지역에 살던 아랍어가 모국어였던 종족을 일컫는 것이었다.

이슬람 국가 이집트로 발걸음을 옮기던 1990년 가을, 필자의 기억에는 아랍 무슬림들은 흰색을 좋아한다는 선입견이 가득했다. 그런데 카이로에 도착하자 그것이 아니었다. 흰옷은 커녕 조금은 탁해 보이는 이집트 농부 복장으로 알려진 '갈라비야'를 입은 이집트 무슬림들이 더 많았다. "아니 무슬림들인데 왜 남자들의 복장이 이렇게 다른가요? 왜 이집트 남자 무슬림 남자들은 사우디아라비아나 쿠웨이트 등지의 무슬림 남성들이 입는 그런 흰색의 겉옷을 입지 않나요? 무슬림들은 흰 옷을 입어야 하는 것 아닌가요?" 이런 질문에 현지인들은 너무 간단하게 대답했다. "그거야 이집트인들은 성골 아랍인이 아니기 때문이지요." 이집트 무슬림들은 아라비아 반도의 무슬림들이 입는 하얀 색의 통옷을 입지 못했다. 이른바 아랍인이 아니기 때문이었다. 아

9_ 사도행전 4:32-37.

랍인은 좁은 의미에서 아라비아 반도의 주민들을 일컫는 것이었고, 지금도 그런 차별은 계속되는 것 같다. 무슬림이라고 같은 격이 아닌 모양이다.

이슬람의 공동체 움마는 생활공동체이다. 움마의 중심에는 무슬림 '형제애'가 자리하고 있다. 교회의 중심에 코이노니아가 자리하고 있는 것과 유사하다. 흔히들 무슬림 간의 형제애는 가족에 대한 충성과 사랑보다 앞선다고들 말한다. 다른 종교에서 이슬람에 귀의한 이들이 손꼽는 개종 사유 가운데 이슬람 공동체의 움마의 매력이 들어 있다. "파키스탄을 방문했을 때 그곳 무슬림들의 격의 없는 손님대접과 친절함에 매료되었다. 이후 이슬람에 귀의했다"는 한 한국인 무슬림의 고백이 떠오른다. 특정 민족의 친절함이나 관대함을 종교에서 유래한 것으로 판단한 것이다. 이슬람에서 '움마'의 이상은 한 사람의 지도자에 의해 다민족적 단일국가가 통치되는 상태이다. "움마는 피보다 강하다"는 식이었다. 인종과 계급을 초월하는 평등사상으로서의 '움마' 이상은 이슬람 밖에 있는 이들에게 자극이고 도전이었다. 기왕이면 다홍치마라 했다. 이방인으로 존재하기보다 무슬림으로 움마의 한 일원이 되고 싶었던 이들도 많았다. 그런데 무슬림이 되었다고 모든 것이 다 변하는 것만도 아니었다.

선민과 평민

어느 세계에서나 볼 수 있는 것처럼, 이슬람 확장 초기에는 오늘날보다 더 엄격한 차별과 구별, 텃세가 있었다. 특권층 양반인 '카싸'와 평민층인 '암마'가 엄연하게 존재했다. 가난한 양반이 우리에게 있었던 것을 연상시키듯 가난하고 소외된 일부의 카싸도 존재했지만 다수의 카싸는 권력과 경제력을 함께 틀어쥔 이들이었다. 양반무슬림들이 가졌던 우월감과 다른 계층에 대한 편견과 사회적 차별은 대단했다. 아랍계 자유민으로 무슬림이 된 '후르르' 계층은 대개 카싸 집단에 속했

무슬림은 다양한 종족이 모여 함께 예배드리곤 한다(미시간주/디트로이트).

다. 비아랍계로 아랍 무슬림으로 귀화하거나 입양된 이들 '마왈리'는 후르르 계층에 의해 차별대우를 받아야 했다. 비아랍계 마왈리는 아랍 상류층을 상대로 생계를 유지하고 있던 가솔들이었다. 이들 출신지는 페르시아, 아르메니아, 이집트, 베르베르 등 비아랍계로서 주인들을 따라 무슬림이 된 이들이 대부분이다. 아랍계이면서도 기독교나 유대교에서 이슬람에 입교한 아랍계들도 마왈리 취급을 받았다. 특히 이라크나 바레인 등의 아랍계 하층민은 무슬림이 되었어도 차별을 받아야 했다. 무슬림이 되었다고 해도 하인 계층의 비아랍계 무슬림들은 하늘 같은 상전들이었던 아랍계 무슬림들이 누리던 동일한 지위, 평등을 누릴 수는 없었다.

아랍계 무슬림들은 무슬림의 의무 사항인 소득의 1/40인 자카트를 내는 것 외에는 별다른 경제적 의무가 없었다. 병영 도시 '암사르'[10] 거주 자격이 부여되었다. 이슬람제국 초기의 대표적인 암사르로는 이라크의 쿠파와 바스라, 이란의 콤, 이집트의 푸스타트, 튀니지의 카이라완, 인도의 봄베이, 캘커타 등이 이 부류에 속했다. 암사르는 지역의

10_ 한양이나 예루살렘 같은 도성(都城)을 말한다.

이슬람제국의 위성도시, 전략도시의 위치를 가졌다. 아랍계 무슬림들은 연금이나 수당을 지급받았다. 토지를 소유할 수 있었고 토지세를 내지 않아도 되었다. 이슬람제국이 새롭게 확보한 땅들을 받고 1/10 정도의 토지세만 내면 되었다. 나중에는 이 불하받은 토지들이 사유화되기 시작했다. 이들 아랍계는 막대한 경제권을 향유하고 있었다. 아랍계는 종교 특권층으로서 권력과 부와 종교적 의로움을 다 보장받은 셈이었다. 이렇듯 아랍계의 특권이 보장되고 주장되었다. 다음 계층으로는 '딤미'들과 노예 계층이 존재했다. 딤미에 대한 설명은 다음 장에서 다루기로 한다. 딤미 계층 아래로 노예 계층이 존재했다. '한번 노예는 영원한 노예'가 되어야 했다. 무슬림이 된 노예는 종교적으로 동등하다고 선포되었지만 현실은 그렇지 않았다.

　이슬람 초기의 가장 큰 갈등 요인은 이렇듯 무슬림 공동체 안에 자리하고 있었다. 버나드 루이스[11]는 그의 책 <중동의 역사>[12]에서 이렇게 묘사한다. "그것은 아랍인과 아랍인 간의 분쟁, 즉 북부 아라비아와 남부 아라비아 출신 부족들 간의, 먼저 온 사람과 나중에 온 사람 간의, 잘난 사람과 덜 잘난 사람 간의, 아랍 자유인 아버지와 어머니를 둔 아들과 아랍 자유인 아버지와 외국인 첩 어머니를 둔 아들 간의 분쟁에서 야기되었다…." 이슬람 초기 공동체도 원리적으로는 움마 안에 계층과 계급을 갖지 않았다. 그러나 현실은 달랐다. "아랍계면 다냐? 언제 무함마드 선지자가 차별을 말했냐?" 이런 볼멘소리들이 터져 나왔지만, 아니꼬우면 아랍인으로 태어나면 될 것 아닌가 하는 식의 빈정거림이 되돌아올 뿐이었다. 아랍계의 더 많은 특권의 향유를 위해 이슬람 지배계급은 비아랍인이 무슬림이 되는 것을 별로 달가워하지 않았다. 아니 오히려 말리는 식이었다. 거룩한 전쟁에 참전을 해도 아랍계가 말

11_ 버나드 루이스(Bernard Lewis) 영국 런던에서 1916년 5월 31일 태어났다. 영국계 미국인으로 현존하는 중동 전문가 중의 한 사람이다.

12_ 원서는 다음과 같다. The Middle East: A Brief History of the Last 2,000 Years (published in U.K. as The Middle East: 2,000 Years of History from the Rise of Christianity to the Present Day) (1995).

타고 전쟁을 하는데 비아랍계는 보병 역할만 주어졌다. 전선도 아프리카 서북부의 변경 지역 같은 열악한 곳에 집중 배치되었다. 차별에 반발한 비아랍계의 분노는 내전으로까지 확산되기도 했다. "움마 좋아하네. 도대체 어느 세상에 이런 차별이 있을 수 있냐? 무함마드 선지가가 허락한 이슬람 공동체의 동등권을 보장하라!" 사실 절대다수의 비아랍계가 낸 세금은 소수의 아랍계 지배 계급의 든든한 바탕이 되었다. 비아랍계 무슬림 공동체의 불만은 쌓이고 폭발하여 결국 내부 전란에 휩싸이게 되었다.

그렇지만 아랍계도 기득권을 포기할 수 없었다. 아랍계와 비아랍계의 차별이 없어지는 것은 지배계급의 근본적인 변화를 요구하는 것이었기 때문이다. 이것은 초기 이슬람 지배 계급의 와해를 의미했다. 아랍계 상류층은 더 많은 경제, 사회적 지위와 권력을 향유하기 위하여 텃세를 부렸다. 기득권 확보라는 그 텃세가 종교의 언어와 옷으로 감춰져 있기에 비인간화로 치달았다. 이런 상황은 압둘 말리크(685-705)가 통치하기까지 계속되었다.

무함마드의 뒤를 이은 4명의 (정통) 칼리프[13]들과 그 뒤를 이어 나타난 시리아 다마스커스를 수도로 하는 움마이야 왕조에 이르기까지 아랍 이슬람제국은 이어졌다. 초기에 이슬람에 합류한 아랍계 상류층의 기득권은 이어졌다. 이슬람 공동체 내의 잘못된 선민의식이 공동체의 하나 됨을 막는 가장 강력한 걸림돌이었다. 아랍계 상류층의 부와 권력의 독점과 사치한 생활은 비아랍계의 분노와 저항을 맞이한다. 결국 움마이야 왕조는 압바스 왕조로 대체된다.

13_ 칼리프는 무함마드의 계승자라는 뜻으로 시작되었다. 칼리프에게 주어진 호칭은 믿는 자들의 장군, 움마의 지도자 등이다. 정통 칼리프 시대는 무함마드 이후 그를 계승한 4명이 통치하던 시대를 말한다. 아부 바크르, 오마르 이븐 알 카땁, 오스만 이븐 아판 그리고 알리 이븐 아비 딸립 등이다. 아부 바크르 앗씨디끄(Abu Bakr As-Siddiq, 573-634), 우마르 이븐 알카땁(Umar ibn al-Khattab, 586-644), 우스만 이븐 아판(Uthman ibn Affan, 579-656) 그리고 알리 이븐 아비 딸립(Ali ibn Abi Talib, 599-661)을 말한다.

이런 점에서 초기 이슬람의 확장을 이슬람의 공동체 정신 '움마'의 영향으로 평가하는 것은 무리이다. 이슬람의 움마의 위기는 외부 세력의 방해나 탄압을 통해 초래된 것이 아니었다. 아랍계 공동체 내부의 선민의식이 화근이었다. 움마의 정신은 비아랍계의 여러 차례의 저항운동을 통해 부분적으로 성취될 수 있었다.

이런 이유 등으로 이슬람 학자들은 초기 이슬람제국을 아랍제국으로 평가한다. 아랍 비잔틴제국으로 표현하는 학자들도 있다. 아랍 문명과 비잔틴 문명이 뒤섞였던 시기였다. 통치자는 아랍계 무슬림이었다. 아랍 무슬림들이 주류가 되어 권력을 장악했기 때문이다. 일상 문화나 통치 구조에 비잔틴의 요소가 많은 부분 남아 있었다. 이 아랍제국 시기에는 비잔틴 왕의 모습으로 표현된 칼리프 압둘 말릭 마르완의 모습은 물론 십자가조차 표현 양식으로 활용될 정도였다. 그 시대에 발행된 주화에 이런 영향력이 강하게 남아 있다. 노골적인 인체 표현은 물론 각종 인물상이나 동물들이 조각되거나 그려졌다. 그러나 후기 이슬람 문명에서는 이 모든 것이 금지되었다. 우상숭배를 금지한 이슬람의 율법 때문이다. 정치적으로 로마제국이 지배하고 있었음에도 문화·경제적으로는 그리스제국(헬라제국)의 영향력이 공존하던 것과 비슷한 상황이었다.

이슬람의 움마나 기독교의 코이노니아 모두가 내부 결속을 위한 주요한 키워드였다. 공동체 내부의 강한 결속은 다른 집단에 대해 다소 배타적인 성격을 지니기도 했다. 움마와 코이노니아 둘 사이에 다른 것이 있다면 이슬람의 움마는 팽창적·확장적 성향을 지닌다는 점이다. 그것이 타집단에 대해 정복주의 경향으로 표출되기도 했다. 이슬람의 움마 정신은 이슬람전도(다와) 또는 일부 이슬람원리주의자들에 의해 무력을 포함한 다양한 형태의 지하드(성전)로 추진되기도 했다.

타고난 무슬림

"믿음은 마음으로 알 수 있는 것 아닌가, 외형으로 무슬림의 삶을 평가하고 재단하는 것은 문제라고 본다. 내가 청바지를 입고 있다고 내 자신이 무슬림이라는 내면 정체성이 사라지는 것이 아니다." 겉모습만으로 무슬림을 평가하지 말라는 것이다. 쿠웨이트에서 북아프리카의 모로코 그리고 또 다른 아랍지역을 방문하면서 만난 젊은이들이 던지는 화두이다. 적지 않은 아랍 무슬림 젊은이들은 자신들의 종교생활에서도 자유를 주장하고 있다. 판에 박힌 틀로 종교를 가두어두지 말라는 요구가 커지고 있다.

무슬림이라는 단어가 머리를 스쳐지나갈 때면 떠오르는 이미지들이 있다. 이른바 전통 무슬림 복장을 입은 외형적인 옷차림새는 물론이고 때와 장소에 아랑곳없이 기도하는 모습들이 가장 강하게 다가온다. 어떤 사건을 접할 때면 "무슬림이니까…." 또는 "무슬림인데 어떻게…?" 같은 질문들이 던져진다. 유럽이나 북미 사람들을 볼 때는 종교를 먼저 떠올리지 않는데, 왜 유독 아랍 이슬람 지역이나 동남아시아, 중앙아시아 사람들을 대할 때는 종교 이슬람을 먼저 떠올리게 되는 것일까?

수년 전 이라크와 아프가니스탄 등에서 인질 사건이 벌어졌다. 이때 나름 전문가들이 나서서 "무슬림은 무엇을 한다" "안 한다"는 식으로 사건 진행 과정을 설명하느라 애를 썼다. 무슬림은 여성을 살해하지 않는다는 주장도 나왔고, '테러를 자행하고 살인을 하는 자들은 무슬림이 아니다'는 식의 억지도 부렸다. 이라크에서 시아파 무장 조직에게 살해당한 수니 무슬림 여성(언론인)도 있었고, 외국인 여성들도 있었다. 그렇지만, 이슬람은 여성을 보호한다는 주장을 반복하던 이슬람 전문가들이 여전히 한국 사회에 존재했다.

무슬림은 운명이다. '이 사람은 수니 무슬림이다, 저 사람은 시아 무슬림이다'는 식으로 무슬림을 구분하는 데 익숙하다. 우리가 이슬람 세계 속에 살고 있는 이들을 구분지을 때면 '종교적' 접근이 대세를 이룬다. "무슬림은 이슬람 공동체에 속한 사람을 의미한다. 이슬람 공동체에서는 분명한 신경(信經) 또는 신조(信條)를 고백하고 그에 따라 철저한 종교적 의무를 실천하는 것을 전제로 한다"고 규정하기도 한다. 그런데 '누가 무슬림인가', '무엇이 무슬림의 정체성인가' 하는 원초적인 질문이 필요하다. 단순하고 명쾌했던 이슬람 이해는 복잡한 이슬람 세계를 이해하는 데 장애물이 되고 있다.

"누가 무슬림인가" 질문을 던지면 쉽게 몇 가지 특성을 나열한다. 이런저런 옷차림새를 한 사람이나 어떠어떠한 행동을 하는 사람들을 가장 먼저 떠올린다. 아니면 이러저러한 말과 몸짓을 하는 어떤 사람들을 연상하기도 한다. 머리에 히잡이나 베일을 쓰고 있는 여성, 긴 통옷에 수염을 기르고 머리에 남성용 머리 덮개를 눌러쓰고 있는 남자들, 시간에 맞춰 장소 가리지 않고 메카를 향해 기도하는 사람들이 무슬림에 얽힌 대표적인 이미지이다. 그렇다면 이런 범주에 들지 않는 사람들은 무슬림이 아닌가? 무슬림의 정체성을 외모로 판단하는 것은 적절하지 않다.

다른 사람들에 의해 무슬림으로 규정받거나, 자기 스스로를 무슬림으로 인식하거나 무슬림 됨을 고백하는 이들은 다양한 이유와 근거를 가지고 있다. 대부분의 무슬림에게 이슬람은 선택이 아니라 선천적으로 주어지는 것이다. 이슬람에 입교해 무슬림으로 개종한 이들을 제외하면, 무슬림은 혈통에 따른 것이다. 날 때부터 무슬림인 이들에게 개인적이고 인격적인 종교적 체험이나 결단은 큰 이슈가 되지 않는다. 태어나면서 주어지는 종교는 종교이기보다 가문의 내력과 같은 것이다. 한 사람의 종교인이 신념과 고백, 종교적 실천에 있어 언제나 일치하는 것은 아니다. 고백과 실천이 다를 수 있고, 개인으로서의 입장과 공동체 일원으로서의 입장을 달리 갖거나 표현할 수도 있다.

공동체 구성원으로서의 정체성 표현이 우선이다. 개인적인 확신이나 신념, 고백과 관계없이 집단의 공식적인 입장에 동조하는 경우가 많다. 그것이 종교의 모양인 경우는 더욱 간단하지 않다. ① 혈통에 따른 무슬림, 무슬림 집안에서 태어난 구성원들은 날 때부터 자동적으로 무슬림이 된다. 한 개인의 종교적 경향이나 신념, 실천, 종교심은 고려되지 않는다. 이슬람의 신앙 고백을 하지 않아도, 평생 이슬람 사원을 찾아 예배하지 않아도 관계없다. 개인적이고 인격적인 종교 체험이나 헌신, 결단, 삶이 없어도 무슬림으로 인정되고 무슬림으로 규정된다. 스스로도 무슬림으로 고백한다. ② 법에 따른 무슬림, 혈통 따라 난 무슬림은 법적으로 자동적으로 무슬림이다. 중동 아랍 이슬람 국가에서는 이슬람에서 다른 종교로의 개종은 법이 금지하고 있다. 예수 그리스도를 개인의 주로 영접한 개종자들도 법적으로는 무슬림이다. ③ 문화와 전통에 따른 무슬림, 말이나 옷차림새는 물론이고 먹는 것, 생각하는 방식, 생활양식 등 문화와 전통을 따른다. 여성들이 베일이나 검은색 통옷을 입고, 남자들은 긴 겉옷에 머리에 두건을 쓰고, 수염을 기르는 등의 전통 가치를 지킨다. 관혼상제도 전통을 고수한다. ④ 정치 신념에 따른 무슬림, 이슬람은 반미·반서구·반기독교 경향을 지닌다고 생각하는 무슬림이 있다. "무슬림은 이스라엘 문제 때문에 미국을 적으로 생각한다"고 단정되기도 한다. 이들에게 기독교인(이 된다는 것)은 친미·친서구 경향을 받아들인 것으로 간주한다. 지금은 약해지고 있지만 아랍민족주의가 이 지역 무슬림의 또 다른 정치적 표현으로 이해된다.

개인으로서의 정체성 표현이 다음이다. 개인으로서의 무슬림의 정체성은 공동체 구성원으로서 자동적으로 주어지는 무슬림 정체성에 바탕을 두곤 한다. 무슬림 개인으로서의 개인적이고 인격적인 정체성 표현은 사실 날 때부터 무슬림인 이들에게는 큰 이슈가 되지 않는다. ① 고백으로서의 무슬림. 샤하다를 하면 누구나 무슬림으로 인정한다. 날 때부터 무슬림인 혈통을 따르거나 법에 따른 무슬림에게는 '샤하다'는 무슬림의 정체성을 갖게 하는 필요충분조건이 아니다. ② 교리적으

금요 무슬림 예배 중 예배 참가자들이 설교에 집중하고 있다(요르단/암만).

로 무슬림. 이들은 이슬람에 관해 학습된 정보를 가지고 있다. 그것에 대하여 물으면 술술 '정답'을 끄집어내어 놓는다. 그러나 그 스스로가 그 교리에 걸맞은 삶을 살아가는 것에는 무관심하다. ③ 종교적으로 무슬림. 무슬림이 지켜야 할 것으로 주어진 종교 의무를 준수하려고 노력한다. 라마단 금식기간 중에 공식적인 금식에 참여하고, 평생 한번은 메카로 성지순례를 가고자 애를 쓴다. ④ 삶으로의 무슬림. 무슬림으로서 일상생활에서 이슬람 가치관을 지키고 꾸란의 가르침을 지키려고 진지하게 애를 쓴다. 종교적인 의무도 다하지만 생활 가치 규범으로서의 이슬람 전통과 가치관을 지키려고 노력한다.

보이는 정체성, 감춰진 정체성으로서 무슬림이 있다. 여기에는 두 가지 작은 기준이 있다. ① 보이는 정체성, 고백되는 정체성이 한 무슬림의 실제 정체성을 다 드러내주는 것은 아니다. 한 '무슬림'이 자신의 정체성을 무슬림으로 규정하거나 다른 사람에 의해 무슬림으로 간주되는 것에는 앞에서 살펴본 이유들 중 하나의 이유만 존재하는 것은 아니다. 무슬림이 자신의 무슬림으로서의 정체성을 말할 때 '외부의 도전과 자극'에 의해 그 정체성이 강화되거나 약화되는 것을 볼 수 있다. 아랍 이슬람 지역에서 무슬림이 되는 것은 쉽다. 그렇지만 선천적으로 무슬림인 한 개인이 종교적으로 이슬람이 아닌 다른 종교를 받아들이려고 할 때는 어려움에 직면한다. 선천적으로 주어지고 사회적으로 규정된 무슬림의 정체성을 둘러싼 많은 환경과 처지를 포기하기가 쉽지 않은 것이다. ② 잣대가 다르다. 무슬림의 정체성을 다루면서 주목하여야 할 것이 있다. 그것은 우리와 다른 잣대와 기준에 따라 무슬림이 규정되거나 무슬림으로 인정된다는 점이다. 한 번이라도 주기도문을 외웠다거나 사도신경을 고백했다거나 영접 기도를 (따라)했다는 사람 모두를 기독교인으로 간주한다면 한국 교회의 기독교인 수는 얼마나 될까? 한 번이라도 교회에 출석한 경우를 교인으로 간주하여 교인수를 평가한다면 한국의 기독교인 수는 전체 한국 인구를 넘어설 수 있을 것이다.

한국 교회는 교회에 이름이 올라 있는 수(등록교인)보다 실제 교회 모임에 참석하는 수(출석교인)를 중심으로 생각한다. 교회마다 다양한 형식으로 등록교인 제도를 두고 있다. 공개하든 공개하지 않든 예배 출석인원에 대한 통계 수치를 갖고 있다. 그러나 이슬람권은 출석교인 개념이 없다. 그런 통계에도 관심이 별로 없어 보인다. 이슬람권의 무슬림 인구는 출석교인 개념이 아니라 재적교인 개념이 더 강하다. 아니 재적교인의 의미도 없다. 사원에서는 우리교인이라는 의미가 없다. 한국 교회는 부모가 교회 출석을 하는 이들 모두를, 기독교 집안 출신 모두를 자동적으로 기독교인으로 간주하지 않지만 이슬람권에서는 무슬림 집안 출신 모두를 자동적으로 법적으로 무슬림으로 간주한다. "무슬림이 무슬림인 까닭은 이슬람이 부여하는 결속력을 매개로 사회를 결합시켜 주고 또 거기에 정치적인 힘을 가져다주기 때문"이라는 사실을 기억할 필요가 있다. 무슬림을 규정할 때, 외형상의 어떤 특징으로 구별할 것이 아니다.

사실 다양한 무슬림들은 위의 특정 범주 안에 갇혀 있지 않다. 몇 가지 특성을 동시에 보여주기도 한다. '무슬림'을 하나의 틀로만 보아서는 안 된다. 아울러 자신의 무슬림 정체성과 무슬림으로서의 정체성에 걸맞은 어떤 특정 행동이나 의식을 그가 수행하고 있느냐는 별개이다. 무슬림으로서의 정체성 의식은 강하지만 행동이나 실천 차원에서는 전혀 무관심한 경우도 있다. 그 반대의 경우도 얼마든지 가능하다. 한국에도 무슬림들이 있다. 이른바 이슬람 다수 국가 출신이라고 하여 무슬림으로 쉽게 간주하는 것은 무리가 있다. 그 나라에도 기독교인이 존재하기 때문이다. 이집트에서 온 이집트인은 무슬림이다 아니다 말할 수 없는 것이다. '무슬림스럽지' 않다고 하여 무슬림이다 아니다 논쟁하는 것도 무의미하다. 다수의 무슬림들에게 무슬림은 신앙이나 신념체계에 얽힌 것을 넘어 출생 신분이며 동시에 사회적·법적 신분의 의미이기 때문이다. 때문에 테러를 일으킨 사람들은 무슬림이 아니다는 일부의 주장도 강변일 뿐이다.

국가 종교 체제에서 개인의 신앙 선택의 자유는 존중되지 않는 경우가 역사에 가득했다. 그것은 서구나 이슬람 다수 국가나 큰 차이가 없다. 지금도 다수의 이슬람 국가에서 종교 선택의 자유는 법에 의해 통제되고 제한 또는 금지되고 있다. 이른바 개종의 자유가 주어지지 않는 경우가 대부분이다. 설사 실제 자신이 믿는 종교를 바꾸었다고 하여도 그 종교 변경 사실을 인정하지 않는 경우가 허다하다.

2008년 10월 하순, 이집트에서는 이집트 정교회 교인이었다가 일시 이슬람에 몸담았다 다시 이집트 정교회로 돌아온 한 남자의 두 자녀에 대해 무슬림 정체성 위반을 이유로 3년형이 선고되는 일이 벌어졌다. 이 자녀들은 이미 40대 후반에 접어든 이집트 정교회 여성들이었다. 사연은 이랬다. 1962년 이 두 여인의 아버지 나기 엘시시는 이혼을 허락하지 않는 이집트 정교회의 규정을 벗어나 아내와 이혼하기 위하여 이혼이 용이한 이슬람에 입교했다. 그 순간 법적으로 나기는 무슬림이었다. 이후 돈을 주고 자신의 신분증 종교란에 이집트 정교회 교인 표시를 넣었지만, 호적이 바뀐 것은 아니었다. 잠시였다고 해도 그가 무슬림이 되었었기에 그 자녀는 당연히 무슬림이어야 하고, 그런 까닭에 무슬림 법의 적용을 받아야 한다. 이집트에서 한번 무슬림이었던 사람의 개종은 허락되지 않는다. 따라서 한번 무슬림이었던 사람의 자녀는 자동적으로 무슬림이 된다. 자신의 아버지가 잠시 이슬람에 몸담았던 것을 몰랐던 자녀는 법에 의해 강제로 무슬림으로 간주되었다. 법적으로 무슬림인 여성들이 이집트 정교회 교인으로 활동했기에 법 위반에 해당한다는 것이다.

제 3 장

기독교와 이슬람, 다름과 틀림

기독교와 이슬람,

많이 비슷한 것 같음에도

'다름'이 더 크게 다가오기도 한다.

그러나 때로는 이 '다름'이

'틀림'을 곧장 말하는 것은 아니다.

이 '다름'이 때로는 서로를 비춰주거나

보여주는 거울이거나 창일 수도 있다.

기독교와 이슬람
그 만남이 빚어낸 공존과 갈등

5. 거룩한 전문인, 성직자

성직자는 특정 종교에 대한 전문지식을 갖고 있는 종교 지도자를 말한다. 목사나 신부 등 가톨릭과 개신교에는 성직자로 불리는 사람들이 있다. 그런데 이슬람에는 성직자가 없으며, 그래서 이슬람은 평등의 종교라고 말한다. 하지만 이것은 오해이다. 기독교나 이슬람 모두에 직업으로서 전문적으로 종교활동을 하는 이들이 존재한다. 일정 자격 요건을 갖춘 이에게 관련 종교 규정에 따라 전문 직업인으로 인정하고 있다. 이슬람 국가에서도 정부에서 일정 정도의 사례비를 받는 직업 종교인으로서의 이슬람 성직자도 존재한다.

이슬람의 성직자

2010년 1월. 파키스탄 카라치의 <마쓰지드 바이트 웃쌀람>(평화의 집 사원) 사원을 찾았다. 그곳 이맘은 파키스탄에서 잘 알려진 종교 지도자 가운데 한 사람이다. 하즈라트[1] 마울라나 압둣 사따르였다. 30대 후반이었음에도 그의 영적 지도력에 대한 권위가 대단했다. 그에게 무릎을 꿇고 경의를 표하는 이들도 많았다. 압둣 사따르라는 이름 앞에 붙은 하즈라트 마울라나[2]는 호칭이다. 이란에서는 '아야톨라'라는 호

1_ 아랍어에서 지체 높은 인물이나 권위 있는 인물의 이름 앞에 붙이는 호칭이다. 아랍어에서는 하다라트의 발음인데 이것이 다른 지역에서 발음이 변형된 채로 사용된다.

칭을 가진 종교 지도자들이 있다. 아야툴라는 직역하면 '알라의 표징'을 말한다.

신부나 목사(구세군 교단에서는 사관으로 부르는)는 속한 교단에 따라 목사 또는 신부로 인정받기 위한 자격 요건이 있다. 이들을 편의상, 통상적으로 성직자(聖職者)로 부른다. 그렇지만 성직이라고 하여 절대적인 신적인 권위를 부여받은 것은 아니다. 성직을 하나의 직분으로 받아들이기 때문이다. 기독교에서는 통상적으로 성직자에게 경전 성경을 읽고 해석하고 설교할 수 있는 권위를 부여하고 있다. 물론 일반인들이 성경을 읽고 해석할 권위를 제한하는 것은 아니다. 공예배시 설교의 권위를 인정하는 것이다.

이슬람에서는 종교 지도자로서 이맘 등으로 부르는 전문 종교인이 있다. 평일에 개인이 아닌 작은 규모의 무슬림들이 예배를 드릴 경우, 그 중 연장자 한 사람이 앞에서 예배를 인도할 수 있다. 그래서 이것을 가지고 이슬람에는 성직자가 없다고 말한다. 그러나 성직자의 개념을 어디에 두느냐에 따라 다르겠지만, 이슬람에도 성직자는 존재한다.

종교적인 지위나 역할을 전문 직업으로 삼고 수행하는 이들은 성직자로 부를 수 있다. 이슬람에도 엄연히 성직자는 존재한다. 요르단을 비롯한 이슬람 국가에서는 정부에서 이맘 또는 설교자를 임명하거나 추인한다. 정부에서 임명장을 주는 것은 아니지만, 정부의 이슬람종교부에 의해 권위가 인정된다. 이슬람의 종교적인 지도자로서 성직자는 이맘, 무프티, 울라마 등이 있다. 그렇다면 누가 이맘이 될 수 있는가? 이슬람 신학교에서 공부하거나 이슬람법을 전공하여야 한다. 물론 이것이 필수적인 조건은 아니다. 이맘[3]들은 사원의 예배와 행정의 일부를 담당한다. 요르단의 경우 이맘 선발이나 임명은 이슬람종교부 소관이

2_ 아랍어에서 비롯된 호칭으로 다른 지역에서는 '몰비' 또는 '루미'라고도 불린다. '우리 주님', '우리 주인'이라는 뜻을 지닌다.

3_ 이란에서는 '몰라', 다른 곳에서는 '쉐이크'(또는 셰이크)로도 부른다. 시아파 이슬람에서는 이맘은 일반 성직자보다 높은 지위의 영적 지도자를 일컫는다.

예배 직전 예배 참석자와 환담하는 이맘. 이맘은 이슬람의 종교 지도자이며, 전문 직업 종교인이다(쿠웨이트/쿠웨이트).

다. 매달 일정한 사례비(월급)도 정부가 지급한다. 사례비는 이맘의 학력이나 경력에 따라 차등이 있다. 대개의 경우 200-300달러 수준이다. 요르단 대졸자의 초봉이 300-400달러 안팎인 점을 고려하면 액수가 그리 많은 편은 아니다. 그래서 요르단의 경우 이맘이 다른 세속 직업을 갖는 것을 허용하고 있다. 이와 달리 쉐이크(장로나 원로로 표현할 수 있는)는 신앙심이 깊은 이들을 통칭한다.[4] 당연히 그는 세속 직업을 가지고 생활할 수 있으며 정부나 사원에서 급여나 사례비를 받지 않는다. 이맘을 일컬을 때 이맘 쉐이크(이름)로 부르곤 한다.

큰 규모의 이슬람 사원에는 아잔(기도 시각을 알리는 이) 담당, 하루 다섯 차례의 평일 예배 진행, 금요예배 담당, 종교교육 등의 역할을 몇 사람이 분담해 하기도 한다. 그러나 군소 규모의 사원은 이맘 혼자서 다 맡아 해야 하는 경우가 많다. 그렇지만 이 모든 예배와 종교활동이 이맘에 의해서만 진행되지 않는다. 이맘과 함께 무프티라 불리는 고위 성직자가 있다. 원칙적으로 무프티는 이슬람 최고의 법률 전문가로 정

4_ 쉐이크 가운데 직업 종교인인 이맘과 장로가 존재하는 셈이다.

부나 국가가 임명하는 법조인이다. 대개의 이슬람 국가에는 광역 단체나 지역별로 한 사람의 무프티가 존재하고 나라별로 한 명의 최고 무프티5가 존재한다. 무프티는 기독교의 노회장이나 연회장, 천주교의 주교 이상의 역할을, 그랜드 무프티는 대주교나 총회장 이상의 권위를 인정받는다. 이슬람에서 성직은 세습되거나 임의로 다른 사람에게 위임되거나 양도, 이양되는 것은 아니다. 모든 무슬림이 알라 앞에서 평등하다고 믿는다. 그러나 역할에 차이가 있다. 이맘이나 무프티의 지위와 역할은 평신도의 역할이 아니다.

개신교에서는 만인 제사장설이나 직업 소명론을 통해 일반 기독교인들이 성직자의 도움 없이도 각 개인이 하나님을 예배할 수 있으며, 중재자인 예수 그리스도를 통해 하나님과 교제하고 교통할 수 있다고 말한다. 얼핏 기독교와 이슬람은 비슷한 모습을 보여준다. 그러나 직업인으로서의 전문 종교인인 성직자가 존재하며, 일반 평신도들보다 이들 직업 종교인의 영적인 권위를 더 인정하고 받아들인다.

이슬람 세계에서 종교 성직자들에 대한 평판이 그리 나쁜 편은 아니다. 대개의 경우 이슬람 성직자의 권위는 존중된다. 그러나 그 권위는 절대적인 것이 아니다. 개방사회로 가면서 이슬람 성직자도 비판과 평가의 대상이 되고 있다. 종종 수구 보수의 상징으로 비난을 받기도 한다. 점차 이슬람 성직자가 되려는 지원자가 줄고 있다. 요르단의 경우 이슬람 정신에 따라 운영되는 이른바 이슬람 종교학교(한국의 기독교 재단이나 종교재단에서 운영하는 정규 학교와 같은) 학생 수도 줄어들어 학교가 줄어들고 있다. 늘어나는 이슬람 사원에 비해 이맘의 수가 현저하게 부족하다. 설교자가 없는 이슬람 사원이 늘고 있다.

이슬람 사원에서 평일에 이루어지는 정기 모임은 없다. 정해진 시간에 신도들이 모여 정해진 순서와 절차를 따라 기도를 하면 된다. 물론 수가 많을 때 앞서서 한 사람이 기도를 이끈다. 그러나 평일 모임에

5_ 영어로는 그랜드 무프티로 부른다.

는 설교가 주어지지 않는다. 장례나 혼인을 주관할 때도 설교가 아니라 정해진 꾸란 본문을 읽어주는 것이면 된다. 설교는 금요일 낮 예배시간 한 번뿐이다. 이슬람 명절 기간 특별 집회 때는 매번 집회 때마다 설교가 주어진다. 이런 이유로 이슬람 성직자는 설교 부담이 없다. 매주 한 차례의 설교만 하면 되기 때문이다.

대개의 경우 설교는 교리 설교가 주를 이룬다. 꾸란 본문을 읽고 그에 얽힌 교리 해설을 이어가는 경우이다. 팔레스타인의 가자지구나 레바논 남부 지역의 경우 다른 지역보다 설교에 반이스라엘, 반미 같은 이념적인 강조점이 두드러진다. 이슬람원리주의 경향이 강한 것이다. 그러나 무슬림에게 인기를 끄는 설교는 이런 것이 아니다. 최근 들어 인기를 끌고 있는 설교는 생활 적용 설교이다. 적용점이 있는 설교가가 설교하는 사원은 인기를 끌고 있다. 예배자의 수도 증가하고 있다.

계시독점권 폐지 운동

계시를 풀 사람은 누구인가? 어느 종교이건 그들의 경전을 누가 어떤 권한을 가지고 어떻게 해석하느냐 하는 것은 신성한 영역의 하나이다. 종종 종교 안에 특권주의가 자리하고 있음을 보게 된다. 이른바 혈통주의 또는 선민주의가 그 대표적인 증세이다. 종교 집단 안의 특권층도 존재한다. 이 특권층은 '거룩'과 '신성'을 통제하고, 경전을 장악한다. 계시의 전달자, 계시의 수호자로 자신을 일컫는다. 성경과 꾸란 해석권 논쟁을 살펴보자.

"하나님의 말씀인 거룩한 성경은 아무나 풀어서도 안 되고 풀 수도 없다." 기독교 역사에서 성경 해석의 권위를 일부 종교 지도계층이 독점하던 시절이 있었다. 중세 교회에서 가장 중요했던 이념 가운데 하나는 성직자 절대주의였다. 성경 해석권은 교회(그러나 구체적으로는 사제)에게만 주어졌다. 평범한 기독교인들은 성경을 쉽게 접할 수조차 없었다. 성경이 희귀했다. 성경책은 사제들의 몫이었다. 그들이 성경을 소유할 수 있었고, 해석도 그들만의 몫이었다. 평범한 신자들은 성경을 소유할 수도 해석할 수도 없었다. 사제들이 설교나 강론의 형식을 빌려 성경에 나왔다고 하면 그것을 받아들이는 의무밖에 주어지지 않았다. 평신도들은 성경을 알 수도 알 필요도 없었다. 성경 해석은 전문적인 영역, 거룩한 영역에 속하는 것이었다. 그래서 소수의 사제들과 신학자들만이 그럴 권리와 자격이 주어졌다.

그러나 종교개혁을 주장하던 이들은 '성경은 누구나 읽고 해석할 수 있다'며 성경 해석권을 평범한 신자들에게 돌려주었다. 일대 파장이 일어난 것이다. 개혁을 주장하던 이들이 내세웠던 논리는 만인 제사장 설이었다. 예수의 죽음으로 예수를 믿는 사람 누구나 제사장이 될 수 있다는 말이었다. 하나님에 의해 사명을 받았다고 특별한 존재들로 인식되던 사제들에 의한 계시 독점권이 깨졌다. 종교개혁자들은 성직자와 평신도의 차별을 철폐하고 성경을 각 민족의 언어(자국어)로 번역하여 모두 함께 읽고 함께 이해하도록 길을 열어주었다. 성경은 특별한 계층을 위한 특별한 책이 아니라 모든 기독교인이 어려움 없이 이해할 수 있도록 기록된 책이라고 주장했다. 즉 성경의 평이성과 성령을 통해 누구나 성경을 깨달을 수 있다는 보편적 조명이 이런 주장의 핵심을 차지했다. 성경에 대한 교회 또는 성직자만의 독점적 해석권을 폐지했다. 원어 성경이 아닌 자신들의 언어로 된 성경을 갖게 되었다. 라틴어 외의 성경 번역 작업이나 종교 개혁 등은 개인도 성경을 읽고 해석할 권리를 부여받은 대전환점이 되었다. 하나님의 계시가 히브리어로만 되지 않았다는 것과 하나님이 모든 민족의 하나님이라는 너무나도 당연한 깨달음이 그 바탕을 이루었다. 이제까지의 성경해석권을 독점했던 이들이 직간접적으로 일으킨 왜곡과 곡해, 혹세무민에 대한 기독교 대중들의 반발과 저항이 일어난 것은 자연스런 결과였다.

한국 천주교에도 미사시간에 라틴어로 강론하고 평신도들이 애써 성경을 소지하지 않아도 된다고 가르친 시절이 있다. 1970년대에도 그랬다. 1980년대 들어서면서 성경공부 운동이 일어났다. 개인도 하나님의 말씀인 성경을 묵상하고 해석하고 삶에 적용할 수 있다는 자각이 커졌다. 귀납적 성경 연구 같은 깊은 성경 읽기가 권장되었고, 성경 개인 묵상 움직임도 거셌다. 최근 들어 한국 개신교는 물론 전 세계적으로 설교권에 대한 논쟁이 일고 있다. 설교가 목회자만의 전유물인가 아닌가의 논쟁이다. 제한적이기는 하지만 목사가 아닌 교인들 가운데서도 설교를 할 수 있도록 규정을 운영하는 교회들이 존재한다. 계시의 독점권은 한 종교 공동체 안에서 가장 강력한 특권인 동시에 그것을 소유하지 못한 이들에게 가장 폭력적인 것으로 행사될 수도 있는 것 같다. 절대자 하나님은 특정 집단의 전유물일 수도 없고, 그들만이 소유할 수 있는 존재도 아니기 때문이다.

거룩한 언어, 아랍어

이슬람에서는 '이슬람은 평등의 종교'라고 말한다. 그렇지만 이슬람 세계를 오가면서 그렇지 않은 측면이 많다는 것을 느낀다. 물론 나의 판단이다. 내가 그렇게 느끼는 데는 몇 가지 이유가 있다. 일단 이슬람은 아랍어를 거룩한 위치에 놓는다. 아랍어로 기록된 꾸란만 알라가 계시한 꾸란으로 인정한다. 그것도 무함마드 당시의 아랍어만을 인정한다. 때문에 현대 아랍어판 꾸란도 나올 수 없다. 더욱이 다른 나라 언어로 된 꾸란은 존재하지 않는다. 물론 주변에 영어는 물론 다양한 언어로 번역된 꾸란 번역본들이 있다. 그러나 번역본들은 계시된 꾸란으로 인정하지 않는다. '해설서'라는 이름으로 인정될 뿐이다.

전 세계 무슬림들 가운데 아랍어를 자유자재로 구사하는 무슬림 인구는 그리 많지 않다. 아랍권 무슬림조차도 고대어로 된 꾸란의 언어에 능통한 이들은 예상보다 많지 않다. 심지어 아랍 문학을 전공한 이들조차 꾸란의 바른 해석은 쉬운 일이 아니라고 고백한다. 이것은 비아랍어권 무슬림 개개인이 알라의 계시인 꾸란을 마음껏 접할 수 없는 한계를 보여준다.

수년 전 중국 톈진(천진)과 베이징(북경), 우루무치, 닝샤(영하), 시안(서안)6 등 중국내 이슬람 지역을 돌아본 경험이 있다. 이들 가운데 아랍어를 읽고 쓰는 이들은 거의 찾아볼 수 없었다. 멀쩡한 아랍어 꾸란이 중국어로 음역되고 거기에 중국식 억양이 가미된 채로 꾸란을 암송하는 이들을 보곤 했다. 칭다오(청도)와 닝샤 같은 곳에서 아랍어를 구사하는 아주 적은 수의 중국 무슬림을 만날 수 있었다.

종교에서 경전의 대중화는 중요한 이슈이다. 자신의 언어로 된 경전을 갖고 그것을 읽고 이해하고 해석하고 적용할 수 있는 기회는 개인이나 집단의 종교생활에 바탕을 이루고 있다. 그렇지 않으면 종교는 특정 권력 집단의 전유물이 되곤 했다. 청중들이나 대중들이 이해할 수 없는 자신만의 말로 혼자서 독백하듯이 교리를 설파한다면 그것은 대중과의 소통이 아니다. 기독교나 이슬람 세계 모두에 경전을 장악하려는(독점하는) 이들이 있었다. 경전은 신성한 힘의 산실이고 비밀창고와도 같은 것이다. 신의 비밀을 가진 자는 사실 종교권력이 중심이 된 체제에서 권력 그 자체를 향유하는 것이다.

꾸란의 해석권이 일반무슬림에게 주어지지 않았다. 특별한 권위를 가진 이들만이 꾸란 해석의 전권을 행사할 수 있다. 때문에 대다수의 아랍계 무슬림은 물론 비아랍계 무슬림들은 꾸란을 개인적으로 연구하고 스스로 해석할 권리가 주어지지 않는다. 꾸란 본문의 의도가 왜곡되거나 곡해될 가능성을 막기 위한 장치인데, 오히려 이로 말미암아 꾸란의 본래 의미가 왜곡될 수 있는 길이 열려 있는 셈이다. 이른바 꾸란 해석을 법으로 선포하는 파트와에 의해 일반무슬림들이 좌우된다. 잘못된 파트와나 꾸란 해석으로 혹세무민하는 사례들도 빚어졌다. 최근에 이슬람 종교 지도층에서는 파트와의 남발을 통제할 수 있는 제도

6_ 당나라의 수도였던 장안의 현재 지명. 당시 장안은 세계 문명의 중심지였다. 동서문화의 중심지였던 장안을 통해 한반도에까지도 아랍 이슬람 세계 문물이 유입되었다. 우리말에 '장안에 파다하다'는 뜻은 장안이 온 세상의 중심지라는 문화적 개념을 담은 말이다.

를 마련하려는 노력들도 감지된다. 꾸란을 자의적으로 해석하고 무슬림들을 호도하는 종교 지도자들에 대한 통제를 고민하는 것도 21세기 이슬람 세계의 또 다른 현실이다.

"꾸란에 나와 있다", "무함마드 선지자가 그렇게 말씀하셨다"고 하면서 자신들의 이념이나 이데올로기를 주입하는 이들에게 무방비 상태가 될 수 있는 소지가 있다. 2006년 여름 미국 필라델피아의 저만타운 거리에서 만난 무슬림들은 필자가 사진 촬영하는 것을 거부했다. 무함마드 선지자가 사진 찍는 것을 금했다는 것이다. 그렇지만 아랍 이슬람 지역 어디에서도 이런 식의 해석을 들어본 적이 없다. 꾸란에 대한 오해나 무지는 종종 미신적인 개념을 받아들이면서 그것을 정당화시키는 논리로 꾸란과 무함마드의 뜻을 오용하게 만드는 것이다.

2008년 9월 초순, 중국 베이징의 니우지에(Niujie) 거리에 있는 이슬람 사원7을 찾았다. 500여 명 가까운 무슬림들이 라마단 첫 번째 금요예배를 드리고 있었다. 평소와 달리 이날따라 중국인 무슬림 이맘(아홍)8이 아랍어 설교를 하고 있었다. 물론 아랍어를 중국어로 음역한 것을 바탕으로 원고 설교를 하고 있었다. 그렇지만 그 아랍어 설교를 이해할 수 있는 사람은 일부 중국 무슬림 신학생들 외에는 없었다. 물론 이 사원에서 평소에는 중국어로 무슬림 기도가 진행된다.

꾸란 해석의 길을 열라! 꾸란의 종교적인 해석에 갇히지 않고 실생활에 적용하기 위한 재해석은 여전한 이슈이다. 꾸란 재해석은 '이즈티하드(Ijtihad)'라 불렀다. 사실 이 점에 있어서 수니와 시아 사이의 큰 차이가 엿보인다. 상대적으로 보수적인 수니파에서는 이미 10세기에 꾸

7_ 牛街淸眞寺(현지 발음은 niújiē-qīngzhēnsi)이다. 이 사원이 자리한 거리를 소 거리로 부르는 데서 붙여진 이름이다. 중국 베이징(北京)에서 가장 오래된 이슬람 사원으로 996년에 세워졌다. 현재의 사원은 청나라 캉시 황제(1622-1722) 당시에 증축되었다. 전형적인 중국 명나라 건축 양식과 청나라 건축 양식에 의해 지어진 사원이다.

8_ 阿訇(중국어 발음으로는 ahong)은 중국 내 후이(회족) 이슬람 성직자를 가리킬 때 사용하는 말이다. 아랍지역에서 일반적으로 사용하는 이맘 대신 아홍이 중국에서 사용된 것은 중국 이슬람이 이란과 중앙아시아의 영향을 받았음을 보여주는 것이다. 이란과 아제르바이잔 등에서는 성직자를 '아쿤드'라고 부른다.

란에 대한 해석이 충분히 논의되어 더 이상의 재해석이 필요 없다고 본다. 그래서 무슬림들은 '따름'(타끌리드)의 의무가 있다고 생각한다. 그렇지만 재해석을 요구하는 목소리와 고민은 커지고 있다. 개혁적인 입장의 무슬림들은 종교생활에 관한 이슬람법은 불변하는 것이지만 형법, 상법, 가족법 등 일상적인 이슈는 가변적인 것이라 판단한다. 이들 주제에 대해 재해석이 필요하다는 것이다. 초대 이슬람으로 돌아가자는 기치도 더욱 드높아지고 있다. 현대화를 서구 따라잡기가 아닌 초기 이슬람 사회의 회복과 재현을 통해 가능하다고 생각하는 이들이 있다. 어떤 면에서 개혁을 말하지만 전통 보수의 입장에 서 있기에 '따름'을 강조하는 보수적인 무슬림들에게도 호소력을 안겨주었다.

6. 거룩한 공간

외형상으로 달라 보이지만, 상호 영향을 주고받은 것들이 있다. 본질상 유사한 것들도 있다. 아울러 기념하며 순례하는 거룩한 장소, 즉 성지가 있다. 이슬람 초기에는 기독교와 공유하기도 했지만, 이후 서로 독점하려는 과정에서 마찰도 빚었다. 지금도 충돌과 갈등이 계속되고 있다.

메카와 예루살렘

2005년 상영된 리들리 스콧9 감독이 만든 영화 '킹덤 오브 헤븐'이 기억난다. "성지는 예루살렘도 아니고 화해가 이루어지는 그곳이 바로 성지다"는 내용의 대사가 떠오른다. 영화 안에는 성지를 어떤 특정 공간으로 이해하고 그것을 정치적으로 이용하던 시절의 고민이 담겨 있다. 물론 보는 이들의 시선에 따라 다양한 해석이 존재할 수 있다. 어쨌든, 십자군 전사의 이름으로 성지 예루살렘을 찾는 이들은 성지순례를 통해 자신의 죄를 용서받는 지름길이 필요했고, 명예와 부를 얻고자 했다. 현세와 내세의 복 모두를 추구하고 있었다. 십자군 이전 시대에도

9_ Sir Ridley Scott(1937-): 영국 영화감독으로 글래디에이터(Gladiator, 2000), 블랙 호크 다운(Black Hawk Down, 2001), 한니발(Hannibal, 2001), 킹덤 오브 헤븐(Kingdom of Heaven, 2005), 아메리칸 갱스터(American Gangster, 2007), 올해의 로빈 후드(Robin Hood, 2010) 등을 연출했다.

그 이후에도 성지 예루살렘을 찾는 이들이 있었다. 왜 기독교 세계에는 성지를 찾아야 한다는 열망이나 부담감을 가진 이들이 있었을까?

기독교의 성지순례는 거룩함과 연결시킨 예루살렘 그 자체가 아니었다. 성지순례라는 것이 하나의 시스템으로 갖춰진 시기는 대략 4세기경의 일로 판단한다. 콘스탄티누스 1세[10]와 그 어머니 헬레나(Helena, 248-328)는 325-330년에 팔레스타인에서 예수의 무덤임을 주장하는 장소를 발견하고 그곳에 교회를 건축하였다. 지금 예루살렘 성 안에 있는 성분묘교회(the Holy Sepulchre)[11]이다. 예루살렘으로의 성지순례를 활성화한 계기가 되었다. 8세기 이후부터는 성지순례가 기독교 신자들의 의무인 양 격려되었다. 당시 기독교의 교부들 가운데 성지순례를 권하는 일들이 늘어났다. 물론 기독교인들에게 권장되었던 성지는 예루살렘 자체가 아니었다. 예수의 행적과 관련한 장소는 물론 사도들(예수의 제자들)과 성인이나 순교자 관련 사적지도 포함되어 있었다. 그 중에서도 예루살렘이 가장 중요한 성지로 자리잡았다. 예수의 마지막 행적, 즉 그의 십자가 고난과 처형, 죽음과 부활에 연관이 있기 때문이다.

그러나 기독교인들에게 예루살렘은 무슬림의 메카와는 비교가 안 된다. 예루살렘의 의미가 무슬림의 메카처럼 크지도 않았고, 예루살렘 순례에 얽힌 어떤 종교적 의무도 주어지지 않았다. 기독교의 성지순례는 단지 개인적 경건의 추구 또는 신앙 고백으로 자리하고 있었다. 중세 십자군 전쟁 이전까지도 이런 분위기는 계속되었다. 그러다가 정치적인 목적이 바탕에 깔린 채로 예루살렘 순례가 강조되고 권유되었다. 성지순례에 얽힌 다양한 신학적 명문들이 주어지기 시작했다. 예루살렘이 거룩한 자들이 가는 땅, 거룩해져 돌아올 수 있는 땅으로 변모되

10_ 정식 이름은 Caesar Flavius Valerius Aurelius Constantinus Augustus(272-337)이다.

11_ 326년 예수가 십자가에 못 박혀 죽었다고 알려진 골고다(갈보리 언덕) 터로 추정하는 자리에 교회를 세웠다. 오늘날 개신교를 제외한 대부분 교파의 기념 예배당이 이곳에 공존하고 있다.

어 갔다.

메카, 사우디아라비아는 최고의 이슬람 성지이다. 이슬람 전승에 따른 메카에 얽힌 이야기이다. 이브라힘(아브라함) 선지자 당시 메카 골짜기는 덥고 아주 건조한 기후로 사람이 살 수 없는 환경이었다. 이브라힘이 팔레스타인 땅에 머물고 있을 때였다. 알라는 이브라힘에게 그의 아내 하자르(하지라 또는 성경의 하갈)와 그 아들 이스마일(이스마엘)을 데리고 아라비아로 가도록 명령했다. 그러자 이브라힘의 아내 사라는 시기심을 느꼈다. 얼마 뒤에 이브라힘은 많은 양의 곡식과 물을 하자르와 이스마일을 위하여 남겨두고 다시 팔레스타인 땅으로 돌아왔다. 그런데 며칠이 지나지 않아 먹고 마실 것이 떨어졌다. 하자르와 이스마일은 배고픔과 갈증으로 시달려야 했다. 하자르는 주변에 있던 사파와 마르와 언덕을 일곱 번씩이나 오르락내리락했다. 누군가에게 도움을 구하기 위해서였다. 그러나 실패였다. 결국 하자르는 그의 아들 이스마일 곁에 쓰러졌다. 하자르는 알라에게 구원을 요청하고 이스마일은 발을 굴렀다. 그런데 그곳에서 샘이 터져 나왔다. 이 기적으로 두 사람의 마실 물을 구한 것은 물론 이 지역을 지나가는 유목민들에게 물과 먹을 것, 필요한 것을 얻을 수도 있게 되었다. 얼마 뒤 이브라힘이 팔레스타인에서 다시 아라비아로 돌아왔다. 샘을 아주 유용하게 사용하는 것을 보고 놀랐다. 이브라힘은 알라의 명령을 따라, 하자르에게 우물(이슬람에서 '잠잠 우물'로 부르는)을 허락하신 것을 기념하여 성소를 지었다. 이브라힘과 이스마일은 그곳에 작은 돌 건축물(카-바)을 지었다. 이것이 메카의 카바 신전과 잠잠 우물에 얽힌 전승이다.

해마다 이슬람력으로 12월이 되면 전 세계에서 사우디아라비아를, 메카를 찾는 순례객들이 줄을 잇는다. 이슬람 최대의 성지이며 무슬림이라면 누구든지 최소한 한 번 이상은 순례달에 이곳을 찾도록 규정하고 있기 때문이다. 무슬림의 성지순례(핫지, Hajj[12]) 의무 수행은 순

12_ 우리에게 익숙한 표기이지만, 핫지는 성지순례자에게 붙여주는 명예로운 호칭이고, 성지순례 행위 자체는 핫즈로 발음하는 것이 옳다.

례달의 후반부 5일 기간을 메카에 머무는 것을 뜻한다. 2011년의 경우 11월 4-7일경이다. 요즘은 대략 250여만 명의 메카 성지순례객들이 사우디아라비아의 메카를 찾고 있다. 이들 순례객을 수용하기 위한 사우디 정부의 인프라 구축은 계속되고 있다. 나라별로 성지순례 인원을 통제하기도 한다. 그런 까닭에 성지순례 달을 앞두고 각 지역의 사우디 대사관은 성지순례 비자를 받으려는 이들로 장사진을 이룬다. 물론 앞서 말한 것처럼 성지순례 비자 발급은 제한되어 있다. 그래서 자국의 이슬람 종교부의 추천을 받고 사우디 대사관(또는 영사관)에 순례 비자를 신청하는 경우가 많다.

그런데 처음부터 메카 성지순례가 무슬림의 의무는 아니었다. 이슬람 세계에서 메카로의 성지순례가 모든 무슬림의 절대적인 종교 의무로 규정되고 실제 집행된 것은 언제부터일까? 최초의 메카 순례는 무함마드 선지자 당시 메디나에서 메카를 방문한 628년으로 언급한다. 그러나 그 사건 이후 곧장 메카 순례가 모든 무슬림의 종교적 의무로 강조된 것은 아니었다. 이슬람 학자들 사이에 이견이 있지만, 바그다드

메카 성지순례를 다녀오는 무슬림 순례자들(터키/이스탄불).

에 수도를 둔 압바스 왕조(750-1258) 이후라고 보는 경우가 많다. 압바스 왕조 시대에는 움마이야왕조(661-750)에 이어 아랍 무슬림의 우월권이 유지되었지만, 시리아 다마스커스 정권의 우월성에 반대하는 움직임이 일어났다. 압바스 왕조는 메카와 메디나에 성지를 재건하고 순례를 조직화하기에 이르렀다. 이후 메카 순례는 개인적인 차원을 넘어서서 집단적인 연례행사 또는 최대의 종교 행사로 자리잡게 되었다.

한편 기독교와 유대교, 이슬람의 성지 예루살렘을 두고 유대인과 무슬림이 갈등과 반목을 빚어온 것도 이미 오래된 일이다. 사실 그 갈등의 시작에는 692년 예루살렘에 지어진 황금 사원이 있다. 그 이전에는 무슬림도 유대교나 기독교와 예루살렘을 공유할 수 있었다. 그 시절 예루살렘의 오늘날 성전산[13]이라 불리는 곳에는 특별한 시설물이 존재하지 않았다. 그렇지만 황금 사원 건설은 이슬람이 더 이상 기독교와 유사한 종교가 아니라 새로운 종교임을 드러내는 것이었다. 더는 로마나 페르시아 문명의 계승자가 아니라 알라에게 부여받은 새로운 제국의 출발을 선포하는 다소 정치적인 의미도 깔린 일이었다. 그것은 황금 사원 건축 이전에 비잔틴제국에서 수입한 금화를 대신하여 독자적으로 금화를 발행하는 힘의 과시가 있었다. 금화는 절대 세력의 존재를 과시하던 강력한 이미지의 하나였다. 이때가 695년경의 일이다. 금화 안에 "알라는 유일무이하며, 알라는 영원하시다"는 글귀가 들어갔다.

예루살렘 그리고 알꾸드스

아랍 이슬람권은 예루살렘의 이슈에 민감하다. 예루살렘의 주권을 둘러싼 논쟁은 다분히 신학적이기도 하지만 정치적이다. 종교적으로 예루살렘 지향성은 정치적으로는 팔레스타인 지위 문제에 연결되어 있다. 형식적으로는 팔레스타인에 이슈가 터지면 이슬람권에서 성명서

13_ 기독교인들은 이곳을 아브라함이 그의 아들 이삭을 제물로 바치려고 했던 모리앗산으로 받아들인다.

를 발표하거나 이런저런 말들이 쏟아진다. 팔레스타인계가 다수를 차지하는 요르단도 예외가 아니다. 그러나 그뿐이다. 전 세계 무슬림들에게 예루살렘은 어떤 의미를 지닌 것일까? 왜 팔레스타인 무슬림은 물론 아랍 무슬림과 다른 지역 출신의 무슬림들이 예루살렘에 대한 주권을 포기하지 않는 것일까?

전 세계 무슬림들에게 최고의 성지는 메카이다. 그렇지만 예루살렘도 중요한 성지의 하나이다. 아울러 무슬림들은 정체성과 관련해 예루살렘 지향성도 보여주고 있다. 왜 무슬림들에게 예루살렘 지향성이 자리하고 있는 것인지 의아해 할 이들이 있다. 예루살렘이 무슬림에게 큰 의미로 자리잡고 있는 것은 몇 가지 이유가 있을 듯하다. 그것은 무함마드 선지자와의 관계성은 물론이고 이슬람 역사에서 알꾸드스가 차지하고 있는 상징성, 아울러 아랍 무슬림들에게 자리한 알꾸드스의 중요성이 이념화되어 다른 종족 출신의 무슬림에게까지 전달된 것으로 볼 수 있다.

아랍 무슬림들은 자신들을 이브라힘(아브라함) 선지자의 후손이라고 말한다. 이브라힘이 낳은 큰아들 이스마일(이스마엘)이 무슬림의 실제적인 조상이라고도 주장한다. 이삭의 후손들은 유대인이라는 친절한 설명까지 곁들인다. 이브라힘 선지자가 알라의 지시를 받아 그 아들 이스마일을 번제로 바치려던 장소가 지금의 알꾸드스(예루살렘)이고, 황금 돔 사원이 자리한 곳이라고 말한다.

무함마드 선지자가 신비한 여행을 통하여 알꾸드스를 방문하였고, 그곳에서 승천했다는 전승도 있다. "알라의 종을 밤중에 하람사원14에서 알아끄사 사원15으로 밤하늘 여행을 시킨 그분께 영광이 있으소서….".16 황금 돔 안에는 큰 바위에 무함마드 선지자의 발자국이 남아 있다고 말한다. 무함마드 선지자 당시에 초창기에는 메카 방향이 아

14_ 이슬람학자들은 전통적으로 이 장소를 지금의 사우디아라비아의 메카로 풀이한다.
15_ 이슬람학자들은 전통적으로 이 장소를 지금의 예루살렘으로 풀이한다.
16_ 꾸란 17장(바니 이스라엘 : 이스라엘 자녀 장) 1절

니라 알꾸드스 방향으로 기도를 했다는 주장도 있다. "선지자께서 메디나에 오셨을 때 약 16개월에서 17개월 가량은 예루살렘을 향해 예배를 하였다. 그 후 선지자께서 메카에 있는 카으바(카바) 신전을 향해서 예배를" 드렸다고 한다.17 다른 자료에 따르면 무함마드 선지자는 메카에 머물던 때인 610년부터 13년 동안 예루살렘 방향으로 기도했다고 한다.18

　무함마드 선지자가 알꾸드스를 향해 기도하였던 것에 대해서 이슬람은 어떻게 설명하고 있을까? 일부에서는 무함마드 선지자가 가졌던 유대인들에 대한 친근감에 영향받은 것으로 추정한다. 그렇지만 유대인들에게 적대감을 느낀 후로는 메카 방향으로 돌렸다는 해석이다. 어쨌든 무슬림의 공식 기도 방향은 메카로 변경된 뒤 더 이상의 변경은 없었다. 다른 하나는 아랍 무슬림들의 기본적인 이념 지향성에서 엿볼 수 있다. 반유대주의, 반이스라엘 경향이 대표적이다. 결국은 이스라엘과 가장 직접적으로 충돌할 수밖에 없는 팔레스타인에 대한 지지입장을 갖게 된다. 알꾸드스 지향성은 반이스라엘, 반유대주의를 바탕에 둔 현실적인 표현으로 볼 수 있다.

끼블라, 메카 방향을 찾아라

　"어디가 메카19 방향이지요?" 기도시간을 좇아 기도하려는 현지

17_ 최영길, <성 꾸란 의미의 한국어 번역>, p.39. "알바라에 의해 전하여 오길, 선지자께서 메디나에 오셨을 때 약 16개월에서 17개월 가량은 예루살렘을 향해 예배를 하였다. 그 후 선지자께서 메카에 있는 카으바 신전을 향해서 예배를 드리고자 했을 때 하나님께서 다음의 계시를 내렸다. 우리는 그대의 얼굴이 하늘로 향한 것을 보고 있도다(2장 114절). 그러자 어리석은 유대인들이 '그들이 예배하던 기도의 방향을 무엇이 변경하는가'라고 하자 이 절(2장 142절, 필자 주)이 계시된 것으로 전하여지고 있다"(사프와트 타파-씨르, 제1권, p.87).

18_ The Life of Muhammad: A Translation of Ishaq's Sirat Rasul Allah, with introduction and notes by Alfred Guillaume [Oxford University Press, Karachi, tenth impression 1995], p.135.

19_ 메카, 왜 "…의 메카"일까? 한국영화의 메카 충무로, 오락영화의 메카 홍콩, 게임 메

무슬림이 종종 외국인인 나에게까지 메카 방향을 물어오는 경우가 있다. 무슬림은 어디서나 기도할 수 있지만, 아무 방향으로나 기도하지 않는다. 반드시 메카 방향으로 기도하여야 한다. 메카 방향표지(기호)인 '끼블라'(qibla)는 아랍 이슬람 지역의 항공기 기내는 물론이고 호텔 객실이나 공공장소에도 당연히 표시되어 있다. 한국의 LG전자는 메카폰 2(현지인들은 끼블라폰이라는 별명으로도 부른다)를 인기리에 공급하고 있다. 나침반과 방위표시 소프트웨어를 휴대폰에 장착했다. 낯선 곳에 갔다가 기도 방향인 메카 방향을 찾느라 고생하는 경험들이 무슬림들에게 종종 있는데 나침반 기능으로 기도 방향을 알려준다면 아주 유익한 기능이다.

기도시간에 사원 안을 둘러보면 무슬림들이 한 방향으로 길게 줄지어 서서 기도하는 것을 볼 수 있다. 같은 방향을 바라보고 있는 것이다. 아랍 이슬람 지역에서 종종 홀로 아니면 둘셋이 무리지어 기도하는 것을 보곤 한다. 때로는 거리에서 학교에서, 공원이나 한적한 곳에서 메카 방향으로 기도하는 무슬림들을 볼 수 있다. 무슬림은 아무 곳에서나 기도하지 않는다. 물론 특별한 장소나 공간을 말하는 것은 아니다. 혼잡한 곳에서도 기도를 위하여 정결한 장소를 선택한다. 없으면 정결하게 공간을 마련한다. 양탄자를 깔거나 심지어 신문지 한 장을 깔고라도 장소를 구별한다. 맨땅에서 그대로 기도하는 것은 금기사항이다.

모든 이슬람 사원의 끼블라는 바로 맞춰져 있을까에 대해 의심도 하지 않았다. 그렇지만 끼블라가 잘못되어 있는 이슬람 사원이 적지 않

카, 전 세계 영화의 메카 할리우드, 인도영화의 메카 볼리우두, 북한 만화영화의 메카 4.26 촬영소, 자동차 산업의 메카, 골프 메카⋯ 등등에서 보듯 메카라는 말이 일반 용어로 사용되고 있다. 메카는 우리가 아는 것처럼 사우디아라비아에 있는 전 세계 무슬림의 최고의 성지이다. 이슬람의 모태였다고 할 수 있다.

그런 장소 이름이 일반 명사처럼 수식어로 사용되고 있다. 일반적인 의미에서 '센터', '중심지', '본거지' 등의 의미를 담고 있다. 물론 모두 최고의 장소라는 의미로 사용된다. 서구사회에 반이슬람 감정이나 문화가 공존하지만 일상 언어 안에 전혀 거부감 없이 사용되고 있는 용어가 메카인 것이 아이러니가 아닐 수 없다. "반이슬람 정서의 메카 유럽의 ⋯ 지역"이라는 말도 가능하기 때문이다.

았다. 사우디아라비아 최고의 이슬람 성지 메카에 있는 200개가 넘는 오래된 사원이 잘못된 끼블라를 가지고 있었다. 2009년 4월 초 사우디 일간 <아랍 뉴스>[20] 보도에 따르면 이들 사원이 지어질 당시에 잘못 계측된 끼블라를 가지고 있었다고 한다. 그렇지만 관계자는 이 문제가 심각한 수준은 아니었다고 말한다. 첨단 기술을 동원하여 계측한 데서 나온 가벼운 오류였다는 것이다. 이 발표를 두고 사람들은 저 나름의 처방을 제시한다. "가벼운 오류라고 하더라도 건물 구조를 바꾸더라도 끼블라를 바로 잡아야 한다", "최소한 사원 바닥에 깔아둔 기도용 카펫 (양탄자)으로 제대로 방향을 잡아야 한다", "카바 성소 위에서 레이저 빔을 쏴서 메카에 있는 예배자들이 제대로 된 끼블라를 제시받도록 하여야 한다"는 의견도 있다.

교회당과 사원

이슬람에서 회당(유대교의 회당과 구별하기 위하여 이슬람 사원 또는 사원으로 표기한다)은 기도하는 공간이며 알라의 가르침을 배우는 자리이다. 최초의 이슬람 회당은 무함마드 선지자의 집이었다. 이른바 가정 사원인 셈이다. 아랍어에서 이슬람 사원은 단순히 알라에게 경배하는 장소라는 뜻의 '마쓰지드'(Masjiid)와 더 넓은 공간의 더 많은 사람이 모이는 장소라는 뜻의 '자아미아'(jāmi')로 구분한다. 이런 특성은 초기 기독교가 가정을 중심으로 모였던 것과 다르지 않다. 흩어진 유대인들의 경우도 별도의 독립 건물이 아닌 가정을 이용하여 모였다. 이것 역시 가정 회당인 셈이다. 이슬람의 초기 사원(가정 사원)은 교인들 서로 간에 교제를 하는 친교의 공간은 아니다. 수직적 관계가 교인들 상호간의 수평적 관계보다 더 중시된다. 기독교에서 교회당은 절대자와의 만남(예배)의 자리로서만이 아니라 교인들 상호간의 수평적인 만남의 공간이

20_ Arab News(www.arabnews.com)는 사우디아라비아 최초의 영문판 신문으로 1975년에 창간되었다.

되기도 한다. 예배만이 아니라 교육과 교제도 중요한 활동의 하나로 자리 잡았다.

　동방 교회의 예배당의 방향은 동쪽이다. 반면 대개의 기독교 예배당은 아무 방향으로나 지을 수 있다. 절대자가 무소부재(無所不在)하기에 어떤 특정한 방향으로 예배를 드릴 의무가 없었다. 디아스포라 유대인들은 예루살렘의 솔로몬 성전 방향으로 기도를 하였다. 초기 이슬람 공동체의 경우도 예루살렘을 향하여 기도를 했다. 이슬람 사원의 기도 방향이 메카 방향(끼블라 메카)이다. 메카 방향 표시를 위하여 모든 이슬람 사원에는 미흐랍(mihrab)이 정면에 자리잡고 있다. 정면 벽에 파 놓은 조그만 공간을 말한다. 그렇지만 초기 이슬람 사원 모두가 메카 방향을 지향하고 있었던 것은 아니었다. 일부에서는 예루살렘 지향점을 가지고 있었다고 하지만 적절한 증거가 없다. 당연히 메카 방향으로 지어졌다고 보아야 하지만 사실은 다르다. 이집트나 이라크 등에 세워진 초기 이슬람 사원의 방향은 메카 방향과는 거리가 있었다.

　사원(마쓰지드)의 어떤 전형적인 형식은 없었다. 이슬람식 사원이라고 부를 만한 것도 없었다.[21] 버나드 루이스는 그의 책 <이슬람 문명사>에서 "이슬람 사원 건축의 발전 과정에서 종교적인 요구가 미친 영향은 극히 적었다. 이전부터 존재했던 건축 양식의 최종적인 발전 형태라고 할 수 있을 것이다"[22]고 적고 있다.

　이슬람이 시리아의 다마스커스에 수도를 두고 통지하던 움마이야 왕조 초기에 무슬림만의 회당은 없었다. 이슬람 학자들 가운데 최초의 이슬람 사원을 아브라함(아랍어 이브라힘)이 모리앗산[23]에서 그의 아들(기독교와 유대교에서는 이삭, 이슬람에서는 이스마엘)을 제물로 바치던 시점부터 이슬람 사원이 있었다고 주장한다. 다른 이들은 카으바 신전을

21_ 버나드 루이스 저, 김호동 역, <이슬람문명사>, p.73.
22_ 버나드 루이스 저, 김호동 역, <이슬람문명사>, p.73.
23_ 지금의 예루살렘을 일컫는 것으로, 기독교나 이슬람 전승 모두 아브라함이 예루살렘에서 그의 아들을 번제로 바치려고 했다는 해석에 동의한다.

최초의 이슬람 사원으로 언급하기도 한다. 그러나 이곳에 무슬림만을 위한 공간으로서의, 건물로서의 이슬람 사원은 존재하지 않았다. 당시 다마스커스에 있던 세례 요한 기념 교회를 무슬림들의 기도를 위하여 사용했다. 독자적인 회당을 짓거나 세례 요한 기념 교회를 무슬림만의 공간으로 확보한 것은 나중의 일이다. 아마도 일부에서 주장하는 것처럼 초기 이슬람에서는 새로운 종교로서의 정체성이 아니라 이슬람을 기존의 유대교나 기독교와 같은 유일신 종교로서의 동질성에 주목한 것으로 보인다. 이것은 마치 예수를 그리스도로 따르던 유대인들이나 초기 기독교인들 가운데 다수가 예루살렘 성전을 그들의 만남과 예배의 장소로 사용하거나 흩어진 유대인들의 회당을 그야말로 만남의 자리로 사용하던 것을 연상시킨다.

이슬람 사원의 상징 가운데 하나는 높은 첨탑(미나렛, minaret)이다. 이슬람 기도시간을 알리는 기도 안내 '아잔'이 이루어지는 장소였다.[24] 그러나 초기 이슬람 사원 건축 양식에는 미나렛이 전혀 없었다. 최소한 무함마드 사후 80여 년 동안 지어진 이슬람 사원에는 거의 미나렛이 보이지 않는다. 그것은 사원을 목적으로 새로운 건물을 지은 것이 아니라 기존 건물을 무슬림 집회 공간으로 활용하였기 때문이다. 초대 기독교의 교회당도 동일했다. 일반 생활 공간을 집회 공간으로 사용했다. 665년 이라크 남부 바스라에 칼리프 무아이야가 세운 사원에 초기 미나렛 형식이 보인다. 670년(863년 재건) 튀니지의 이슬람 성지 까이로완(Kairouan)[25]에 세워진 시디 오끄바(Sidi Oqba) 사원이나 706년 다마스커스에 지어진 이슬람 사원[26] 등이 미나렛을 갖춘 이슬람 사원의 원조격이다.

24_ 아랍어로는 마나라로 부르는 것으로, '등대'의 뜻을 지닌다.

25_ 튀니지의 북동 지방의 주도로 인구 12만 명 정도이다.

26_ 움마이야 사원으로 알려져 있다. 4세기 후반 비잔틴 교회가 세례 요한을 기념하여 세워졌다. 이슬람이 다마스커스에 진입한 이후에 무슬림과 기독교인이 같은 공간에서 예배를 드렸다. 그러던 중 칼리프 알왈리드는 706년 이 교회를 무너뜨리고 무슬림만의 사원을 지었다.

초기의 이슬람 사원 양식에 미나렛이 지어진 것은 기독교회의 종탑에서 영향을 받은 것으로 보인다. 특히 북아프리카 지역의 초기 이슬람 사원이 대표적이다. 모로코의 이슬람 사원의 미나렛은 스페인의 교회 건축 양식의 영향이 두드러진다. 이 경우 대개 사각형 또는 육각형의 등대 모양을 갖춘 미나렛이 전형이 되었다. 그러나 이란이나 이라크 지역은 사산조 페르시아의 건축 양식의 영향을 받은 나선형 첨탑 형식이 인상적이다. 이라크 북중부 사마르라(samarra)의 사원은 851년에 세워진 말위야 탑으로 부르는 52미터의 나선형 미나렛이 유명하다. 이집트 압바스 왕조가 879년에 완공한 카이로의 아흐마드 이븐 툴룬 사원도 나선형 첨탑이 인상적이다.

이슬람이나 기독교, 유대교 모두에서 볼 수 있는 것은 초기의 회당 또는 교회당, 이슬람 사원 모두는 건물보다 모인 사람들이라는 회중 자체에 주목했다는 점이다. 즉 믿는 무리가 교회였고, 사원이었던 셈이

이라크 사원

모로코 사원

중국 우룸치 사원

터키 사원

이집트 사원

다. 아울러 교회(건물) 중심의 신앙이 아니라 공동체 중심의 신앙의 형태였다. 그것이 점차 건물 중심, 기구나 조직을 가리키는 의미로 발전 또는 변화했다고 할 수 있다.

예배 자리잡아 주기 아르바이트

요르단 암만 구시가지 후세인 사원 주변은 언제나 오가는 사람들로 혼잡하다. 금요일 정오 기도시간, 인원이 넘쳐나 거리에까지 차는 사원 주변에는 깔판을 빌려주는 아르바이트 영업이 한창이다. 사원 안에 자리잡지 못한 이들이 사원 마당과 차도에까지 늘어서야 한다. 집에서 기도용 양탄자를 마련해온 이들보다 그냥 온 이들이 더 많다. 도로에까지 쏟아져 나온 인파가 기도할 때 장소를 성별(聖別)하기 위하여 깔판이나 양탄자가 필요하다. 없으니 깔판이라도 빌려서 사용하여야 한다.

또 다른 돈 되는 틈새 사업(?)은 기도 자리 잡아주기이다. 설교가 있는 금요예배에서 이슬람 사원 안에 자리를 잡으려면 그야말로 일찌감치 서둘러야 한다. 사람들이 평소보다 많이 몰리는데다 설교자의 얼굴을 제대로 보려면 앞자리가 최고이다. 이른바 명당자리가 있는 셈이다. 예전에는 사실 설교나 설교자에게 크게 관심을 기울이지 않았다. 정해진 기도 순서에 따라 기도하고 종교적 의무를 다했다고 생각하는 이들이 많았다. 그런데 21세기에 들어서고, 9·11이나 아프간 전쟁, 이라크 전쟁 등이 터지면서 무슬림의 예배 태도나 생각도 많이 변한 것 같다. 설교 잘하는 사원을 찾는 이들이 늘고, 설교자에 대한 호·불호가 보다 분명해지고 있는 인상이다.

이런 분위기에서 새로 생겨난 신종 서비스가 이른바 자리 잡아주기 서비스. "명당자리 팔아요." 사우디아라비아 메카의 사원은 늘 사람들로 가득 넘쳐난다. 이런 상황을 이용하여 자리를 맡아주고 자릿세를 챙기는 사람들도 늘고 있다. 사우디 종교 경찰 당국은 이 같은 행위를 반이슬람적이며 부도덕한 행위로 규정하여 엄격하게 관행을 없애려고 노력하고 있다. 종교 경찰 당국이 나섰다면 한두 번 가끔씩 일어나는 일은 아닌 것 같다. 사우디 지역 언론 보도에 따르면 라마단 기간 중에 알하람 사원 안쪽의 좋은 자리를 제공하고 300달러 이상을 받아 챙긴 사례들이 적발되기도 했다. 그런 비싼 비용을 주고서라도 메카 사원 안에서 좋은 자리에서 기도하고 싶은 심정을 노린 틈새 아르바이트인 셈이다.

아잔, '주파수를 맞춰라!'

수년 전의 경험이다. 라마단 금식기간 중의 낮기도 안내 방송을 듣고 있었다. 집 가까운 사원의 기도 안내 방송(아잔)은 전혀 들리지 않았다. 늘 듣던 기도 안내 방송이 들리지 않으니 궁금하기 그지 없었다. 그러나 잠시 뒤 기도 안내 방송이 시작되었다. 담당자는 당황한 듯 급하게 서둘러서 기도 안내 방송을 하고 있었다. 기도 안내 방송 시각에 늦어버린 것이다.

이슬람 국가에서도 무슬림의 기도 안내 방송(아잔)이 동시에 이루어지지 않는다. 사원별로 진행하기 때문이다. 그런 까닭에 기도 안내 방송 시각이 완전히 일치하지도 않는다. 방송 속도도 조금씩 차이가 난다. 이 때문에 기도시간 전후로 곳곳에서 울려 퍼지는 사원의 확성기 소리가 가득히 넘친다. 시끄럽고 번잡하게 느껴질 때도 있다. 이방인들

"알라후 아크바르…" 기도시간이 되었음을 알리고 있다(중국/베이징).

은 물론이고 무슬림들도 종종 번거롭게 느끼곤 한다.

이런 문제를 해소하기 위하여 공영방송의 기도 안내 방송을 활용하는 사원이 늘고 있다. 공영 방송의 아잔 안내방송 시간에 맞춰놓으면 될 일이다. 요르단의 경우 암만 수도권은 안내 방송을 일원화시켜 시행하고 있다. 이집트나 일부 다른 아랍 국가에서도 기도시간 균일화 정책을 계획하고 있다. 현대 사회 속의 이슬람 문화도 이렇게 여러 모양으로 적응해가고 있다.

광음과 소음 사이   사원의 너무 소리가 큰 확성기를 통제하라. 너무 지나치게 큰 확성기 소리가 소음이 될 수 있다. 사원의 확성기는 기도 안내(아잔)는 물론 기도시간 내내 모든 과정이 확성기로 퍼져나간다. 사원 근처에 살다보면 사원 안에서 무슨 상황이 벌어지는지 어렵지 않게 들을 수 있다. 그러나 이것은 다른 면에서는 일상생활에 지장을 주는 행위가 될 수도 있다.

2009년 4월 사우디아라비아 정부는 사원의 고성 확성기에 대한 통제에 들어갔다. 사원의 확성기를 기도시간 내내 크게 작동하여야 한다는 강제규정은 없다. 이 점검을 통해 사우디아라비아 서부의 바하(Bahah)[27]시에서만도 45개 사원의 100여 개의 확성기를 교체조치 했다. 종교부 관계자는 일부 사원의 경우 5킬로미터 밖까지 울려 퍼지는 확성기를 작동시키는 경우도 있었다. 이웃을 배려하는 사원은 기도시간 중에는 내부 스피커만을 가동시키기도 한다.

요르단 암만의 한 지역에서는 수년 전 이슬람 사원 건축 허가를 반대하는 지역 주민들의 청원운동이 벌어졌다. 물론 결국 이슬람 사원이 건립되고, 설교자에 대한 인기가 높아지면서 수많은 예배자들이 몰리는 나름 유명한 사원이 되었다. 그런데 이슬람 사원 건설을 반대한 것이 지역의 나름 유력한 무슬림들이었다는 점이다. 이 동네는 사원의 기

27_ 인구 50만 명 정도의 바하 주의 주도(州都)이다.

도 안내 방송이 없는 조용한 생활공간으로 중상류층이나 부자들의 인기를 끌었던 지역이다.

**"다섯 번 기도하다
시간 다 쓴다고요?"**

"미스터 아흐마드 자리에 안 계신데요? 어디 가셨나요?" "예, 아마 기도하러 가셨을 것입니다. 조금 기다리면 오시겠지요⋯." 용무가 있어 들른 한 사무실에서 자주 겪는 풍경이다. 일하다 말고 자리를 비웠지만 그것이 문제가 되지 않는 것이다. 그것도 기도하러 갔으니 그것은 상식인 셈이다. 아랍 무슬림들은 하루에 다섯 번씩 기도[28]를 한다? 그런 경우도 있지만 그렇지 않은 경우가 더 많다. 정해진 시간을 따라 기도하는 무슬림들은 때와 장소를 가리지 않는다. 공터에서 사무실과 학교 한쪽에서 거리에서 자기 나름대로 기도 장소를 깨끗하게 해놓고는 주위 시선 아랑곳없이 기도에 빠져들곤 한다. 공공기관에는 따로 기도처가 마련되어 있어 그곳에서 기도를 하곤 한다.

그런데 이런 식으로라도 하루 다섯 번의 기도를 하는 비율은 그리 높지 않다. 5-10%도 안 되는 정도가 매일 기도에 참여하고 있는지 모를 일이다. 그것은 기도시간을 알리는 사원과 방송을 통한 안내방송(아잔)을 듣고도 전혀 미동도 하지 않고 자기 하던 일을 계속하는 이들이 대부분인 것을 통해 엿볼 수 있다.

어쨌든 무슬림으로서 기도시간에 기도하느라 보내는 시간에 대해 아무런 제약이 없다. 그러면 열심 있는 무슬림 직장인들이 기도하면서 소모하는 근무 시간은 얼마나 될까? 정해진 기도를 하느라고 근무 시간 다 빼먹는 것은 아닐까? 전혀 그렇지 않다. 하루 다섯 번의 정해진 기도시간 중 근무 시간에 겹치는 기도시간은 하루에 2-3번 정도이다. 정오 기도시간과 오후기도시간이 거기에 해당한다. 그리고 이런 시간의 기도를 혼자나 삼삼오오 모여서 할 경우 기도에 소요되는 시간은 길어야

28_ 혹자는 예배로도 풀이한다. 그렇지만 설교가 없는 무슬림 기도는 기도로 표현하는 것이 옳다.

3-5분 정도이다. 물론 사원에서 진행되는 기도는 이보다 조금 길 수 있다. 일부 공무원이나 직장인들이 사원 기도를 핑계로 근무 태만을 해도 사실 어찌할 도리가 없다. 이런 와중에 재미있는 파트와가 눈길을 끈다. 2008년 5월 이집트의 셰이크 유수프 엘-카라다위는 무슬림들이 의무적으로 봉행하는 하루 다섯 차례의 예배시간을 각 10분 이내로 줄여야 한다는 파트와를 내놨다. 일부 직장인들이 일을 게을리하는 수단으로 예배를 악용하는 이집트 사회풍조를 반영한 것이다.

무슬림의 평소 기도시간에는 설교가 들어 있지 않다. 사원으로 달려가야만 하는 일도 아니다. 그러기에 열심 있는 무슬림들이 정해진 시간, 기도 순서를 따라 나 홀로 기도를 한다고 해도 기도하느라 보내는 시간은 업무에 지장을 초래하지 않는다.

사원에 들어올 때는 휴대폰 금지! 휴대폰은 아랍 이슬람 세계에서 가장 기본적인 생필품에 해당한다. 요르단은 전체 이동통신 가입자 수가 성인 인구보다 더 많다. 그 덕분에 공중전화 회사가 문을 닫았다. 공중전화가 사라진 지 오래이다. 휴대폰 용품 판매점이 한 집 건너 있다시피 즐비하다. 이 지역 이동통신 이용 조건은 우리와 다르다. 심(SIM)카드 접착 방식이다. 이동통신 단말기는 자기 취향에 따라 구입하면 된다. 기기변경 같은 것은 필요가 없다. 그러나 보다 새로운 기종의 휴대폰이 나오면 구매자들의 관심이 쏠리곤 한다.

사원 입구마다, 실내 벽면에도 "휴대폰을 꺼주세요"라는 문구와 그림을 볼 수 있다. "알라에게 집중하세요." 그렇지만 진동으로 해놓고 예배 참석하다가 온몸이 진동되는 경험을 하는 무슬림들도 적지 않다.

"어, 어디서 꾸란 낭송하는 소리가 들리네요? 누가 꾸란 낭송 테이프를 틀어놓은 모양입니다." "아닙니다. 휴대폰 벨소리예요!" 무슬림들 중에 꾸란 낭송 테이프를 듣는 이들이 적지 않다. 자신의 직장에서도 낭송 테이프를 듣기도 한다. 그런데 전화 벨소리에 꾸란이 낭송되고 있다. 최근 제공되고 있는 이슬람 지역의 벨소리(링톤) 서비스 덕분이다.

"기도시간 때맞춰 벨소리로 알려드립니다." 종교생활에 충실한 무슬림들에게 필수적인 두 가지 도우미 기능이 장착된 이동통신 서비스가 점점 일반화되어가고 있다. 기도시간은 나라마다 지역마다 날마다 바뀐다. 보다 정확한 기도시간에 기도하기를 원하는 독실한 무슬림들 중에 정확한 기도시간 안내 — 물론 사원에서 안내 방송이 나오지만 — 를 받는다면 기도생활에 더 충실할 수 있다는 생각을 하는 무슬림들이 있다.

그런데 문명의 이기를 통해 종교생활에 도움을 받는 이런 풍조를 두고 논란이 일고 있다. "꾸란의 구절이 나오는 휴대전화 벨소리는 문제가 없는지요? 혹시나 불경죄에 해당하는 것 아닌지요?" "쌀라(기도) 시간을 알리는 소리(아잔)를 휴대전화 벨소리로 사용해도 되는지요?" 이동통신과 종교생활에 얽힌 논쟁과 궁금증이 커지고 있다.

이런 문의와 논란에 대부분의 아랍 이슬람 국가에서는 '꾸란의 구절이 나오는 벨소리는 아무런 문제가 없다'고 입장을 정리했다. 그렇지만 기도시간을 알려주는 아잔을 벨소리로 사용하는 것은 금지하고 있다. 물론 아직 확실한 결론을 못 내린 경우들이 더 많다. 반대 입장을 펴는 이슬람 학자들은 "기도시간을 혼동하도록 만들어 예배생활에 지장을 초래할 수 있다"는 것이다.

"기도 중에 휴대전화를 지참해도 되는가?"에 논란도 일고 있다. '알라에 대한 불경이다'는 입장에서부터 '생필품인데 그것이 무슨 문제가 되겠느냐?'는 입장까지 천차만별이다. 기도 중에 전화 벨소리만 울리지 않도록 하면 문제될 것이 없다는 입장이 다수를 차지하고 있다. 사막 한복판에서도 기도 방향을 정확하게 찾아야 했던 무슬림들은 나침반을 만들어 냈다. 그 나침반 덕분에 서구 열강은 신대륙 개척에 나설 수 있었다. 오늘날의 문명의 이기는 무슬림들의 일상 종교생활에 새로운 기능으로 다가서고 있다.

제 4 장

정치·군사적 만남

종교국가, 신정국가를 지향하는 체제는
정치와 종교의 하나됨을 강조한다.
정치권력을 신성화하고,
종교 이념을 활용하게 된다.
이런 배경을 가진 두 체제가 만날 때
이것은 종교적 만남보다
정치적 만남의 성격을 지닌다.

기독교와 이슬람
그 만남이 빚어낸 공존과 갈등

7. 거룩한 나라

종교국가를 표방하는 정치체제는 겉으로는 '거룩'과 '세속'의 구분이 없어 보인다. 그러나 그들도 '거룩'과 '세속'을 구분 또는 구별할 것을 요구한다. 신성불가침의 영역이 있었기 때문이다. 금기시되는 영역 가운데 권력에 대한 비판과 도전이 자리했다.

거룩과 세속, 정교분리

무엇이 거룩이고 무엇이 속된 것인가에 대해 종교마다, 개인마다 각기 다른 시선을 보여준다. 거룩한 것과 세속적인 것은 공존할 수 없다고 말하는 이들도 있다. 종교는 거룩의 영역을, 정치는 세속의 자리를 지배한다고 생각하는 이들도 있다. 정치와 종교는 인간을 지배하던 두 가지 큰 영역이라 할 수 있다. 그 영역 주권을 둘러싼 논쟁이 기독교와 이슬람에도 존재했다.

기독교 역사에 정교분리 논쟁이 계속되었다. 정치권력을 두고 왕권신수설이 난무했다. 왕의 권력은 하나님으로부터 주어진 것이라는 주장이다. 이것은 논쟁의 핵심 중의 하나였다. 그 해석과 집행을 두고 교황과 황제가 서로 싸웠다. 무릎 꿇고 꿇리는 일이 반복되었다.

1077년 1월경, 신성로마제국의 하인리히 4세(1050. 11. 11-1106. 8. 7)가 자신을 파문한 교황 그레고리 7세(재위: 1073. 4. 22-1085. 5. 29)를 만

나기 위해 이탈리아 북부의 카놋사 성으로 가서 무릎을 꿇고 교황의 관용과 선처를 구하는 치욕스런 장면이 연출되었다. 이를 두고 카놋사의 굴욕이라 부른다. 교황권이 황제 위에 군림하던 시대였다. 그런가 하면 아비뇽의 유수도 있었다. 아비뇽의 유수는 교황권이 위축되면서 교황청 자리가 로마에서 아비뇽으로 밀려난 것을 말한다. 1309년부터 1377년까지이다. 이렇게 엎치락뒤치락 권력의 정점에 서기 위한 다툼의 역사는 반복되었다. 그러는 와중에 교황은 무오류라는 주장이 등장했다. 한 점의 흠도 없는 교황이 왕권과 세속권을 통제하여야 한다고 했다. 정치와 종교는 구별되어야 한다. 그것이 하나가 되고자 하는 열망이 일어나는 것은 바로 권력욕에서 기인하는 것이다. 그 권력욕을 감추기 위하여 수많은 이데올로기를 생산한다. 거짓된 정치권력은 교회를 향해 침묵을 강요하기 위해 이데올로기를 주사했다. 비만해진 종교권력이 자신을 비호하기 위해 종교의 신성불가침, 불간섭주의를 내세웠다. 그러나 겉으로 다른 것 같았지만 정치권력과 종교권력을 갖고 싶어 안달했다는 점에서 일치했다.

서구 유럽의 기독교 세계에서 치열하게 전개되어온 정교분리 논쟁이 이슬람 세계에서는 어떻게 전개되었는가? 이슬람은 처음부터 정치와 종교가 하나였다. 이슬람은 종교 영역만이 아닌 인간의 모든 영역을 포괄하는 규정이기 때문이다. 그래서 정치와 종교의 역할 설정을 둘러싼 정교분리 논쟁이 격하게 진행되지는 않았다. 오늘날 대부분의 무슬림들은 이슬람이 정치, 종교, 사회, 문화, 군사 등 모든 영역을 다 포함한다고 생각한다. 이슬람 원리주의 입장을 가진 무슬림들은 이슬람 법률인 '샤리아'의 채택과 이슬람국가 수립을 원하고 있다. 이슬람 법 샤리아가 지배하는 정치와 종교가 하나된 체제를 말한다.

이슬람제국에서 통치자 칼리파(우리 말로는 칼리프로 표기하곤 한다)는 알라의 위임을 받은 거룩한 권력자들이었다. 칼리프는 물론 술탄[1]으

1_ Sultan은 권위 또는 힘에서 비롯된 단어로 이슬람 세계의 통치자, 권력자를 지칭하는 호칭으로 사용되었다. 초기에는 칼리프의 지휘를 받는 지역 주권자의 뜻이었다. 그러

로 일컬어질 때도 절대 권력은 신성불가침이었다. 기독교 유럽 제국은 이미 (로마)제국이 형성된 이후에 기독교가 받아들여지면서 시작되었다. 이미 세속정부와 권력이 존재한 가운데 정치와 종교의 역할을 둘러싼 논쟁이 벌어졌다. 그러나 아랍 이슬람제국은 이슬람으로 시작된 제국이다. 출발 자체가 달랐다. 처음부터 정치와 종교는 하나였다. 이슬람 역사에서 세속권력과 종교권력의 구분이 없었지만, 세속권력을 차지한 종교권력 안에서, 칼리파들의 권력 다툼은 아예 칼리파를 살해하는 유혈 참극을 빚기도 했다.

20세기에 들어와 터키에서 종교와 세속을 구분하는 아타튀르크 케말 파샤(1881-1938)[2]의 운동이 기존의 관행에 재해석을 시도했다. 근대 터키 건국의 아버지 케말 파샤 아타튀르크, 지금도 이어지고 있는 세속적 다원주의적 민주주의의 창시자이다. 그는 이슬람권에서 볼 수 없었던 가장 급진적인 개혁을 단행했다. 그것은 세속주의로 가는 길목이었다. 오스만터키제국이라는 이슬람 대제국이 무너진 이후에 벌어진 사건이다. 완전한 정교분리를 추진했다. 이슬람 종교법을 민법과 형법으로 대체했다. 그러나 터키 내의 원리주의적 종교계 일각에서는 터키를 신정체제로 바꿔야 한다고 생각한다.

오늘날 들어 정치와 종교를 구분하려는 시도를 세속 정부라 말한다. 이란 같은 이슬람 법에 의해 다스려지는 제도를 보다 이슬람적이라고 말한다. 다수의 이슬람 지역의 무슬림들은 다원주의, 세속주의, 정치와 종교 영역의 구별과 구분을 바라고 있다. 종교계의 지나친 정치 참여나 간섭으로부터 거리를 두려는 움직임이 커지고 있다. 세속화 또는 개혁, 개방, 민주주의로 이 같은 흐름을 표현할 수 있다. 공화국을 표방하는 알제리나 튀니지, 리비아나 이집트 같은 국가는 물론 쿠웨이트, 요르단, 모로코 같은 왕정 국가에서도 점차적으로 정치와 종교를 구분

나 오스만제국에서는 최고 통치자를 일컫는 호칭이 되었다.
2_ 몇 차례의 터키 방문을 통해 느낄 수 있었던 것은 '아타튀르크 가라사대' 하면 모든 것이 끝나는 분위기였다.

하려는 움직임이 거세지고 있다.

인간이 신의 위치를 대신하여 절대 권력을 휘두르면서도 자신의 무오류를 주장한다. 그러나 인간은 오류가 없다고 할 수 없다. 정치와 종교는 하나가 될 수 없다. 하나가 되어서도 안 된다. 견제와 균형이 없이 절대화된 권력은 절대 부패한다는 것을 역사가 보여주기 때문이다.

주류(Majority)와 비주류(Minority)

비주류(Minority)와 주류(Majority), 이미 우리 사회에서도 소수파의 의미인 마이너리티라는 영어가 외래어로, 준표준어가 되어버린 것 같다. 마이너리티에 대한 관심 때문일까? 마이너리티라는 이유만으로 차별과 냉대도 뒤따르지만 이른바 주류에 의해 동정과 지지를 받는 면도 적지 않다. 그런데 마이너리티는 단지 수적인 열세의 위치에 있는 대상만을 의미하는 것은 아니다. 오랫동안 힘의 열세에 놓여 있던 대상들도 마이너리티에 포함된다. 수적으로는 열세라고 해도 힘과 권력을 소유한 자들은 소수 특권층일지언정 마이너리티로 간주되지 않는다. 그들 스스로도 자신들을 마이너리티가 아닌 주류로 일컫는 것이 사실이다. 그래서 마이너리티는 비주류로, 머저리티는 주류로 일컫는 것이 더 적절한 것 같다. 어쨌든 주류에 의해 비주류는 차별과 탄압, 동정과 관용의 대상이 되고 객체로 전락하고 있다.

다원주의 사회에 살고 있는 오늘날 주류와 비주류 논쟁이 가장 첨예한 전 세계적인 이슈가 있다. 그것은 기독교와 이슬람 간의 만남과 화해와 갈등이다. 서로를 향한 이유 없는 적대감과 긴장감이 감돌고 비방과 모략이 넘쳐난다. 서로의 신념이 관용의 미덕이 자리할 틈새를 주지 않는 모양이다. 그 틈새를 비집고 근거 없는 찬양과 동조까지 한몫하고 있다. 그러나 서로는 마치 샴쌍둥이처럼 함께 가야 할 운명체로 보인다. 이런 표현이 종교적인 확신을 배제하고 혼합주의로 갈 것을 이야기하는 것이 아니다. 독단성과 과격성을 벗어나 타인을 인정하려는 정중한 태도, 시민적 소양을 가지고 함께 살아갈 몫이 있다는 것이다. 종교적 독단성이 만들어내는 과격성을 완화시키는 노력이 종교의 절대성을 부정하는 것과는 다른 면이 있다. 강한 확신은 오히려 포용력을 지닌다. 패배주의는 적대감을 통해 자신을 방어하려고 한다. 햇볕 정책은 이런 면에서도 적용될 만하다. 상대가 설득당해야 한다면 그것은 무력이나 외압을 통해서가 아닐 것이다. 그러나 역사는 강제력에 의해 상대방을 정복해왔다. 종교의 영역도 결코 예외가 아니었다. 자신의 신념은 변함이 없지만 종교라는 형식적인 틀은 쉽게 바뀌었고, 정복당한 이들은 일종의 전리품이었다.

8. 거룩한 전쟁

정치화된 종교체제를 유지하기 위하여 때로는 그 체제를 확장하기 위하여 전쟁이 벌어진다. 이 전쟁을 두고 당사자들은 거룩한 전쟁, 즉 신성한 전쟁이라고 주장한다. 그러나 거룩한 전쟁이 있을까?

성전과 지하드

'성전'이라는 단어를 떠올리면 대개 이슬람의 지하드[3]를 연상한다. 이슬람만의 폭력성이나 잔혹성을 드러내는 특정한 단어로 이해하기도 한다. 이 단어가 이슬람을 향한 거북스런 단어로 자리하게 된 것은 9·11 이후부터일 듯하다. 그렇지만 성전, 즉 '거룩한 전쟁' 개념은 기독교에도 존재한다. 기독교의 거룩한 전쟁은 구약 성경의 여호수아 등을 바탕으로 전쟁이 여호와께 속하였다는 '여호와의 전쟁'으로 설명할 수 있다. 기독교 역사에서 거룩한 전쟁은 종종 같은 기독교 집단 내의 상대 세력과의 싸움은 물론 외부의 적과의 싸움에 인용하던 논리이다. 이슬람의 출현 이후 유럽 기독교 세력은 이슬람과의 싸움에 거룩한 전쟁 논리를 투영시켰다. 특히 십자군 전쟁은 가장 대표적인 예이다.

3_ 지하드라는 단어를 거룩한 전쟁, 성전으로만 직역하는 것은 무리가 있다. 물론 종교적으로 해석할 때는 '싸움'이나 '투쟁'의 뜻으로 풀이할 수 있지만, 종교적인 헌신과 열심을 담아내는 가열찬 삶 등의 평범한 의미로도 풀이할 수 있다.

근대사에서 서구 열강이 펼쳤던 제국주의 바탕에도 제3세계에 대한 거룩한 전쟁 논리를 깔곤 했다. 침략과 지배를 당한 약소국 주민들 시선에는 유럽 기독교 세력은 '한 손에는 성경, 한 손에는 대포' 식이었다.

'여호와의 전쟁'은 직간접적으로 기독교인들, 특히 보수적인 기독교인들의 태도에 많이 반영되어 드러나곤 한다. 가깝게는 2003년 이라크 전쟁 시기이다. 이라크 전쟁을 두고 하나님이 허용한 전쟁이라거나 하나님이 이끄시는 전쟁이라고 주장한 이들이 있었다. 이들은 완고한 이슬람 세계를 깨뜨리기 위하여 하나님이 전쟁을 허용 또는 주도하셨다는 것이다. 이라크 전쟁의 목적은 무슬림을 구원하시기 위한 것이었다고 주장한다. 이들은 무고하게 죽은 이라크인들의 죽음보다 그 와중에 기독교인이 된 이라크인들에 주목한다. 그 한 사람을 구원하시기 위하여 하나님이 전쟁을 허용 또는 이끄셨다는 것이다. 물론 이런 주장을 반대하는 기독교인들도 많다. 어쨌든 여호와 전쟁을 주장하던 이들은 부시를 두고 현대판 다윗 같은 위대한 하나님의 일꾼이고 지도자라고 주장했다. 부시 자신도 이라크 전쟁을 비롯한 이른바 테러와의 전쟁을 새로운 십자군 원정으로 묘사하기도 했다.

2000년대 들어 여호와의 전쟁을 염두에 둔 이들의 타깃은 이슬람 세계가 되고 있다. 이슬람과 기독교 세계가 영적인 충돌, 영적인 전쟁을 벌이고 있다고 말한다. 자신들이 여호와의 군대로서 이슬람 세계에서 악한 영들과 싸워야 한다고 주장한다. 종종 대규모 행진 같은 이벤트를 통하여 이 같은 자신들의 의지를 드러내기도 한다. 미국 내 보수 기독교 일부에서는 이스라엘 정부가 추진하고 있는 팔레스타인을 분리시키는 분리장벽 건설을 위하여 재정을 지원하기도 한다. 현대판 여호와의 전쟁 지지자들 가운데는 반이슬람 친이스라엘 경향을 강하게 보여주고 있다.

그러나 여호와의 전쟁은 이중성을 지니고 있다. 이른바 하나님을 믿는 자들만을 편애하고 감싸기 위하여 밖의 세력과 하나님이 싸운다는 개념을 넘어서서 하나님을 믿는 자들이 정의와 공평을 무시하고 하나님을 대적할 때 하나님께서 하나님의 백성들도 징벌하신다는 것이다. 아울러 여호와의 전쟁은 인간이 저지른 전쟁을 정당화하지 않는다. 전쟁이 여호와께 속한 것이기에 인간이 칼과 무력으로 상대를 제압하려고 먼저 나서지 말라는 것이다.

한편 이슬람의 지하드는 기독교의 여호와의 전쟁과 많은 면에서 비교된다. 기독교의 성전은 선택적인 것이지만 지하드는 대부분의 무슬림들에게는 종교적 의무이고 무제한적인 측면을 지니고 있다. 한국 언론은 '지하드'라는 단어만 나와도 색깔론을 덧씌운다. 그렇지만 '지하드'는 '애쓰다', '열심히 하다', '정진하다' 같은 단순한 의미부터 담고 있다. '열공'이나 '열애', '열근' 같은 단어를 표현하자면 지하드라는 단어를 사용할 수 있다. 아니면 노동 현장이나 1980, 90년대 민주화 투쟁 현장에서 외쳐지던 '투쟁'이라는 단어를 연상할 수 있다. 그 단어가 이슬람 원리주의만의 고유한 의미는 아니다.

고전적인 의미의 지하드와 성전은 제국의 팽창과 연결되어 있었다. 힘의 확대를 위한 전쟁에서 가장 효과적인 선무 활동의 하나가 종교적 열의를 다지는 것일 것 같다. '이교도들에게 알라의 칼을', '이교도들에게 하나님의 칼을', '야만인들에게 하나님의 빛을' 같은 슬로건은 자신들의 세속적인 욕망을 위한 전쟁을 거룩한 모양으로 포장할 수 있는 좋은 방편이 될 수 있었다. 오스만 터키제국의 확장 과정에서도 이런 측면은 어렵지 않게 엿볼 수 있다. 그렇지만 이슬람 세계 내부에서도 서로 지하드를 주창하면서 세력 갈등을 벌이기도 했다. 오스만제국의 지배에서 벗어나기 위한 아랍의 독립투쟁도 지하드였고, 이들을 제압하기 위한 오스만제국의 공권력 활동도 지하드였다. 이런 경우 지하드는 자신들의 정치적인 이슈나 종교적인 관점을 정당화시키고 상대방을 배교자로 몰기 위한 이념으로 활용되곤 했다. 서로가 알라가 자신들의 편임을 고백하거나 주장하는 행위가 지하드의 바탕을 이루고 있는 셈이다.

잠시 십자군 전쟁 시대를 돌아보자. 십자가를 가슴에 단 십자군과 초승달을 머리에 새긴 이슬람군(초승달군)이 마주했다. 사느냐 죽느냐였다. 천국 직행 티켓도 준다 했다. 명예도 준다 했다. 돈도 준다 했다. … 그래서 전쟁터에 나왔다. 뭐가 문제인가. 전쟁터에 나와 실전 경험을 쌓으려는 목적은 전혀 없었다. 이미 수많은 전쟁터에서 산전수전 다 겪은 백전노장들도 많았기 때문이다. 십자군 전쟁은 기독교의 씻을 수 없는 치욕스런 전쟁으로 평가를 받곤 한다. 진실이 왜곡되고 수많은 무고한 생명들을 잃은 침략 전쟁의 전형이라고도 말한다. 이런 주장들은 이슬람 진영의 주장만이 아니다. 기독교 세계에서도 십자군 전쟁의 죄악을 그대로 인정한다.

성전과 지하드의 닮은 점

지난 역사에서 지하드나 기독교의 성전 사이에는 몇 가지 공통점을 엿볼 수 있다. 이교도와의 전쟁에 참여하는 것, 그것은 현세와 내세에서의 복과 대가를 약속했다는 점이다. 현실적으로는 전리품을 제공받을 수 있었고, 전사라는 영예를 얻었고, 죽어서의 천국 또는 낙원을 보장받았다. 그렇지만 이런 종교심을 부추긴 전쟁 이면에 제국의 확장을 위한 정치 논리, 힘의 논리가 바탕을 이루고 종교를 이용했다는 측면도 부정할 수 없다. 상대방에 대한 적대감을 고조시키기 위한 다양한 정보 조작과 이미지 작업이 전쟁 와중에 진행되었다. 잘못 주입된 개념을 가지고 전쟁에 참여한 경우들이 많았다는 점이다. 이것은 이라크 전쟁 현장에서 만났던 미군들에게서도 발견되었다. 적지 않은 지하드 또는 성전 전사들은 잘못된 이데올로기의 희생자들이었던 것이다. 아울러 제국 또는 집단 내부에서 벌어진 갈등에 지하드 또는 성전이 주장된 것은 알라 또는 하나님을 자기편이라고 주장하기 위한 신학과 이념이 활용되었다.

최근 지하드를 주창하면서 이루어지는 전쟁터는 아프간에서 미군과 카르자이 정권 퇴진 투쟁, 이라크에서 벌어지고 있는 미군 철수와 이라크 정권 퇴진 운동, 이집트의 반무바라크 운동, 레바논의 헤즈볼라 무장 투쟁, 팔레스타인의 하마스의 반이스라엘 무장 투쟁, 팔레스타인

하마스와 파타 진영 간의 세력다툼 등 다양한 모양과 이념으로 펼쳐지고 있다. 이것은 지하드라는 슬로건 하에 지하드 내용이나 성격을 단순화시킬 수 없음을 보여주는 것이다. 결국 지하드는 알라의 이름으로 자신이 속한 집단 또는 세력의 힘이나 이념의 확대라는 측면을 배제할 수 없다.

성전과 테러　이슬람 세계에도 테러가 존재하며, 이는 범죄행위로 규정한다. 그런데 무엇이 테러이고 무엇이 성전인가에 대해 이슬람 세계 안팎에서도 논쟁이 있다. 그런 와중에 대다수의 이슬람 국가에서는 테러와의 전쟁을 이슈로 치열하게 '안보'와 '사회안전'을 지키기 위하여 싸우고 있다.

예언자 무함마드는 알라의 존재를 부정하는 무신론자 및 다신론자와 알라의 실체를 인정할 때까지 싸우는 것을 비롯하여 침략자에 대한 방어, 사회 정의, 퇴폐 추방 및 욕망에 대한 절제까지를 지하드, 즉 '성전'이라고 했다. 가장 훌륭한 지하드는 칼이나 무기를 사용하지 않고 목적을 수행하는 것이다.

이슬람 세계 밖에서 말하는 정의와 이슬람 세계 내부의 시선과 목소리가 다를 수 있다. 팔레스타인 무장 조직이 이스라엘을 대상으로 하는 무력 행동에 대해서는 많은 이들이 테러라고 생각지 않는다. 헤즈볼라가 이스라엘을 상대로 하는 무력시위도 테러라고 생각지 않는다. 이라크 무장 세력이 미군을 상대로 벌이는 일종의 준군사작전도 테러라고 생각지 않는다. 물론 모든 이들이 이것에 동의한다는 의미가 아니다. 다수가 테러가 아닌 정당한 정당방위 또는 지하드로 이해한다는 것이다.

그렇지만 팔레스타인 저항조직 파타와 하마스가 무력충돌을 일으키는 것은 지하드로 받아들이지 않는다. 분쟁 지역 밖에서 벌이는 일종의 무력행동을 지하드로 받아들이지 않는다. 즉 국제적인 무력시위는 지하드로 받아들이지 않는다.

갤럽 조사(2007년)에 따르면 응답자의 90% 이상이 비전투원을 대상으로 벌이는 살해 행위를 비난했다. '테러 없는 내일'[4]이라는 기구가 조사한 연구 결과(2007년)에 따르면 사우디인의 10% 미만이 알카에다의 활동에 지지를 보냈지만, 88% 이상의 사우디 국민은 사우디 정부의 알카에다에 대한 압력을 지지했다. 파키스탄의 경우는 알카에다(18%), 탈레반(19%)에 대한 지지가 줄어들고 있다. 퓨 리서치의 연구(2007년)에 따르면 요르단인들 중 자살폭탄 공격이 때로는 정당하다는 의견이 29% 정도였다.

칼과 구원

기독교와 이슬람의 정치·군사적 만남의 현장으로 가기 전에 시간 여행이 필요한 것 같다. 4세기경의 로마제국이 우리의 첫 번째 관심이 되어야 한다. 그곳은 첫 번째 이슬람과 기독교의 만남을 이해할 배경이 담겨 있기 때문이다. 로마제국은 유일신을 받아들인 이들에게는 고난의 연속이었다. 다신교체제였음에도 황제숭배라는 의식이 들어온 것이다. 그 와중에 일제 치하에서 한국 기독교가 겪었던 신사참배 논쟁 비슷한 일이 벌어졌다. '황제 숭배는 국민의례다'라는 식이었다. 유일자 하나님 예배와 황제 숭배는 서로 배치되지 않는다고 논리를 폈다. 그런 이들은 고난의 잔을 피해갈 수 있었다. 그러기를 3세기를 거듭했다. 그러다 세상은 변했다. 새로운 시대가 다가왔다.

기독교, 박해에서 주류로 "양심의 절대적인 자유를 인정한다. 이제부터 기독교는 동등한 법적 권리를 지닌다. 그 동안의 기독교에 대한 박해 과정에서 몰수된 교회 재산은 모두 반환될 것이다." 313년 2월 콘스탄티누스 황제(재위 306~337)가 발표한 밀라노 칙

4_ Terror free tomorrow, 미국의 여론조사 기관의 하나(www.terrorfreetomorrow.org).

령(Milan Edict)의 내용이다. 이후 로마제국의 기독교에 대한 우호적인 칙령은 이어졌다. 319년, "성직자의 납세 등의 공적 의무를 면제한다." 321년, "교회는 교인들의 재산을 상속할 권리를 가진다. 교회는 법인으로 승인된다. 로마제국 내의 일반 시민은 일요일에 쉴 수 있다. 이방신의 신앙을 금지한다. 로마제국은 로마와 예루살렘과 베들레헴 등 곳곳에 커다란 교회들을 건립하는 데 협조한다…." 300여 년 지속되어온 로마제국의 기독교에 대한 박해는 멈췄다. 이후 기독교는 절대적 마이너리티에서 주류에 편입하게 되었다. 기독교 인구는 날마다 증가하였다. 그러나 교회는 변화되어 갔다. 기독교 신앙은 값싼 것이 되었다. 높았던 도덕과 규례들은 해이해졌다.

로마제국은 점차적으로 "칼이냐 기독교냐" 양자택일을 은근하게 유혹하는 체제가 되었다. 물리력이나 강제력을 통해 개종을 시도하지 않았다. 그러나 채찍이 아닌 '당근' 효과는 대단했다. 기독교인이 되는 것은 번거로운 일이 하나도 없었다. 로마제국 하에서 다른 종교 행위가 금지된 4세기 후반부터 점차적으로 유럽인들은 날 때부터 기독교인이 되었다. 기독교인의 신분증은 출세를 위한 기본 요건이었다. 기독교가 공인된 이후 기독교인이 되는 것을 막을 아무것도 없었다. 입맛을 당겨주는 당근이 있었다. 로마의 새로운 숨겨진 모토였다. "칼이냐 황제냐" 가 이제는 "칼이냐 기독교냐"였다. 더 많이 가지려 하고 더 가지려 하는 욕망은 권력 다툼으로 이어졌다. 내분을 거친 로마제국은 동서로마제국으로 분열되고, 동로마제국은 비잔틴제국으로 새로운 탈바꿈을 한다. 이내 제국(帝國)의 본성을 드러내어 여타 중동의 기독교제국(諸國)을 억압하는 식민종주국이 되어버린다.

그러나 로마제국만이 '천상천하 유아독존'일 수 없었다. 로마제국의 가장 강력한 경쟁자가 있었다. 페르시아였다. 로마의 깃발이 세계를 덮어가고 있었지만 페르시아는 로마제국과의 긴 전쟁을 하면서도 무너지지 않았다. 395년 로마제국이 동서로마제국으로 분열되고 동로마제국(또는 비잔틴제국)이 들어서자 페르시아는 비잔틴제국과 힘겨루기를 시작한다. 476년에는 서로마제국이 멸망한다. 이후 비잔틴제국과 페르시아 양측 간의 물러서지 않는 싸움은 이어진다. 이런 와중에 6세기 말 무함마드가 아라비아에 등장한다. 무함마드(한국식으로는 마호메트로 표기하곤 했던 이슬람의 선지자)와 기독교와의 만남－무함마드의 지근거리에 있었던 몇몇 기독교인 동료들과의 만남을 통해 무함마드는 유대교와 기독교에 대한 이해를 가지고 있었다. 무함마드의 이런 배경은 그가 기독교제국에 대한 거부감과 기독교인 개개인에 대한 상이한 입장을 나타내게 한다. 이것은 오늘날 적지 않은 무슬림들의 기독교에 대한 시각을 규명해주는 틀이 된다.

**무함마드와
이슬람의 출현**　　무함마드의 출현은 비잔틴제국과 이슬람의 첫 번째 만남을 이룬다. 이 만남에서 이슬람은 빠르고 강력하게 확산되었다. 물론 이슬람의 확산 이유에 대한 몇 가지 이론들이 있다. 한편에서는 "칼이냐 꾸란이냐" 양자택일을 강요하면서 이슬람이 확장되었다고 한다. 오래된 서구 기독교 세계의 해석이다. 그러나 이런 단순한 해석만으로 이슬람의 확산을 설명하는 것은 애당초 무리이다. 반면 이슬람 학자들은 이슬람화가 평화로운 과정을 통해 이루어졌다고 주장한다. 그러나 이런 주장 또한 사실에 접근한 것이 아니고, 이슬람 혐오증5을 벗기 위한 또 다른 억측(臆測)이다. 아랍제국6의 말발굽에 눌려 투항하여 조공을 바치면서 살아가야 했던 사람들이 많았다.

5_ 이슬람 혐오증은 이슬람포비아(Islamophobia)를 풀이한 것이다. 이슬람포비아는 '이슬람'＋'포비아'의 합성어이다. 이슬람 종교와 무슬림에 대한 편견과 인종 차별을 뜻한다. 1980년대부터 서서히 사용되기 시작했지만, 9·11 이후에 급격하게 사용되고 있다. 이슬람 혐오증을 두고 이슬람권과 무슬림들에 의한 반기독교 인종차별 행위도 문제시하여야 한다는 입장도 만만치 않다. 영어 발음을 따라 이슬라모포비아로 적을 수도 있지만, 편의를 위하여 이슬람포비아로 적는다. 서유럽을 중심으로 이슬람 세계나 이슬람권 이주자 또는 무슬림을 바라보는 거친 시선을 설명하는 용어이다.

6_ 많은 이슬람 학자들도 초기 이슬람제국은 아랍 지배 방식으로 이해하면서 아랍제국으로 일컫는다. 바그다드에 수도를 둔 두 번째 이슬람 왕조인 압바스(Abbasid Caliphate, 750-1258) 정권이 들어서기까지 아랍제국은 지속되었다.

아랍제국의 확장은 칼과 말발굽을 통해서는 물론이고, 대화와 타협을 통해 얻어진 결과이다.

정복하느냐 정복당하느냐 그것은 비잔틴제국의 압제에 신음하던 아랍 이슬람 지역의 다수 기독교 국가들의 선택이 아니었다. 그런 정복전쟁의 시기에도 '공조', '야합', 이런 종류의 어휘들이 존재했다. 기독교제국 아래서 기독교인들은 당연히 절대 다수의 자리에 있었다. 그러다가 아랍 이슬람 세력이 들어와 확장되어 가자, 급작스럽게 소수파로 전락했다. 그러나 오히려 종교적 자유는 비잔틴제국 하에서 다수파 기독교인으로 존재하던 시절보다 악화되지 않았다. 다만 이슬람 정신의 우월성을 인정하고 피정복민으로서 충성을 지킨다면 이슬람 지배하에 들어온 기독교인들에게 자신들의 종교활동도 '특별한 예우'가 되어버렸다. 말이 특별한 예우이지, 구별이 아닌 차별대우였다. 그 차별대우를 유지하기 위해서도 기독교인들은 나름대로 특별한 의무를 수행하여야 했다. 그렇지 않으면 기독교인을 포기하고 무슬림이 되는 길이 기다리고 있었다. 이때가 7-8세기의 일이다.

"이슬람으로 돌아오라." 아라비아 반도와 북아프리카 지역에 이슬람이 유입되면서 새로운 지각 변동이 일어났다. 이슬람 신앙과 아랍제국의 확장은 너무 쉽게 이루어지는 것처럼 보인다. "이슬람 신앙의 우월성이 드러나는 대목이다"라며 너무도 쉽게 이슬람의 교리의 우월성에서 원인을 찾지만 그것이 우선되는 이유는 아니었다. 오히려 이슬람 외적인 요소들이 더 크게 작용한 것으로 볼 수 있다.

비잔틴제국 대신 이슬람　　이슬람이 확장되던 시기, 아랍 이슬람 지역의 기독교 국가들은 비잔틴제국의 학정과 수탈에 시달리고 있었다. 비잔틴제국은 단성론 입장에 있던 이집트나 시리아 등의 기독교 국가들과 종교적인 이유는 물론이고 정치·경제적 이해관계가 맞서면서 충돌을 빚었다. 기독교의 이단논쟁과 성상숭배 논쟁, 황제권과 교황권을 둘러싼 정치적 갈등, 비잔틴제국의 폭정에 시달리던 아랍 이슬람 지역 기독교인들의 암울한 상황, 서로마제국과 비잔틴제국 모두로부터 단성론자라 하여 내몰림을 당하고 있었다. 비잔틴제국은 제국의 영향권에 있는 이들 국가들로부터 막대한 세금을 거두어 들였다. 게다가 페르시아와 비잔틴제국 사이의 이어지는 전쟁 과정에, 고래 싸움에 새우등 터지듯 이들 국가들은 종주국이 오락가락하는 운명이 되었다. 그렇지만 사실 페르시아 사산제국[7]의 지배를 받을 때가 비잔틴제국의 지배를 받을 때보다 종교적으로나 경제·정치적으로 더 나은 형편이었다.

비잔틴제국 하의 아랍 민중과 정권들이 이슬람을 받아들이는 과정에 이슬람의 종교적인 영향력은 미미했다. 오히려 적지 않은 아랍 이슬람 지역의 기독교인들은 무함마드의 이슬람 세력을 동일한 기독교 내의 한 분파로 이해하기도 했다. 사실 무함마드도 초기에는 이슬람이나 새로운 종교를 말하지 않았다. 기독교와 유대교의 선지자들이 다 이슬람의 선지자였고, 무슬림이었다고 주장했다. 이슬람의 중동 확산 과정에 동방교회 전통의 단성론자들과 네스토리우스 계열의 기독교인들은 큰 부담 없이 이슬람을 인정할 수 있었다. 특별히 단성론을 주장하던 네스토리우스 기독교인들은 이슬람 세력의 유입을 통해 이란의 사산조 페르시아의 침략과 박해로부터 자유로울 수 있었다. 로마 교회나 비잔틴제국 교회들로부터 받았던 차별과 멸시보다 비슷한 신앙 코드로 보이는 이슬람 신앙을 갖는 것이 문제될 것이 없었다. 다른 측면으로는 아랍 기독교인들에게 이슬람의 유입은 비잔틴의 지배로부터 자유로워질 수 있는 정치적인 돌파구였다. 아랍 민중들에게 이슬람 세력은 압제자 비잔틴제국으로부터 해방시키는 해방자였다. 현실적 대안으로써, 도피처와 현실 돌파구로써 이슬람을 받아들인 측면이 강하다. 그렇다고 이슬람을 받아들였다는 것은 이들이 무슬림으로 개종을 했다는 것이 아니고 이슬람 세력의 유입에 저항하지 않았다는 의미이다.

7_ 사산제국(226-651)은 이라크 남동쪽 35킬로미터 지점에 자리한 크테시폰을 수도로 하던 페르시아제국의 한 시대를 아우르던 왕조이다.

9. 종교 또는 패권을 위한 전쟁

이슬람 세력과 기독교 세력 간의 끝없는 전쟁, 종교전쟁의 역사는 과연 사실일까? 그러나 종교전쟁 또는 문명충돌이라 부를 정도의 그런 사례들은 많지 않았다. 전쟁은 명분이 어떠했든 대개의 경우 정치적 목적으로 일어나고 빚어진 경우가 대부분이었다.

적군이 되다

이슬람과 서구 기독교제국 간의 첫 만남은 아랍 세계에 이슬람 세력이 뻗어가면서였다. 아랍 이슬람제국의 출현 이후 중동 지역에서 벌어진 지역갈등이나 패권다툼은 끊이지 않았다. 그것은 아랍 이슬람제국과 비잔틴제국 안에서도 벌어졌고, 그 영역 밖에서 세력다툼으로 벌어지기도 했다. 아랍세력과 기독교 세력과의 최초의 전쟁은 아랍 이슬람제국의 확장 과정에서 일어난 것이다. 앞서 언급한 것처럼 아랍 이슬람제국의 확장이 적대적인 대립관계에서만 빚어졌던 것이 아니었다. 오히려 당시 중동의 기독교 종주국이었던 비잔틴제국에 저항하여 아랍 이슬람제국과 연합한 사례도 적지 않았다.

비잔틴제국의 아성을 하나둘씩 무너뜨린 이슬람 군대는 그 여세를 몰아 북아프리카를 넘어 서방 진출을 도모했다. 7세기 초의 스페인 정복이 그것이다. 이집트에서 서진을 시작한 이슬람제국은 7세기 후반

지중해 연안을 따라 리비아·튀니지·알제리 및 모로코까지 장악했다. 711년 따리끄 이븐 지야드(Tariq ibn-Ziyad) 장군은 움마이야 왕조 칼리프 알왈리드(705-15) 1세의 지시를 받아 무어인8과 베르베르족 등이 뒤섞인 이슬람군대를 이끌고 지중해를 건너려 했다. 그 와중에 지중해가 대서양과 만나는 지브롤터9에 새로운 거점을 만들었다. 이후 해협(모로코와 스페인 사이의 최단 거리는 10여 킬로미터에 불과하다)을 건너 이베리아 반도를 거의 무혈입성 한다. 그 여세를 몰아 유럽 본토 공략을 시작했다. 그러나 그것이 유럽 진출의 전부였다. 당시 유럽 통합을 이룬 프랑크왕국의 샤를마뉴10는 이슬람 군대의 유럽 진출을 막는 전위대 역할을 충실히 해주었다.

　　7세기 후반에는 동쪽으로 페르시아 고원을 석권했고, 8세기 초에

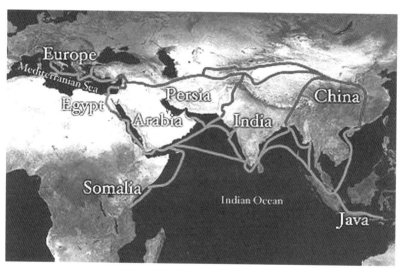

비단길은 바닷길 비단길(아래쪽 연한 선)과 육상 비단길(위쪽 진한 선)로 이루어진다. 이 길은 이슬람의 확산과정에도 요긴하게 활용되었다.

8_ 711년부터 이베리아 반도를 정복한 아랍계(系) 무슬림.

9_ 지브롤터(Gibraltar)라는 이름은 '자발 따리끄'(Jabal Tāriq: 따리크의 산)의 뜻이다. 즉 이슬람 군대의 장군 따리끄 이븐 지야드의 이름을 붙인 것이다.

10_ Charlemagne 또는 찰스 대제(Charles the Great)로 부른다. 재위기간은 742. 4. 2-814. 1. 28이다.

는 중앙아시아와 인도 대륙의 북서부까지 진출했다. 751년에 고구려 유민인 고선지(高仙芝, 702 - 756) 장군이 이끄는 중국의 당나라 군대를 중앙아시아 키르키즈스탄(Kyrgyzstan) 북서쪽 도시 탈라스(Talas)에서 격파했다.11 12 이로써 중앙아시아 전역이 이슬람권의 영향 하에 들어오게 되었다. 그 후 다시 동쪽으로 당나라의 수도인 장안(長安) 및 내륙지방은 물론 만주와 한반도에까지 무슬림 상인들이 드나들면서 이슬람이 전파됐다. 한편 바닷길 실크로드13를 통해 남방으로 진출한 무슬림들은 13세기 이후 말레이시아·인도네시아 및 필리핀의 민다나오 섬에 이르기까지 그 위력을 떨쳤다. 소아시아 반도도 정복했다.

아랍 이슬람제국이 형성된 이후에도 이슬람과 기독교는 자주 충돌을 빚어왔다. 그러나 그 내면을 들여다보면 그것은 종교 간의 충돌이나 갈등이 아니었다. 페르시아, 로마가 제국의 영향력을 확대하기 위한 싸움과 다르지 않았다. 다양한 양상으로 이슬람제국과 기독교제국(비잔틴제국) 간의 세력 각축은 이어졌다.

비잔틴제국과 셀죽 튀르크제국의 전쟁　　1048년부터 1308년 사이에는 비잔틴제국 세력과 중앙아시아에서 넘어온 셀죽 튀르크세력과 무력충돌이 이어졌다. 세력다툼의 영역은 터키의 소아시아 지역과 시리아, 레바논 등지에서의 패권이었다. 전쟁의 결과 비잔틴제국이 위축되고 셀죽 튀리크 제국의 확대를 낳았다. 이 과정에서 이집트 카이로를 중심으로 펼쳐졌던 파티마 왕조가 약화되고, 아이읍 왕조가 들어서더니 이 또한 마물루크 왕조로 대체되었다. 이 전쟁 또한 기독교와 이슬람 간의 종교전쟁이 아니라 지역 패권 전쟁이었다.

11_ 카작스탄의 타라즈시[잠불(Djambul)로도 불린다]에서 더 가까운 쪽의 탈라스 강 주변에서 벌어졌다.
12_ 탈라스에는 당나라 군과 아랍군 전사자의 합장묘가 보존되어 있다.
13_ 일반적으로는 중국 광쩌우(광주)와 브루네이, 미얀마, 태국, 말라오카, 씰론, 인도, 파키스탄, 필리핀, 이란, 이라크를 지나 이집트, 이스라엘, 레바논을 지나 지중해 넘어 이탈리아와 유럽으로 이어지는 길을 의미한다.

**비잔틴제국과
오스만 튀르크[14]와의 전쟁**　　1265년부터 1453년 사이에 이어진 전쟁이다. 소아시아 지역에서 밀려난 그리스를 바탕으로 한 비잔틴제국이 오스만 튀르크세력에 의해 무너지고 만다. 1453년 오스만 튀르크 이슬람제국은 비잔틴제국을 멸망시켰다. 루마니아·불가리아·알바니아·옛 유고슬라비아의 남부지역 및 그리스까지 진출한다. 코카서스반도로 힘을 뻗쳐 옛 소련의 아제르바이잔공화국과 코카서스 지방을 이슬람제국의 깃발 아래 굴복시켰다.

　　비잔틴제국은 앞서 셀죽 튀르크의 공격으로 콘스탄티노플(오늘날의 이스탄불)에서 밀려난 이후 내홍을 겪으면서 자중지란 상태에 빠져들었다. 로마 바티칸의 교황 피우 2세는 다시금 오스만 튀르크세력에 대항하기 위한 십자군 조직을 요청했지만 별 반응을 얻지 못했다. 비잔틴의 몰락으로 유럽 사회는 르네상스를 맞이하기 시작했다. 오스만 튀르크 지배로부터 유럽으로 들어온 비잔틴 세력이 가져온 고대 그리스의 과학과 문화 덕분이다.

**오스만 튀르크
유럽을 공략**　　오스만 튀르크제국은 제국의 영토를 확장했다. 1453년 메흐메드 2세(Mehmed II, 재위 1451-1481)는 콘스탄티노플을 정복하여 수도로 삼고 이스탄불로 이름을 바꾸었다. 셀림 1세(Selim I, 재위 1512-1520) 때 오스만 튀르크제국은 더욱 팽창했다. 같은 이슬람 국가였던 시리아, 팔레스타인, 이집트, 알제리 등을 통합했다. 그의 아들 슐레이만 1세(Suleyman I, 재위 1520-1566)는 오스만제국의 전성기를 열었다. 오스트리아 등을 기반으로 한 합스부르크 왕가로부터 헝가리를 빼앗고, 남동쪽으로 제국을 확장했다. 오스만제국의 영토가 아시아, 아프리카, 유럽의 3대륙에 펼쳐졌다. 오스만 튀르크제국과 유럽 최대의 왕실 가문인 합스부르크 왕가[15] 간의 긴 전쟁

14_ 오스만제국을 창시한 오스만 1세의 이름에서 따온 것이다.

15_ 13세기 후반부터 거의 600여 년 동안 프랑스를 제외한 거의 전 유럽의 왕실을 지배한 유력 가문이다. 합스부르크라는 이름은 오늘날 스위스인 슈바벤 지방에 세워진 합스부

(1526-1791) 와중에 기독교제국과 이슬람제국 간의 종교전쟁 이념이 유럽국가들 안에 확산되기도 했다. 그러나 그것은 정치적인 이데올로기 차원에서 비롯된 것이었다. 1차 세계대전(1914-1918)[16]으로 오스만 튀르크제국이 패전하면서 이른바 유럽 기독교 세력과 이슬람제국 간의 종교전쟁은 일단락되었다. 패전 이후 연합국에 영토의 상당 부분을 빼앗기고 제국이 해체되고 1923년 터키 공화국이 되었다.

1차 대전! 전쟁은 끝났고, 오스만 튀르크제국은 중동의 권좌에서 밀려났다. 오스만 튀르크의 지배와 학정에 시달리던 아랍인들에게 영국과 프랑스는 해방자였다. 처음에는 그랬다. 그런데 아니었다. 그들은 또 다른 점령군으로 인식되었다. 영국과 프랑스는 석유에 욕심을 가졌다. 아랍민족에게 독립을 보장하겠다더니 오히려 착취를 하기 시작했다. 유대인과는 또 다른 이면 계약을 체결해 놓고도 눈속임을 했다. 아예 아랍과의 약속은 헌신짝이 되어버렸다. 오스만 튀르크 대신에 선택했던, 아니 찾아왔던 세력과 다시 갈등하고 분쟁하여야 했다. 그러는 사이 2차 세계대전이 찾아왔다.

우군이 되다 　아랍 이슬람제국 초기는 물론 이후 수많은 전쟁 와중에 용병이 존재했다. 국적과 인종, 종교를 넘어선 집합체였다. 물론 이런 경우를 개인적 차원의 협력이나 공존이라 할 수 있다. 그렇지만 국가나 집단 사이의 공존과 협력도 존재했다.

자국 내의 문제를 해결하기 위하여 외부 세력으로 이슬람 세력 또는 기독교 세력과 동맹 또는 제휴를 맺었던 사례는 많다. 십자군 원정에 참전하여 무슬림 군대와 맞부닥뜨렸던 무슬림 용병들도 있다. 신성로마제국(동로마제국)의 황제이자 제6차 십자군전쟁(1228-1229)의 총사령관이었던 프리드히리 2세(1194-1250)는 가톨릭의 본산이자 유럽 문

르크 성에서 유래했다.

16_ 이 전쟁에서 영국(대영제국)과 프랑스, 러시아 등이 주축이 된 연합국과 독일, 오스트리아, 오스만 튀르크 등이 동맹국이 되어 싸웠다.

화의 심장인 이탈리아 한복판에 무슬림 군사도시 루체라(Lucera)를 건설했다. 1239년 프리드리히 2세는 시칠리아(Sicily)에 살던 2만여 명의 무슬림들을 이곳으로 이주시켰다. 황제는 무슬림으로서의 종교적인 자유와 자치를 허용하고, 근위병력과 전투력을 확보했다. 6차 십자군 원정길에도 따라 나서 같은 무슬림 형제들에 맞서 싸웠다. 이보다 훨씬 앞선 1188년 살라딘의 예루살렘 공격에 맞서서 싸우던 예루살렘 주민들 가운데도 적잖은 무슬림이 존재했다. 14세기 동로마제국의 황제 칸타쿠제노스[17]와 아이딘 투르크[18]의 술탄 우무르[19]는 혼인 동맹을 맺고자 했을 정도의 관계였다. 술탄은 불가리아와 알바니아로부터 황제의 영토를 지켜줬다.

1863년 5월 3일 오스만제국의 군대가 오스트리아의 합스부르크 왕가와 맞서고 있다. 격전지는 빈이었다. 특이한 것은 오스만 터키제국의 군대의 구성 면모였다. 투르크인, 아랍인, 쿠르드인 등의 무슬림은 물론 터키에 인접한 기독교 세계의 그리스인, 세르비아인, 불가리아인과 서유럽 출신의 용병들로 구성되었다. 오스만 터키군대의 터키 병사 비율은 5 %에 불과하였다. 이런 용병 시스템이 조직적인 군사 동맹의 예가 될 수는 없다. 그렇지만 서유럽과 이슬람제국 사이의 전쟁과 충돌이 종교전쟁이 아니었다는 것을 분명하게 보여주는 예는 많다. 정치적 이해관계가 종교적 차이에 앞섰다는 상식이 진실이다.

1차 대전(1914-1918) 당시 독일, 오스트리아, 이탈리아의 3국 동맹에 이슬람제국 오스만 터키가 합류하였다. 영국과 프랑스 편에 서서 용병으로 참전한 아랍 무슬림 병사들이 있었다. 오스만 터키의 지배로부

17_ 요한네스 6세 칸타쿠제누스(1295-1383, 재위 : 1347-1354).
18_ 아이딘(Aydin), 터키 남서부 아이딘 주의 주도이다. 13세기에 투르크멘 멘테셰 토후(土侯)들의 지배 아래 있었지만, 1390년경 오스만 투르크에 병합되었다. 1402년 무굴제국의 티무르 황제에게 정복되어 아이딘 제후국이 세워졌다. 그러나 곧 오스만 투르크에게 재점령당했다.
19_ 우무르(Aydınoğlu Umur Bey)는 아이딘의 통치자(에미르 Emir, 통치기간 1336~1344)이다.

터 독립하려는, 아랍 민족주의에 바탕을 둔 아랍세력의 대응이었다. 아랍 역사에서는 오스만 터키에 대항하는 '아랍혁명'[20]이라고 부른다. 5천여 명의 아랍인이 영국군 에드문드 알렌비[21] 장군의 지휘를 받았다. 이 무장 저항 운동은 오스만제국으로부터 독립하기를 원하는 마음에서였다. 아랍 무슬림이 오스만 터키 이슬람제국군과 맞서 싸운 것이다. 아랍 민족국가의 건설을 보장하겠다는 '후쎄인 맥마흔' 협정(1915)[22]은 영국이 유대인과 체결한 유대인 국가의 건설을 보장하겠다는 밸푸어선언(1917)과 상반되는 것이었다.

이후 이슬람 세계는 새로운 지각 변동이 일어났다. 새로운 독립국가들이 형성되고, 1932년 바레인지역에서의 유전 개발을 시작으로 아라비아 사막에서 검은 진주 유전이 발견되면서 서구 열강의 각축장으로 변신하게 되었다. 물론 석유개발 이전부터 유럽 열강들이 유전 개발의 이권을 확보하기 위한 싸움을 벌였다. 1차 세계대전도 사실 중동에서의 석유 주도권을 확보하기 위한 물밑싸움이 함께 진행되었다. 전승국 영국과 프랑스의 이권 나눔에 미국이 개입하면서 아랍지역의 석유 패권은 3강 대결로 이어졌다.

1991년 1월의 걸프전쟁이나 2001년 아프간 전쟁, 2003년 이라크 전쟁 당시 아랍 이슬람 국가들이 직간접적으로 미군을 비롯한 연합군의 일원으로 참여하거나 협력했다. 1991년 걸프전쟁 당시 34개국이 전쟁을 지원했는데, 그 가운데 바레인, 방글라데시, 이집트, 쿠웨이트, 모

20_ 쉐리프 후쎄인 빈 알리(1854-1931)가 주도한 이 무장독립운동은 시리아에서부터 예멘까지를 하나의 아랍 국가로 건설하려는 시도였다. 후쎄인 빈 알리는 메카의 지역 통치자로 나중에 오늘날의 사우디아라비아 서쪽 지역을 일컫는 히자즈 지역의 왕이 된다. 그러나 1924년 압둘 아지즈 앗사우드(1876-1953)에 의해 패배하고 예루살렘으로 이주한다. 이후 후쎄인 빈 알리는 오늘날 요르단 왕국인 하쉼 왕국의 시조가 된다. 압둘 아지즈 앗사우드는 현 사우디 왕조의 시조가 된다.

21_ Edmund Allenby(1861-1936), 1차 대전 당시의 영국군 장군.

22_ 이집트 주재 영국 고등판무관 헨리 맥마흔과 메카 통치자 후쎄인 빈 알리 사이에 주고받은 협정이다. 주요 내용은 시리아의 서부를 제외한 아랍지역에 아랍 독립국가 건설을 지지하겠다는 것이었다. 대영제국의 편의주의적 외교 행태의 전형으로 오늘날 아랍과 이스라엘 간의 갈등의 단초를 제공한 것이었다.

로코, 오만, 파키스탄, 카타르, 사우디아라비아, UAE, 시리아 등 아랍 이슬람 국가가 미국과 동맹을 이루어 이라크와 맞섰다. 이로 인해 아랍 이슬람 지역 곳곳에서 무슬림 형제와 맞서서 전쟁을 하는 것이 옳지 않다는 아랍 민심의 저항이 일곤 했다. 2001년 9·11 이후 미국이 강조해 온 테러와의 전쟁이라는 명분에 요르단, 쿠웨이트, 오만, 카타르, 수단 등 아랍 이슬람 국가들이 참전했다. 테러와의 전쟁은 미국식 패권주의의 확산이라는 아랍 민심과 여론의 반발도 있었다. 이것은 국가 단위의 비이슬람권 군대와 이슬람 군대의 연합 활동이다.

21세기 들어서 국가차원에서 이슬람 군대가 전쟁 당사국인 비이슬람국가와 연합하여 또 다른 이슬람 국가의 군사력과 충돌한 경우는 더 많아지고 있다. 이슬람 정치 세력들과 자신들의 장악력 확대를 위하여 비이슬람 세력과 정치, 군사적으로 제휴하는 일도 비일비재한 상태이다. 이란·이라크 전쟁 당시 이슬람 국가 간의 충돌 과정에 비이슬람 국가인 미국이나 서방 세력이 이라크를 지원한 것도 공공연한 일이다. 다른 이슬람국가의 영향력을 축소하고 그 위협에 대응하겠다는 이유로 미군 등의 군사, 기술 지원을 받는 경우도 많다. 자국 내의 반체제, 반정부 세력을 통제하거나 억압하기 위하여 비이슬람 국가의 군사력의 지원을 받는 일도 흔한 일이다. 사실 이런 경우는 어느 특정 국가만의 일이 아니다. 시리아 등 일부 국가만을 제외하면 대부분의 이슬람 국가가 미군의 자국 주둔이나 군사 활동에 대해 협력하고 있다. 테러와의 대전쟁을 위하여 이슬람국가 정부군과 비이슬람국가 정부군이 제휴하고 연합하고 있다. 이들의 공공의 적은 알카에다 같은 국제적인 위협 세력도 있지만, 자국 내의 원리주의 무장세력이나 반정부 세력도 포함되고 있다.

이슬람, 비기독교 세계와 싸우다

아랍 이슬람제국은 이제 몽골의 침략을 받아 중앙아시아(1218년)와 소아시아(1241년), 페르시아와 메소포타미아(이라크 지역), 시리아

(1251년)에 이르기까지를 상실했다. 이것 또한 종교전쟁이 아니었다. 다른 한편으로 오스만제국은 또 다른 이슬람 강대국인 페르시아제국과도 긴 전쟁(1514-1823)을 이어갔다. 오스만제국으로부터 독립하려는 사우디아라비아 등에 근거를 둔 와하비 전쟁도 벌어졌다. 유럽 기독교 세계에도 기독교 국가들 사이의 끊임없는 전쟁이 벌어졌다.

2차 대전을 겪는 와중에도 아랍 이슬람 세계의 독립에 대한 갈망은 멈추지 않았다. 그러는 사이 이스라엘이 돌연 건국된다. 1948년 5월의 일이다. 아랍 민중들은 격노했다. 영국을 비롯한 서구 열강을 향한 배신감도 밀려왔다. 중동전쟁이 벌어졌다. 1차 1948년 5월 아랍 이스라엘 전쟁, 2차 1956년 10월 수에즈 운하 전쟁, 3차 1967년 6월 6일 전쟁, 4차 1973년 10월 욤 키푸르 전쟁으로 갈등은 이어졌다. 그런데 그것이 끝이 아니었다. 1990년대에도 1991년 1월의 걸프전쟁을 비롯하여 2003년 3월의 이라크 전쟁에 이르기까지 미국을 비롯한 서구 세력에 의한 지역 분쟁과 갈등은 이어졌다.

기독교와 이슬람 세계 양측 모두 양 진영 내에서 수많은 동족과 동료들의 피를 보았다. 동일한 기독교 이웃 국가를 침략하고 수많은 양민들을 학살했다. 움마를 이야기했지만 동료 무슬림 국가들을 정벌하고 그들을 속국으로 만들어 탄압을 일삼지 않았던가? 권력을 위해 주군을 위해 일하면서 신의 이름을 말하지 않았던가? 권력은 잔인한 것이었다. 권력의 맛을 본 자들은 어떤 명분을 내걸고라도 자신들의 이해를 관철시키려 한다. 십자군 전쟁을 전후한 서구 유럽과 중동의 수많은 전쟁들은 명분 없는 전쟁이었다. 전쟁의 명분은 사실 더 많이 빼앗는 것인데 그것을 명분이라 말할 수 없다. 정당한 전쟁이란 애초에 존재하지 않는 법이기 때문이다. 결국 희생당하는 것은 가해자측이든 피해자측이든 애꿎은 백성들뿐이다. 신의 이름으로, 신의 영광을 위한다는 명분으로 감싸진 탐욕의 전쟁은 적대감이라는 조작된 이데올로기를 통해 이루어졌을 뿐이다.

제 5 장

문화적 만남

기독교와 이슬람의 만남 가운데
파괴적이기보다 창조적이었던 영역도 많다.
문화 영역에서의 만남이 그것이다.
때로는 자발적이고 적극적이었다.
서로 영향을 주고받으면서
서로를 풍성하게 했다.
그런 만남은 지금도 계속되고 있다.

기독교와 이슬람
그 만남이 빚어낸 공존과 갈등

10. 먹을거리를 주고받다

　"킴, 빗닥 샤이 아우 까흐웨? 아우 뻽씨?"("김 선생님, 차를 드시겠어요, 커피를 드시겠어요? 아니면 펩시콜라?") 중동에서 현지인들을 만나 집이라도 방문할라치면 늘 받는 질문이다. 펩시콜라는 아랍인들이 커피 이상으로 많이 마시는 대중 음료의 하나이다. 팔레스타인의 중심지 라말라시(市), 그 중심가에 한 인터넷 카페의 진풍경. 밖에서는 연일 반(反)이스라엘 시위와 사실상의 전투가 벌어질 때 인터넷 카페에서는 미군이 주인공이 되어 등장하는 전쟁 게임에 몰두하고 있는 젊은이들이 있었다. 2002년 10월 이라크 바그다드, 곧 전쟁이 터질 것 같은 때였음에도 그곳에서도 이런 모습은 낯선 풍경이 아니었다.

　한국 사람들이 숭늉 없이 못 살고, 중국이나 일본 사람들이 차 없이 못 살듯이 서구인들은 커피 없이는 하루도 버틸 것 같지 않다. 이슬람의 식품으로서 터키 커피는 여전히 쓴맛과 건더기는 가라앉은 독특한 느낌으로 오늘도 아랍인들의 입맛을 돋워주고 있고, 단맛과 우유 등으로 긴장을 푼 서구식 커피는 유럽의 식탁을 집어 삼키고 있다. 여기서 바로잡을 것 하나, 터키 커피는 터키가 원조가 아니라는 것. 오스만 튀르크를 통해 유럽인들이 커피를 맛보았기에 터키 커피라고 부르는 것인데 이것은 오해이다. 그냥 아랍 커피라고 해야 맞을 것이다. 서구식 커피 중에 아랍 커피와 가장 유사한 커피가 있다. 조그만 잔에 진하게 우려낸 그 커피는 무엇일까? 그것은 에스프레소 커피로 이탈리아가

"'케밥' 한 번 드시지요?" 양고기가 불판에 구워지고 있다. 음식은 가장 평화적인 방법으로 공유된다(터키/이스탄불).

원조이다. 알다시피 이탈리아는 오스만 튀르크와 빈번한 교류가 이루어졌고, 가장 먼저 커피를 유럽화시키는 데 성공한 나라로 알려졌다. 아랍 커피가 단맛과 합쳐져서 이루어진 에스프레소는 전형적인 아랍커피와 유럽 커피의 만남의 '맛'이라고 할 수 있다.

이라크 전쟁을 이슬람 테러주의자들과의 한판 전쟁으로 골몰하던 미국과 서구의 정치 지도자들, 이들은 한 잔의 커피를 사이에 두고 이슬람 세계에 대한 부정적인 이미지를 토로한다. 서구의 기독교계에서 이슬람에 대한 적대감을 표출하는 자리에도 어김없이 커피가 자리한다. 서구의 평범한 가정, 아침 식탁은 물론 식탁에 빠지지 않는 것이 하나 있다. 토스트와 커피 한 잔, 우유와 시리얼…, 9·11 이후 아랍 무슬림들이 심심풀이 땅콩처럼 식탁에서 자주 씹히는 대상이 되고 있음에도 커피만큼은 거부감 없이 들이마신다. 그게 뭐 잘못되었나 싶을 것이다. 이 식탁에서 이슬람과 서구 기독교 세계는 평화롭게 만나서 식탁을 풍성하게 만들고 있는 것이다.

커 피[1]

　서구인의 식탁에서 커피와 빵, 설탕과 쌀과 수수, 밀, 가지와 식초
에 절인 오이나 고추로 된 피클, 감귤, 망고 등을 제외한다면 무슨 일이
일어날까? 아마도 고기는 없어도 커피 없이 못 살 사람들이 많을 것이
다. 그런데 이런 종류의 것들 대부분이 이슬람 세계에서 전해 받은 것
이다. 게다가 식초에 절인 오이나 고추 등을 일컫는 피클도 이슬람 세
계에서 전수된 것이다.

　이것은 무엇일까? "천하고 검고, 진하고 역겹고, 쓰디쓰고, 냄새
고약하며 구역질나는 시궁창 물 같은" 이것은 무엇인가? 미국에서만도
하루에 4천 5백만 잔이 소모되는 등 온 세계에서 마셔대는 것, 카페오
레, 카페라떼, 에스프레소, 카푸치노… 너무나 다양한 이름으로 불리기
에 조상이 다른 것으로 착각되는 것이 바로 커피이다. 많은 사람들은
커피는 브라질 등 남미에서 유래한 것으로 생각한다. 그러나 커피의 원
산지는 에티오피아이고, 원조는 예멘이다. 서구에 커피를 전해준 것은
이슬람 세계이다. 에티오피아에서 예멘으로 전해진 '코페아 아라비카'
는 농작물로 전환되어 오랜 세월 주요 작물로 자리매김했다. 초기 이슬
람 시대에 커피의 카페인 성분이 각성 상태를 유지할 수 있도록 돕는다
는 이유로 종교적인 목적으로 무슬림들에 의해 사용되기 시작했다. 이
시대에 커피의 소비지역은 이슬람 지역의 중심이던 중동과 서남아시아
였다. 다른 이슬람 지역으로도 커피의 소비는 급속하게 확산되었다. 그
렇지만 여전히 예멘의 모카 지역 등은 커피나무의 주요 재배지였다. 커
피는 이슬람의 기호식품의 범위를 넘어선 동반자(?)였다. 잠을 쫓기 위
해, 커피 향 때문에, 맛 때문에 많은 이들이 커피를 마신다. 그 시대 이
슬람 세계에서는 밤에 기도하거나 꾸란을 연구하려는 이들이 커피를
즐겨 찾았다. 술을 금하는 이슬람의 율법은 커피의 확산을 촉진했다.

1_ 김동문, <이슬람 신화 깨기 무슬림 바로 보기>(홍성사, 2005), pp.22~25.

이슬람이 확산되는 곳이면 커피 향이 퍼져갔다. 이후 성지순례를 위해 메카를 방문했던 이들이 커피 열매를 가져간 덕분에 인도네시아 같은 다른 지역으로도 번져나갔다.

이 시기에 중동에서는 마끄하(카페)가 생겨났다. 이 마끄하는 무슬림 남자들이 이슬람의 신성한(?) 음료 커피를 마시고 교류하는 사랑방으로 자리했다. 이 자리에서 중요한 일은 커피를 함께 마시고 세상 돌아가는 이야기꽃을 피우는 것이었다. 다도(茶道), 주도(酒道)에 버금가는 '커피 법도'가 있었다. 커피를 마시기 전에 절을 하고 상대에게 존경을 나타냈다. 커피는 손님에게 베푸는 친절의 상징이고, 환대의 표시였다. 주인과 함께 커피를 마시지 않는 것은 호의를 무시하는 무례한 짓이었다. 마끄하에서는 서로 다투는 일이 비일비재했다. "아니 오늘은 내가 한 잔 사겠다니까요." "그럴 수 없어요, 내가 사야 합니다." 커피를 서로 사겠다고 다투는 것이다. "한 잔 받으시죠." "잔이 넘칩니다." 마치 오늘 한국 사회에서 술잔을 돌리듯 이들은 컵 가득히 커피를 채우곤 컵을 돌렸다. 오늘날도 중동의 전통 카페 '마끄하'에 가서 앉아 있는 낯선 사람이 눈에 띌라치면 누군가가 그에게 커피나 달콤한 아랍 차 한잔을 대접하는 일은 예사이다.

이 시절 이슬람 세계를 방문한 유럽인들은 무슬림들이 마시는 검은 색의 진한 향의 음료를 신기한 눈으로 바라보았다. 그 독특한 독한 맛은 아연실색할 수밖에 없었다. 이들의 눈에 이 검은 색 액체(커피)는 아랍의 신비한 약으로 보였다. 입에서 입으로 아랍의 신비한 검은 약은 날개를 달고 퍼졌다. 시간이 흘러 마침내 유럽에 커피가 소개됐을 때 유럽인들은 환영했다. 초기에 커피는 밀무역을 통해 이탈리아에 소개되었다. 물론 일부 다른 지역에도 밀무역으로 소개되고 있었다. 그러나 문제는 커피를 둘러싼 갖가지 의혹들이다. 서구인들이 커피를 받아들이면서 호기심과 더불어 값이 비싸고, 입맛에도 안 맞고, 무슬림들이 마시는 음료라는 종교적인 거부감을 드러냈다. 교황으로부터 기독교의 음료로 공인되어서야 유럽으로 퍼져갈 수 있었다. 말로만 듣던 그 신비의 명약, 만병통치약이 들어온 것이다. 일반인들이 약효 때문이 아니라 맛과 향 때문에 커피를 마신다는 것을 알게 된 것은 나중의 일이다.

　이런 장애물들은 시간이 흘러가면서 하나씩 제거될 수 있었다. 오스만 튀르크 제국과 유럽 제국과의 지속적인 만남이 큰 매개가 되었다. 그 덕분에 아랍 이슬람 커피가 터키 커피로 오해를 받는 혜택을 누리기도 했다. 1665-1666년 오스만제국의 사절단이 프랑스와 오스트리아를 방문했다. 연회를 베풀고 유력자들을 초청했다. 이 자리에서 참석자들의 이목을 집중시킨 것은 다름 아닌 이슬람의 와인 커피였다. 오스트리아 비엔나에서 한 시민은 아라비아 산 커피(당시에는 터키식 커피로 불렸다)의 쓴 맛을 제거하기 위해 그 안에 설탕과 우유를 적절하게 사용하면서 유럽화된 커피 문화를 만들어냈다. 시민들의 폭발적인 반응이 일어났다. 어른 아이 할 것 없이 이 향과 맛에 취하게 되고, 당시의 택시에 해당하는 마부들도 여기서 빠질 수 없었다. 한 손으로 커피를 마시면서 거리를 질주하는 그 풍경을 빗대어 커피에 생크림을 넣어 만든 일명 비엔나커피는 아인슈펜나(Einspänner, 한 마리의 말이 매어 있는 마차라는 뜻)로 부르게 된다. 이 새로운 커피 맛을 착안해 낸 사람은 이내 유럽 최초의 카페를 연다. 이후 카페는 폭발적으로 증가했다. 마치 한국에서 '-방'이 떴다 하면 이내 번져가는 것처럼…. '떴다 다방'이었다. 그 후로 유럽인들은 자신들의 취향을 따라 마시기 좋은 형태로 커피를 발전시켰다. 이때부터 지역이나 맛의 특성을 딴 다양한 커피들이 등장하게 된다. 그렇다고 오늘날 비엔나에 가서 비엔나커피를 마실 수 없다. 그곳에서는 비엔나 멜랑쉬2라는 이름으로 불린다.

　이슬람과 서구 기독교 세계의 지속적인 만남은 유럽인들도 커피 향에 취하게 했고, 다양한 이름의 커피 하우스라는 새로운 문화 공간을 만들어 냈다. 이후 커피와 카페 문화는 14세기 중반에 유럽 전역을 강타하면서 전체 인구의 1/3을 사망시킨 흑사병보다 강력하게 유럽 사회

2_ 비엔나 멜랑쉬(Wiener Melange)는 우유를 넣은 커피로 카푸치노와 비슷한 맛이다.

에 번져갔다. 커피는 유럽 사회에 엄청난 파장을 일으켰다. 사교의 매개체였고, 신분의 상징이 되었다. 커피가 신분의 상징으로 치부되면서 이른바 상류층을 의미하는 카페족이 생겼다. 유한 부르주아들의 사교장인 '카페'(커피 하우스라는 뜻으로서 카페는 클럽의 위상을 가지고 있었다)가 만들어졌다. 이미 17세기 후반 런던과 파리에도 카페가 세워졌다. 18세기 인구 60만 명의 런던에만도 카페가 3천여 개에 달했다는 것은 당시의 카페 열풍을 짐작하게 한다. 서구의 카페는 이후 엘리트들의 문화의 중심지가 되었다. 그것도 지역별로 차별성이 드러났다. 여성 출입이 금지된 남성만의 공간이었던 영국의 카페와 달리 프랑스는 모든 계급의 남녀노소가 모이는 가장 좋은 만남의 장소였다. 그런 이유인지, 파리의 '카페 포이'3에서는 근대사회의 신호탄이 된 바스티유 감옥 공격4 계획이 수립되기도 했다. 1789년 7월 13일의 일이다. 서구 근대화의 기폭제가 된 곳이 오늘날 서구사회에서 전근대적이라고 비난해마지 않는 바로 그 이슬람 세계에서 유입된 커피 하우스, '카페'였다는 사실은 아이러니이다.

아울러 커피 열풍으로 말미암아 유럽은 홍역을 치러야 했다. 안정적인 커피 원두의 공급이 가능했던 프랑스 등과는 달리 독일은 막대한 자금이 해외로 빠져나가고 있었다. 식민지가 없었고, 커피 값이 고가였기 때문이다. 이 와중에 절대 군주 프리드리히 대왕(1712-1786)은 커피 금지령을 내리고 강력하게 커피 소비를 단속할 지경이었다. 이보다 앞서 영국의 찰스 2세(1630-1685)도 커피를 금지시켰다.

19세기를 맞이하면서 서구의 카페는 큰 변화를 경험한다. 커피 생산량과 소비량이 증가하면서 목 좋은 장소마다 대중적인 사교 공간으

3_ 1789년 7월 14일, 프랑스 혁명 당시 혁명가 카미유 데물랭(Camille Desmoulins, 1760-1794)이 파리의 '팔레 로얄'에 있는 '카페 포이'의 옥외 테이블에 올라가 군중을 바스티유 감옥으로 가도록 주도했다.
4_ 1789년 7월 14일, 1만여 명의 파리 시민들이 바스티유 감옥을 공격했다. 바스티유 (Bastille) 감옥은 절대 왕권의 상징이었다. 파리 시민의 봉기는 '앙시앵 레짐(낡은 제도, 구제도)'에 대한 프랑스 민중의 저항이었다. 이것이 프랑스 혁명이다.

로서 카페테리아가 생기고 서민들의 부엌 식탁에도 은은한 향을 뿜어 주는 커피 브레이크가 생기게 되었다. 이 과정을 통해 맛의 장벽은 제거된 셈이다. 그러나 여전히 값의 장벽은 남아 있었다. 이슬람제국이 원두무역을 독점하고 있었기 때문이다.

생 원두와 묘목의 해외 반출을 봉쇄하라! 유럽인들이 커피 맛에 빠져들어 가면서 이슬람 세계는 벌어질지 모를 만일의 사태에 대비했다. 커피 주도권을 지키기 위한 보이지 않는 전쟁이 시작된 것이다. 무슬림들은 커피의 외부 반출을 통제하기 위해 몇 가지 규제 사항을 시행 중이었다. 싹이 터서 발아할 수 있는 종자의 반출 금지, 끓이거나 볶지 않은 원두 열매의 유럽행 선적 금지, 유럽인의 커피 농장 방문 금지, 출국 외국인의 원두나 커피 묘목 무단 반출 금지 등이었다. 그러나 이런 통제에 구멍이 생겼다. 마치 원나라 말기 고려 공민왕 때 문익점 선생의 비화를 연상케 하는 장면들이 이곳에서도 등장한 것일까? 그것은 아니었다. 적은 내부에 있었다. 성지순례를 온 일부 무슬림 순례자들에 의해 생 원두가 밀반출되는 사례가 적지 않았다. 그렇지만 이 원두가 곧장 커피나무가 되는 것은 아니었다. 야사에 따르면 1616년 네덜란드의 동인도회사 한 관계자가 인도의 순례자들을 통해 생 원두를 입수, 네덜란드로 가져갔다. 그러나 네덜란드에서 이 원두는 커피나무로 변신할 수 없었다. 후에 자신들의 식민지였던 인도네시아에서 커피 재배에 성공을 거두면서 새로운 커피 문화를 만들었다. 커피나무는 1714년 암스테르담 시장이 태양왕으로 불리던 프랑스 루이 14세에게 선물로 바쳤다. 그러나 커피나무는 그냥 관상용으로 그의 식물원에서 고이 자랄 수 있을 뿐이었다. 얼마 뒤인 1723년 프랑스 북부 지방의 노르망디 출신의 해군 장교 가브리엘 드끌리외(Mathieu Gabriel De Clieu, 1687- 1774)가 카리브 해 동부의 프랑스 식민지 마르티니크(Martinique) 섬에서 재배에 성공했다. 이 커피는 다시 프랑스령 기아나(Guiana)로 옮겨졌다. 기아나에서 콜롬비아로, 브라질로 커피나무는 영역이 넓혀졌다. 오늘날 브라질과 콜롬비아는 최대의 커피 재배 입지 조건을 가진 덕분에 커피 생산의 중심이 되고 있다. 이렇게 커피는 여러 이식 과정을 거치면서 스페인, 네덜란드, 프랑스에 이어 마침내 남미 대륙에까지 전해졌다. 마침내 유럽과 서구 기독교 세계의 식탁을 장악하기에 이르렀다.

한편 우유 넣은 커피, 카페오레는 1685년 프랑스인 의사 슈르모닝이 커피를 약용으로 사용하고자 개발하였다. 카페오레와 같은 커피들로는 이탈리아의 카페라떼(caffè latte), 스페인의 café con leche, 폴란드의 kawa biała(흰 커피), 독일의 Milchkaffee, 네덜란드의 koffie verkeerd, 포르투갈의 café com leite 등으로 불린다. 모두 우유 넣은 커피라는 뜻이다.

이슬람과 기독교의 만남 10세기 만에 커피는 유럽인들의 식탁을 완전히 석권했고, 새로운 귀족문화 코드는 물론이고 생활문화 코드를 만들어냈다. 이슬람 세계에서 전달된 커피가 서구 기독교 세계의 식탁을 점령하는 데 시간은 걸렸지만, 그 안에는 정복 전략은 물론 피 흘림도 야합도 없었다.

설 탕[5]

서구 기독교 세계를 먹어 삼킨 것은 이슬람의 커피만이 아니다. 하루라도 없으면 못 사는 설탕이 이슬람 세계를 통해 유럽에 전해진 것이다. 커피에 설탕! 원조가 이슬람 세계! 당혹스러워할 일들이 많다. 특별히 이슬람 혐오증에 걸려 있는 이들은 어떻게 하여야 할까. 설탕을 나타내는 슈가(sugar)라는 어휘가 아랍어에서 비롯된 것임을 눈치챘다면 설탕의 단맛이 이슬람을 통해 서구에 전해진 것임을 눈치챌 수 있을 것이다. 설탕은 중동의 이집트나 요르단, 메소포타미아 등지에서 재배되던 사탕수수 등을 통해 만들어졌다. 구약 성경에 설탕과 소금으로 막대한 부를 축적한 한 도시국가 이름이 등장한다. '소알'이다. 소알이라

5_ 김동문, <이슬람 신화 깨기 무슬림 바로 보기>(홍성사, 2005), pp.25~27.

는 말은 작다는 뜻의 어휘와도 유사하지만, 설탕이라는 어휘에서 비롯된 것으로 보인다. 설탕은 Sugar로 표기하지만, 고대 샘어에서 소가르, 슈카르, 소아르 등으로 발음되었다. 소알이 바로 사탕수수 재배를 통해 설탕을 만들어 수입을 올리던 도시 국가였음을 짐작하게 한다. 다시 본론으로 돌아오자. 물론 이집트는 사탕수수 재배의 중심지였다. 아랍제국은 이슬람의 깃발을 들고 북아프리카 지역과 시칠리아, 사이프러스, 몰타, 로도스 등 지중해 연안 지역을 점령하면서 이 지역에 사탕수수를 옮겨 보급하였다. 이런 과정을 통해 서구에 유입되기 시작한 설탕은 마침내 996년 베네치아에서도 발견되었다. 베네치아는 이미 그 시기에 설탕을 유럽에 공급하는 주요한 교역 중심지로 떠오르고 있었다. 이후 설탕의 독점력이 떨어지고 서구 기독교제국들이 식민지를 개척하고 그곳에서 설탕을 집단 재배하면서 설탕의 중심지는 중동에서 지중해로, 지중해 지역에서 대서양 지역으로, 스페인과 포르투갈의 식민지 전쟁을 통해 북미와 남미로 옮겨졌다. 그러나 오늘날 서구 세계에 해당하는 이들 지역에서 설탕이 재배되었지만 서구인들은 설탕의 단맛을 확실하게 맛볼 수 없었다. 그것은 이슬람제국의 독점물이었다. 십자군 전쟁은 서구 기독교 세계에 설탕의 단맛이 널리 전해진 계기였다. 그때까지도 서구에서는 단맛을 내기 위해 벌꿀을 사용하고 있었다.

"트리폴리 평원의 들판에서 그들이 주크라6라고 부르는 하얀 꿀 갈대를 많이 볼 수 있었다. 사람들은 이런 갈대들을 열심히 빨아 먹는 일에 익숙해 있었다. 그 맛있는 수액을 즐기고 있었다. 그 수액은 단맛이 나긴 했지만 전혀 물리지 않는 것 같았다. 그 주민들은 아마도 상당한 노력을 들여서 그 식물을 키우고 있었던 것 같았다. … 그 주민들은 엘바리에, 마라, 아르카의 공격 기간 동안에 닥쳐온 무서운 굶주림에 시달리면서도 이 단맛이 나는 사탕수

6_ Zukra(사탕수수), 알베르또 폰 아헨(Alberto von Aachen)이 이끄는 십자군이 트리폴리 평원에서 사탕수수를 이용하던 주민들을 만났다.

수로 연명을 하였다."7

　십자군 전쟁을 통해 이슬람 지역의 일부가 서구제국의 손에 들어
왔을 때 그곳에는 사탕수수 재배와 설탕 생산이 이루어지고 있었다. 쉽
게 이 모든 것을 장악하고 누릴 수 있게 된 것이다. 이슬람제국으로부
터 정복한 지역에서 설탕 생산 노동력과 생산 도구들을 지배할 수 있었
다. 그렇다고 설탕이 서민들의 식탁까지 녹여준 것은 아니었다. 여전히
일부 제한된 상류층에서 약재나 권위, 품위의 상징으로 쓰일 정도였다.
유럽에서 설탕이 대중화된 시기는 15세기 이후의 일이다. 포르투갈을
위시한 서구 기독교제국들은 앞다투어 식민지 쟁탈에 나섰다. 이 과정
에서 아프리카 식민지 노예들을 동원하여 대서양 제도(諸島)에서 대량
으로 생산되기 시작했다. 16세기 초의 일이다.

　이슬람 세계의 서구 유럽 식탁 점령 전쟁(?)은 여기서 멈추지 않았
다. 쌀, 수수, 밀, 목화, 가지, 감귤, 파초, 망고 등도 이슬람의 확장과 더
불어 서구 기독교 세계에 전파되었다. 게다가 식초에 절인 오이나 고추
등을 일컫는 피클도 이슬람 세계에서 전수된 것이다. 음식 문화가 일방
적으로 유럽으로 전달만 된 것은 물론 아니다. 아랍인들의 기초 채소의
하나인 미나리과의 파슬리, 이것은 경제제재로 고통받던 이라크 국민
들에게 정부에서 제공해주던 필수적인 기초식품의 하나였다. 원산지는
유럽 남동부와 북아프리카였지만, 아랍 음식에서 빼놓을 수 없는 것이
다.

　결국 이슬람권의 전유물을 가지고 돈과 땅을 챙겨먹은 것은 서구
의 열강 등이었다. 제국주의는 그 자체의 생존을 위해 돈을 위해서 땅
을 넓혔던 것이고, 돈이 될 만한 것이라면 사람을 노예로 부리거나, 남
의 땅을 신대륙 발견이니 하면서 앗아간 것이다. 그 와중에 이슬람권에
서 비롯되고 발전된 것들이 마치 서구가 원조인 양 역사 속에 감춰진

7_ 시드니 민츠(Sydney Mintz), 김민호 역, <설탕과 권력(Sweetness and Power)>(지호,
　1998), p.84.

것이 커피나 설탕에 얽힌 이야기만은 아닌 것 같다.

맥주와 포도주

최근 한국 사회에 와인 문화가 자리잡아 가고 있다. 음식 문화는 사회를 보여주는 구체적인 시금석이다. 금주가 율법이며 미덕인 나라들이 이슬람 국가이다. 특별히 중동의 아랍 이슬람 지역에서는 더욱 강하게 지켜지고 있다. 그렇지만 이곳에서도 공식적으로(?) 음료 삼아서 마시는 술이 있다. 이름하여 흑맥주로 불린다. 물론 변화하는 오늘날은 사우디아라비아나 일부 국가를 제외하면 음주가 부분적으로 허용되고 있다. 외국인들에게는 음주가 불법은 아니다. 그런데 역사는 세계에서 가장 처음 맥주를 마신 사람들이 바로 이 아랍 사람들이라고 증거하고 있다. 맥주에 관한 가장 오래된 기록은 메소포타미아와 이집트에 있으며, 메소포타미아에서는 기원전 3,000년경 수메르인이 맥주에 대해 점토판에 기록하였다. 그 기록에 따르면 맥주를 만드는 데는 '맥주 빵'이 필요했다. 낟알을 발효시켜 말린 다음, 가루로 빻아 반죽해 빵을 만든다. 그 뒤 그 빵을 다시 빻아 물에 풀고 발효시켜 맥주를 만든다. 보리의 약 40%가 맥주를 만드는 데 쓰였다고 한다. 맥주는 여러 종류로 빚어 관(파이프)이나 짚으로 마시는 모양이 메소포타미아와 이집트의 조상(影像)이나 벽화에 그려져 있다. 맥주를 관으로 마시는 것은 위에 건더기가 떴기 때문이다.

기원전 18세기에 메소포타미아를 통일한 고대 바빌로니아의 국왕 함무라비(1792-1750 BC)가 편찬한 함무라비법전(1790 BC)에는 맥주에 관한 조항이 넷이나 있다. 맥주 대금을 곡물로 받지 않고 은으로 받는다거나 곡물의 분량에 비해 맥주의 분량을 줄인 경우는 맥주를 판 술집 여자를 물 속에 던진다는 등의 것이다. 술집을 한 것은 여성이고 맥주를 빚어 판 사람 역시 주로 여성이었다는 것을 알 수 있다.

이집트에서도 맥주는 기원전 3,000년경부터 빚었다. 고대 이집트인은 뒤에 그리스인이 '빵을 먹는 사람'이라고 했을 정도로 빵을 많이 먹었다. 이집트인들은 그들의 발효빵으로 맥주를 만들었다. 그들은 빵을 화덕에 구워 곱게 빻아 항아리에 담고 물을 섞었다. 그리고 식혀서 덩어리를 골라내고 남은 액체만을 자연 발효시킨 후 알갱이를 거르면 맥주가 되었다. 고대 이집트 무덤의 벽에는 맥주를 양조하는 장면을 새긴 조각이 있는데 맥주를 만드는 여성과 노예의 모습을 볼 수 있다. 술 주정뱅이를 그린 벽화도 있다.

고대 그리스 역사가 헤로도투스(480-420 BC)가 기록한 <역사>에 나오는 고대의 이집트 역사에 따르면 나일 강이 범람하던 여름철에 농사를 못 짓는 농민들이 피라미드 건설에 동원되고, 이에 대한 대가로 빵과 맥주 등의 음식을 지급받았다. 이것은 맥주가 당시의 일상적인 음료였다는 것을 알 수 있다.

포도주가 생겨난 것도 맥주와 마찬가지로 오래 되었다. 산과 들에 야생하는 포도의 과즙은 자연 발효되어 음료가 되었지만, 작물로 포도를 재배해 포도주를 만든 것은 메소포타미아 땅이다. 수메르인이 사용한 회전봉인(回轉封印)에는 포도모양이 그려져 있다. 회전봉인은 지름이 2㎝ 정도 되는 대리석으로 만든 둥근 통이다. 포도주 항아리의 입을 천으로 봉해 점토로 굳힌 다음 회전봉인을 돌리면 모양이 찍혀 봉인된다. 이것이 포도주 라벨의 시작이다. 이집트 벽화에는 포도주를 빚는 모양이 많이 그려져 있다. 포도주를 만드는 방법은 매우 간단했다. 포도송이에서 포도를 따 통에 담고 발로 밟아 짜낸 액을 작은 용기에 담는다. 그리고 발효시키기 위해 항아리에 담아 밀봉하는 것이다. 포도를 밟은 뒤 나온 건더기는 마대에 넣어 압착기로 짜 한 방울의 과즙도 버리는 법이 없었다. 이집트에서는 기원전 2,700년경에 포도주를 담던 항아리가 발굴되었는데 거기에는 이르프('포도주'라는 뜻)라는 문자가 쓰여 있었다. 하워드 카터가 발견한 투탕카멘의 묘에서도 포도주 항아리가 나왔다. 포도주는 주로 국왕이나 귀족의 음료였고 서민은 맥주를 많이 마셨다. 메소포타미아나 이집트에서는 포도는 '생명의 나무'라고 불렀고 포도주는 신의 음료로 생각했다.

그런데 아랍산 맥주와 포도주의 운명은 기독교와의 만남을 통해 바뀌었다. 포도주는 기독교의 확장과 더불어 세계로 확장되었다. 맥주는 그렇지 않았다. 그러던 와중에 아랍지역에의 이슬람의 유입과 이방 세계로의 이슬람의 확장은 포도주의 축소를 의미했다. 시간이 흘러가면서 포도원 대신에 커피 농장이 자리하였다.

여기에 덧붙일 것이 하나 있다. 아랍 이슬람 지역에서 손꼽히는 술이 있다. 증류주인데 세 번 고아내린 술이다. 이라크에 기원을 둔 것으로 아라끄로 불린다. 아랍 이슬람 지역 공항 면세점 주류 품목으로 눈길을 끌고 있다. 그런데 이 증류주 아라끄가 몽골(원)을 거쳐 한반도에까지 유입되었다는 것은 묘하다. 공식적으로 술을 금지한 이슬람제국에서 술의 비전이 전수되고 있었기 때문이다. 1258년 이라크 바그다드의 압바스 왕조를 공격할 당시, 몽골 원정군은 아라끄의 양조법을 배워 간 것이다.

빵

아랍 사회와 이슬람 세계, 지중해 지역과 스페인과 포르투갈의 영향력이 남아 있는 남미를 방문하거나 그 문화를 접하다보면 묘한 궁금증이 생긴다. 남미의 타코(Taco)[8]나 파히타(fajita) 음식에 사용하는 토르티야(tortilla)와 아랍 전통 빵이 유사하다는 것과 피자와 아랍 빵이 비슷하다는 점 등이다. 토르티야와 피자용 빵이 서양식 빵 모양과는 사뭇다른 형태와 기원을 갖고 있는 것이 아닐까 생각한다. 물론 그 나름의 고유한 기원이 있지만, 상호 영향을 주고받았을 것으로 보인다.

8_ 토르티야(스페인어: tortilla)는 평평하고 얇은 빵으로 옥수수 가루나 밀가루로 만든 빵이다. 남미에서는 비슷한 빵을 아레빠(arepa)라고 부른다. 이 토르티야에 다른 음식을 싸서 먹는 것을 '타코'로 부른다. 아랍지역에서는 샤와르마 등으로 부른다. 한국에는 터키 식당을 통해 이것이 케밥으로 잘못 알려졌다.

밀가루로 반죽하여 구어 낸 아랍 전통 빵. 음식과 음식 덮개 등으로 다양하게 사용한다(요르단/암만).

이와는 다르게 대립과정에서 만들어진 음식도 있다. 그 중 대표적인 것이 프랑스 빵으로 알려진 크루아상(Croissant)이다. 프랑스의 아침은 카페 오레(Café au lait)와 크루아상으로 열린다고 하여도 과언이 아니다. 프랑스의 아침 식탁은 커피향과 우유, 그리고 고소한 맛과 향기가 넘쳐난다. 그만큼 프랑스의 식생활을 지배하고 있는 것이다. 그런데 크루아상은 프랑스에서 유래된 것은 아니다.

크루아상의 유래도 사실 오스만 튀르크와 오스트리아가 전쟁을 벌이던 시절에 유래된 것이다. 그 유래는 다음과 같다. 오스만 튀르크 군대에 의해 포위되어 있던 오스트리아의 수도 빈에 한 제빵기술자가 있었다. 어느 날 창고에 밀가루를 꺼내러 갔다가 우연히 오스만 튀르크 군대의 빈 공격개시 계획을 듣게 된다고도 하고, 다른 일화로는 빵을 굽는 사이에 오스만 튀르크 군대가 빈을 공격하기 위하여 파고 있던 터널 공사 소리를 듣게 되었다고 한다. 이 사실을 군에 알려 터키군을 물리치게 된다. 그러자 정부는 그 공로에 보답하기 위하여 페테르부르크(Petersburg) 가문의 훈장을 제과점의 상징 기호로 사용할 수 있는 특권을 부여했다. 이에 대한 답례로 이 제빵기술자는 터키군의 초승달(반달)

기를 본뜬 초승달 모양의 빵을 만들었다는 야사이다. 오스트리아 빈의 시민들은 이 빵을 씹고 또 씹으면서 오스만 튀르크 제국에 대한 원한을 삭히는 즐거움을 맛보았다.

어떤 이는 오스트리아 군대가 전의를 다지기 위하여 오스만 튀르크의 상징 모양으로 빵을 만들어 먹었다고 한다. 후에 이 빵이 루이 16세의 왕후가 된 오스트리아의 마리 앙투아네트에 의해 프랑스에 전해졌다고 알려진다. 다른 일설로는 헝가리에서 프랑스로 유래된 이 빵은 헝가리 군대가 오스만 튀르크 군대를 무찌른 것을 기념하면서 만들어 낸 것이라고 한다. 어찌되었든 프랑스어로 초승달을 의미하는 크루아상은 아침 식탁마다 프랑스인들의 입맛을 돋워주고 있다.

스페인 국민들의 식생활은 다른 유럽인들과 다른 특징이 있다. 그중 대표적인 것이 다른 유럽인들에 비해 쌀 소비량이 많다는 점이다. 유럽인들은 빵만 먹는다고 생각하는데 사실은 그렇지가 않은 모양이다. 스페인 국민들이 쌀을 먹는 이유는 무슬림 무어족에 의해 스페인 남부 지방이 지배를 받으면서였다. 안달루시아 지방을 무어인의 통치에서 회복한 이후에도 그들의 음식 습관이 스페인의 음식 문화 안에 남아 지금까지 이어지고 있는 것이다.

11. 패션과 놀이, 기호

기독교와 이슬람의 만남이 만들어낸 풍성해짐은 여기서 멈추지 않는다. 의식주 전 부분에 있어서 서로는 만났고, 변해갔으며, 서로의 좋은 것으로 채워갔다. 옷도 그랬다. 잠자리도 변해갔다. 그 만남이 주는 풍성한 세계가 오랫동안 계속되었다. 식탁 문화는 일방적이지 않았다. 유럽식 빵이나 음식이 이슬람 세계에 유입되었고, 이슬람 세계의 다양한 음식 문화가 유럽화되어 갔다. 오늘날까지 이슬람권의 무슬림 여성들이 입어야 하는 종교적인 복장들, 베일이나 아바야 같은 스타일은 사실 서구 기독교의 수녀복 등에서 영향을 받은 것으로 평가된다.

이슬람의 패션과 유행

흔히들 보수적인 무슬림 여성들은 베일을 쓰고 개방적인 무슬림 여성들은 베일을 쓰지 않는다고 말한다. 그러나 베일은 보수와 진보를 가르는 경계가 아니다. 오늘날도 그렇지만 과거에는 더욱 종교성과는 구별되는, 품위와 조신함의 상징으로 베일이 활용되었다. 마치 조선시대 여염집 여성들이 바깥나들이를 할 때 규수들이야 장옷으로 얼굴과 몸을 감추었지만, 몸종이나 평민들은 맨얼굴을 내놓고 다니던 것처럼, 베일은 권세와 '격'의 상징이 되던 시기도 있었다.

오늘날 이슬람 세계의 가장 전형적인 여성 복장도 기독교와의 만남에 영향을 받았다. 여성들이 머리에 쓰는 스카프 형태의 베일과 온몸을 감싸는 조선시대 장옷을 연상시키는 검은 색의 '아바야'는 중세 기독교 수녀들의 복장과 유사하다. 여성들에게 정절과 순종을 강조하기 위하여 이슬람에 이 같은 스타일이 유입되어 확산된 것이다.

아랍의 베일 전통은 이슬람 이전 시대부터 비롯된 것이다. 고대 메소포타미아 시대는 물론, 이스라엘과 요르단 등 중동의 고대 문명권에서는 일반적인 것이었다. 오늘날도 그 전통이 이어지고 있는 곳이 많다. 물론 이런 베일은 이슬람의 종교적 의미의 베일과는 그 상징성이 다를 수 있다. 베일 문화가 존재하던 아라비아 반도에 이슬람이 유입되고 확산되면서 베일의 모양과 기능, 상징성에 변화가 생긴 것을 역사 속에서 짚어볼 수 있다.

오늘날 무슬림 여성들의 종교적 표현인 베일 문화는 이슬람과 비잔틴제국과의 만남을 통해, 십자군 전쟁을 통해 서구 기독교제국과의 만남을 통해, 그리고 19세기 말부터 서구 열강과의 만남을 통해 오늘날의 전형적인 무슬림 여성들의 베일 문화가 자리하게 되었다. 여러 가지 정황상 무슬림 여성들의 보다 엄격한 베일 코드는 기독교 세계의 수녀복의 영향을 받은 것을 부인할 수 없다.

9세기 이슬람 사학자 알자히즈(Al-Jahiz)[9]가 묘사한 바그다드의 압바스 왕조에 관련한 이야기에 아래와 같은 내용이 언급된다. "왕이나 귀족들은 그들의 동역자로서 여성들이 있었다. 이 여성들은 모든 종류의 일상적인 일을 처리하는 데 참여했다. 민사를 다루는 일에도 여성들이 참여했다. 더 나아가 여성들은 공공장소에 (유행하는) 현대적인 옷차림새를 하고 나타났다. 그렇지만 누구도 이것을 비난하거나 불평하지 않았다."[10]

"1118년 (모로코의 알모하드 왕조를 세운 왕이) 동방에서 돌아왔다.

9_ 본명은 아부 오스만 알바스리(781-869), 아프리카계 아랍인.
10_ Kamran Scot Aghaie, "Muslim Women Through the Centuries," Nat'l Center for History in the Schools, UCLA,1998, p.32.

그는 주로 신학을 연구하는 일에 헌신한 상태였다. (그런 그에게) (북아프리카인의) 삶은 마땅히 이루어져야 할 모습이 아니었다."[11]

　　14세기 이슬람 세계의 마르코 폴로(1254-1324),[12] 튀니지 출신 이븐 바투타[13]의 여행기에 다음과 같은 구절이 등장한다. "마침내 우리는 바르다마인들 지역에 도착했다. 그들은 베르베르족이었다. 순백색의 살결과 아주 통통한 몸매의 바르다마 여인들은 완전한 미모와 빼어난 용모를 갖추고 있었다."[14] 이븐 바투타의 터키 여행기에는 터키 여성들의 베일 착용이 일반적이지 않았음을 묘사하고 있다. 다른 지역에 비하여 터키 여성들의 사회적 지위와 활동이 강했음을 보여준다. "내가 이 나라(터키)에서 본 두드러진 광경은 터키인들이 여성들에게 보여주는 존중이었다. 남자들보다 고귀한 위치를 차지하고 있었다. 상인들이나 평민들의 부인들을 보았다. 그들의 얼굴은 노출되어 있었고, 베일을 하지 않았다."[15] 이븐 바투타의 서부 아프리카 말리 여행기에는 이런 언급이 등장한다. "그 여인들은 아주 빼어난 미인들이었으며, 남자들보다 더 존중을 받고 있는 것으로 보였다. … 여자 노예들이나 여종들은 벌거벗은 채로 돌아다녔다."[16]

　　13세기 안달루시아 지방의 복식을 살펴보면 보다 재미있는 풍경을 찾아볼 수 있다. 아래 두 장의 그림을 보자.[17] 서양장기(체스)를 하는 장면이다. 하나는 무슬림 여성들만 등장하는 그림이고 다른 하나는 기독교인 여성과 함께 등장한다. 왼쪽 그림에는 3명의 무슬림 여성이 등장한다. 두 명은 튜닉 같은 두꺼운 겉옷을 입고 있고, 다른 한 여성은 속옷조차 다 비치는 옷을 입고 있다. 두터운 겉옷을 입었지만 목걸이를

11_ Arabs in Europe, p.31, quoted in Sadar & Davies: Distorted Imagination.

12_ 이탈리아 베네치아 공화국 출신의 무역상, 탐험가로 동방견문록을 지었다.

13_ 이븐 바투타(Ibn Battuta, 1304-13687).

14_ Ibn Battuta, quoted in H. T. Norris, The Berbers in Arabic Literature, Librairie du Liban, 1982, pp.191-192.

15_ Gibb, The Travels of Ibn Battuta, pp.415-416.

16_ Dunn, The Adventures of Ibn Battuta, p.300.

17_ Alfonso X El Sabio, <The Book of Chess, Dice, and Board Games> (1283).

왼쪽 무슬림 여성의 복장이 오른쪽 스페인 여성보다 자유롭다.

하고 있다. 손가락과 손 등에 헤나(문신)를 한 모습도 눈에 띈다. 오른쪽 그림에서 13세기 안달루시아 무슬림 여성과 스페인 기독교인 여성이 대화를 나누고 있다. 눈길을 끄는 장면은 발끝까지를 다 감춘 기독교인 여성복과 달리 왼쪽의 무슬림 여성은 발이 다 드러나 있다.

사원 출입시의 복장과 일상생활의 복장이 달랐다. 사원 출입시에는 노출을 최소화하는 단아한 복장으로 얼굴을 가리고 온몸을 둘렀다. 그렇지만, 일상생활은 자유로운 스타일이 일반적이었다. 이처럼 중세 이슬람 세계의 여성들의 복장은 그들이 무슬림 여성임에도 불구하고 오늘처럼 강하게 규제되지 않았다.

19세기나 20세기경의 중근동 기행문에도 이런 분위기들은 쉽게 찾아볼 수 있다. 데이비드 로버츠(1796-1864)의 그림(p.138)을 잠시 살펴

요단강변의 풍경(1839), 여성들의 노출이 자유롭다.

카이로의 춤추는 소녀들(1846-1849)

카이로의 노예시장(1848)

이집트 남부 누비아 지역에서 쉬고 있는 아비시
니아인 노예들

이집트 남부 누비아 지역의 와다 카르다쉬의 누
비아인 무리

보자. 이 그림은 데이비드 로버츠가 1839년 4월에 그린 요단강변의 풍
경이다. 남자들에 비하여 과감하게 노출하고 있는 여성들이 눈길을 끈
다. 여성들이 오늘날보다 오히려 더 노출에 자유로운 것으로 보인다.

이 시기의 여성 옷차림은 종교적인 특성 때문이 아니라 지역 전통
문화와 사회적 계층과의 상관성을 보여주고 있다. 요르단과 팔레스타
인 지역의 전통 복식사를 살펴보아도 이런 결론을 내릴 수 있다. 무슬
림 여성들의 경우 무슬림이라는 정체성보다 부족이나 지역 토착민이라
는 정체성이 더 강하게 옷차림에 나타났다.

그렇다면 큰 변화는 20세기경의 서구 기독교제국과의 만남의 여
파로 보인다. 서구의 침략과 서구 문화의 유입은 중동 이슬람 세계에
큰 각성의 계기를 만들어냈다. 문화 운동 영역에서는 우리(이슬람) 문화
찾기 운동이 이루어지면서 보다 이슬람적인 전통을 유지·발전시키려
는 흐름을 자아냈다. 서구의 복장이 이슬람권에 유입되고 서구식의 음
식 문화가 유입되면서 보수 이슬람 종교계에는 이 같은 흐름이 긴장감
으로 다가왔다. 양복이나 양장이 보다 근대화된 계층의 차림새로 이해

되었다. 너도 나도 근대화 물을 먹었다고 표현하려는 중동의 지식인층과 중상류층 인사들은 서구적인 모습으로 자신을 꾸미고 싶어했다. 머리 다듬는 스타일은 물론이고 옷차림새도 변했다. 터키의 아타튀르크 케말 파샤의 터키 근대화 운동도 서구 따라잡기의 전형이었다. 터키만의 문제가 아니었다. 대다수의 중동 지역에서 이 같은 흐름은 일반적인 것이었다. 이런 와중에 우리(이슬람) 문화 바로 알기 운동은 보다 전통적인 이슬람 스타일을 강조하기에 이르렀다. 묘한 것은 오늘날 개방 개혁의 바람이 거센 요르단, 대표적인 대학문화의 산실인 요르단대의 분위기이다. 4-5년 전부터 몸의 선이 노출되는 꽉 조이는 옷을 입거나 아니면 아예 옆구리 터진 옷들을 입는 여학생들이 폭발적으로 증가하고 있다. 이와 동시에 질밥(겉옷)과 히잡 등으로 온 몸을 잘 감싼 여학생들의 수도 동일하게 증가하고 있다는 점은 눈여겨볼 대목이다.

이슬람 세계만 일방적으로 영향을 받은 것이 아니었다. 아라비안나이트에 등장하는 이른바 하렘풍의 옷들은 서구에서도 유행했다. 그러나 아랍 이슬람 본토의 영향이 아니라 인도 지역의 영향을 받은 것이다. 중세 서구의 여성들이 즐겨 입던 허리를 가늘게 만들고 밑의 품을 넓게 보여주던 스타일은 이슬람풍의 영향을 받은 것으로 볼 수 있다. 그러나 전체적으로 보면 이슬람 세계의 옷차림과 패션은 서구의 영향을 받아 작용과 반작용으로 형성된 것으로 평가된다.

담배 그리고 물담배

끽연의 전통, 필자가 오늘날의 아랍인을 떠올리면서 갖게 되는 몇 가지 특징적인 이미지 가운데 하나이다. 때와 장소를 가리지 않고 담배를 즐기는 이들…. 담배는 오늘날 아랍 이슬람 지역 문화의 키워드 같은 존재이다. 나라별 정확한 통계를 제시할 수는 없지만, 흡연 인구가 둘째라면 서러워할 것이다. 게다가 물담배라 불리는 아르길라(또는 시샤)[18]도 전통문화인 양 이 지역을 방문하는 외국인들의 눈길을 사로잡

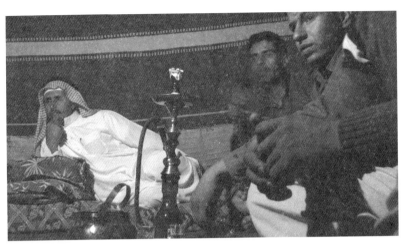

물 담배를 즐기고 있는 유목민. 물 담배는 인도 등지에서 중동으로 유입되었다(요르단/쇼우박).

고 있다. 그러나 담배는 17세기 초 영국을 통해 아랍 이슬람 지역에 유입된 외래 작물이다. 신대륙 발견으로 영국은 북미 지역에서 담배를 영국으로 가져왔다. 왕실의 독점 작물로 재배와 공급에 성공한 영국 왕실은 상당한 부를 축적했다. 이것이 다른 유럽 지역은 물론 아랍 이슬람 지역에도 소개되었다. 당시 영국인들은 담배를 습기 때문에 발생한 질병(습병) 치료제로 소개했다. 이것이 경제적으로 힘이 있는 이들이 누리게 되었고, 이들에게 담배는 고급스러운 기호품으로 자리했다. 점차 종교지도자들인 울라마이와 정치 권력층에까지 확산하였다.

흡연가가 늘어가는 와중에 오스만 튀르크의 통치자(술탄) 무라트 4세는 '흡연은 비도덕적이고 반이슬람적'이라며 금지했다. 일부 이슬람 종교 지도자들도 흡연이 반이슬람적이라는 교리 해설(파트와)을 내놓고 있다. 오늘날 아랍 이슬람 지역에서 흡연 문화는 공공성을 잊고 있다. 어디를 가나 애연가들이 넘쳐난다. 공중보건법 등에 따라 금연 장소가 정해져 있지만, 그것도 지켜지지 않는다. 단속 경찰관이나 단속 대상

18_ '후카'(Hookah)로도 알려졌다. 인도에서 유래된 말이다.

사이에 흡연 공조(?)가 자연스럽게 이루어진다. 아이들이 있는 밀폐된 공간에서도 흡연은 거리낌 없는 기호활동일 뿐이다. 여전히 대부분의 공공장소는 흡연 가능지역으로 남아 있다. 어찌 보면 아랍 이슬람 지역에서는 항공기 안에서의 어쩔 수 없는 금연과 라마단 금식월의 낮 동안의 공공장소에서의 금연행위를 뺀다면 모든 곳에서 흡연할 수 있는 것으로 보인다.

물담배의 퇴출을 명하노라! 사람들이 많이 오가는 아랍거리를 걷다보면 사과향을 비롯한 각종 과일향이 풍긴다. 강하고 독한 토바코 향도 느껴진다. 이것은 무엇일까? 아랍 이슬람 지역에서 물담배가 풍겨내는 독특한 냄새다. 이 지역은 애연가, 끽연가들로 넘쳐난다. 두바이에서, 다마스커스에서 그리고 베이루트와 암만에서 때와 장소를 가리지 않고 뿜어내는 진한 물담배향과 담배 연기가 넘쳐난다. 아랍다운 풍경의 하나이다. 흡연 또는 애연 문화는 아랍인들의 전통문화가 되어버렸다. 외지인들에게 이것은 아랍의 기준적 상징의 하나로 자리하고 있다. 그런데 최근 곳곳에서 물담배 금지령, 퇴출령이 확산되고 금연규정도 강화되고 있다.

암만 시내에서 렌트카 회사를 운영하고 있는 무함마드 나집은 회사에 출근하자마자 물담배(아르길라 또는 시샤, 후카로 부른다)를 피워댔다. 뿌연 연기와 함께 첨가향이 사무실 가득히 넘쳐났다. 두바이, 요르단, 이집트 할 것 없이 공항 면세점은 물론 주요 매장마다 물담배용품 판매상이 자리하고 있다. 휴대용 물담배 세트도 인기를 끈다. "이 독한 것을 어떻게 즐기나요?" 한 한국인 여행자는 현지인의 끝없는 권유에 물담배 한모금을 빨고는 현기증을 느끼고 주저앉았다. 여름이면 시내 곳곳에 늘어선 노천카페는 물론이고 아파트 발코니나 집 마당에 나와 앉아 숯불을 얻어 놓고 물담배를 즐기는 이들을 쉽게 찾아볼 수 있다. 심지어 해변은 물론이고 광야의 야자수 그늘 아래서도 물담배를 즐기는 이들이 있다.

튀니지, 예멘, 시리아, 사우디아라비아 등은 대표적인 흡연국이다.

해마다 아랍 이슬람 지역에서만도 25만여 명이 암으로 사망하고 있다. 폐암이 가장 많다. 사우디인 중 5%가 흡연으로 인한 폐암환자이다. "2007년에만도 1만 3천5백여 명이 흡연으로 인한 질병으로 사망했다"고 무니라 알밥타인 박사는 설명한다. 요르단은 한 해에 3천4백여 명의 암 발생이 보고되고 있는데, 이 가운데 1/3 정도가 흡연으로 인한 것이다. 어린이 암 환자의 절반가량은 간접흡연으로 인한 피해자이다.

이슬람 종교 지도자들도 흡연을 반이슬람적이라고 비판하고 있다. 2007년 시리아의 국가 최고 이슬람 종교 지도자인 아흐마드 바드룻딘 하순(Ahmad Badruddin Hassoun)이나 적잖은 이슬람 지도자들은 물담배를 포함한 모든 종류의 흡연이 반이슬람적이라는 이슬람 교리 해석(파트와)을 내놓았다. 아울러 아랍 이슬람 지역 각국 정부 당국은 공공장소의 흡연이라도 줄이기 위하여 법을 강화하고 통제에 나서고 있다. 금연운동도 펼치고 있다. "젊은이여 금연하라", "금연 세상, 건강 세상"을 이루자는 것이다. 그러나 그 효과는 미미하다. 여전히 습관을 따라 공공건물은 물론 식당과 공항, 학교나 쇼핑 공간 등을 가리지 않고 흡연에 빠져 있는 사람들로 넘쳐난다. 아이들의 간접흡연 가능성 때문에 푸드코트 같은 곳을 기피하여야 할 지경이다. 물론 애연가들에게 이곳은 친애연가 환경 그 자체이다.

일반 흡연 인구가 조금씩 줄고 있다고 하지만 오히려 물담배 애호

남(여)

나 라	흡연율	중학생	고등학생
예 멘	77% (29%)	20% (10%)	
사우디아라비아	52% (5.2%)	27%	35%
요르단	62.7% (9.8%)	31.6% (24%)	
레바논	29.1% (7%)	65.8% (54.1%)	
시리아	60% (25%)		
이집트	59.3% (2.7%)	11.8% (7.6%)	
한 국	39.6% (7.4%)	5.7% (5.1%)	27.6% (10.7%)

가들은 늘고 있다. 물담배용품 판매상들은 매출이 쏠쏠하다. 물병, 물파이프, 숯, 첨가향, 연초, 호스 등을 포함한 물담배용품 세트 구입에 드는 비용은 3만 원 정도에 불과하다. 부담 없는 선물용으로도 제격이다. 물론 값나가는 제품도 있기는 하다.

물담배를 선호하는 이유는 제각각이다. 그 중에서도 멋과 맛을 꼽는 이들이 많다. "사실 겉보기에 흡연 여성보다 물담배 피우는 여성들이 조금은 더 지적이고 멋있어 보인다." "물담배는 일반 흡연보다 덜 해롭다." 중학생 시절부터 담배를 피워온 정부 공무원 아끼프(31)의 생각이다. 8년 전부터는 일반 흡연 대신에 덜 해롭다는 생각에 하루에 4-5번 정도 물담배를 피우고 있다. "물담배는 연기를 직접 삼키는 것이 아니기 때문에 일반 담배 흡연보다는 해롭지 않아요." 사우디 직장 여성 마하를 비롯한 물담배 애호가들의 확신이다. 그러나 구강학 박사인 사우디 젯다 파이잘 병원의 불준 박사는 "물담배 한 번 피우는 것이 담배 한 갑 반을 피우는 것 이상으로 해롭다"고 말한다. 다른 연구 결과는 "물담배를 피우면서 내뿜는 한 번의 연기는 담배 100개비의 분량에 해당한다. 물담배 연기의 공기 중 체류시간도 더 길다"고 지적한다. 많은 경우는 이런 사실을 모르거나 개의치 않는다. 요리사 마지드(46)는 하루에도 몇 차례 물담배를 즐긴다. "각성 효과를 기대해서가 아니라 그냥 일에 집중하기 위하여 몇 차례씩 물담배를 피우고 있다." 마지드나 이집트인 이브라힘(51) 같은 이들은 물담배를 피우면서 담배 파이프에 은박지를 감아올렸다. "입을 통해 다른 질병에 걸릴 수도 있어서 예방하는 것"이라고 한다. 의학계에서는 물담배 연기에 노출되는 것으로도 결핵 같은 호흡기 질환에 전염될 수 있다고 경고한다.

요즘 발 디딜 틈이 없이 인산인해를 이루는 암만 시내 메카몰. 여름 피서를 온 아랍인들과 현지인들 그리고 외국인들이 가득 넘쳐난다. 메카몰은 대표적인 공공장소이지만 흡연하는 이들을 어렵지 않게 볼 수 있다. 어린아이들 곁에서는 물론이고 임산부 앞에서도 가리지 않고 담배 연기를 뿜어댄다. 간접흡연의 피해나 애연가의 에티켓 같은 것은

물 담배가 아랍스러움의 상징으로 오해받고 있다(이집트/카이로).

의미가 없다. 게다가 메카몰 곳곳에는 물담배 애호가를 위한 특별한 카페들이 자리하고 있다. 카페 주변에만 가도 물담배에서 나오는 독특한 첨가향과 카페 안팎을 뿌옇게 덮고 있는 연기를 느낄 수 있다. 아로마나 탈렌토 같은 물담배 전문 카페는 그야말로 애호가들의 명소가 되고 있다. 물담배 한 대 값이 8천 원에서 1만 원에 이르지만, 애호가들의 발걸음은 끊이지 않는다.

암만 시내에는 여성 전용 물담배 카페도 성업 중이다. 여성 물담배 애호가들이 눈에 띄게 늘고 있는 증거이다. 물담배 전문 카페가 아니더라도 물담배를 즐기는 여성을 찾아보기는 어렵지 않다. 공공장소 흡연 여성에 대해 색안경을 끼고 보는 이들도 물담배 피우는 여성에 대해서는 상대적으로 관대하다. 시리아 다마스커스의 전통 시장 하미디에 곳곳에도, 베이루트 번화가 하므라 거리 곳곳에서도 카페에 앉아 물담배 삼매경에 빠진 이들이 많다. 물담배는 이른 아침부터 한밤중까지 나름 자기 취향을 갖고 즐기고 있다.

흡연을 억제하려는 다양한 정책이 소개되고 있다. "18세 이하의 미성년자에게 물담배를 제공하는 것을 단속하겠다." "어린아이를 동반한 성인에게 물담배를 제공하는 것도 의법 조치하겠다." "공공장소에서의 금연을 강력하게 집행하겠다." "인터넷 카페에서의 흡연은 엄격하게 통제한다." "물담배 흡연은 실내로 제한한다." "물담배 카페는 주거지역 밖으로 재배치한다"(UAE). "공공장소에서 흡연하면 2만 5천 원-4만 원의 벌금형 또는 한 달간 구속시킨다"(요르단). "금연 규정을 위반하면 개인은 30만 원, 업주나 건물주는 3백만 원-6백만 원 이상의 벌금을 부과한다"(샤자). "더 이상의 물담배 카페 영업 허가는 없다. 전업을 권장한다"(아부다비).

반금연법의 적극적인 법집행을 꾀하는 일부 아랍 국가들의 의지는 열매를 거둘 수 있을까? 금연을 엄격하게 적용하겠다는 의지를 밝히고 있는 정부와 오래 묵은 금연의 전통 사이의 갈등은 전통의 승리였다. 오래 된 '친흡연가' 전통 덕분이다. 물담배를 비롯한 흡연은 반이슬람적이라며 금지를 추진하지만 점차 탈종교화되고 있는 주민들의 마음을 종교로 고삐를 죄려는 것도 잘 먹혀들어가지 않는다. 여러 설문 조사에서 공공장소에서의 금연은 물론 건물 내에서의 금연을 지지하는 비율이 90% 안팎인데도 실천력 부족으로 제자리이다.[19] 여전히 2천 원 안팎인 수입 담배 값이 비싸지 않은 것도 큰 우군이다. 금연을 요청하는 행위가 상대방에 대한 무례라고 생각하는 의식도 큰 문제이다. 물론 담배 연기를 걸러내기에 물담배는 흡연보다 안전하다는 오해도 큰 몫을 한다. 금연지역으로 규정하면 매상이 줄어들 것을 염려한다. 비즈니스 관계자들의 고충이다. 공식적으로 음주가 금지된 이 지역에서 물담배 흡연은 술 권하는 문화에 준하는 것이다. 이를 대체할 대안 문화가 없는 상황이 흡연 전통을 무너뜨리지 못하는 큰 걸림돌이기도 하다. 물담배 퇴출을 통해 금연 세상, 맑은 공기 마실 권리를 제공하겠다는 정책이 넘어야 할 장애물이 많기만 하다.

아랍인의 기호품은 담배 외에도 필수 식품처럼 자리잡은 옥수수

19_ 금연을 지지하면서도 흡연을 포기할 수 없는 현실을 보여준다.

나 감자, 토마토도 유럽에서 아랍 이슬람 지역에 유입된 것이다. 이들 식품 중에서도 토마토는 거의 약방의 감초 같은 존재이다. 숯불구이에도 국이나 찜 요리에도 토마토는 언제나 자리한다. 이슬람 세계를 통해 유럽에 진출한 커피는 유럽의 식탁을 삼키고, 새로운 문화 코드로 자리 잡았다. 커피를 통해 유럽의 기독교 세력을 이슬람화하겠다는 전략 같은 것은 존재하지도 않았다. 소금과 향료, 설탕과 쌀 등도 이슬람 세계를 통해 유럽으로 진입했다.

이런 음식과 기호식품 외에도 상호 교류가 이루어진 것이 있다. 그것은 도미노, 주사위 놀이 등이다. 중동이나 유럽의 카페에서 어렵지 않게 볼 수 있는 여러 놀이들이 있다. 내가 중동과 유럽을 방문하면서 공통적으로 볼 수 있었던 것에는 카페 풍경이 있다. 서구사회의 서양인이나 중동의 아랍인 할 것 없이 커피와 티를 즐겨 마시고, 도미노 게임이나 주사위를 이용한 게임을 하고 있는 모습이다. 이제는 각 지역의 대표적인 전통 놀이가 되어버린 서양의 게임이 사실은 중동에서 유럽으로 유입된 것이라는 점은 묘한 여운을 갖게 한다.

—— 제6장

지성적 만남

유럽이 변했다.
십진법 덕분에 로마식 표기의 복잡함을 벗어났다.
유럽의 지성사회도 르네상스를 맞이했다.
이것은 8세기 이후 시작된 이슬람 세계의
르네상스의 영향에 힘입은 바 크다.
유럽과 이슬람 세계는, 서로의 만남으로
이슬람 세계 자체의 오류는 무엇인지,
기독교 문명은 과연 이슬람 문명보다
뛰어난지 숙고하기 시작했다.

기독교와 이슬람
그 만남이 빚어낸 공존과 갈등

12. 예술과 과학

예술과 문화, 의식주의 모든 범위에서 서로는 서로에게 영향을 받았다. 아라베스크(arabesque)로 불리는 아랍 문양은 유럽의 조형예술 분야는 물론이고 음악에도 아라베스크풍이라는 신조어를 유입시키고, 심지어 고전 발레에도 영향을 끼쳤다. 아라베스크도 당시의 새로운 문화 코드로 자리한 것이다.

아라베스크 또는 아랍풍

그동안 필자가 본 할리우드 영화 중 무슬림이 좋은 이미지로 묘사된 것은 <킹덤 오브 헤븐>이 처음이 아닌가 싶다. 대개의 경우 할리우드 영화에서 아랍계는 부정적인 이미지로 등장하곤 했다.

<검은 일요일>(Black Sunday, 1977), 시리즈로 제작된 <철 독수리>(Iron Eagle), <델타포스>(Delta Force), <특전대 네이비실>(Navy Seals, 1990), <인간 방패>(Human Shield), <트루 라이즈>(True Lies, 1995), <집행 명령>(Executive Decision, 1996), <지 아이 제인>(G I Jane, 1997) 등 적지 않은 영화들이 아랍인들을 세계를 혼란에 빠뜨리는 불순한 테러리즘과 연결시켜오곤 했다. 1998년 겨울에 상영된 <비상계엄>(The siege)도 큰 논란을 빚은 바 있다. 브루스 윌리스와 덴젤 워싱턴이 주연한 이 영화는 뉴욕을 배경으로 일단의 아랍인들을 미국의 국

가 보안을 무너뜨리는 테러리스트로 묘사하고 있다. <룰스 오브 엔게이지먼트>(Rules of Engagement, 2000년). 아카데미상을 수상한 바 있는 윌리엄 프레드킨이 감독하고 토미 리 존스, 새뮤얼 L. 잭슨, 벤 킹슬리 등이 출연한 이 영화는 막대한 제작비와 호화 배역이 투입되었고 흥행에도 성공했다. 이 영화의 무대는 예멘의 수도 사나, 영화에서는 이곳이 광적인 반미 열기와 테러리즘의 집단 무의식이 팽배한 장소로 묘사됐다.

미국은 물론 유럽사회에서도 무슬림은 잠재적인 용의자로 취급되곤 한다. 1995년의 오클라호마 테러사건이나 1996년의 TWA 항공기 폭파사건 때도 전세계 주요 언론들은 구체적인 증거도 없이 아랍계 무장 테러리스트의 소행이라고 규정했다. 이런 반이슬람 경향은 미국이나 서구가 기본적으로 가지고 있는 고정관념의 하나이다. 영화는 이런 기본적인 선입견의 무의식적인 표출로도 보인다. 요즘 드라마나 문학 작품에도 이와 유사한 분위기를 엿볼 수 있다. 그렇다면 과거 역사 속에 기독교와 이슬람은 서로의 문화 예술 공간에 상대방을 어떻게 표현했을까? 직접적인 인적 교류가 많지 않았던 시절 사람들은 문화 영역을 통해 상대방 세계를 접하는 것이 전부였을 것이다.

십자군 전쟁1을 겪으면서 기독교와 이슬람 세계 모두 상대방에 대해 적대적인 감정이 쌓여갔다. 그러나 서구 기독교 세계 모두가 이런 분위기에 휩싸인 것은 아니었다. 서구 기독교 세계의 문학 영역에서 무슬림은 오늘날 못지않은 부정적인 묘사가 주를 이루었다. 단테(Dante)의 신곡<神曲 La Divina Comedia : Divine Comedy>2에도 무슬림이 등장한다. 이슬람 선지자 무함마드와 4대 칼리프 알리도 나온다. 이슬람에 대한 부정적 시각을 진하게 드러내고 있다.

"나는 턱주가리에서 방귀 뀌는 곳까지 찢긴 자를 하나 보았는데, 허리나 밑바닥이 헐린 통일지라도 그처럼 들창이 나진 못할 것이다. 두

1_ 1096년 1차 십자군 원정을 시작으로 1270년 8차에 이르는 십자군 원정이 있었다.
2_ 단테가 1308년부터 죽은 해인 1321년 사이에 만든 대표 서사시이다.

다리 사이에 창자가 매달려 있고 내장이 나타났고, 삼킨 것을 똥으로 만들어 내는 처량한 주머니(위)도 나타났다. 내가 그를 뚫어지도록 바라보고 있는 동안 그는 나를 쳐다보며 두 손으로 가슴팍을 열고서 말했다. "내 찢어 여노니, 이제 보아라. 마호메트가 어떻게 찢어졌는지 보려무나! 내 앞에 울며 걸어가고 있는 자, 그는 알리, 얼굴은 턱부터 이마의 털까지 찢어졌다."[3]

이들 외에도 신곡에 소개된 무슬림이 있었다. 악역이 아니었다. 살라딘 무슬림 장군이 가장 위대하고 선한 이방인으로 등장한 것이다. 십자군 지휘관들조차도 '고귀한 적'이라고 일컬으며 존경했다는 이야기가 전해진다. 살라딘은 단테의 <신곡>에 플라톤, 호메로스 등 희대의 위인들과 더불어 림보(Limbo)[4]에서 최소한의 벌을 받는 고결한 이교도로 등장하고 있다.

아랍 문학의 대표작이라 할 수 있는 천일야화(千一夜話)[5]가 있다. 천일야화에 등장하는 유럽 기독교인들은 어떤 모습일까? 아예 등장도 안 한 것일까? 그랬다. 사실 아라비안나이트는 아랍 이슬람 지역의 이야기가 주를 이루는 것이 아니다. 인도를 중심으로 한 이야기가 아랍 이슬람 지역에 널리 알려지고 회자되었던 것이다.

얼마 전까지만 해도 나는 이슬람 문명사에서 기하형이나 아랍어 서체를 이용한 예술 형식만 있는 줄 알았다. 그러나 이슬람 역사에 인물상은 물론, 다양한 조각상이 존재하였던 것을 알게 되었다. 이슬람 도래 이전 시대의 문화 형식을 다 폐지한 것으로 생각했지만, 그 이전

3_ 단테 알리기에리, 한형곤 역, 신곡, (서해문집, 2005), 지옥편 28곡 중에서, pp.281-282.
4_ 지옥과 천국의 중간으로 기독교를 믿을 기회를 갖지 못한 선인이나 세례를 받지 못한 어린이들의 영혼이 구원을 받기 위해 머무르는 곳으로 중세 기독교 신학은 설명한다.
5_ 오늘날의 이란과 인도, 이라크 바그다드와 이집트 카이로를 주 배경으로 하여 구성된 이야기로, 1001밤의 이야기의 뜻이다. 영역으로 아라비안나이트로 번역된 것은 한참 뒤인 1706년의 일이다. 우리에게는 리처드 프랜시스 버턴(1821-1890년)의 번역서가 소개되었다. 한때 이 번역서는 금서로 취급되었다. 노골적인 성적 표현들이 등장하곤 했기 때문이다. 10세기 이후 천일야화의 부분들이 발견되었지만, 완성본으로 전달된 것은 14세기에 이르러서였다.

문화 요소를 재활용하거나 수용 발전시키고 있었다. 동전에도 비잔틴 왕의 표현 양식을 빌어 통치자를 묘사하고 있었다. 초기 이슬람 왕조를 아랍제국으로 간주하는 지역 역사학자들의 판단이 옳다는 생각이 든다. 초기 이슬람 시대의 전쟁은 이슬람 확장을 위한 종교 전쟁이 아니었기 때문이다.

비잔틴 양식을 사용한 아랍 이슬람 주화

중세 유럽에서 이슬람에 대한 인용은 다소 의도된 면이 많았다. 이슬람을 비판하고 조롱하기 위한 제한된 인용이 주를 이루었다. 1529년 오스만 튀르크군대는 비엔나를 점령했다. 그 이후 유럽 사회는 이슬람에 대한 두 가지 입장 차이를 보이게 되었다. 개신교측에서는 상대적으로 오스만제국의 확장에 대해 우호적인 입장을 보인 반면, 로만 가톨릭 측에서는 적대적이었다. 오스만제국도 개신교에 보다 우호적인 태도를 보였다.

나신상을 중심으로 이루어지던 유럽 기독교 세계에 새로운 장르가 펼쳐졌다. 바로 조형 예술 분야의 신기원이 시작된 것이다. 이슬람 세계는 조형 예술 분야에 인물이나 동물 등 어떤 종류의 형상도 새기지 못하도록 되어 있다. 이슬람 예술가들은 동물을 묘사할 때 실루엣 방식으로 표현했다. 조각 분야나 회화 분야에서는 큰 진전을 볼 수 없었다. 그 덕분에 복잡하고도 화려한 무늬나 정교한 장식 공예는 유럽 예술보다 훨씬 앞설 수 있었다. 표현 대상은 식물이나 기하학적인 문양, 서예를 활용한 장식 등이었다.

기독교와 이슬람의 문화 현장에서의 만남은 유럽 미술 분야에 새로운 시작을 선사했다. 이른바 이슬람의 예술 양식 '아라베스크'가 유럽 예술계에 새로운 코드로 다가왔다. 뒤에 이 용어는 미술 이외의 다른 분야의 예술양식을 나타내는 데에도 사용되었다. 음악에서 아라베스크풍은 하나의 악상(樂想)을 화려한 장식으로 전개하는 악곡(樂曲)을 일컫게 되었다. 1839년에 로베르토 슈만6이 작곡한 피아노 소곡(작품번호 18)은 이 이름으로 붙여졌다. 드뷔시7의 초기 피아노곡 Deux Arabesques(1888) 도 이 계열의 작품으로 유명하다. 무용용어로도 자리했다. 한 발로 서서 한 손은 앞으로 뻗고 다른 한 손과 다리는 뒤로 뻗은 고전 발레 자세를 아라베스크라고 한다.

유럽 예술 분야에 찬조출연하기 시작한 이슬람 예술 형식들은 이 제 당당히 유럽 예술의 한 자리를 차지하는 주역이 되어버렸다. 이 같은 결과가 생긴 것은 왜일까? 이슬람 예술 양식의 뛰어남 때문일 수 있다. 아니면 당시 서구 기독교 세계의 비종교적 영역에 대한 관대함 때문인지, 아니면 당시 기독교 세계와 이슬람 세계 간의 적대적인 대립 관계가 없었던 때문인지는 모른다.

다양한 모작과 창작 그림을 팔고 있는 그림가게(요르단/암만).

6_ Robert Schumann(1810-1856년): 독일의 낭만주의 작곡가.
7_ 아실-클로드 드뷔시(Achille-Claude Debussy, 1862-1918)는 프랑스의 작곡가이다.

이슬람 세계 예술 영역에도 변화가 일어났다. 형식적이고 공식적으로는 표현 양식과 형식, 내용에 제한이 있었다. 그렇지만 이슬람 도래 이전의 비잔틴 형식이나 그리스 문화 형식이 이슬람 지배 지역 곳곳에서 이어지고 있었다. 이 모든 것을 정죄하거나 단절시키지 않았다. 최소한 중앙 정부에서는 금지했다고 하여도 지역과 지방 정권, 민간 예술에서는 그런 전통이 계속되고 있었다. 유럽의 입체화법이 이슬람 세계에 도입된 9세기 이후 세밀화 같은 형상미술 영역은 깊이를 더해갔다. 노골적이고 공개적으로 그런 행동을 조장하지는 않았지만, 비공식적인 영역에서 지방 군주들과 유력자들은 11-17세기에 이르기까지 삽화가 든 다양한 서적들을 편찬하거나 지원하였다.

유럽이나 아랍 이슬람 지역의 박물관 나들이를 하면서 느끼는 것이 있다. 그것은 한 지역의 고립된 독특한 양식은 없다는 것이다. 상호 영향을 주고받거나, 이전의 문화 유산을 후대에 전달하는 창구 역할을 한 경우가 많다는 점이다. 이슬람 세계를 통해 전달되었다고 그것이 이슬람 고유의 것이라 할 수 없는 것이다. 이슬람의 고유한 문화 영향 가운데 가장 대표적인 것은 유약 사용이다. 토기에 유약을 발라 굽는 기법과 모자이크 기법은 조선시대에도 영향[8]을 끼칠 정도로 가장 영향력 있는 것이었다. 모자이크 기법은 비잔틴 문명의 전유물이었지만, 그보다 더 모자이크 기법을 승화시킨 것은 이슬람 문명이다. 비잔틴의 모자이크 기법이 채색 돌을 이용한 것이었다면, 이슬람의 모자이크 양식은 채색 타일을 이용한 것이었다.

그러다가 언제부터인지 서구 세계에서 무슬림들이 뿔 달린 괴물로 변신하게 된다. 우범자로 취급되며, 사건이 발생할 때면 최초의 용의선상에 떠올라야 할 범죄 집단으로 묘사된다. 그것은 영화는 물론이고 문학 양식에서도 두드러진다. 한때 멸공방첩 사상이 풍미하던 한국에 무슨 일만 벌어지면 빨갱이 탓이라 했던 적이 있었다. 지금 무슬림

8_ 청화백자.

들은 기독교 세계의 빨갱이들로 포장되었다. 무슨 일이 벌어진 것인가?

20세기 들어와서 신밧드의 모험… 아라비안나이트(천일야화)와 1962년 만들어진 영화 아라비아의 로렌스 등의 작품은 물론, 사자왕 리처드 1세(1157. 9.-1199. 4, Lionheart: Coeur de Lion)에서 시작하여 오늘날까지 만들어진 다양한 할리우드 영화, 아랍 이슬람권에서 만들어진 영화나 드라마 등을 통해 아랍 무슬림을 표현한 일그러진 자화상을 짚어보아야 한다. 누가, 왜 이런 일그러진 자화상을 만들어낸 것일까? 영화나 언론 분야를 주도하는 유대인들의 은밀한 작업의 결과가 아닌가? 아랍 무슬림들은 이런 종류의 음모론을 제기한다. 그러나 심증은 가지만 물증이 없다.

연금술과 나침반

7세기 초부터 17세기에 이르기까지 이슬람제국은 과학의 황금기를 맞았다. 오늘날 우리들이 영어의 고유 표현으로 오해하고 있는 수많은 물리, 화학 등 과학 분야의 용어들 상당수가 아랍어에서 기인한 것이다. 과학 문명과 기술의 대결에서는 분명히 이슬람이 앞섰다. 기독교나 이슬람 모두가 지구는 평평하다고 믿었는지 모른다. 그러나 지구는 둥글었다. 그리고 그 가운데 과학이 있었다. 과학 기술의 교류를 통해 기독교와 이슬람은 서로 통했다. 물리, 화학, 수학, 천문학은 물론 나침반, 인쇄술에 이르기까지 서로 통했다.

이슬람 세계의 과학 기술이 중세 기독교를 앞질렀다. 여기서 '이슬람 세계'라고 표현한 것은 이른바 이슬람 문명권에서 과학을 발전시킨 이들이 무슬림에 국한된 것이 아니라, 그 세계 속에 존재하던 기독교인, 유대인, 조로아스터교인 등 다양한 종족과 인종이 함께 빚어낸 것이기 때문이다. 이슬람의 과학은 이미 존재하던 그리스 전통의 연속과 바그다드에서 시작된 새로운 측면들의 조화라고 할 수 있다.[9] 즉 그리

9_ 버나드 루이스, <이슬람문명사>, pp.195-196.

스에서 기원한 과학에만 국한되지 않고 이란과 인도의 전통을 버무린 결과였다. 과거 문명이나 외부 문명을 거부나 단순한 묵인을 넘어서서 보호와 적극적인 지원을 펼쳤다.[10] 이슬람 세계의 앞선 과학 기술은 번역 작업의 성과였다. 8-10세기 사이 압바스 왕조 칼리프들은 번역 작업에 열심이었다. 대부분의 번역 작업은 시리아어를 구사했던 네스토리안 기독교인들이 맡았다. 고대 시리아어에서 아랍어로 또는 그리스어에서 아랍어로 직접 번역이 되었다. 이런 번역 작업은 다소 실용적인 동기와 부와 권력의 또 다른 상징으로, 지적 호기심에 의해 이루어졌다. "아랍의 과학은 후기 그리스 전통을 계승 발전시킨 산물이었다."[11]

이슬람 의학자로서는 알 라지[12]가 있다. '조건 반사', '천연두', '소아 질병', '홍역' 등 당시로서는 진일보한 의학 지식의 소유자였다. 그는 당시의 의학 사상을 바탕으로 종합 의학서인 '의학 대전(Kitab al hawi)'을 저술하였다. 이 책은 라틴어로 번역되어 서구에서 통용되었다. 이븐 시나[13]의 의학법(Al qanun al tibb)은 12-15세기 유럽의 의학 교재로서 활용되었다.

우리가 사용하는 숫자는 아라비아 숫자이다. 그런데 아랍지역을 방문한 방문자들은 순간 당황한다. "어! 저 숫자가 아라비아 숫자인가요? 우리가 알고 있는 숫자하고는 너무 다른데요…?" 그렇다. 아랍어 표기법에 따른 아라비아 숫자는 다른 모양을 가지고 있다. 아랍 표기법과 다른 숫자 표기법(우리가 사용하고 있는)을 아라비아 숫자로 부르는 것은 이 숫자 표기법을 아랍 이슬람제국이 유럽 사회에 전해주었기 때문이다.

수학 영역에서의 발전도 눈에 띈다. 사실 이슬람이 지배하던 이집트의 나일 문명이나 메소포타미아(이라크) 문명, 이란의 페르시아 문명,

---

10_ 위의 책, p.197.
11_ <아랍인의 역사>, pp.154-156.
12_ 그의 본명은 Abu Bakr Muhammad ibn Zakariya' al-Razi(865-925)로 이란 의학자이다.
13_ 그의 본명은 Abū 'Alī al-Ḥusayn ibn 'Abd Allāh ibn Sīnā(980-1037)로 이란계 의학자이다. 서양에서는 아비첸나로 더 잘 알려져 있다.

Liber Abaci 원본(the Bibliateca Nazionale di Firenze 소장)

인도 문명 등 모두 고대 문명에서부터 산술이 발전되어 있었다. 60진법을 사용하던 메소포타미아나 10진법 체계를 사용하던 이집트의 문명을 이슬람제국에서 적절하게 조화시키고 재활용하면서 새로운 형태의 이슬람 수학, 아랍 수학을 빚어낸 것이다.

825년 '대수학의 아버지'로 불리는 알 크와리즈미[14]가 인도의 산술을 본떠 최초의 아랍 산수책 <학문의 열쇠>[15]를 펴냈다. 우리에게도 아라비아 숫자로 알려진 숫자 표기법을 유럽 사회에 전했다. 1202년에 출판된 레오나르도 피보나치[16]의 책 Liber Abaci[17]를 통해 유럽에서의 아라비아 숫자 체계[18] 사용이 장려되었다. 덕분에 간단한 표기법의 혁명이 벌어졌다. 라틴어를 겹쳐서 거듭거듭 사용하여야 했던 번거로움이 수학의 발전을 가져오게 도왔다. 사실 인도의 '0'개념을 도입하여 유럽에 전달한 것이었다. 크와리즈미가 체계화시킨 '미분 방정식'은 12세기 중세 유럽 대학의 교과서로서 채택되었다.

14_ Muhammad ibn Musa al Khwarizmi(780~850)는 이란 태생이다.

15_ 마파티홀 울룸 Mafatih al-'Ulum.

16_ 이탈리아 수학자로 Leonardo Fibonacci 또는 Leonardo Pisano Bogollo (1170년 경-1250년)로 부른다.

17_ 또는 <Liber Abbaci> (계산의 책).

18_ 976년경에 지금과 같은 아라비아 숫자 표기법이 완성되었다고 알려진다.

13. 구별된 절기

날짜를 기록하는 방식만큼 해당 문화의 고유한 세계관, 우주관을 잘 아는 방법이 없는 듯하다. 기독교와 이슬람 두 세계는 날짜를 보고 기록하는 체계가 다르다. 결국, 다른 세계관을 바탕으로 다른 역사의식을 발전시켜왔다고 할 수 있다.

태음력과 태양력

이슬람 세계에 살면서 달이 아주 중요한지를 처음 알게 되었다. 미리 나온 이슬람 절기표가 있음에도 그 절기, 라마단의 시작이라든지 이슬람 명절의 시작을 두고 "오는 며칠이 라마단 첫날이 될 것으로 예상합니다"는 추측성 기사가 나오곤 했기 때문이다. 어느 경우는 명절 시작 전날 늦은 밤에 "내일부터 명절이 시작됩니다"는 안내를 받기도 했다. 새로운 달의 출발점이 되는 초승달이 출현했기 때문이다. 물론 대부분의 이슬람 국가에서는 그리 민감하게 생각하지 않았지만, 이슬람의 정통성을 강조하는 나라에서는 이슬람 천문학자 그룹[19]에 의해 새로운 달의 시작(명절과 관련되어)이 공인되어야 했다. 달의 모양과 위치, 다른 별의 위치 등을 관찰하는 이슬람 세계의 섬세한 천문학의 결과 달

19_ Fiqh위원회나 울라마(Ulama)로 부른다.

력, 지역별·도시별 예배시간표까지 만들어낼 수 있었다. 메카 방향을 측정하여야 하는 과정에 나침반 기술도 발전해갔다. 이슬람 세계에서는 새로운 한 날은 해가 지는 시각부터 시작하며, 새로운 한 달은 초승달20이 출현하는 때부터 시작한다.

기독교는 태양력을, 이슬람은 태음력을 사용한다. 제국이나 왕조의 시작에는 연호를 새로 제정하는 일이 필수적이다. 아랍 이슬람제국이 들어선 이후에는 비잔틴제국에서 사용하던 태양력 율리우스력이 사용되었다. 그러나 이슬람제국이 강화되고, 행정상의 편의를 위하여 독자적인 연호와 시간 계산법을 채택하게 된다. 3대 칼리프 오스만 때의 일이다. 우리가 말하는 헤지라력21의 시작이다. 이 태음력은 달의 차고 기욺을 바탕으로 일과 월을 결정하는 역법이다. 고대 메소포타미아를 비롯한 지역에서 생명력의 기원이 달에서 비롯된다고 믿었던 것도 태음력의 기원이 된다. 이슬람력에 달의 움직임 외에 다른 추가 기준은 없다. 태음력인 이슬람력에 따르면 한 달이 29.5306일이 된다. 그래서 한 달의 길이가 29일이나 30일이 된다. 1년은 354.36일밖에 안 된다. 태양을 기준으로 한 1년인 365일과는 11일간 차이가 난다. 그래서 이슬람 절기는 해마다 11일씩 날짜가 당겨진다.

태양력은 서구 기독교 유럽에서 사용되었다. 태양력은 말 그대로 태양의 움직임을 기준으로 한 역법이다. 태양력의 기원은 멀리 5천 년 전의 고대 이집트 왕조로 거슬러 올라간다. 이집트인들은 생명력의 기원이 태양으로부터 나온다고 믿었다. 시리우스22 별자리가 오벨리스크23의 끝에 걸리는 때를 기준 삼아 날 수를 세어 1년 뒤 시리우스가 그 자리에 보일 때를 조사한 결과 1년이 365.2425일임을 알아냈다. 그 이

20_ 힐랄로 부른다.
21_ 622년 7월 16일을 헤즈라(아랍어로는 히즈리)력 1년 1월 1일로 하고 있다. 무함마드 선지자가 메디나를 점령한 날이다.
22_ 고대 이집트어로는 소프데트(Sopdet)로 불렸다. 밤하늘에 가장 밝게 빛나는 별로 천랑성(天狼星 the Dog Star)으로도 부른다.
23_ 이집트 사람들이 태양신전에 세운 뾰족한 기념비를 말한다.

후 로마의 가이우스 율리우스 카이사르(Gaius Julius Caesar, 줄리어스 시저, 기원전 100년 또는 102년 7월 13일-44년 3월 15일)가 이 역법을 보완했다. 율리우스력이다. 율리우스력은 기원전(BC) 45년 1월 1일부터 사용되고 있었다. 율리우스력은 1년을 365.25일로 잡았다. 1000년마다 실제 태양년과 약 8일 간의 차이가 난다.

그러던 것이 1582년 교황 그레고리우스 13세(1502-1585)가 그레고리우스력을 만들었다. 1년을 365.2425일로 잡은 그레고리오력은 3300년에 하루의 오차가 생긴다. 1582년 2월 24일 기존 율리우스력을 대신할 새 역법을 공포하였다. 그 해 10월 4일(목요일) 다음날을 10일 건너뛴 10월 15일(금요일)로 재조정했다. 그레고리오력의 시작이다.

한국에서는 1896년 1월 1일 고종 황제가 칙령을 내려 태양력을 도입했다. 그 후부터 단기와 더불어 서기를 역법에 표기하였다.

우리는 흔히 AD와 BC를 사용한다. 이것은 서구 기독교 세계에서 사용하는 표기법이다. 기원후로도 표기하는 AD는 "우리 주 그리스도 시대"의 뜻을 지니며, 기원전으로 표기할 수 있는 BC는 "그리스도(탄생) 이전"의 뜻을 지닌다. 역사학자나 이슬람 지역 일부에서는 AD나 BC가 기독교 표기 방식이라고 생각해서 약간 의식적으로 BCE와 CE를 사용하는 경우가 있다. BCE는 CE(공통 시대) 이전 시대를, CE는 공통 시대를 뜻한다. 그렇지만 이런 표기상의 차이가 있어도 이슬람권 대부분의 지역에서는 그레고리우스력이 이슬람력과 더불어 같이 사용되고 있다. 그러다보니 이중과세도 한다. 이슬람력 새해와 신년 새해 두 번을 공휴일로 지키는 경우가 대부분이다. 그렇지만 무슬림이라고 하여도 이슬람력에서 사용하는 달의 이름을 명확하게 기억하는 이들이 많지 않다. 그냥 첫째 달, 둘째 달하거나 서양력의 아랍어 표기로 달을 구분하는 경우가 많다.

절기와 종교의례

기독교와 이슬람 사이에 중요한 종교의식이 있다. 종교적인 절기의 의미는 해당 종교인으로서의 정체성을 재확인하는 개인적이면서 공동체적인 면을 가지고 있다. 이것은 과거로의 여행을 수반한다. 하나의 세레모니의 의미를 지니기도 한다.

기독교에서는 예수의 생애를 중심으로 중요한 절기가 구성되어 있다. 예수의 탄생을 기념하는 성탄절과 그의 죽음과 부활을 기억하는 부활절이 바로 그것이다. 아울러 성찬식도 예수가 그의 제자들과 더불어 유월절 그의 고난 직전에 함께 했던 만찬을 기념하는 의식이다. 성탄절은 예수의 탄생을 기념하는 절기이다. 물론 예수 탄생의 정확한 날짜와 시기에 대하여는 논란이 있다.

성탄절이나 부활절을 지키는 특별한 이벤트는 없다. 삶은 색 달걀을 먹는다거나 선물을 주고받는 것은 초기 부활절이나 성탄절 전통이 아니다. 천주교에서는 4순절이라 하여 예수가 고난받기 전 40일간을 예수의 고난을 묵상하는 절기로 지키고 있다.

이슬람의 절기는 선지자 무함마드와 상관이 없다. 물론 무함마드

희생제를 즐기기 위하여 양을 잡고 있다(요르단/암만).

선지자 탄신일은 당연한 공휴일로 종교 명절로 지키고 있다. 그렇지만 최대 절기인 라마단 직후의 이둘 피뜨르(개식절)나 핫지 메카 순례월 직후에 이어지는 이둘 아드하(희생제)이다. 두 명절 중 희생제를 더 큰 명절로 지킨다. 희생제의 경우는 선지자 이브라힘이 그의 맏아들 이스마일을 알라에게 제물로 바치려고 했을 때, 알라가 이스마일을 대신하여 양 제물을 허락하신 것에 기원을 두고 있다.

개식절에는 개식절 헌금(희사 또는 자카트라 부르는)과 구제품을 대개 사원에 낸다. 이슬람 명절에는 '이드 무바라크'(복된 명절) 또는 '이드 싸이드'(행복한 명절) 같은 인사를 나눈다. 기독교 명절은 즐거운 성탄 또는 행복한 부활절 같은 식으로 인사를 한다. 꿀루 싸나 와 안툼 비카이르(해마다 좋은 일이 가득하시길 빕니다)는 인사는 모든 명절의 기본 인사말이며 덕담이다. 절기를 맞이하면 이웃과 일가친척을 찾아 인사를 나누며, 성묘를 가기도 한다. 이드 예배 직전에 타크비르(알라후 아크바르)를 반복한다. 그 내용은 다음과 같다.

"알라후 아크바르, 알라후 아크바르, 알라후 아크바르, 라 일라하 일랄라, 알라후 아크바르, 알라후 아크바르, 와 릴라힐 함두"(알라는 위

라마단 금식을 마친 후 특별예배에 참석한 아이들(요르단/암만).

대하시도다, 알라는 위대하시도다, 알라는 위대하시도다. 알라 외에는 다른 신이 없다. 알라는 위대하시도다, 알라는 위대하시도다. 찬양이 알라에게 있을지어다).

창조와 진화

이슬람과 기독교 모두 절대자에 의한 천지 창조와 인간 창조를 믿는다. 기독교나 이슬람 모두 창조론을 주장한다. 그러나 그 정도에는 차이가 있다. 그렇지만 이슬람 세계에서 진화론을 받아들이는 무슬림들도 적지 않다. 창조론을 주장하는 종교계에서도 다양한 해석을 두고 있다. 무슬림 학자들이나 일반무슬림 가운데도 진화론을 받아들이는 목소리도 만만치 않다. 터키에서는 공교육에서 진화론과 더불어 창조론을 가르쳐야 한다고 주장하는 목소리를 두고 논란도 일고 있다. 터키에서는 정교분리 원칙에 따라 교육 영역에서 종교성을 강요하지 않고 있다.

기독교나 이슬람에서 성경이나 꾸란의 창조 이야기를 문자적으로 보느냐, 아니면 비유적으로 보느냐에 따라 다양한 입장과 시각이 존재한다. 아담과 하와가 최초의 피조물이었다는 것을 받아들이느냐 받아들이지 않느냐에 따라서도 입장 차이가 크다. 이슬람의 아흐마디야(Ahmadiyya) 계파에서는 진화론을 공식적으로 받아들이고 있다.

그리스, 로마 문명으로 화려한 문명의 꽃을 피우던 제국 시대에도 유럽은 지중해 안에 갇혀 있었다. 유럽이 지중해를 벗어나지 못하고 항해를 하지 못했던 이유는 절대자가 창조한 세계가 평평하다고 믿었기 때문이다. 그(지중해) 바다 끝은 낭떠러지가 있어 죽음이 기다린다고 생각했기 때문에 항해술은 발전하지 못했다. 그러나 같은 창조론을 믿음에도 이슬람은 새로운 제국과의 만남에 앞서나갔다. 항해술에서 유럽에 앞서 있었다. 그 기술을 이슬람이 지배하던 스페인과 포르투갈에 남겨주었다. 그래서 15세기 후반에 이르러서야 스페인과 포르투갈이 항해를 통해 신대륙 발견에 나설 수 있었다.

이슬람 세계의 과학적 성취는 고대 문명 발상지인 나일 강 문명의 이집트와 메소포타미아 문명의 이라크 그리고 이란, 갠지스 강 문명의 인도 게다가 황화 문명의 중국 문물이 조화되고 통합되고 재활용된 덕분이기도 하다. 더욱이 이슬람제국하에 있었던 다양한 배경을 가진 무슬림과 비무슬림들의 협력과 공조로 이루어진 결과이기도 했다. 어쨌든 이런 상황은 이슬람 통치자들(모든 통치자들은 아니었지만)의 개방성과 포용성에 힘을 받은 것임에 분명했다.

제7장

종교적 만남

유럽의 무슬림이나 이슬람 세계의 기독교인 모두는
마이너리티로서의 차별을 당해야 했다.
같은 종교 집단 안에서도 충돌과 갈등이 있었다.
정통성 시비와 마녀 사냥과 이단 논쟁이 벌어졌다.
기독교와 이슬람의 만남이 종교성을 자극했다.
이슬람으로 인해 유럽은
형상 타파 운동이 강화되고
기독교로 인해 이슬람은
더욱 신학적 체계가 강화되었다.

기독교와 이슬람
그 만남이 빚어낸 공존과 갈등

14. 종교적 마이너리티

시간이 흐르면서 기독교 유럽과 이슬람 아랍은 숙명적인 만남을 가진다. 여러 가지 이유로 두 문명은 공존하게 된다. 이슬람 세계에는 기독교인이, 유럽에는 무슬림이 자리잡기 시작했다. 오늘날과 같은 이민에 의한 것이 아니라 경제활동과 무역, 문화적 교류 과정에 자연스럽게 형성된 인적 교류였다.

이슬람 세계의 딤미(비무슬림)

이슬람 세력의 지배하에 들어온 비무슬림들은 이슬람 세계의 하나의 계층을 형성했다. 이들은 '딤미'로 불렸다. '딤미'는 무슬림이 아닌 기독교인이나 유대인들을 의미한다. 이들은 이슬람 통치자들과 협약을 맺은 이들이다. 협약민이나 유사한 경전을 지닌 백성들이라는 의미의 성서의 백성들로, 보호를 받는 계층이라는 뜻의 '보호민'들로 불렸다. 이슬람 지배자들은 스스로를 해방자, 보호자로 인식한 것을 보여준다. 이들 딤미들이 이슬람 통치자들과 맺은 협약을 '딤마'로 부르는데, 이 딤마의 큰 줄거리는 오늘날 이슬람 국가에서 여전히 이슬람법 등으로 유지되면서 힘을 발휘하고 있다. 이들 딤미들과 아랍계 무슬림 간의 관계 설정은 중요한 것이다. 대표적인 딤미 협약으로 오마르 협약이 있다. 움마이야 칼리프였던 오마르 2세 당시(717년경)의 협약문의 전

문을 옮겨본다.[1]

우리는 압둘 라흐만 이븐 가남('Abd Al-Rahman ibn Ghanam, 697년 사망)으로부터 다음과 같은 사항을 들었습니다: 알라가 기뻐하시는 오마르 이븐 알카땁(Umar ibn al-Khattab)이 시리아의 기독교인들과 평화를 약속할 때에 우리는 그에게 다음과 같이 썼습니다.

자비롭고 자애로우신 알라의 이름으로. 이것은 여기저기의 기독교인들로부터 알라의 종이며 신실한 자들(필자 주, 무슬림)의 명령자인 오마르[ibn al-Khattab]에게 보내는 서신입니다.

귀하가 우리들을 공격해왔을 때, 우리는 우리 자신과 우리의 후손, 우리의 소유와 공동체의 사람들을 위해 안전보장[아만, aman]을 요청하였습니다. 그리고 다음의 의무사항을 귀하에게 약속하였습니다.

우리는 우리의 도시나 저들의 접경지역에 수도원과 교회와 수녀원 또는 수도자를 위한 작은 수도처를 세우지 않을 것이며, 밤이거나 낮이거나, 무슬림의 영역에 위치해 있는 건물들이 파괴되거나 붕괴되어도 수리하지 않을 것입니다.

우리는 통행자들이나 여행자들에게 우리의 문을 열어두고 있을 것입니다. 우리는 3일 동안 우리의 길을 통과하는 모든 무슬림에게 숙식을 제공할 것입니다.

우리는 첩자에게 우리의 교회나 거주지에 피난처를 제공하지 않을 것이며 무슬림으로부터 그(첩자)를 보호하지 않겠습니다.

우리는 우리의 자녀에게 꾸란을 가르치지 않을 것입니다.

우리는 우리의 종교를 공개적으로 선전하지 않을 것이며, 어느 누구도 개종시키지 않을 것입니다. 우리는 우리의 친족 가운데 누군가가 원한다면 무슬림이 되는 것을 방해하지 않을 것입니다.

우리는 무슬림들에게 경의를 표하며, 그들이 자리에 앉고자 할 때

1_ 이와 관련하여 여러 역본이 있다. 예수회에서 운영하는 뉴욕의 포드함 대학교의 온라인 중세연구 참고 도서(www.fordham.edu/halsall/sbook.html)에서 옮겼다.

우리의 자리를 양보할 것입니다.

우리는 무슬림의 옷차림이나, 터번, 신발 또는 머리 모양 등을 모방함으로써 무슬림을 닮으려 하지 않을 것입니다.

우리는 저들이 하는 것을 말하지 않을 것이며, 저들의 쿤야2를 채택하지 않겠습니다.

우리는 말안장에 오르지 않을 것이며, 칼을 차거나 어떤 종류의 무기도 소유하거나 지참하지 않겠습니다.

우리는 인장에 아랍어를 새기지 않을 것입니다.

우리는 발효된 음료3를 판매하지 않겠습니다.

우리는 우리 머리의 앞부분을 잘라내겠습니다.

우리는 우리가 어디에 있든지 동일한 방식으로 의복을 입을 것이며, 우리의 허리 주변을 넓은 허리띠(Zunar)로 동여매겠습니다.

우리는 우리의 십자가(십자표시)나 책을 무슬림의 길과 시장에서 드러내지 않겠습니다. 우리는 우리의 교회에서 아주 조용하게 종만 사용하겠습니다. 우리는 장례행렬을 따를 때에 목소리를 높이지 않을 것입니다. 무슬림의 길이나 시장에서 등불을 보이지 않겠습니다. 무슬림의 주변에 죽은 자를 묻지 않겠습니다.

우리는 무슬림에게 할당된 노예를 취하지 않겠습니다.

우리는 무슬림의 집보다 더 높이 집을 짓지 않겠습니다.

[내가 알라가 기뻐하시는 오마르에게 이 서신을 가져갔을 때, 그는 "우리는 무슬림을 공격하지 않겠습니다."는 조항을 삽입하도록(필자 주) 덧붙였습니다.]

우리는 이러한 조건들을 우리 자신과 우리 공동체의 사람들을 위해 수락하며 그 대가로 안전보장을 받습니다.

만약 우리가 어떤 식으로든 우리의 안전을 보장받는 근거인 이 약

2_ kunya, 첫째 아들의 이름을 붙여서 누구의 아빠라고 부르는 호칭을 말한다. 아흐마드의 첫째 아이가 후세인이라면 그는 아부 후세인으로 불린다.

3_ 술을 뜻한다. 오늘날 이슬람 국가에서는 주류 판매는 기독교인이 하도록 되어 있다.

속들을 어길 경우, 우리는 보호받는 자(딤마, dhimma)의 계약을 파기하는 것이며 불복종과 선동에 대한 처벌을 받을 수 있습니다.

오마르 이븐 알카땁은 회신하였다: 그들이 요청하는 것을 승인하라. 그러나 그들이 약속한 항목에 더하여 다음의 두 항을 추가로 부여하라. "무슬림에 의하여 죄수가 된 그들은 그 누구도 살 수 없다." 그리고 "고의적인 의도로 무슬림을 공격한 사람은 이 협정의 보호를 상실하게 된다"고.

이 협약은 이후 이슬람 세계에서 기독교인이나 유대인 등 비무슬림 집단에 대한 처우의 기초로 활용되었다.

딤미들은 처음에는 수적인 다수로서 힘없는 소수파로서의 딤미였다. 그러나 점차 수적인 소수파로서의 딤미로 전락되었다. 결국 완전한 마이너리티가 된 셈이다. 힘없는 마이너리티로서 딤미들이 치러야 했던 대가들은 여러 가지가 있다. 경작을 통해 얻어진 소득들에 대한 소득세(아니면 토지세에 해당하는, '카라즈'), 딤미들이 자신의 소득 중 일정 부분을 내야 했던 인두세('지즈야, Jizya'), 여기에 여행세는 물론이고 상업세, 이슬람 지배자들이나 유력자들이 뜯어가던 이른바 사적으로 부과된 '보호세'(아바니아, avania)에 이르기까지 경제적으로 큰 부담을 안고 살아야 했다. 이슬람 학자들 중에는 이러한 세금은 가벼운 것이고, 자신들을 보호해주는 군사들의 주둔 부담금으로 간주한다. 그렇지만 주둔과 보호를 먼저 요청하지 않았는데 들어와서는 보호해줄 테니 네가 모든 경비를 부담하라고 하는 것은 억지스럽다. 필리핀 등에 주둔하고 있는 미군이 필리핀 정부의 재정 부담으로 공짜로 오랜 기간 남의 땅을 무상 점유한 것과 비슷하다. 여러 가지 정황을 통해서 볼 때 이들 딤미들의 부담은 지배 세력의 부와 힘의 원천이 되어주었다. 그래서 아랍계 지배 계층 안에서는 비아랍계가 이슬람을 받아들이는 것을 거북스러워했던 분위기를 엿볼 수 있다. 이런 면에서 초기 이슬람의 확장은 비종교적인 이유, 정치적인 이유와 경제적인 측면에서 살펴볼 수 있다.

딤미들의 사회적·법적 지위에 대한 구체적인 상황은 아래와 같은 원칙들을 엿볼 수 있다. 이런 일반원칙은 지금까지도 이슬람 국가 내의 비무슬림들에게 적용되는 것이 많다. 딤미들은 무함마드와 그의 동료들이 카이바르 오아시스의 유대인들을 공격하고 다수는 죽이고 남은 자들에게 내건 생존 조건에서 비롯되었다. 생존한 유대인들에게는 딤마(협약)를 받아들이느냐 죽음이냐가 있었다. 그렇다고 이들 생존 유대인들에게 이슬람의 수용을 강요하지 않았다.

"사회적으로 딤미들은 좋은 일자리를 얻는 데 제한이 있다. 공무원이 된다고 해도 승진이나 진급에 제한이 있다. 법정에서 '딤미'들의 증언이나 증거는 아무런 효용이 없다. 사건 사고가 발생하여 피해 보상 시 무슬림들이 우대되었다. 남자 딤미들은 무슬림 여성과 결혼할 수 없다. 아무 것이나 입을 수도 없고, 아무 데서나 살 수도 없으며 아무 데나 이사갈 수도 없다. 딤미들은 이슬람이나 무함마드 선지자, 꾸란을 모독하는 말과 행동을 할 수 없다. 공무담임권이 없다. 무기 휴대 금지이다. 군 입대도 허용되지 않는다. 낙타나 말을 탈 수도 없다. 이슬람 사원보다 높은 예배처를 지을 수 없다 - 원칙적으로 교회당의 신축은 허용되지 않는다 - , 교회 종을 칠 수 없다. 공공장소에서 예배 행위를 할 수 없다. 큰 소리로 애도할 수 없다. 무슬림을 상대로 법정에서 증거를 제시할 수 없다. 법정에서 맹세나 선서를 할 수 없다. 아랍인들이 옷 입는 방식으로 옷을 입을 수 없다―일부 지역에서는 기독교인들에게 인식표를 달고 다니도록 했다⋯."

이류 국민으로 전락되어 온갖 차별을 받아야 했다. 딤마는 협약이라는 이름으로 주어진 항복문서였다. 이것은 명목상의 종교활동의 자유를 인정한 것일 뿐 기독교인이 기독교인으로서의 정체성을 유지하는 것을 엄격하게 통제하고 억압했다. 그나마 이런 제한과 보호 규정이 언제나 주어진 것도 아니었다. 딤미의 보호는 조건적인 것이었고, 일시적인 것이었다. 딤미들이 이슬람법을 위배하거나, 비무슬림 지배자에게 충성하거나, 무슬림에게 선교를 하거나 무슬림이나 그의 재산에 손상을 입히거나 할 때 딤미들의 제한된 권리는 인정되지 않았다.

640년, 이슬람 지배자들은 사우디아라비아 반도에서 딤미들의 협약이나 자격을 무효화시키고 그들을 강제 추방시켰다. 제한된 권리도 무제한적이지 않았다. 그럼에도 딤미 계층은 자신들의 힘을 키워갔다. 그것은 이슬람 지배자들이 그들에게 부여한 것이 아니었다. 이들 딤미들의 자발적인 성취였다. 딤미들은 정치력은 없었지만, 경제력을 바탕으로 아랍계 무슬림들과 일반무슬림들을 상대로 자신들의 입지를 넓히기 위해 음모나 책략을 동원하기도 했다.

그러나 이런 종교적인 차별 정책은 이슬람 이전 비잔틴제국하에서도 이루어지던 일이었다. 그리스 정교회가 제국의 종교로 자리매김하면서 같은 기독교임에도 시리아 정교회나 이집트 정교회 등은 직간접적인 차별을 받아야 했다.

굴복 또는 공조

초기 이슬람의 확장 시기, "칼이냐 꾸란이냐", "칼이냐 이슬람이냐"를 강요하지도 않았다. 적어도 표면적으로는 그랬다. 이슬람은 강요를 통해 기독교인이나 유대인을 개종시키지 않았다는 주장에 나름대로 근거가 있을지 모른다. 초기 이슬람의 확장이 무슬림 세력의 확장과 일정 정도의 간격이 있었던 점에 주의하여야 한다. 초기 이슬람 전쟁은 무슬림을 만들어내기 위한 전쟁이 아니라 이슬람의 세력을 확장시키기 위한 전쟁이었다. 이슬람의 지배를 확대하고 강화함을 통해 다른 이슬람(이슬람 세계)을 이루어낼 수 있었기 때문이다. 그런 이유에서 이슬람에로의 초대는 이슬람 학자들의 주장대로 칼이냐 꾸란이냐 하는 식의 무력을 통해서 이루어진 것이 적었다.

공존을 위한 강제된 복종 이슬람 지배자에게 정복된 비무슬림이 선택할 수 있는 길 중 하나는, 이슬람의 우월성을 인정하고 굴복하는 것만으로도 될 일이었다. 이를 위해 칼 대신 '채찍과 당근'이 동원되었다. 채찍의 구실은 다양한 형태의 비협조와 차별로 나타났다. 기독교인들에게 자신들의 종교활동을 위해서 특별한 의무를 부가하였다. 대부분 경제적인 의무였고, 권리 행사는 엄격하게 제한되었다. 뒤에서 자세히 다루겠지만, 일종의 종교세와 다양한 차별 과세를 감당했다. 인두세를 안 내는 길은 무슬림이 되는 길이었다. 생활고와 차별 등은 적지 않은 기독교인들과 유대인들이 백기 투항하고 무슬림의 무리 속에 유입되는 넓고 큰 길로 이끌었다.

제휴와 협력, 야합과 공조가 이루어지는 대목이다. 이런 '작업'들은 이슬람 세력 내부의 다양한 계층과 계급, 세력들의 정치적 이해관계와 맞물려 진행되었다. 이런 과정에 철새 종교인들도 다시금 얼굴을 드러냈다. 철새 종교인? 철새 정치인은 들었지만 철새 종교인이라는 말이 낯설지 모른다. 그러나 철새 종교인도 존재한다. 이들이 종교를 선택(?)하는 이유는 자기 개발이 아닌 소유의 확대였다. 철새 종교인들은 콘스탄티누스 황제의 밀란 칙령 이후 로마제국하에서 늘어만 갔다. 비잔틴제국의 입김이 커지자 종교적인 신념과는 무관하게 쉽게 비잔틴의 통치에 협력했다. 사산조 페르시아4가 자신들의 영토에서 비잔틴제국의 흔적을 몰아내자 여지없이 부역의 길을 걷기도 했다. 다시 비잔틴이 들어오면 그들을 받들었다. 생존 법칙에 이력이 난 이들에게 절망은 없었다. 이후 7세기 초 이슬람이 유입되자 쉽게 이슬람으로 새로운 둥지를 틀 수 있었다. 종교적 갈등이나 정치적 결단 그런 것은 이들을 곤혹스럽게 하지 않았다. 정권이 전복되거나 정복당하면 구시대의 부와 권력층이 해체되는 것은 자연스럽다. "비잔틴제국하의 기독교가 유일하신 자를 바로 예배하지 않는다. 성상숭배 등 우상들이 기독교 안에 가득하다. 이슬람은 이 모든 우상들을 극복하도록 도전한다. 이슬람이 오늘의

4_ AD 224년에 아르다쉬르 1세[Ardashir I(224~241 재위)]가 파르티아(Parthia) 왕국을 점령한 뒤 건설한 고대 이란 왕조이다. 페르시아제국의 한 왕조라는 뜻으로 사산조 페르시아(사산 왕조 페르시아) 또는 사산조(사산 왕조)로 불리기도 하였다.

문제 해결의 열쇠다." 이런 명분들을 내세웠을 법하다. 그러나 그것은 명분의 문제였을 뿐이다. 그들에게 권력층의 종교는 가장 중요한 이슈는 아니었다. 기득권층의 종교를 따르는 것은 현실 적응과 순응의 한 표본이었다. 다른 한편으로 권력자의 종교를 갖는 것은 출세의 발판이었을 뿐이었다.

자발적인 공조 '공조'와 '타협'도 있었다. 이른바 '윈-윈(win-win)', 나 살고 너 살고 우리 다 같이 살자는 화합 또는 타협은 초기 이슬람과 기독교의 만남에도 있다. 집단의 목표 성취를 위해서는 타집단과도 정치적 제휴를 할 수 있다는 타협의 정신은 오늘날 폭력적 불타협 시대보다는 나아 보인다. 네스토리우스파 기독교 진영은 이슬람 지배 계급과의 타협과 협상을 통해 이른바 '윈-윈' 전략을 구사하여 자신들의 동방 전교의 꿈을 펼쳐나갔다. 그러나 협력은 네스토리우스파 기독교인들이 가진 영향력과 힘에 대해 이슬람 권력자들이 그것을 깨닫고 받아들이는 과정이 필요했다. 사실 타협은 강한 자가 약한 자에게 부여하는 특권이 아니다. 그것은 최소한 주고받을 수 있는 그 무엇인가가 있을 때 가능한 것이다. 이 공조와 협력은 어떤 협약문에 기반을 둔 것이 아니었다.

새로운 힘, 이슬람의 권력자들과 네스토리우스파 지도자들이 맺은 협정의 결과는 효과적이었다. 부분적인 제약이 있었지만, 명예 아랍계 무슬림에 해당하는 법적 지위를 누릴 수 있었기 때문이다. 비(非)무슬림들에 부과된 인두세를 내기는 했지만, 이슬람 세계에서 고위 관직에까지 오를 수 있었다. 물론 고위직은 당시 아랍계 무슬림들의 몫이었지만 네스토리우스파들은 개종하지 않고도 신분상승이 가능했다. 네스토리우스파 기독교인들은 다문화에 익숙했던 이들로 서구와 동방의 이슬람 사이에 다리와도 같은 역할을 했다. 그리스 사상과 철학을 아랍어로 번역하는 등의 다양한 번역 작업과 중재 역할을 통해 이슬람 세계에 그리스 문명을 소개했다. 네스토리우스파 기독교인들은 개종의 압력이나 사회적 적대감, 차별을 받지 않으면서 새로운 힘, 이슬람 세계에 중요한 집단으로 자리잡아 갔다. 이들은 정부 공무원은 물론이고 의사, 철학자, 점성술사, 은행가와 상인으로서 모든 분야에 독보적인 자리매김을 했다. 새로운 이슬람 세계에서 칙사 대접을 받았던 것이다. 이슬람과 네스토리우스파의 연합 전선이 이슬람 지배 계급에 끼친 영향도 이들이 누린 혜택 못지않았다.

그 결과 네스토리우스파 기독교는 이슬람의 압바스제국의 통치 지역과 페르시아제국 내에 중심 교회로 자리매김을 할 수 있었다. 이슬람의 유입은 오히려 네스토리우스 교회의 동방 지역 확산의 자극제가 되었다. 터키 지역과 훈족 세계, 중앙아시아는 물론이고 인도, 중국과 만주로 향했다. 이 같은 정황은 '네스토리우스 기독교의 확산 과정과 이슬람의 확산 과정 지도를 통해 비교'해 볼 수 있다.

이를 두고 기독교 진영 내부에서 비판의 목소리가 번져가기도 했다. 아예 신학적인 노선이나 정치적 성향이 달랐던 가톨릭 진영은 물론이고 단성론 계열에 속해 있던 아리우스 주의자들까지 반(反)네스토리우스 입장에 섰다. 네스토리우스파의 행동을 신앙을 저버린 정치적 행위로 규정했다. "이슬람과 네스토리우스파의 협약은 야합이다. 자기파의 세력 확장을 위해 신앙을 팔았다"는 비판이 뒤따랐다. 그렇지만 보기에 따라 네스토리우스 진영과 아랍 이슬람제국 통치자 간의 '타협'은 악이 아닐 수 있다. 네스토리우스파의 처신을 비판하는 당시의 비판자들은, 자신들이 이런 협약을 맺었을 때도 변절이니 야합이라는 말을 사용하지 않았을 것이다. 네스토리우스파와 이슬람의 정치력은 충돌이 아닌 화합과 공존으로 나갔다. 결과적으로 네스토리우스파 기독교는 그동안 추진해오던 동방 선교를 계속할 수 있었다. 이슬람의 세력 확장 진로와 동시대성을 지니고 전개되었다. 이슬람이 먼저 유입된 지역에 새로운 네스토리우스 교회가 세워지거나, 이미 교회가 존재했던 곳에 이슬람이 유입되는 경우에도 네스토리우스 교회의 생존에는 별다른 타격이 없었다.

아랍제국 지배층과 네스토리우스파 지도자들 간의 공존의 시도는 오늘날도 의미가 있다. 이들의 협약은 아랍제국의 깃발에 무릎 꿇은 비무슬림 집단인 딤미들의 처지와 많이 달랐다. 딤미들이 제한된 종교활동을 허용받았다면, 네스토리우스파는 보다 적극적으로 자신들의 활동 반경을 넓히는 데 큰 걸림돌이 없었다. 자신들의 세력 확장을 위한 야합이라고 말할 수 없는 것도 네스토리우스파가 인도나 중국 등지에서 보여준 선교적 열정이 정치적이지 않았기 때문이다. 각자 자신들의 신앙과 신조를 존중하면서 공존을 모색했던 기독교 진영과 이슬람 세계 간 최초의 공존 모델로 볼 수 있다.

그 이후에도 다양한 형태의 협력 또는 공존이 이루어졌다. 기독교 유럽과 이슬람제국의 공존은 중국 본토까지 이르는 다양한 무역 현장에서 나타났다. 이슬람 문물과 물품들이 기독교 유럽에 전달되었고, 그 반대의 경우도 이루어졌다. 무역전쟁은 전쟁이 아니었다. 유럽 사회에 무슬림 공동체가 자리잡은 것은 12세기로 거슬러 올라간다. 중국과의 비단길 무역을 하던 무슬림 상인들이 자리잡은 것이다. 유럽 최초의 이슬람 사원은 폴란드, 리투아니아 지역에 자리한 빌리우스(Vilnius)에 있었다는 사원이다.

15. 정통의 거룩성을 지켜라

형상타파

2010년 1월 중순의 파키스탄 거리, 사진을 찍으려는 필자에게 한 무슬림은 사진을 찍으면 안 된다고 무함마드 선지자께서 말씀하셨다고 하며 사진 찍히기를 거부한다. 종종 현장에서 겪는 에피소드이다. 물론 무함마드 선지지가 그런 가르침을 준 적은 없다. 그럼에도 그렇게 믿는 이들이 있다. 형상을 만드는 것도 거부하라고 하셨다고 말한다. 수십년 전 세계사를 배우면서 이슬람은 형상을 거부하였기에 기하형의 이른바 아라베스크만이 존재했다고 들었다. 그런데 그것이 아니었다. 이슬람 세계에도 다양한 형상이 존재한다. 조각으로 그림으로 다양한 이미지들이 만들어졌다.

요르단 암만의 구시가지 한 언덕에는 이슬람의 성채를 비롯한 고대 유적지가 있다. 그 중심에 작은 크기의 박물관이 자리하고 있다. 박물관을 둘러보다가 조금 당황스런 유물을 보게 된다. 초기 이슬람 시대의 유물인데 동전에도 왕의 형상이 그려져 있고, 다른 유물들에도 동물과 사람의 형상이 새겨져 있었다. "아니 이슬람에서는 어떤 종류의 형상도 거부한다고 하던데…." 시리아의 수도 다마스커스 구시가지에 있는 움마미야 시대의 이슬람 사원('움마이야 사원'이라고도 부르고 '세례요한 교회'라고도 한다) 안의 뜰 한쪽 벽면에는 모자이크로 아름답게 새겨

이슬람은 어떤 형상도 사용하지 않는다고 생각한다. 그러나 자연형상을 디자인에 활용하곤 했다(이집트/카이로).

진 동물과 식물의 이미지가 인상적이다. 이슬람 세계에는 어떤 형상도 사용되지 않는다고 알았다. 그러나 초기 이슬람 문화는 물론 이슬람 역사에서 형상이 사용된 적이 많았고, 지역마다 적잖은 차이가 있었다.

무슬림들을 만나면 자주 유대교와 기독교 모두가 최고의 백성들의 종교이고, 무슬림으로 나오는 앞 단계의 종교라고 말한다. 이슬람이 가장 최후의 계시 종교이고 믿음의 완성이라는 생각을 드러낸다. 그래서 유일신을 믿는 이 3대 종교는 형제이며, 결국은 무슬림이 되어야 한다고 노골적인 이슬람으로의 초대를 하곤 한다. 이런 논리에 따르면 이슬람은 기독교의 후신인 셈이다. 그러나 이슬람은 기독교의 영향보다 유대교의 영향을 더 많이 받았다. 꾸란이나 하디스, 이슬람 전승에 기독교 4복음서의 내용이 소개되기는 하지만, 큰 줄거리는 유대교로부터 더 많은 영향을 받았다고 할 수 있다. 인간의 구원받음이 선행에 바탕을 두고, 알라의 주권에 따라 이루어진다는 생각이나 특별히 구별되고 선택된 선민이 존재한다는 생각 등은 유대교와 이슬람의 공통점 가운데 하나이다.

무함마드 선지자는 천사 가브리엘을 통해 꾸란을 계시받았다고 한다. 그렇지만 꾸란을 해석하고 적용하는 것은 이른바 신학의 역할이다. 이슬람 신관이나 신학과 전통 안에 기독교의 직간접적인 영향이 있음을 무시할 수 없다. 물론 모든 종교가 그렇다. 다른 종교나 문화의 영향을 전혀 받지 않고 독립적으로 존재하는 종교는 없다. 다른 종교의 영향은 종종 도전과 변화의 원인이 되곤 한다.

초기 이슬람 시대는 아랍 역사학 입장에서 보면 아랍 비잔틴 시대로도 불린다. 비잔틴 문명의 영향권에 있던 아랍제국이라는 관점이다. 그것은 최소한 초기 이슬람 역사 100여 년 동안은 비잔틴의 문화를 그대로 차용하여 사용한 흔적이 많다. 비잔틴 황제의 이미지를 아랍제국의 통치자를 표현하는 데 사용—아랍 비잔틴제국의 주화를 보면 이런 특징이 분명하게 드러난다—했고, 기록화도 사실화에 가까운 형태로 표현했다. 디자인도 이른바 아랍 문양(아라베스크)이 개발되기 전이었다. 기독교 비잔틴제국의 문화를 수용한 셈이었다. 이 시기에는 어떤 면에서 모든 종류의 이미지가 다 사용되었다고 할 수 있다.

이슬람 역시 기독교 세계의 변화를 이끌어냈다. 유일신을 강조하고 모든 우상타파를 주장하는 이슬람 세력의 등장은 기독교 세계를 자극했다. 그 중 대표적인 것이 8세기 후반에서 9세기 중반에 일어난 성상파괴 논쟁이다. 성상파괴 논쟁은 기독교 예배를 위해 성화 등을 사용할 수 있는가 없는가 하는 논쟁이었다. 이슬람의 출현으로 직간접적인 영향을 받은 비잔틴제국의 황제 레오 3세는 예배를 위한 성화 사용을 금지하면서 폭풍을 일으켰다. 성화가 하나님에 대한 영적 예배로부터 저열하고 물질적인 피조물 숭배로 전락시킨다는 이유였다. 물론 그 안에는 황제의 권위를 강화하고 수도원 세력의 기세를 제압하려는 정치적인 요인들도 있었다. 그러나 성상숭배 논쟁은 별다른 효력 없이 전개되어 성상과 성화는 여전히 교회 예배와 표현의 중심이 되었다.

이슬람 신학이나 종교 의식에 있어서 네스토리우스파 기독교와 적잖은 유사함을 찾아볼 수 있다. 기도하는 동작도 네스토리우스파의 기도 형식과 비슷한 면이 있다. 네스토리우스파 기독교인들은 사순절 기간 동안 단식과 참회를 하면서 일종의 기도 형식을 개발하였다. 무릎을 꿇는 형식 등이 그것이다. 무슬림 기도에서 '라꼬아'로 부르는 것이다. 누가 누구에게 영향을 받았다고 단정지을 수는 없지만 상관성이 깊은 것은 엿볼 수 있다.

마녀사냥과 이단논쟁

교회사는 물론 종교 역사에 있어서 마녀사냥만큼 악의적인 것은 찾아보기 드문 것 같다. 오늘날도 사회적 희생양을 마녀사냥이라고 부르지 않는가. 중세 기독교 유럽은 마녀사냥과 종교재판, 이단논쟁이 이어졌다. 정통의 권위로 이단을 벌하노라 했다. 지구는 평평한데 둥글다고 하여 사회 안녕 질서를 해쳤기에 갈릴레이 갈릴레오도 이단으로 규정당했다. 기독교 중세 시대에 이단 심문이 마녀사냥으로 확대되었다. 악마 숭배 행위, 성물 모독 행위, 아이를 납치해 잡아먹는 행위 등이 마녀사냥에서 주로 다루어지던 혐의였다. 종교재판이나 이단 심판이 종교적·정치적 재판 행위였다면 마녀사냥은 일종의 인민재판이었다.

중세 교회(가톨릭)의 종교재판은 1231년 교황 그레고리 9세(1227-1241)에 의해 시작되었다. 마법, 연금술, 사탄 숭배와 같은 이단을 처벌하겠다는 이유였다. 이후 마녀사냥으로 변모해갔다. 700여 년 동안 계속된 이단자 징벌을 명분으로 한 다양한 다른 이유를 지닌 박해였다. 희생자만도 수십만 명에 이르렀다. 고문당하거나 죽임을 당했다. 종교재판 초기 교황의 지시를 받든 프란체스코 수도회5와 독일의 도미니크 수도회6는 전국을 돌며 혐의자를 찾아 나섰다. 이들에게는 혐의자를 종

5_ 프란체스코회(Ordo Fratrum Minorum)는 "성 프란치스코의 수도규칙"을 따르는 로마 가톨릭교회의 수도회(Ordo)를 부르는 총칭이다. 1210년에 시작되었다.

6_ 도미니크 수도회(修道會, Order of Dominicus)는 검은 수사로도 불린다. 1215년 성 도

교재판소로 소환할 수 있는 권리가 주어졌다. 종교재판은 주로 프랑스 남부와 이탈리아 북부에서 행해졌다. 점차 그 지역이 넓혀졌다. 독일, 스페인 할 것 없이 마녀사냥이 행해졌다. 1252년 교황 이노센트 4세(1243-1254)는 교서를 통해 고해를 끌어내는 수단으로 인정했다. 1478년 교황 식스투스 4세(1471-1484)는 스페인의 종교재판을 인정했다.

종교재판과 더불어 악행을 일삼던 것이 마녀사냥이었다. "여성들을 잡아오면 먼저 실오라기 하나 없이 발가벗겨 온몸의 털을 남김없이 깎았다. 그런 뒤 철삿줄로 고문대에 꽁꽁 묶어 온몸을 바늘로 찔렀다. 악마의 흔적을 찾기 위해서였다고 한다. 마녀는 바늘에 찔리면 누구나 마녀처럼 그 본색을 드러내 얼굴이 일그러진다는 것이다. 그래서 바늘에 찔려 얼굴이 일그러지면 재판관들은 '마녀'로 판명했다. 바늘로 찔러도 마녀 같은 기색이 없으면, 손발을 묶어 마녀 욕탕이라는 욕조에 집어넣어 떠오르면 마녀라고 결론지었다. 마녀로 판명되면 그녀의 재산은 고문관에게 상금으로 주어졌다. 고문관은 이렇게 평범한 여성을 마녀로 둔갑시킬 때마다 부자가 되었다. 마녀가 된 여성은 화형당하거

마녀사냥은 종교재판의 형식을 띤 반인권적 폭력행위였다. 윅(Johann Jakob Wick)이 1585년 스위스 바덴에서 마녀로 몰려 처형당하는 사람들을 그렸다.

미니쿠스가 설립했다.

나 산 채로 뜨거운 냄비 속에서 죽어갔다."[7]

1484년 213대 교황 인노첸시오 8세(Innocentius PP. VIII, 재위: 1484 년-1492년)은 '긴급요청' 회칙을 발표해 마녀가 있다며 심문관의 활동을 옹호했다. 이어 1486년 도미니크 수도회 수도사 야콥 슈프렝거(Jakob Sprenger, 1438-1494)와 하인리히 크라머(Heinrich Kramer, 1440-1505, 일명 Henricus Institoris로도 알려졌다)가 교황 인노첸시오 8세에게 허가를 받아 마녀 지침서를 펴내며 <마녀의 쇠망치>(Malleus Maleficarum, 영어판은 The Hammer of Witches)라는 제목을 달았다. 이후 마녀사냥이 본격화되었다. 이 책은 두 사람의 마녀사냥 경험(?)에서 나온 것을 정리한 일종의 지침서였다. 그 내용에 따르면 '교회 가기 싫어하는 여자는 마녀다', '열심히 다니는 사람도 마녀일지 모른다'는 식이었다. 그야말로 마녀의 조건에는 이유가 없었다. 마녀는 초자연적 능력으로 남에게 해를 끼치고 악마의 정부라고 믿어졌다. 마녀로 몰리면(아니 마녀로 몰리는 과정에서) 손발톱 뽑기, 불로 발바닥 지지기, 관절을 잡아당기거나 비틀기, 몸에 뜨거운 액체 떨어뜨리기, 잠 안 재우기, 여자는 인두로 가슴을 지지거나 유방을 절단하는 등의 각종 끔찍한 고문 끝에 산 채로 공개 화형 됐다. 정확히는 모르지만, 그렇게 처형된 숫자가 5-10만 명을 넘는다고 한다. 마녀사냥은 유럽에서 1590-1610년, 1625-1635년, 1660-1680년 사이에 특히 심했다. 계몽주의에 의해 계몽이 되기까지 이 같은 만행은 계속되었다.

종교재판, 마녀사냥에서 가장 악명을 떨친 사람은 스페인 종교재판소 최고재판관을 지낸 토마스 드 토르크마다(Thomas de Torquemada, 1420-1498)이다. 그의 손에 의해 이단자 또는 마녀가 되어 죽어간 수만도 8천 명에서 1만 명에 이른다고 한다.

스페인의 종교재판은 아라곤 왕 '아라곤의 페르디난드'(Ferdinand II of Aragon, 1452-1516)와 카스티야의 이자벨라(Isabella of Castile and

---

7_ 조현, 한겨레신문(2009.10.14).

Aragon, 1470-1498)의 통치시기에 절정을 이루었다. 보수적인 가톨릭 지배를 받던 왕조였다. 유대인과 무슬림을 강제로 기독교로 개종시켰다. 1808년 공식적으로 종료될 때까지 스페인 종교재판소는 30만 명 이상을 화형에 처했다. 여기에는 우상의 형태로 화형에 처한 1만 8천 명은 포함되지 않은 것이다.

그렇다면 이슬람 역사에 마녀사냥이나 이단논쟁은 없었던 것인가? 중세 기독교에서 보인 이런 정도는 아니었다. 이슬람 교단과 분파 가운데도 서로를 향하여 무슬림도 아니라고 비난하는 경우도 적지 않았다. 그곳에도 지옥불 못에 던져질 죄로 정죄받고 형장의 이슬로 사라진 이들이 있었고, 이단자로 찍혀 내몰리는 이들도 존재했다. 이런 면에서 기독교와 이슬람은 닮은꼴이었다. 그것은 이단논쟁과 마녀사냥 안에 웅크리고 있는 것이 있었다.

이슬람에서는 무함마드 선지자와 합일하려는 신비주의 경향이 일어났다. 수니, 시아에 큰 차이가 없었다. 시아는 그들이 믿는 12 이맘들에 대한 신비적인 숭배가 더해졌다. 알라와 무함마드 선지자, 그리고 성인과 종교적 위인들과의 합일을 갈망하였다. 내세와 현세에서 가장 좋은 구원의 길을 제시한다고 주장하던 여러 교단들이 존재했다. 심지어 자신을 재림주 마흐디(Mahdi)로 자처하는 이들까지 있었다. 일부 무슬림들 가운데는 마흐디가 이미 지상에 출현하였고, 잠시 사라졌지만 언젠가는 다시 부활하여 나타날 것이라고 믿는 이들도 있다.[8] 12대 이맘파의 교리에 수피즘과 사이비 수피즘을 결합한 혼합주의도 있었다. 악마 숭배자로 치부되기도 하는 야지드(Yazid)파도 있다. 그것은 공작새를 천사로 숭배하는 데서 비롯된 것이다. 지금도 존재하는 드루즈파나 바하이파는 이슬람에 뿌리를 둔 대표적인 이단 또는 이교이다. 이들 외에도 이슬람 세계에서 이단시되는 무리들이 있다. 물론 학파에 따라 약간 다른 입장과 해석을 보이기도 한다. 시아파 계열의 이스마일파, 알

8_ 버나드 루이스, <이슬람 문명서>, p.132.

라위파, 벡타쉬파, 신비주의 계열의 후르피주의와 수피 등이다. 아흐마디야파와 이슬람 국가(the Nation of Islam)[9]는 일부 논란이 있지만 대개의 무슬림 학자들에 의해 이슬람으로 받아들여진다. 그렇지만 이들을 둘러싸고도 이단 시비가 여전하다. 그런데 이들 무리의 무너짐은 종교재판에 의한 이단 사냥에 의한 것이 아니었다. 자체 궤멸의 경우가 더 많았다.

기독교 세계에서는 역사 속에서 그리고 현실 속에서 이단논쟁이 계속 첨예한 이슈로 자리잡았다. 그것에 비하면 이슬람 세계는 큰 이슈가 아니었다. 지금도 마찬가지이다. 이단으로 규정지을 만한 사상이나 무리가 있어도 이슬람 세계 안에 자리하고 있다는 점은 독특하다.

예언자 그리고 수피

성경을 보면 광야에서 외치는 자가 있었다. 낙타 털옷을 입고 모양새도 이상한데 말과 몸짓도 예사롭지 않았다. 세례 요한만이 아니었다. 어떤 때는 벌거벗은 모습으로 신의 메시지를 전했다. 이런 모습은 기독교나 이슬람 모두에서 찾을 수 있다. 사실 이슬람에서는 기독교의 선지자들을 모두 무슬림으로 규정하고 예언자 반열에 올려놓고 있다.

그들의 처지와 시대는 달랐어도 이들 예언자들의 공통된 모습은 있다. "복 받아라, 권력을 누려라!" 소리치던 그들이 결국은 자신이 속한 공동체는 물론 그 범위를 넘어서까지 새로운 규범과 질서를 창조할 것을 외치는 정치적인 무리였다는 점이다. 이들은 종종 극심한 탄압의 대상이 되어버렸다. 종교적으로 가장 최악의 형벌인 이단자로 규정되기도 했고, 마녀로 처형되기도 했다.

예언자 그룹이라고 하여 모두가 정통으로 받아들여지지는 않았

9_ 이슬람 국민(The Nation of Islam: N.O.I.)은 1930년대에 미국 미시간 주의 흑인 무슬림들이 세운 이슬람 종교 기구이다. 지금은 서구의 이슬람 공동체(Islam Community in the west)로 부르고 있다.

다. 스스로 예언자를 자칭하였을지라도 그 안에 권력의 음모가 숨겨져 있기도 했다. 거짓으로 입신을 하기도 했고, 돈벌이를 위해 거짓 예언을 하기도 했다. 기독교 운동 중에 수도원 운동이 있었다. 죄 많은 이 세상 마음 둘 길이 없어, 속세를 떠나는 심정으로 동굴에 들어가기도 했고, 높은 벼랑 끝에 앉기도 했다. 고생 끝에 낙이 온다고 했다. 기독교가 로마제국의 국교로 공인됨을 통해 하나님의 영광이, 그의 목적이 성취되었다고 생각하는 이들도 많았다. 그렇지만 이들 뒤쪽에서 오히려 기독교적 영성이, 기독교적 삶의 질이 저하되고 있다고 안타까워하는 이들도 적지 않았다. 팍스 로마의 체제에서 팍스 기독교의 삶을 무사안일주의에 빠져 살아가는 행태는 이들 소수파 기독교인들에게는 사탄의 올무로 간주되었다. 돈·명예·권력 모든 것이 언제든지 주어질 수 있었다. 성직은 이제 출세로 가는 지름길이었다. 이들 소수파들은 수도원 운동에서 돌파구를 찾았다. 스스로 독신의 길을 걸었고, 무소유의 삶을 추구했다. "영은 거룩하고 몸은 영혼의 감옥이요, 무덤이다. 영적으로 살기 위해서는 몸을 형벌하여야 한다"는 이원론적 영향도 이런 수도원주의 운동에 큰 영향을 끼쳤다. 진정한 면에서 수도원 운동은 현실 도피주의 성향과 탈 기독교적 경향을 보인 것으로 평가된다. 이들이 권력과 명예와 돈을 버리고 헐벗은 몸으로 광야에 나갔지만, 그것으로 수도원 운동의 모든 것이 다 참일 수는 없었다.

이런 수도원 운동이 기독교 전통에서 비롯된 것만도 아니었다. 이미 중근동의 여러 종교 전통들은 종교적인 경건의 유익을 위해 탈세속화하고 있었다. 세속을 떠난 자들이 이집트 동부 사막지역에서 은둔자의 삶을 영위하기도 했다. 다른 한편으로는 광야로 가지 않고 현실에 머물면서 자신들만이 참이라고 생각하는 분리주의로 나타나기도 했다. 이들은 자신들의 영역이 '광야'라고 자처한 것이다. 이들의 비판에는 윤리적인 갈등도 한몫했다. 초기 기독교의 박해 상황에서 변절했던 자들이 세상이 변했다고 할지라도 어떻게 저렇게 버젓이 자신들이 기득권을 누릴 수 있는가 하는 도덕성의 문제 제기가 일어났던 것이다.

그릇된 선민주의와 우월감은 다른 집단들에 대해 냉소적이고 비판적인 위치로 이끌었다. 수도원 운동가들 중 일부는 자신들만이 정통이라는 그릇된 우월주의에 빠져 자신들의 가치관을 관철시키고 실현시키기 위하여 폭력을 동원하기도 했다.

이후 서구 기독교의 수도원 운동이 교회의 선교활동과 구제활동을 위한 도구가 되어갔지만, 중동의 수도원 운동은 콘스탄티누스 황제 치하의 기독교에 반발하여 세상을 등지고 개인의 구원과 축복을 추구하는 경향과 명상 종교, 신비주의 경향의 운동으로 전개되기도 했다. 일부 운동이 변질되어 가면서 수도활동에는 무관심한 채 사유 재산 확보에 급급한 이들도 끼어들었다. 수도원 운동이 종종 노약자들을 위한 구호와 병원을 세우는 등 사회 구제 프로그램으로 전개되기도 했지만 그런 경우들은 많지 않았다. 이들도 개인주의적·기복적 흐름이 강세였다. 이것은 광야에 있었지만 오히려 광야 정신에서 멀어져갔다는 점에서 퇴보였다.

성경에서 말하는 예언자의 전통은 예언자는 광야에 살지언정 세상 속에 있어야 했다. 광야의 소리가 들려야 할 곳은 광야 자체가 아니라 세상 한복판이어야 했고, 권력자들이 종교를 사유화하려는 궁궐 그곳이어야 했다. 기독교의 영성은 은둔주의를 넘어서서 자리하고 있었다. 아울러 정당한 권력과 부의 소유는 그야말로 정당했다. 무소유가 기독교의 영성은 아니었다. "구더기 무섭다고 장 못 담근다"는 것은 말이 안 되었다.

이슬람 세계에도 예언자는 존재한다. 그러나 과거 속에 존재할 뿐이다. 최고의 예언자로는 물론 무함마드 선지자를 꼽는다. 무함마드의 언행록이라 하는 하디스에 따른다면 알라는 12만 4천여 명의 예언자, 선지자를 세상에 보냈다고 한다.

기독교의 수도사에 해당하는 수도자들이 이슬람 역사에도 존재한다. 오늘날까지도 이슬람에서는 수피라는 무리들이 예언과 입신 등을 주장한다. 그러나 수피 그룹은 정통파 무슬림들로부터 이상한 눈초리를 감내하여야 한다. 그러나 이들 수피들을 예언자 반열에 올려놓기는 무리가 있다. 예언자가 자신을 넘어서서 공동체의 운명을 앞서서 개척해가던 무리였다면, 이들은 개인의 체험에 멈춰 있기 때문이다. 이슬람 수도자 수피는 몸에 양털 옷을 걸쳤다고 하여 붙여진 이름이다. 역사 속의 수피주의는 8세기 이후 시아파에서 갈라져 나온 것으로 추정한다. 금욕주의 수도운동으로 고행과 수행을 곁들였다. 초기 기독교와 이란과 인도의 영향을 받은 것으로 볼 수 있다. 수피는 문자로 기록된 알라의 계시를 지식만이 아닌 감각으로 느낄 수 있다고 믿었다.

가장 대표적인 수도자로는 서양 세계에 루미로 알려진 잘랄 앗딘 무함마드 발키(Jalāl ad-Dīn Muḥammad Balkhī 또는 Rumi, 1207-1273)이다. 평범한 무슬림들은 아랍어로 된 꾸란을 읽을 수도 이해할 수도 없었다. 이른바 아랍게 지식인 특권층만 그 혜택(?)을 누렸다. 즉 배운 자, 있는 자의 종교였다. 평범한 무슬림들은 따를 의무만이 주어졌다. 이런 가운데 루미는 기록된 꾸란 경전이 아닌 실천적 명상과 기도를 통해서도 하나님을 만날 수 있다고 가르쳤다. 그를 따르는 공동체가 메블라나 종단이다. 회전춤(세마)을 통해 알라와 합일한다고 하는 독특한 수피주의를 열었다.

수피운동은 특히 시(詩) 형식으로 전수되기도 했다. 수피운동도 여러 갈래가 있다. 그 가운데 터키계의 데르비시가 우리에게 잘 알려져 있다. 빙글빙글 돌면서 무아의 경지에 이르러 알라를 체험한다는 회전춤(세마)도 우리에게 많이 소개되었다. 수니파는 수피즘을 비아랍적·비정통적이라 하여 이를 부인하고 있다. 수니파의 수피주의에 대한 거부감은 다른 한편으로는 정통파에서 거부하는 음악과 춤을 이른바 깊은 체험적 영성을 얻는 수단으로 활용한다고 하는 교리적 거부감도 한몫하고 있다.

16. 다와와 선교

　이슬람이나 기독교 모두 자신들의 신앙을 확산시키는 데 주목하는 종교이다. 물론 이렇지 않은 종교는 사실 없다. 모든 종교가 자신의 영향력을 확산시키고 확대하는 것에 관심을 기울이고 있다. 그 가운데서도 세계 최대 종교인 기독교와 이슬람이 적극적이라는 평가이다.

　다시 말하자면, 이슬람은 선교하는 종교이다. 무슬림들 가운데는 힘껏 자신의 신앙을 전하는 것에 관심과 마음을 기울이는 이들이 적지 않다. 전세계에 이슬람이 전파되는 것을 자신의 삶의 존재 이유로 고백하는 이들도 있다. 이슬람이 전파되고 그 영향력이 확산되는 과정에 이슬람다움이 한 사회를 주도하는 것을 이슬람화라고 할 수 있다.

아랍화와 이슬람화

　초기 이슬람 확장은 아랍제국의 확장, 아랍 통치자의 왕국의 확장이었다. 그런 과정에서 종교 측면을 넘어서서 문화와 체제로서의 이슬람의 영향을 받게 되었다. 종교 때문이 아니라 제국의 통치 이념이라는 측면에서 아랍화가 이루어졌다. 아랍화는 주류 집단에 연결할 수 있는 좋은 수단이었다.

　"유럽이 이슬람화되고 있다", "한국을 이슬람화하려고 한다"는 식의 말에 이슬람화가 등장한다. 최근 들어 점차 더 많이 쓰이는 용어이다. 이슬람화는 한 사회가 이슬람 종교로 전환되는 경우나 기존의 무슬림 공동체가 이슬람 정신을 준수하는 것이 더 강화되는 것을 뜻한다. 초기 아랍 이슬람제국의 확장이 일정 정도 이슬람화를 이룬 것이 사실이다. 그러나 당시 제국의 목표가 이슬람화가 아니라 아랍 이슬람 통치권의 확산이었다는 점에 주의할 필요가 있다.

아랍화는 비아랍권에 아랍어나 아랍 문화가 전파되고 확산되는 현상을 말한다. 7세기의 초기 이슬람화는 아랍화와 동시에 이루어졌다. 물론 아랍 무슬림들에 의해 아랍 기독교인과 아랍 유대인들이 점령당한 것도 사실이다. 이런 것을 고려하면 아랍화는 오늘날의 사우디아라비아 반도에 기원을 둔 아랍 종족의 언어와 문화, 영향력의 확대를 뜻한다. 아랍 이슬람화와 거의 비슷한 뜻으로 사용된다.

이슬람제국 아래서 아랍어는 귀족어로, 특권층의 언어로, 통치와 교역어로 자리잡았다. 오늘날 영어 이상의 무게로 자리잡았다. 압바스 왕조가 들어서면서 아랍인에 대한 특권이 많이 줄어들었지만 여전했다. 아랍계의 영향력은 아랍어를 향유한 집단이라는 점에서 정치적인 영향력은 줄어들었는지 모르지만 사회적·종교적 무게감은 변함이 없었다.

오늘날 아랍인들은 이슬람 도래 전후 시기의 아랍인들과 다른 개념이다. 당시 비아랍인이었던 이들이 아랍 이슬람화 이후에 아랍인으로 규정되었다. 오늘날 아랍인은 아랍어를 국어로 사용하는 종족과 민족을 전체적으로 일컫는 말이 되었다.

21세기에 아랍화는 다소 정치적인 의미가 더해진 채로 반서구화의 의미로 사용하기도 한다. 20세기 초 열강의 세력 다툼의 와중에 이슬람 정신을 회복하자는 취지의 이슬람 부흥운동 또는 원리주의 운동이 강화되었다. 일부에서는 재(再)이슬람화를 반서구 운동으로 규정하고 정치투쟁과 무력시위를 펼치기도 했다.

최근 아랍 이슬람 국가에서 비아랍계와의 국제결혼이 증가하고 있다. 이런 와중에 아랍인이 누구인가 하는 논쟁이 점점 커지고 있다. 국제결혼한 자녀 가운데 아랍어를 모르는 인구가 증가하고 생김새나 여러 문화적 특징들도 아랍다운 것에서 멀어지고 있다는 비판이 일고 있다. 아랍어나 아랍 문화나 문화유산을 몰라서 아랍인일 수 있는가?

일부에서는 아랍화는 이슬람화와 동일하다는 생각도 자리하고 있다. 그런 이유로 아랍 이슬람 지역의 기독교인 가운데는 자신을 아랍인으로 지칭하는 것을 거절하기도 한다. 요르단이나 이집트, 이라크, 시리아, 레바논 등 기독교 인구가 적지 않은 나라에서는 자신이 아랍인이 아님을 주장하는 목소리도 드물지 않다. 자신의 정체성을 꿉티(이집트 정교회 교인) 또는 아슈리(앗시리아인), 킬다니(갈데아인), 페니키(페니키아인) 등으로 규정하고, 아랍어를 가급적 덜 쓰려는 이들도 늘고 있다.

역사 속의 이슬람 선교

이슬람의 다와는 '초청', '부름'이라는 단순한 의미를 지녔다. 아랍화는 아랍제국, 이슬람제국의 통치력 확산이라는 다소 무력적이거나 힘에 의한 아랍화, 이슬람화가 이루어진 것은 물론이고 무역과 문명 교류를 통해 이슬람화도 이루어졌다. 힘에 의한 이슬람화는 셀주크 튀르크와 오스만 튀르크 지배와 몽골제국을 통해 이루어졌다. 비잔틴제국의 영향력이 약화되면서 어부지리도 누렸다. 이슬람제국이 지배하지 못한 유럽과 아시아 지역에서의 이슬람에 대한 영향력 확대는 상업과 문화 교류를 통해 이루어졌다.

이슬람제국 안에서 비무슬림을 대상으로 하는 선교(다와)도 활성화된 시기가 있었다. 제국 밖으로는 무역로를 따라 오가던 무슬림 상인들에 의한 이슬람 선교도 눈에 띄었다. 800년부터 1050년 사이의 일이다. 오늘날의 인도를 넘어 인도네시아 같은 동남아시아 지역의 이슬람화는 무력에 의한 것이기보다 무역 같은 상업행위와 민간에 의한 다소 자발적인 선교활동의 결과였다.

13세기부터 17세기 사이, 오스만제국의 귀족층은 이슬람화에 적극적인 이들이 많았다. 제국의 수도였던 콘스탄티노플(이스탄불)을 비롯한 주요도시에서 교육받은 이들 가운데 종교적 열정이 강한 이들이 있었다. 이들은 자원하여 자신들의 출신지로 돌아가곤 했다. 물론 지방 정부의 주요한 역할을 맡은 고위공무원으로 돌아가는 경우가 많았다. 자신들의 출신지와 지방에서 사원을 세우고 학교를 세우기도 했다. 교육을 통한 이슬람 정신의 확대를 도모한 것이었다.

제국의 영향력이 축소되고 유럽의 영향력이 이슬람제국 안으로 흘러들어 오면서 이슬람제국 내에서 기독교와의 만남이 이루어졌다. 17세기부터 1차 세계대전까지이다. 정치적으로는 여전히 오스만제국의 지배가 이어지고 있었지만 문화적으로는 영국과 프랑스를 통해 기독교의 영향력이 확대되는 시기였다. 사실 이 시기에 아랍 이슬람 지역 곳곳에 교회와 기독교 계통의 학교들이 세워졌다.

유럽에서의 이슬람화는 오스만제국의 쇠퇴와 맞물려서 진행이 되었다. 군사 대결이나 긴장이 강했던 시기에는 유럽 내의 이슬람 활동은 미미하기 그지없었다. 그러나 제국의 약화와 붕괴가 이어지던 20세기 초에 접어들자, 적지 않은 이슬람권 이주자들이 유럽에 발을 들여놓기 시작했다. 이 이주자 집단을 중심으로 이슬람 선교사들의 활동이 펼쳐

기독교와 이슬람은 공존 또는 충돌했다(요르단 북부).

질 수 있었다. 그것은 20세기 초반 유럽의 무슬림 공동체는 개종자의 존재가 미미한 것에서 볼 수 있듯이, 비무슬림을 주요 목표로 삼은 것이 아니었다. 여기에는 이슬람이 유럽의 적대국이었던 오스만제국의 종교였다는 것에서 유럽인들이 가졌던 이슬람에 대한 비우호적인 태도와 이슬람 혐오감도 한몫한 것으로 볼 수 있다. 당시 유럽인들에게 무슬림은 터키인이라는 인식이 팽배했다. 비무슬림을 대상으로 하는 이슬람 선교는 유럽보다 미국 안에서 이루어졌다. 이슬람 세계와 역사적으로 적대적인 관계를 한 번도 맺지 않았던 것도 비무슬림을 대상으로 한 이슬람 선교가 활발하게 이루어진 것으로 볼 수 있다. 어찌 보면 비이슬람권에서 이루어진 이슬람 선교활동 중 가장 결실이 많았던 지역이 미국이라 평가할 정도였다. 초기 미국 사회의 흑인을 비롯한 소외계층을 중심으로 영향력이 확대되었다. 말콤 엑스나 권투 선수 무함마드 알리는 두드러졌다.

새로운 전환점은 1970년대에 이루어졌다. 고학력의 전문성을 갖춘 이슬람권 이주자들의 미국 유입으로 이들을 중심으로 이슬람 사원 건축 붐이 미국 곳곳에서 일어났다. 크고 작은 무슬림 공동체는 후발주자로 유입되는 이슬람권 이주자들의 센터로 자리하게 되고, 그 규모가 커지면서 사원과 부대시설을 갖춘 하나의 작은 무슬림 구역을 만들어냈다. 이 무슬림 공동체 안팎에서 이슬람 선교사들의 활동이 펼쳐졌다. 안으로는 이슬람권 이주자들에 대한 이슬람 정신을 함양하는 일로, 밖으로는 비무슬림들에게 이슬람을 소개하는 활동으로 전개되었다. 그러나 생활 공간에서 비무슬림 미국민과 무슬림 이주자의 만남이 이슬람에 대한 이해를 확산시켰다. 신앙심이 깊은 무슬림들의 생활 속에서의 선교활동이 효과를 얻었다.

1980년대에 들어서자 미국 이슬람화를 지원하는 단체에 대한 사우디아라비아를 포함한 일부 이슬람 정부의 재정 지원이 드러났다. 그러나 정부 차원의 공식적인 지원보다 민간 차원의 선교 참여와 후원이 주를 이루었다. 선교 후원의 일차적인 대상은 사실 이슬람 공동체와 이슬람 국가 내의 가난한 이들이었다. 이들에게 예배처로서 이슬람 사원을 지어주고 교육시설을 확충해주고 구제활동을 지원했다.

이슬람 세계 안팎의 이슬람 선교에 있어서 중요한 역할을 했던 것이 다양한 이슬람 소개 책자였다. 물론 이슬람 세계 다수의 사람들이 문맹이었다는 점에서 이슬람 교육을 위하여 학교 시설을 확대하고 교육 투자를 강화하였다는 점은 상식적이었다. 이슬람 사원에서 아랍어를 교육하는 이들을 통해 자연스럽게 아랍·이슬람화를 이룰 수 있었다. 비무슬림을 위한 이슬람 안내 책자 발행에서 중요한 역할을 한 것은 외국어로 꾸란을 번역하는 일이었다. 다양한 영문판 꾸란(해설서)이 소개되었다. 미국 내의 이슬람 공동체 분포 상황을 보면 이슬람권 이주자 밀집 지역을 중심으로 그 활동이 전개되었다는 것을 알 수 있다.

이슬람 선교의 중심은 국가 단위의 지원 정책이나 정부 파견 이슬람 선교사가 아니었다. 자발적인 무슬림 이주자들의 이슬람 소개 활동과 민간 독지가들의 재정 모금과 지원에 힘입은 것이 컸다. 아울러 이슬람 선교 현장에서 아랍 무슬림의 비중은 크지 않았다. 비아랍 무슬림들의 선교 열정이 아랍 무슬림들보다 더 크고 영향력을 발휘한 것으로 평가할 수 있다.

이슬람화의 중심

이슬람의 종주국 사우디아라비아를 전 세계 이슬람의 중심으로 떠올리기 쉽다. 해마다 메카로 2백 50만 명이 넘는 무슬림들이 성지 순례를 가는 나라이기 때문이다. 당연히 이슬람 세계의 중심지는 사우디아라비아이다. 성지순례처인 메카와 메디나가 사우디아라비아에 있는 것은 분명하다. 그렇다고 하여 사우디아라비아가 전세계 이슬람의 중심지라는 근거가 되는 것은 아니다. 사우디아라비아도 이슬람 전파를 국가 존립의 기본으로 삼고 있지는 않다. 사우디아라비아 행정부서 안에 이슬람 종교부가 있지만, 그것이 이슬람 세계를 총괄하고 아우르는 조직도 아니고 사우디아라비아 밖의 이슬람화를 위한 이른바 선교 본부 같은 기능을 갖는 것도 아니다.

어떤 이들은 이슬람 세계의 구심점으로 이슬람회의기구(OIC)[10]를 꼽는다. 그러나 OIC는 종교적인 이슈를 위한 기구가 아니라 정치와 경제 현안을 다루는 기구이다.[11]

앞에서도 살펴보았듯이 이슬람 세계는 구심점이 없다. 인종, 지역, 국가, 언어, 민족이 제각각이다. '이슬람'이 공통분모이지만, 같은 것보다 다른 것이 더 많다. 아프리카와 중동, 동남아시아와 중앙아시아에 이르기까지 이른바 이슬람 인구가 많은 지역은 지역 내 분쟁과 갈등도 여전하다. 제각기 정치적 이해관계에 따라 적이 되기도 하고 동맹이 되기도 한다. 이슬람권의 정부는 대개 세속적인 정부이다. 이슬람 국가라고 하여도 대부분의 나라에서는 이슬람 원리주의의 확산과 테러를 막기 위한 테러와의 전쟁을 전개하고 있다. 이슬람 국가 정부는 다른 무엇보다 안전과 안보를 최우선으로 하고 있다. 정치적 구심점도 약하지만, 더욱이 이슬람 세계 안에 종교적 구심점은 없다. 그런데도 이슬람 세계가 하나가 되고, 아니면 어떤 단일 조직이나 중심 조직에 의해 전 세계 이슬람화가 진행되고 있다고 생각하는 것은 억지스러운 상상이다. 이제까지의 이슬람 선교 역사를 보아도 이슬람 세계 단일의 어떤 움직임은 보이지 않았다. 굳이 말한다면 이슬람 세계는 단일 체제를 갖춘 로마 가톨릭의 체계보다 나라마다 교단마다 지역마다 독립적인 체제를 갖춘 개신교의 체제와 비슷하다고 할 수 있다. 이른바 각개전투(各個戰鬪)로 이슬람 선교가 이루어지고 있는 것이다.

역사 속의 기독교 선교

이슬람 세계에서 기독교화, 기독교 선교의 활동은 그리 오래된 일

10_ 이슬람회의기구(Organization of Islamic Conference)는 1969년 이슬람 국가들의 연대 (連帶) 및 협력 등을 목적으로 창설된 국제기구이다. 그 주목적이 이슬람 종교 연대나 이슬람 종교 확산이 아니라 국가 연대 및 동맹이라는 점에 주목하여야 한다.

11_ 이 책 pp.31-33 설명 부분 참조.

이 아니었다. 아랍 무슬림을 위한 아랍어 성경도 뒤늦게 번역되어 나왔을 뿐이다. 사실 기독교인과 무슬림의 이슬람 세계에서의 가장 오래된, 구체적인 만남은 이슬람제국 내에서 집현전 학사 역할을 하던 네스토리안들이다. 아시시의 성 프란시스는 5차 십자군 원정 시기에 이집트의 술탄을 만났다. 프란시스 수도회(프란체스코 수도회) 수도사들이 모로코에서 순교했다. 1225년 프란체스코와 도미니크 수도회 수도사들이 모로코에서 아프리카 노예들에게 기독교를 전파했다.

여기서 중요한 전환점이 만들어졌다. 클루니의 대수도원장이었던 베드로의 지휘를 받아 라틴어 꾸란이 번역된 것이다. 중세 기독교 세계를 지배하던 언어는 라틴어였다. 1143년 최초로 라틴어로 꾸란이 번역되었다. 로베르투스(Robertus Ketenensis)가 그 일을 마무리했다. 번역된 라틴어 꾸란의 제목은 <거짓 선지자 무함마드의 율법>이었다. 이슬람 세계에서의 비아랍권과 비무슬림을 대상으로 꾸란을 번역한 것이 아니라 기독교 세계에서 이슬람 세계를 이해하기 위하여 꾸란을 번역했다는 점이다. 사실 한 종교나 그 종교를 신앙으로 받아들인 이들을 이해하기 위해서는 그 경전에 대한 이해가 중요하다. 그러나 객관적이지 못한 경전의 해석은 오역이나 왜곡을 자아낼 수도 있었다. 라틴어 번역본도 그런 경향이 있었을 것이다. 1543년 로베르투스 역을 바탕으로 개정판 라틴어 꾸란이 나왔다. 그러나 아랍어 꾸란을 직접 번역한 것이 아니었다는 점은 아쉬운 대목이다. 1698년 루도비코(Ludovico Marracci) 번역본이 나왔다. 그렇지만 이 또한 전제를 가진 의도적인 번역이 적지 않았다. 꾸란 번역서 이름은 <꾸란의 평판>이었다. 주석을 달았다는 점에서 의미가 있다. 그렇지만 될 수 있으면 부정적인 이미지를 드러내고자 힘쓴 것으로 알려졌다. 18세기 말까지 이슬람 세계에서 기독교 전파 활동에 열심이었던 그룹은 모라비안들이다.

중세 십자군 원정 이후, 기독교 세계와 이슬람 세계는 식민지배국과 피식민국의 관계로 악화되었다. 15세기부터 20세기에 이르는 500여 년 동안의 일이다. 단, 터키와 아프가니스탄, 이란은 예외였다. 서구제국주의의 영향은 피식민지 백성과 그들의 문화를 열등한 것으로 간주하였다. 당시 선교사들은 피식민지의 민족주의자들에게 거부감을 안겨주는 존재였다. 산업혁명 이후 형성된 식민지배로 친식민주의자들과 민족주의자들 간의 갈등이 깊어졌다. 이 때 기독교를 반민족, 친외세 종교로 인식하는 계기가 만들어졌다. 일부 지역에서는 한 손에는 성경, 한 손에는 대포 같은 식의 적대감도 번져갔다.

제 8 장

변신 중인 무슬림

이슬람 전통보다
개방화, 세속화, 다문화가 번져간다.
아랍어를 못해도 괜찮지만,
영어를 못하면
뒤떨어진 존재로 취급받는다.
이름뿐인 무슬림이 늘고 있다.

기독교와 이슬람
그 만남이 빚어낸 공존과 갈등

17. 개인주의를 향하여

아랍인들 개인의 삶에서 가장 중요한 관심사는 무엇일까? 이곳에서 느끼는 것은 이슬람 세계도 점점 급속하게 개인주의가 강화되고 있다는 것이다. 필자가 아랍지역에 첫발을 내딛던 1990년만 해도 종교나 가문 중심의 세계관이 느껴졌다. 그렇지만 점차 종교 중심의 가치관이 변화하고, 가문보다는 개인과 소가족(가정)을 중심으로 하는 경향이 두드러지고 있다. 이런 과정에 자연스럽게 아랍 민족주의라든지 이슬람 민족주의 같은 집단의식도 급격하게 약화되고 있다. 국가 중심주의가 자리잡아 가고 있다. 한 나라의 구성원이라는 국민의식이 강조되고 있다. 종교나 신분, 가문의 차이보다 같은 국가의 구성원이라는 동질감이 커지고 있다.

삶의 방식은 내가 선택한다

"내가 무슬림 가정에서 태어날 때부터 무슬림으로 불리는 것이 사실이다. 그러나 나는 인격적으로 이슬람에 귀의한 적이 없다. 나 자신은 무교에 가깝다." 얼마 전 타계한 아랍 이슬람 세계의 유명한 문인은 담담하게 자신의 생각을 드러냈다. 이른바 이슬람 모태 신앙에 대한 회의를 드러냈다. 이집트 카이로 시내에서 만난 한 청년은 "나는 법적으로는 무슬림이지만, 불교 신자입니다"라고 말한다. 큰 아이의 친구 A

는 세르비아계 무슬림 이민자 2세이다. 그러나 A는 물론 그 아버지 모두 무슬림으로서의 정체성은 없다. 그것을 추구하지도 않는다. 요르단의 개종자인 B에게는 5명의 자녀가 있다. B의 신분증에는 여전히 무슬림으로 기록되어 있다. 자녀도 마찬가지이다. 기독교 신앙을 가졌지만, 학교에서 이슬람 종교 교육을 받아야만 한다. 신분이 무슬림이기 때문이다. 개종자 2세이지만 여전히 무슬림으로 간주되는 것이다. 처지는 다르지만 이들 모두는 공식 서류에 무슬림으로 적혀 있다.

이슬람 세계에서 무슬림은 자신이 무슬림으로서의 정체성을 받아들였는가 아닌가는 그다지 중요한 것이 아니다. "당신이 무슬림인 이유는 무엇인가?" 하는 식의 어리석은 질문을 던지면 돌아오는 대답은 단순하다. "무슬림 집안에서 태어났기에…", "우리 집안이 무슬림 집안이니까" 하는 식이다. 무슬림이니까 무슬림일 뿐이다.

아랍 이슬람 지역은 물론 대부분의 이슬람 국가 내에서 개인의 종교 바꾸기는 자유롭지 않다. 아니 대개의 경우 법이 금하고 있다. 날 때부터 무슬림이라는 신분이 정해지는 것이다. 이들에게 종교는 타고나는 것이다. 기독교인으로 태어난 이들은 무슬림으로의 종교 바꾸기가 허락된다. 기독교인이 이슬람을 받아들이는 것은 언제나 허용된다. 그러나 무슬림이 기독교 신앙을 받아들이는 것은 거부된다. 날 때부터 자신의 의지와 관계없이 무슬림 신분이 주어지고 있다. 중국의 위구르나 후이(회)족 무슬림을 비롯하여 전세계에 흩어져 살고 있는 어떤 특정 종족들의 경우도 주재국 법이 강제하고 있지 않음에도 자신들의 자녀를 당연히 무슬림으로 간주한다. 이들 종족의 자녀도 스스로를 무슬림으로 인정한다. 이렇듯 이슬람은 가문과 집안 배경을 비롯한 출신 배경이 된다. 이름도 이슬람식으로 지어지고, 결혼도 이슬람법을 따라 진행된다. 집안 모임과 사회 활동도 이슬람식으로 이루어진다. 그 종교를 '법적으로' 떠날 도리가 없다.

금식의 달 라마단 기간, '무슬림' 신분이지만, 먹고 마시는 이들이 적지 않다. 라마단 기간 항공편을 이용해 여행 중인 이들 가운데 기내식을 거부하는 '무슬림'들도 있지만, 먹고 마시는 승객들도 많다. 중국 베이징(북경) 시내에는 1,000년 전에 세워진 이슬람 사원 니우지에 사원(칭전쓰)이 있다. 2009년 9월 5일 금요일 낮 예배를 참관했다. 500여 명 정도의 무슬림들이 모였다. 예배는 줄곧 아랍어로 진행했다. 평소와 다른 모습이었다. 라마단 기간 특별 집회인 셈이다. 무슬림 이름으로 이브라힘으로 자신을 소개한 20대 중반의 한 후이족(回族) 무슬림 학생, 라마단 금식은 안 하지만 금요일이라 사원에 나왔다고 했다. 사실 이날 예배에 참석한 이들 중 신학생들과 일부 노인 신자들을 제외하면 대부분의 사람들은 라마단 금식에 큰 관심이 없었다.

4년 전 쿠웨이트에서 만난 한 언론인은 "청바지를 즐겨 입고 이슬람 사원을 가지 않는다고 무슬림이 아니라고 말할 수 없다. 외모로 신앙을 판단하는 것은 옳지 않다"고 했다. "누가 무슬림인가?"에 대한 논란이 일고 있는 셈이다. 우리는 쉽게 무슬림 하면 어떤 특정한 옷차림새, 예를 들면 여성들이 히잡을 쓴다거나 긴 겉옷 아바야(이란어 차도르)를 걸치는 것을 떠올린다. TV 뉴스 화면에는 여럿이 모여 함께 기도하는 무슬림들의 예배 장면이 가득 차오른다. 외모로 사람을 판단하는 것에 불과하다.

"알라에 귀의하라", "무함마드 선지자의 가르침으로 돌아오라"며 맨발에 샌들을 신고 쪽 꾸란을 무슬림들에게 전해주는 이들이 있다. 이른바 무슬림 전도자들이다. 그러나 이들을 바라보는 시선은 냉담하기만 하다. 다른 한편으로는 이슬람 활동을 위하여 기부금을 요구하며 돌아다니는 이들도 있다. 그러나 선뜻 기부하는 이들은 많지 않다. 자신의 종교적 체험과 결단을 바탕으로 나름 깊이 있게 무슬림으로 살아가려는 이들도 있다. 하지만 이슬람이나 무슬림의 종교적 삶에 무관심으로 일관하는 이들이 더 많다. 모태 무슬림에게 신앙고백이나 입교 문답 같은 것은 없다. 태어날 때 이미 무슬림이기 때문이다. 그래서 자기 고백이 없는 명목상의 무슬림이 많다. 문화로서의 이슬람에 익숙하지만 개인적이고 인격적인 차원의 무슬림 신앙 고백을 하지 않은 이들도 많다. 그리고 삶의 스타일이나 추구하는 목표는 선택이 가능하다. 무슬림으로 알려진 많은 이들의 삶에 이슬람적인 요소는 이론으로 존재할 뿐이다.

"20여 년 전보다 지금 히잡이나 무슬림 복장을 한 이들이 늘어났다. 이슬람화의 결과이다. 이슬람화의 방향이 알라에게 귀의하는 것만은 아니었다. 이슬람 종교활동에 집착하는 경향을 보여주기도 했다." 문화 평론가 파크리 살레(51)는 현 아랍 이슬람 세계를 진단했다. 알라에게 집중하는 것이 아니라 이슬람 종교 전통에 집착하는 경향이라고 비판하는 이들도 있다. 이슬람화가 이루어지는 것과 동시에 개방·개혁의 물결, 자유화의 바람, 세계화의 흐름이 뒤섞여 있다. 옷차림새는 물론 머리 스타일, 먹을거리와 생활공간, 레저와 말투조차 아랍답지 않은 것들이 거리와 특정 공간과 집단 사이에 넘쳐나고 있다. 머리에 히잡을 썼지만 몸에 꽉 달라붙는 옷이나 배꼽이 드러날 듯 말 듯한 짧은 셔츠 차림, 달라붙는 청바지 등이 젊은 층이 선호하는 패션이다. 다양한 다국적 음식점들은 물론이고 스타벅스나 코스타 같은 브랜드 커피점이 증가하고 있다. 다이어트 열풍, 성형 열기, 영어나 프랑스어와 아랍어가 뒤섞인 신조어를 즐겨 쓰고, 서구식 건축양식이나 실내 디자인이 인기를 끌고 있다. 이름도 약간 서구 분위기 나게 짓기도 한다. 성탄절을 전후하여 성탄 트리 등으로 집안을 장식한다. 이슬람의 명절 장식도 닮아간다. 물론 이런 흐름은 중상류층과 이중국적을 가진 이들을 중심으로 번져가고 있다. 그러나 간접적인 신분 상승기분을 맛보려는 서민들도 이런 흐름에 직간접적으로 노출되고 있다.

이슬람에서 무슬림은 기본적으로 '혈통'에 의해 규정된다. 그런 까닭에 그가 어떤 행동을 하느냐는 중요한 이슈가 되고 있지 않다. 이전에는 전통적인 무슬림 복장과 말투와 행동들을 보였지만, 지금 그렇지 않은 젊은이들과 무슬림들에게도 외모는 중요한 이슈가 되지 않고 있다. 무슬림은 행위나 겉모습으로 평가되는 것이 아니라 혈통에 의해 규정되는 것이기 때문이다. 무슬림을 외모로 판단하는 것이 잘못된 것은 바로 이것 때문이다. '무슬림으로 태어났으니 내가 이것을 하든 저것을 안 하든 나는 무슬림이다'는 생각이 커져가고 있다. 아랍 이슬람 세계에서 자신이 선택할 수 있는 것을 스스로 선택하려는 이들이 늘고 있다. 그것이 무슬림으로서의 공식적인 정체성과 개인의 삶 사이에 큰 간격을 보여주고 있다.

종교와 가문보다 국가와 개인

아랍인들이 인생에서 우선순위로 꼽은 것은[1] 종교가 아니었다. 가장 우선순위로 꼽았던 것은 가정이었다. 그 다음으로 일과 결혼, 종교의 순이었다. 종교를 우선순위로 두는 것에 나이차, 세대차가 분명했다. 젊은이들은 종교에 관한 관심사를 5번째로 꼽았는데, 기성세대는 종교를 두 번째 우선순위로 꼽았다. 2002년 조사에서 종교에 대한 관심사는 이집트는 1위를 차지했지만 2005년 조사에서는 4위였다. 요르단은 아예 1순위에서 6순위로 관심사가 급격하게 줄어들었다. 여기서 묘한 대목을 볼 수 있다. UAE의 경우 이슬람에 대한 관심이 급증한 것이다. 앞선 조사에서 6위였던 종교에 대한 관심사가 1위를 차지했기 때문이다. 그렇지만 이것이 실제적인 종교생활에 대한 충실한 삶이나 헌신 그 자체를 반영한 것으로는 보이지 않는다.

정치적인 관심사는 물론 아랍지역의 현안에 대한 무관심이 가장 강하게 드러났다. 아랍주의나 아랍민족주의, 이슬람 형제애 같은 전(前)시대에 힘을 썼던 논리들이 퇴색하고 있는 것이다.

개인의 우선순위도 변하고 있다. 친구나 결혼, 취업 같은 개인적인 이슈가 주요한 관심사로 자리잡고 있다. 친족이나 가문, 대가족에 대한 결속력도 약해지고 있다. 가장 중요하게 생각하는 자신의 정체성으로

1_ 조그비 국제연구소(Zogby International Institute)가 Arab American Institute, 두바이에 본부가 있는 Young Arab Leaders 등의 협력과 지원으로 2005년 10월 이집트, 요르단, 레바논, 모로코, 사우디아라비아, UAE 국민 3,900명을 대상으로 조사한 결과이다.

국민(35%), 아랍인(32%), 무슬림(32%)을 꼽았다. 무슬림으로서의 정체성은 줄어들고(전년도 36%), 아랍인으로서의 정체성은 늘었다(전년도 20%). 정부가 정책을 결정할 때 가장 고려할 점으로 자국의 이해를 50%가 우선으로 꼽았다. 다음이 무슬림의 대의(24%)와 아랍의 대의(22%)였다.[2]

대학가, 무료함으로 충만해지다

대학교 주변을 '대학가'로 부르곤 한다. 학교 주변을 둘러보면 '그 대학'의 독특한 분위기를 엿볼 수 있다. 남녀공학과 여대의 분위기가 사뭇 다르고 학교마다 저마다의 나름 차별성 있는 학교 앞 풍경이 연출된다. 그래서 홍대 앞 문화와 이대 앞 문화가 다르다고도 한다. 우리나라의 대학가 이야기이다. 그런데 아랍 이슬람 지역의 대학가는 어떤 문화 코드를 보여주고 있을까? 아랍의 캠퍼스에 '이슬람 같음'과 '무슬림다움'으로 가득 차 넘칠 것으로 생각하면 그것은 그야말로 엄청난 오해이다. 물론 턱수염이나 콧수염을 기른 남학생들과 히잡(머리 덮개)과 베일로 온몸을 감싼 여학생들도 쉽게 찾아볼 수 있다. 그러나 그것이 전부가 아니다. 아랍 이슬람 지역 대학가의 분위기는 우리와 많이 다르면서 많이 같다. 이 지역의 대학가를 산책해 보자.

학교마다 분위기가 다르겠지만 그 다른 것은 극히 미미하다. 오히려 공통점만 뚜렷하다. 이 지역 캠퍼스 분위기는 너무 차분하고 조용하다. 캠퍼스 안에서의 학생 활동이 별달리 없는 것이 한몫한다. 대부분의 이 지역 캠퍼스는 경건하고 침착하기 그지없다. 학교 수업 시간도 우리보다 많지 않다. 수업의 양도 그렇지만 질도 떨어지는 느낌이다. 학생들은 시간 여유는 많고 특별한 활동 기회는 별로 없다. 그래서 무료해하는 학생들이 부지기수이다. 전체 인구의 절반 정도에 이르는 수

2_ 메릴랜드 대학교와 조그비 국제 연구소가 2009년 4-5월 이집트, 요르단, 레바논, 모로코, 사우디아라비아, UAE 국민 4,087명을 대상으로 공동 조사했다(www.brookings.edu).

가 24세 이하이다. 15세 이상 24세 이하의 경우도 20%에 이른다. 젊은 이는 넘쳐나지만 젊음의 상징이라 할 대학 문화는 의젓하고 차분하기만 하다. 대학 졸업 이후에도 취업이 보장되지 않는 높은 실업률도 대학가 분위기를 무겁게 하고 있다. 그 때문일까? 이 지역 젊은이들은 일을 결혼보다 앞서 생각하고, 이성보다 친구를 선호하는 것으로 보인다.

"신분증을 보여주시지요?" "누군데 뭐 하러 여기 왔습니까?" 학교 입구에서 늘 펼쳐지는 장면이다. 이곳에서 대학 들어가기는 힘들다. 학교 입학도 힘들겠지만, 학교에 그냥 출입하는 것도 쉽지 않다. 학교 속이 궁금하여 둘러보는 것도 안 된다. '외부인 출입 금지! 신분증 제출 요함'이라는 원칙이 철저하게 지켜지고 있다. 졸업생조차도 별도로 신원 인증을 받아야 캠퍼스 출입이 허락될 정도이다. 학교를 출입하는 사람들의 신분을 확인하는 대학 관계자들은 거의 '검문'에 가까운 출입자 통제를 한다. 그야말로 대학교는 외부인들에게 열린 캠퍼스가 아니다. 담장으로 둘러쳐진 대학은 '들어가기 쉽지 않은' 특별한 공간이다. 대학 정문은 대부분 언제나 굳게 닫혀 있다. 언제부터 이 지역 대학의 정문이 닫히게 되었는지는 불분명하다. 그 이유도 여러 가지이다. 학생들의 시위를 막기 위한 것이라고 생각하기도 하지만, 사실 중동에서 대학생 시위는 좀처럼 찾아보기 힘들다. '학교 보안', '학생 보안'을 위한 것이라 보는 것이 좋을 것 같다.

동아리 활동을 금하노라! 대학 문화의 꽃은 동아리 활동 등 학생 활동이다. 그런데 이 지역은 학내 동아리 활동은 대개 금지되어 있다. 미국계 대학인 카이로나 베이루트, 두바이 등의 아메리칸 대학의 경우는 그나마 캠퍼스 활동이 이루어진다. 학비가 비싼 편에 속하는 이들 대학에 입학한 학생들은 그야말로 선민인 셈이다. 대부분의 대학에서는 이슬람 국가임에도 이슬람 종교활동을 위한 동아리 활동도 금지한다. 학생회가 있지만 학내 문화 활동을 주도하는 수준은 아니다. 그래서 학생들의 캠퍼스 문화는 단조롭고 대학가는 심심하기 그지없다. 쉬는 시간에 학생들은 뭘 하고 지낼까? 햇볕 잘 드는 곳에서 커피나 차를 마시면서 이야기꽃을 피우는 것, 이것이 가장 전형적인 캠퍼스 분위기이다. 그러나 커피나 차를 파는 자동판매기는 거의 찾아볼 수 없다. 학내 매점이 음료 공급의 오아시스이다. 한쪽에서는 이동통신을 이용한 동영상 돌려보기를 하고 있다. 개강 파티, 쫑파티 그런 것이 뭐죠? 개강 파티나 종강 파티 같은 것도 없고 신입생 환영 엠티도 없다. 종종 엠티를 간다고 하여도 밤을 함께 지내는 '잠포지움' 같은 것은 불가능하다. 남녀칠세부동석에 남녀상열지사를 경계하는 주변의 눈초리와 집안의 여학생 단속 덕분이다. 그나마 외국계 대학의 경우는 다양한 형태의 야외 현장 답사 프로그램으로 숨통을 틀 수 있을 뿐이다. 캠퍼스 밖에서는 동호회 모임 같은 클럽 활동이 전개되기도 하지만 그 종류도 지극히 제한되어 있고, 클럽 활동에 참여하여 혜택을 누리는 사람도 많지 않다.

이 지역 젊은이들도 취업난을 겪고 있다. 그렇다면 취업 열풍이 도서관에 불어야 한다고 생각할 것이다. 그런데 의외이다. 강의실과 도서관을 오가는 이른바 도서관 학파가 별로 없다. 학생 수에 비하여 도서관 열람실이 작은 것이 이유라면 이유겠다. 그렇지만 면학 분위기 자체가 다른 것이 더 근본적인 이유일 것 같다. 학교 수업 시간도 우리보다 많지 않고, 학회 활동 같은 것도 별반 없는데 개인도 공부를 별로 안 한다. 우리나라를 기준으로 삼을 때 그렇다는 이야기이다. 높은 실업률을 극복하는 길은 취업이다. 당연히 괜찮은 업종은 경쟁률이 치열하다. 그렇지만 취업하기를 원하는 학생들이 도서관에서 불을 밝히는 그런 분위기는 찾아보기 힘들다. 걸프지역 국가들은 먹고 사는 문제로 크게 신경을 쓰지 않는 분위기이다. 정부 차원의 지원을 통해 기본적인 생활이 가능한 덕분이다. 그래서 취업 준비에 몰입하는 분위기는 캠퍼스에 낯설다.

그런 와중에도 캠퍼스 커플이 늘고 있다. 가장 손쉽게 찾아볼 수 있는 캠퍼스 문화라면 캠퍼스 커플족들이 연출하는 데이트 풍경이다. 겉보기에 자유분방해 보이는 학생들만이 아니다. 이 커플족 대열에는 온몸을 베일과 아바야(겉옷)로 감싼 보수적(?)으로 보이는 여학생들도 있다. 커플족은 당연히 부러움의 대상이다. 짝 없는 남학생들은 지나가는 여학생들을 힐끔힐끔 쳐다보고 있다. 하릴없이 애꿎은 담배만 불에 태우고 있다. 짝 없는 대부분의 남학생들은 끼리끼리 모여서 오가는 여학생들 감상에 정신을 잃고 있는 경우도 많다. 학교 곳곳에서 데이트를 즐기고 있는 친구들이 마냥 부럽기만 하다. 종종 소개팅이나 미팅을 즐기고 있는 젊은이들도 있다. 과팅이나 엠티와 같은 단체전이 없는 이곳에서 개인전이 그나마 탈출구가 되고 있다. "혹시 시간 있으세요? 그냥 차만 마시면 어떨까요?" 학교 수업이 끝난 오후 학교 앞에서 데이트 상대를 낚시질하고 있는 아흐마드(가명), 그의 유혹(?)에 시큰둥한 표정을 짓고 있던 여대생 나디야(가명)는 퇴짜를 놓고는 어깨에 힘을 주고는 이내 씩씩한 걸음으로 자리를 피한다. 잠시 뒤에 나디야는 다시금 그 주변을 기웃거리고 있었다.

수업이 끝났다. 캠퍼스 곳곳에 몰려 있는 학생들을 볼 수 있다. 뭘 할지 이것저것 궁리하는 풍경도 낯설지 않다. 그런데 함께 어우러져 할 만한 '껀수'가 잡히질 않는다. 중상류층 젊은이들은 주로 스타벅스 등의 외국 브랜드 커피점을 가득 채운다. 아랍풍과 서구풍으로 절묘하게 조화를 시킨 현대적인 카페들, 물담배 피우는 공간 등도 즐겨 찾는 장소이다. 맥도널드, 피자헛 같은 미국계 패스트푸드점이 주도하는 먹을거리 공간들이 가장 먼저 눈에 들어온다. 문방구 용품점과 약간의 책방이 있다. 식당을 빼면 그 다음으로 많은 곳이 복사점과 인터넷 피시방이다. 신세대의 주요 문화 공간은 인터넷 피시방이다. 피시방에 들어서면 담배 연기 자욱한 분위기에 벌겋게 충혈된 눈들을 어렵지 않게 만난다. 그들은 온라인 게임을 즐기거나 채팅에 몰입하고, 인터넷 폰으로 누군가와 열심히 대화를 나누고 있다. 그야말로 대학가는 식당과 인터넷 카페로 가득한 곳이다. 학내 활동이 약하니 학생들은 학교를 벗어나야 한다. 그렇지만 학교 밖도 분위기는 크게 다르지 않다.

데이트도 할 수 있는 예배당이 부럽다. 우리에게는 데이트 상대를 찾아 교회를 찾는 젊은이들을 빗대어 예배당을 '연애당'이라 부르던 시절이 있었다. 이 지역도 그런 분위기가 종종 감지된다. 이슬람 사원에서는 남녀가 같이 기도를 하지 않는다. 남녀가 동석하는 그런 종류의 모임도 없다. 기도회 외에 이슬람 사원 내의 청년 학생들의 남녀가 어우러지는 활동은 존재하지 않는다. 자연스럽게 기독학생들의 교회 청년, 대학부 모임이 젊은이들의 가족과 동네 울타리를 넘어서서 다양한 이들을 만나 교제할 수 있는 기회이다. 무슬림 청년 대학생들에게 부러운 풍경, 그림의 떡일 뿐이다. 무슬림 청년이 흑심(?)을 품고 교회 출석을 할 수도 없기 때문이다. 이 지역에서는 종교 선택의 자유가 없어서이다.

집에서는 무엇을 하며 지낼까? 시간 여유가 많다. 대개의 젊은이는 그들 스스로 발산해내는 문화보다 기성세대가 제공하는 소비문화를 향유하는 소비 계층의 자리에 머물고 있다. 젊은이들의 또 다른 친구는 TV다. 정부기관과 연구기관 등에서 다양하게 진행된 또 다른 조사에서 아랍 젊은이들이 TV(위성방송 포함)와 함께 보내는 일일 소모 시간이 1-4시간에 이른다고 나왔다. 시간이 있어도 책 읽는 것은 사양한다. 서점도 도서관도 거리감을 느낀다. 아랍어에서 이 두 장소는 모두 '마크타바'라는 같은 단어로 표시한다. 아랍 젊은이들은 읽는 것보다 듣는 것을, 듣는 것보다 보는 것을 선호하고 있다. 가장 중요한 레저 시간 활용 방법으로 TV 시청, 운동, 독서를 꼽고 있다. 여자들은 TV 시청과 독서, 남자들은 운동과 TV 시청 순이었다. 가장 일반적인 레저 시간 활용 묘책으로 TV 시청이 40%가 넘었다.[3]

먹고 마시며 이야기하고 눈요기하며 … 캠퍼스의 하루는 이렇게 흘러간다. 캠퍼스 커플은 무료한 대학가에 상대적 빈곤감을 가중시킨다. 이곳에도 이 시대를 살아가는 젊은이들이 제약된 환경 속에서도 저마다의 꿈을 꾸고 그렇게 살고 있다. 불투명한 미래를 열어가려는 저마다의 몸부림이 어우러지고 있다.

3_ 지난 2004년에 UNESCO 요르단 사무소에서 발표한 '요르단 젊은이, 그들의 삶과 관점' 조사 결과의 한 대목이다.

18. 세계화를 향하여

언어가 변하고 있다. 말 습관은 한 사회나 개인을 아는 중요한 관건이다. 교과서에 나오지 않는 수많은 말이 존재하고 그 말로 서로 소통하고 있다. 이 살아 있는 말은 '변화'를 그대로 드러내주고 있다. 무슨 말인지 몰라서 당황스러울 때가 한두 번이 아니다. 미국말이 일상에 스며들고 있다. 미국식 교육이 이루어지는 국제학교는 지원자가 넘쳐난다. 현지인이 운영하는 국제학교에서도 미국식 교육을 내세우고 있다. 미국 영어를 가르치는 학원은 성업 중이다. 안방에서도 공영방송에 미국 드라마와 쇼 프로그램이 더빙 없이 방영되고 있다.

아라비지 아니면 아라베쉬

이슬람이 확장되는 그곳에는 아랍어나 아랍 문화가 함께 스며들곤 했다. 최소한 친아랍적인 정서가 형성되곤 했다. 그런데 요즘 아랍 이슬람 지역에 아랍어의 영향력이 줄어들고 있다. 이것을 두고 반아랍화 또는 친서구화로 비판하는 목소리가 늘고 있다.

아랍어보다 외국어를 선호하는 계층과 문화가 번져간다. "키이 팍?"(어떻게 지내?), "아나 파인(fine)"(나 잘 지내), "아이 원더(I wonder) 슈비씨이르 이자…"(내가 … 하면 어떻게 될지 모르겠네…), "얄라 바이(bye)!"(잘 가), "오케이 하비이비"(그래 잘가!), "얄라 하이(Hi)"(안녕), "아슈팍 빌파킹(parking)"(주차장에서 보자)…. 현지인들이 즐겨 찾는 스타벅스 카페는 물론 공공장소에서 자주 접하는 장면이다. 아랍어 같기도 하고 아닌 것 같기도 한 말로 대화하는 현지인들을 보게 된다. 반미 문화가 대세라고 외부에 알려진 아랍 이슬람 지역에서 영어의 힘이 곳곳에 스며들고 있는 것이다. 요르단에서 레바논 그리고 걸프 지역에서 이 같은 문화가 번져가고 있다. 이 문화를 '아라비지'로 부른다. 웰빙족의 웰빙 언어인 셈이다.

"당신은 아라비지입니까?" 아라비지는 새로운 계층을 일컫는 말이다. 처음에는 외국 물, 특히 미국 물 먹은 부유층 젊은이들을 빗대는 호칭으로 시작되었다. 우리나라에서 한때 주목받던 소비지향적이고 감각적인 문화행태를 누리던 오렌지족하고는 달랐다. 오히려 그보다는 지적 개성을 강조하고 단순한 삶을 추구하는 신세대 시피족4에 더 가까운 집단이다. 그러던 것이 이제는 젊은 세대만이 아니라 아랍 이슬람판 강남족이나 문화귀족을 일컫는 말이 되고 있다. 문화귀족, 처음에는 정부 관리나 전통 유력 명문 가문이 중심이 된 전통 상류층이 이 범위에 속했다. 그렇지만 요즘은 외국 물을 먹은 유학파와 이민자들, 신흥 부자들이 합류하고 있다. 신흥 부유층은 이라크 전쟁 이후 벌어진 땅값, 집값 폭등과 대규모 프로젝트 등으로 부를 축적했다. 전통 명문 가문이든 신흥 부자들이든 이들은 다른 계층의 사람들과 뭔가 다른 자기 정체성과 표현을 원하고 있다. 그 중 하나가 이들만의 공용어로서의 영어와 아라비지 사용이다.

'아라비지(Arabizi)'와 '아라베쉬(Arabeshi)'는 중동의 새로운 문화코드이다. 아라비지는 아랍을 뜻하는 아랍어 '**아라**ㅂㅣ'와 영어를 뜻하는 아랍어 '잉글르ㅣ **지**'의 합성어이다. 다른 말로는 아라베쉬로 부른다. 이 말은 아랍을 뜻하는 '**아라**ㅂㅣㄱ'과 영어를 뜻하는 '잉글르ㅣ **쉬**'의 합성어이다. 아라비지나 아라베쉬 모두 아랍어와 영어를 섞어서

4_ 시피(cipi)족은 지적 개성을 강조하고 단순한 삶을 추구하는 계층을 일컫는다.

쓰는 새로운 언어 표현 방식을 말한다. "아라비지 말할 줄 아세요?" 유행하는 한 표현이다. 엘리트층, 상류층의 과시형 문화이지만 아라비지는 20년 묵은 이집트 영화에서도 등장하고 걸프지역이나 다른 곳에서도 어렵지 않게 경험할 수 있다.

2005년 봄 북아프리카 끝자락의 아랍 이슬람 왕정 국가 모로코를 여행한 적이 있다. 스페인과 지중해를 사이에 두고 접해 있는 모로코 북부 해안 도시 탕헤르에서 카사블랑카로 내려오는 야간 기차를 탔다. 같은 객실을 사용한 현지 모로코인들의 대화는 밤새 계속되었다. 그런데 알아들을 만한 말은 거의 없었다. 아랍어에 영어에 프랑스어가 뒤죽박죽되어 있었다. 여기에 비하면 아라비지는 알아들을 만하다. "모로코 사람들 말은 아랍인인 나도 못 알아들어요." 에이사는 뒤죽박죽 언어로 의사소통에 곤혹감을 느끼는 것은 자기만의 문제가 아니라고 말한다.

인터넷 공간이나 이동 통신의 문자메시지 서비스는 새로운 아랍어의 탄생을 자극했다. 이 지역 국민의 절반 이상이 이동 통신을 사용하고 있다. 아랍어 문자메시지 서비스가 안 되던 시절 아라비지는 그 대안으로 출발했다. 아랍어 문자메시지 서비스가 대세인 지금도 젊은 층은 아랍어를 영문 표기로 옮겨 보내곤 한다. 인터넷으로 메신저 등을 할 때 아랍어보다 영어 표기를 이용한 줄임말이 유행한다. 통신 언어가 그것이다. "쌤, 만나서 방가방가. 그동안 마니 보고 시퍼써요" 정도는 아니다. 아라비지로 나누는 대화의 한 장면을 옮겨보자.

El finals 3ala el abwaab, it's around 5 o'clock o ma nemtesh o ma ra7 anam, so I decided to wait till 6:00 and then start studying, a new day.(기말시험이 문 앞에 닥쳤어. 5시 정도 되었는데, 잠을 자지를 못했어. 잠을 자지 못할 꺼야. 그래서 6시까지 기다리기로 결심했지. 그때 다시 공부를 시작하는 것이지. 새 날….)

"어, 저 사람 아랍인 아닌가요? 그런데 왜 현지인끼리 음식을 주문하면서 아랍어가 아닌 영어를 쓰고 있죠?" 암만의 대표적인 쇼핑과 문화 공간 메카몰을 찾은 한 한인 여행자가 이상한 표정으로 고개를 가로 저었다. 이곳만의 문제가 아니다. 중동의 중상류층이 즐겨 찾는 장소라면 어느 나라, 어느 곳에나 아라비지 구사자는 넘쳐난다. 음식을 주문할 때는 물론이고 서로 대화를 나눌 때도 아라비지는 대세이다. 아라비지가 특별한 공간의 공용어가 되어가고 있다. 서구풍의 분위기가 넘쳐나는 카페와 갤러리, 쇼핑몰이 대표적이다. 이런 곳에서는 아랍어를 못해도 그야말로 '노 프라블럼'이다. 외국 문물과의 접촉이 보다 활발한 이곳의 전통 교회와 개신교회들 내에서의 아라비지 사용도 눈에 띈다. 일부 개신교인들은 아랍어 안에 깔린 이슬람 요소에 거부감을 갖고 새로운 언어 표현의 대안으로 영어반아랍어반을 섞는 아라비지 사용을 즐기고 있다.

'아라비지'의 등장은 아랍 세계의 새로운 트렌드를 보여준다. 아라비지의 확산을 두고 네티즌들 가운데 댓글 논쟁도 벌어졌다. "아라비지 때문에 아랍어의 순수성과 이슬람 문화가 오염되고 있다"고 우려하는 목소리도 높아지고 있다. "아니, 아랍어가 얼마나 아름다운 것인데 그것을 버리고 이상한 국적 불명의 말을 사용해야 하는가. 받아들일 수 없다"(올라), "언어는 의사소통인데 영어가 편하여 영어를 섞어 쓰는 것이 문제될 것은 없다"(무함마드 깝바니). 일상 공간에서 평범한 아랍인들에게는 아라비지 사용자들이 거북스럽게 다가온다. "뭣 좀 있다고 폼 잡으려고 애써 아라비지를 사용하는 것 아닌가? 싫다." 심지어 보수적인 무슬림들은 아라비지의 사용을 종교적 금기인 '하람'으로 규정하고 있다. 이들을 차가운 시선으로 바라보는 적지 않은 현지인들도 있지만, 아라비지 문화는 번져가고 있다.

'아라비지' 문화의 메카는 단연 요르단이다. 요르단의 강남족 아라비지들은 일상생활 속에서 영어를 사용하는 것을 넘어서서 새로운 문화를 만들어내고 있다. 그것은 자신들을 위한 영문 미디어를 생산하는 것이다. 영문판 미디어는 현지 아랍어판의 영문 번역판이 아니다. 독립된 영문 매체로 처음부터 자리잡았다. 아니 더 나아가 아랍어판 매체가 담지 못하는 터부들을 과감하게 다루는 대안 매체가 되고 있다.

아라비지를 위한 영문 미디어는 '웰빙'과 '품격'을 강조하고 있다. '품격 있는 당신을 위한' 잡지를 지향하고 있는 것이다. 셀레브레이팅 죠르단(Celebrating Jordan), '녹스(Nox)', 'JO', '리빙웰(Living well)', '리빙웰 웨딩(Living well wedding)', 'U', '럭셔리(Luxury)', '펄프(PulP)', '홈(Home)', '커플스(Couples)', '벤처(Venture)', '요르단 비즈니스(Jordan Business)', '요르단 프로퍼티(Jordan Property)', '비바(Viva)', '스킨(Skin)' OC 매거진 등 그 수가 계속 늘고 있다. 영문 잡지 비바의 에바 무사나 U 편집장 쉬린은 "영문판 잡지 시장은 암만 서부 지역5 등에 살고 있는, 미국 문화나 서구 문화에 익숙한 요르단 중상류층을 겨냥한 것"이라고 강조했다. 지역 이슈를 영어판으로 다루고, 세계 이슈를 지역 정서로 담아내는 것이 이들 영문판 잡지들의 목표로 보인다. 한국에도 강남공화국의 '강남족을 위한 영어판 미디어'가 없는데 이곳에서는 그런 일이 이미 벌어진 것이다.

'아라비지'는 신분과 계층을 넘어서서 아랍 세계의 새로운 문화코드로 자리잡아 가고 있다. 중상류층의 문화를 동경하는 또 다른 소비계층에도 아라비지는 하나의 유행이 되고 있다. 대학가에서, 중고등학교에서 이제는 초등학교에서조차 아라비지가 점점 힘을 발휘하고 있다. 이런 와중에 영어 못하는 외국인은 외계인 취급을 하는 이상한(?) 분위기까지 확산되고 있다. 아라비지 계층은 외국인이 아랍어 한다고 우대(?)하지 않는다. 영어 못하는 것을 이상하게 생각할 뿐이다. 이제 이 지역 주민들과의 원활한 의사소통을 위해서 아랍어＋영어가 요청되는 시대가 되었다.

영어 못하는 외국인은 찬밥신세

외국인이면 당연히 영어를 잘하는 줄 아는 현지인들이 많다. 이 때

5_ 요르단의 강남지역에 해당한다. 강남족에 해당하는 '암만 가르비'로 불린다.

문에 외국인인 한국인이 영어를 못하는 것을 쉽게 이해하지 못하는 이들이 많다. 외국인이 아랍어를 구사해도 오히려 "캔 유 스피크 잉글리쉬" 하고 다가오는 사람들도 부지기수이다. 그러다 한두 마디 정확하게 받아쳐 주면 엉터리 영어로 대답하다가 그제야 꼬리를 내리는 현지인들을 자주 본다.

아랍인들은 외국인들을 피하지 않는다. 말이 되든 안 되든 과감하게 말을 거는 데 익숙하다. 심지어 영어 한 마디 못하면서도 외국인 얼굴을 뻔히 쳐다보면서 아랍어로 말을 걸기도 한다. 민족 정서가 그런 모양이다. "나는 대학도 못 들어갔지만 이렇게 영어를 하는데 당신은 대학원까지 공부했다면서 왜 영어도 못하는지 모르겠다." 수년 전 이집트를 방문한 한국인에게 현지인이 던진 의문 사항이다. 실전 능력이 턱없이 부족한 한국의 외국어 교육의 단면을 보여주는 장면이다.

그와 달리 아랍 현지의 세계화 교육은 실존 언어 능력을 키우는 면에서도 주의를 기울인다. 이미 초등학교 과정부터 외국어 수업이 병행되는 학교가 적지 않다. 우리가 생각하는 것보다 훨씬 나은 조건과 교육 환경에서 공부하고 있는 학생들도 많다. 요르단의 경우 초등학교 1학년부터 영어 교육이 진행된다. 사립학교의 경우 영어로 진행하는 유치원도 상당수다.

고등학교나 대학과정에 아예 외국계 학교의 분교가 있는 나라들도 많다. 거리의 간판도 영어-아랍어나 아랍어-프랑스어로 표기된 지 오래이다. 대부분의 상점 간판은 영어 아랍어가 병용되고 있고 영어로만 된 간판도 쉽게 볼 수 있다. 리비아가 최근 미국과 화해할 때까지 미국어(영어)로 된 간판이 전혀 없었던 것은 예외적이다. 시리아, 레바논, 모로코, 튀니지 등의 북아프리카 국가들은 프랑스어와 아랍어가 병용되고 있다. 국어 수준에 육박하는 공용어로 자리잡은 지 오래이다. 정부 공문서에도 병용되고 있다. TV나 라디오에서도 영어 방송 시간대가 정해져 있다. 영어권 외국 드라마나 방송 프로그램과 영화는 더빙이 아닌 아랍어 자막 형식으로 방영될 때가 더 많다. 이러다보니 본토 영어를 접할 기회가 우리보다 훨씬 많은 편이다.

아랍어는 흔히 세계에서 가장 어려운 언어라 한다. 그 언어를 정복한 현지인들이 몇 개 외국어를 구사할 수 있다는 것은 이상할 것이 없다. 발음 체계가 받쳐주고(물론 r 발음을 너무 굴린다든가 p 발음에 취약한 이들도 있지만) 외국인 앞에서의 당당함이 뻔뻔함도 받쳐주기 때문이다.

'나쉬드' 인기가 뜨고 있다

작은 북 따르(Tar) 하나면 슬픔과 기쁨, 아픔과 괴로움, 즐거움을 담아낼 수 있다. 아랍지역 어디를 가릴 것도 없다. 사막 한복판에서는 이런 정취를 즐기고 누리는 데 지장이 없다. 이슬람 세계에도 다양한 음악이 존재한다. 대중음악은 경쾌한 장단에서부터 구성진 분위기를 자아내는 리듬까지 다양하다. 그런 반면 종교 음악 분야는 별다른 특이점을 찾아볼 수 없었다. 공식 종교 의식에 음악이 등장하지 않기 때문이다. 이른바 종교음악, 예배음악이라는 것이 없다. 특히 정통파일수록 음악을 멀리했다. 그러나 신비주의 수피 그룹에서는 세마 춤6이라고 부르는 종교적 춤에 음악과 춤이 어우러진다.

"노래는 해도 악보를 볼 줄 모른다. 그래서 합창을 가르치는 것이 쉽지 않다." 아랍 이슬람 지역에서 현지인을 대상으로 음악을 가르치는 한국인 김은숙 씨의 말이다. 서양 악보는 왼쪽에서 오른쪽으로 이어지지만, 아랍어 가사는 오른쪽에서 왼쪽으로 이어진다. 이런 부조화가 서양식 악보에 적응할 수 없게 만들기도 한다. 들을 귀가 발달되어 있는 사람들도 많지만, 자기가 들은 대로 노래를 하는 사람들이 한결 더 많다.

이런 아랍 음악계에 새로운 흐름이 거세지고 있다. 투쟁가와 현대 이슬람 종교음악이 일반 대중음악의 아성을 무너뜨리고 있다.

6_ 수피 춤이라고 불린다. 알라와의 합일을 구하는 종교적인 춤이다.

기독교에는 복음성가나 크리스찬 음악(CCM)[7]이, 불교계는 찬불가 같은 종교 음악이 인기를 끌고 있다. 이슬람에도 당연히 이슬람 종교 음악이 존재한다. 그러나 앞서 말한 것처럼 공식 종교의식에 활용하는 것은 아니다. 이슬람의 종교 음악은 이슬람을 포교하고, 이슬람의 선지자 무함마드를 칭송하고 무슬림으로서의 덕스러운 삶을 고백하거나 가르치는 노래들이다. 이슬람 종교 음악은 흔히 '나쉬드'로 일컫는다. 기독교의 기독교 음악이 예배를 돕거나 예배와 연결된 경우가 많다면 이슬람 음악은 무슬림의 예배 순서 안에 들어와 있지 않다. 무슬림 사이에서 누려지는 음악일 뿐이다. 무슬림 예배에 이슬람 음악은 존재하지 않는다. 악기도 사용되지 않는다. 꾸란의 낭송은 물론 기도시간 안내 아잔,[8] 종교시 낭송에 다 운율이 담겨 있다. 물론 악기 사용은 금지되거나 배제되어 있다. 수피 같은 무리들은 별도의 이슬람 종교 음악과 악기를 활용하고 있다.

악기 사용을 금하고 있는 전통적인 이슬람 음악 정신에 따라 나쉬드는 주로 초기부터 아카펠라로 불렸다. 아니면 주로 이슬람의 북(다프)을 이용하는 것이 전부였다. 장단은 단순 명쾌한 특징을 가지고 있었다. 그러나 최근 나쉬드 음악계는 큰 변화를 겪고 있다. 연주에 동원되는 악기 '제한'이 없어졌다. 아니 기존의 고정관념을 파괴하고 있다. 모든 가능한 악기를 동원하여 화려하고 장엄한 분위기를 갖추고 있다. 덕분에 무엇이 진짜 '나쉬드'인가 하는 논쟁도 벌어지고 있다.

무슬림 개종자 다우드 와른스비 알리(34세, 캐나다인), 사미 유수프 같은 대표적인 나쉬드 가수들이 현대적인 음악 기법을 활용하고 있다. 그 반면에 악기를 전혀 사용하지 않는 나쉬드 그룹도 있다.

나쉬드 음악계의 대표적인 가수 중 한 명인 사미 유수프(26세)는 이슬람 국가인 이란계(그러나 그의 핏줄은 아제르바이잔이다) 영국인이다.

7_ CCM은 Contemporary Christian Music의 약자이다. 현대 기독교 대중음악으로 옮길 수 있다.
8_ Azan 또는 Adhan으로 적는다.

이미 수년 전부터 나쉬드 음악으로 이슬람 세계에서 인기를 얻고 있다. 2003년 첫 앨범 <알무알림>(선생님)에 이어 2005년 발표한 <나의 움마> 등이 있다. 음악의 소재로는 하나 됨, 이슬람의 영성 같은 소재는 물론이고 히잡 착용에 얽힌 누이의 갈등, 인간애, 테러 같은 현실적인 소재도 다루어진다.

나쉬드를 잠시 들여다보자. 곡명을 추려보았다. <당신은 전혀 혼자가 아니예요!>, <울지 않도록 해요>, <자애로우신 이는 누구인가>, <무함마드>, <기도하세요>, <우리는 결코 굴복하지 않으리>, <히라 동굴>, <알라>, <묵상>, <평화의 속삭임>, <선지자의 손에>, <나의 형제여>, <카디자!>, <알라께 감사드리라>, <우리는 당신의 종들>, <메카의 산들>, <무슬림의 마음>, <순례>, <인내와 감사>, <내가 보챌 때 나를 용서하소서>, <메디나 시>, <A, 알라의 A>, <샤이딴(사탄)>, <내가 여기 있나이다>, <염원>, <자유>, <알라의 사도시여!>, <경애하는 선지자!>, <기도하세>, <알라의 99가지 이름들>, <영광의 땅에서> 등 다양한 소재들이 나쉬드를 구성하고 있다.

현대 나쉬드 음악계를 이끌고 있는 것은 아랍 세계 내에서 활동하고 있는 무슬림 가수들과 영어권 무슬림 가수들이다. 그러나 엄밀한 의미에서 영어권에 살고 있는 무슬림 음악인들이 나쉬드의 세계화에 성공하고 있다. 영어권 나쉬드 가수들은 자신들의 노래를 통해 유럽인들의 반이슬람 시각을 교정하는 데 일조하고 있다고 자평하고 있다.

니쉬드의 인기 상승은 뒤숭숭한 이슬람 세계의 충격의 여파로도 평가된다. 2001년 9·11 이후 유럽과 미주의 무슬림들이 겪은 고통은 물론이고 아프간 전쟁과 이라크 전쟁 등을 겪으면서 무슬림들의 자성과 종교적 집중 현상이 일어난 결과에 빚을 지고 있다.

나쉬드는 아랍 위성방송에서 대세를 장악하고 있는 아랍 음악 전문 방송과는 정반대의 코드를 가지고 있다. 종교적인 아랍 무슬림들은 아랍 음악 전문 방송을 세속적이고 저속하며 음란한 방송으로 비난하고 있다.

나쉬드 음악의 활성화는 앞서 언급했던 것처럼 영어권 무슬림 가수들의 역할이 컸다. 다른 한편으로는 유럽의 기독교 음악도 이슬람 종교 음악인 나쉬드에 직간접적으로 많은 영감을 안겨주고 있다고 평가할 수 있다. 한편 나쉬드의 인기 상승은 무슬림으로서의 정체성이 강하지 않은 이름뿐인 명목상의 무슬림 연예인들조차 종교 음반을 내거나 방송에서 나쉬드를 부르는 유행을 낳기도 한다. 나쉬드는 상업적으로 이용하는 경우라며 종교적인 무슬림들은 냉담한 반응을 보이고 있다. 마치 비기독교인들이 성탄절 같은 시기에 방송에서 '캐럴'이나 성탄절 찬송을 부르는 것과 비슷한 일이다.

투쟁가요의 확산   그 중심에는 팔레스타인의 하마스나 파타 진영, 레바논 헤즈볼라의 진군가와 투쟁가가 자리하고 있다. 특히 주목받는 것은 헤즈볼라의 투쟁가이다. 대중음반 시장에 큰 영향을 미치고 있다. 헤즈볼라의 투쟁가는 이미 새로운 음악 문화코드로 자리잡고 있다. 헤즈볼라 투쟁가요를 주로 보급하는 한 음반사는 매년 100만여 장의 음반(CD와 카세트테이프)이 팔려나갔지만 2006년 5월 한 달 이상 계속된 헤즈볼라와 이스라엘과의 전쟁 이후 음반 판매량이 50% 이상 증가했다. 물론 공식적인 이야기이다. 여기에 무단 복제판의 확산을 고려하면 큰 변화를 보여주는 것이다. 아랍판 민중가요, 운동가요의 확산이라 할 수 있다.

19. 전통을 향하여

아랍 이슬람 세계에도 많은 전통이 있다. 종교 전통도 있고 사회 관습에 바탕을 둔 결혼 전통 등 여러 종류의 전통이 있다. 그러나 아랍 이슬람 세계도 변하고 있다. 옛 전통이 사라지고 새로운 전통이 자리 잡는가 하면, 전통의 모양과 그 태도가 변하기도 한다. 아랍 이슬람 세계에서 변하는 전통을 극적으로 보여주는 것이 있다. 바로 이슬람 명절의 하나인 라마단 전통이다. 라마단 전통에 얽힌 현장 묘사를 통해 변하는 아랍 이슬람 사회를 맛볼 수 있다.

라마단에는 조심조심

"더도 말고 덜도 말고 라마단만 같아라." 한 달간의 라마단 금식에 쾌재를 부르는 아랍 무슬림들도 많다. 대형 슈퍼마켓은 물론이고 동네 야채가게, 과일 상점, 푸줏간과 닭집도 손님들로 붐빈다. 해질녘을 30-40분 남겨둔 오후 5시경[9]부터는 KFC나 맥도널드, 버거킹 등 패스트푸드 전문점은 음식을 주문하는 이들로 장사진을 이룬다. 먹는 장사는 평소보다 30-40% 이상의 매상을 올리는 분위기이다. 해가 지면 금식을 풀고 식사를 하려는 사람들이 한꺼번에 몰리기 때문이다. 묘한 것

9_ 각 지역마다 일몰시각이 다르다.

은 단축근무로 텔레비전 시청시간이 길어져 라마단 기간에 가구점과 위성수신기 설치업체도 상한가라는 점이다. 아이들도 쾌재를 부른다. 금식을 하지 않는 초등학생들은 단축수업 때문에 평소보다 더 많이 놀 수 있다.

라마단 한 달 동안 무슬림들은 해 있는 동안 먹고 마시는 것이 금지되어, 담배의 유혹도 하루 내내 떨쳐야만 한다. 가끔씩 금단현상으로 고통스럽기도 하지만 하루하루 금식을 마쳐간다는 성취감도 만만치 않은 모양이다. 라마단 낮 금식은 골초들에게는 고난의 연속이다. "그러면 아예 이번 기회에 담배 끊어"라는 내 말에 "그래도 그게 잘 안 된다"며 웃는다.

요르단에 온 지 얼마 안 됐을 때다. 한 경찰이 "길거리에서 먹고 마시면 걸립니다"라고 경고했다. "무슬림이 라마단 금식을 어겼다고 처벌을 받는 것은 이해가 돼요. 하지만 외국인인데도 대낮에 남들 보는 곳에서 먹고 마시면 걸리나요?" "예, 한 달간 구류를 살아야 해요." 힘들긴 하지만, 무슬림의 성스러운 기간인 라마단의 문화를 편견 없이 존중해야 한다는 점에는 동의했다. 어느 날 아무 생각 없이 입 안에 먹을 것을 오물거리면서 집을 나섰다. 그런데 골목길에서 오가는 사람들이 인사를 하면서도 의아한 표정을 감추지 못하는 것이 아닌가. 문득 떠오른 생각 "아뿔싸! 남들 보는 데서 먹으면 안 되잖아."

라마단 기간에는 차 운전하기도 힘들다. 집에 빨리 가서 허기를 채우려는 사람들이 많아 난폭운전이 증가하기 때문이다. 차선위반이나 끼어들기는 기본이다. 중앙선을 넘어 버젓이 차를 몰고 오는 사람들도 많다. 울려대는 자동차 경적소리와 벗하며 한두 시간 차를 몰다가 집에 돌아오면 이내 파김치가 되고 만다.

그러다보니 라마단 기간 동안 외국인들은 조심스러운 면이 많아진다. 낮 시간 동안 친구를 초대한다거나 비즈니스 상담도 금물이다. 밀린 끼니(저녁부터 새벽 4시까지 세끼를 다 먹는다[10])를 먹기 위해 잠을 설치기 때문에 아침은 졸음과 싸우는 이들이 많다. 지난해였다. 라마단이 끝나갈 무렵 미국을 잠시 방문했다. 공항에 도착했더니 사람들이 저마다 먹고 마시고 담배 피우고 있는 것이다. 순간 나는 놀라고 말았다. "저 사람들 저러면 안 되는데…. 경찰에 잡혀갈 텐데…" 하며 걱정스러운 마음이 들었다. 내가 요르단을 벗어나 있다는 것도 잊고 있었던 것이다.

금식과 폭식의 두 얼굴

한 달간 2교대 근무를 하는 듯한 피곤함과 심각한 명절 증후군을 겪는 무슬림들도 있다. 한편에선 음식 소비량과 상품 매출액이 최고로 치솟는 '과식과 쇼핑'의 시기이기도 하다.

무슬림들이 해마다 금욕과 자기 성찰의 달로 보내는 '라마단'이 막을 내렸다. 하지만 라마단의 후폭풍은 쉽게 가시지 않는다. 고등학교 윤리교사인 마으문(32)도 이런 이들 가운데 한 명이다.

마으문과 시린의 고단한 하루를 보자. 마으문은 라마단 기간 동안 아침 7시에 피곤한 눈을 비비며 잠자리에서 일어났다. 세수를 하고 집에서 가까운 곳에 있는 학교로 출근하면서 긴 하루가 시작됐다. 수업 시간에 조는 학생들이 태반이지만 뭐라 할 것이 못 된다. 라마단 기간에는 으레 학습능률이 떨어진다. 이 기간에는 아예 시험도 치르지 않는다. 어차피 학생들이 공부할 분위기가 아니기 때문이다.

라마단 기간 동안 학교에는 공식적으로 점심시간이 없다. 한 달 내내 단축 수업이 진행된다. 수업도 낮 12시께면 끝난다. 마으문은 오후 1시30분 귀가해 간단하게 씻고는 바로 낮잠에 빠져든다. 그리고 오후 5시 안팎에 일어나 세수하고 정신을 차리고, '이프타르'(낮 금식 이후에 먹는 식사)를 기다린다. 오후 6시가 조금 지나자 사원과 방송에서 일몰 시각을 알리고, 하루 동안의 금식시간이 끝났음을 알려주는 방송이 들

10_ 먼동이 트기 전까지의 시간으로 각 지역마다 다르다.

려온다. 그야말로 '브레이크 패스트'(break-fast, 금식을 끝냄)다.

식사를 한 뒤에는 부모님이나 친척, 친구들을 찾는다. 이어 느지막이 집에 돌아와 라마단 특집 방송을 본다. 올해도 예년처럼 테러에 대한 경각심을 담은 드라마가 주를 이루었다. 위성방송을 통해 미국 영화도 쏟아진다. 그러나 잠을 자는 것이 약이다 싶다. 밤 11시 전후한 시각이면 잠자리에 든다. 하지만 하루가 끝나는 것은 아니다. 새벽 4시30분께 다시 일어나 금식 시작 전에 마지막으로 먹는 식사 '수후르'를 먹고, 새벽 5시가 조금 지난 시각에 다시 잠을 청해 아침 7시 일어난다. 또 다른 하루의 시작이다.

맞벌이 교사인 마으문의 부인 시린(27)의 고단한 하루는 퇴근 즉시 '이프타르' 준비에 들어가면서 본격적으로 시작된다. 오후 내내 음식을 장만하고, 저녁 식사를 하고, 밤 나들이 다닐 때 동행하고, 세 살배기 아이를 챙기다 보면 하루하루 피곤은 쌓여만 간다. 몸도 찌뿌드드하고 머리도 아프고 온몸이 나른하지만 달리 방법이 없다. 이른바 이슬람판 '명절 증후군'이다. 출근해서도 종종 무거워지는 눈꺼풀을 어찌할 수 없다.

전업주부라면 가족이 다 집을 나선 오전 중에 단잠을 청할 수도 있다. 하지만 맞벌이 주부로서는 엄두도 못 낼 일이다. 음식 장만할 때 잔손이 가는 일은 남편이 도와주기도 하지만 그것이 해결책은 아니다. 음식 장만의 대부분은 시린의 몫이기 때문이다. 라마단 기간에 고부갈등이 심해지고 부부싸움이 잦아지는 이유다. 그나마 시린은 시집 쪽 일을 특별하게 거들지 않아도 돼 한숨 돌릴 수 있는 처지다.

이슬람권에서 라마단은 그저 종교적 행사가 아니다. 종교활동의 범위를 넘어 일상의 시선으로 라마단을 들여다보면, '라마단 증후군'을 어렵지 않게 확인할 수 있다. 라마단 한 달은 낮에도 밤에도 분주하게 지내는 기간이다. 공식적인 금식이 진행되는 낮 시간 동안에도 사회활동이 중단되지 않는다. 낮 시간 동안 사회 활동을 하고 밤 시간 동안 먹고 마시다 보니, 라마단 기간엔 심신이 지쳐 있는 무슬림들을 쉽게 만날 수 있다. 한 달 동안 하루를 쪼개 '2교대 근무'를 하는 셈이기 때문이다.

라마단 증후군은 우리의 '명절 증후군'보다 심각하다. 이와 관련한 연구 결과들을 보진 못했지만, 라마단 증후군으로 미루어 짐작할 만한 사례들은 주변에 널려 있다. '용어'는 없어도 '현상'은 존재하기 때문이다. 주부, 남편, 노부모, 미혼남녀 등 처지에 따라 약간의 차이가 있지만, 이른바 '라마단 증후군'을 겪는 경우가 허다하다. 음식이 얹힌 것 같다(소화불량), 이유 없이 짜증이 난다, 머리가 아프다(긴장성 두통), 가슴이 답답하다, 불안하다, 팔다리가 쑤시고 아프다, 우울하다, 잠을 이루기 어렵다(불면증)…. 심리적 부담으로 인한 다양한 고통이 표출된다.

이슬람 사회도 변하고 있지만 여전히 남성 중심의 전통문화가 주를 이루고 있다. 불평등한 남녀관계에 따른 불만이 커지고, 과다한 일거리로 인한 스트레스, 일가친척들이 모이는 번잡스러움, 비용 부담 등으로 인한 어려움도 어렵지 않게 목격하고 있다. 시린처럼 무슬림 주부들이 라마단 증후군을 겪는 가장 큰 이유는 라마단 한 달 동안 낮과 밤을 가리지 않고 이어지는 음식 장만을 꼽을 수 있다. 반면 남성들은 주로 선물 장만이나 용돈 주기와 같은 경제적 부담으로 골머리를 앓는다. 라마단 기간에 일가친척들이 오면 아이들에게 선물이나 용돈을 주는 풍습이 있기 때문이다. '체면 문화'가 여전한 탓에 빈손으로 돌려보낼 수 없으니, 라마단 기간 내내 경제적 부담이 크다.

라마단 기간에 '심야 폭식'으로 인한 체중 증가도 스트레스 요인이다. '금욕의 달' 라마단엔 오히려 평균 음식 소비량이 평소보다 30-40% 이상 증가한다는 게 일반적인 평가다. "폭식은 건강에도 안 좋고, 바르지 못한 라마단 수행 태도"라는 지적이 끊이지 않음에도, 낮 동안 굶었던 이들은 밤에 과식을 하게 마련이다.

라마단을 축하하는 풍습도 바뀌고 있다. '라마단 카드'는 이제 어엿한 문화상품이 됐다. 인터넷 공간에선 'e카드'가 유행한다. 집집마다 상점마다 형형색색의 라마단 장식등은 밤이 되면 더욱 축제 분위기를 돋운다. 캐럴만 없다 뿐이지 기독교의 크리스마스를 연상시키기에 충분하다. 신문과 방송, 각종 전단지마다 라마단 특수를 노린 광고가 넘쳐난다. 라마단 특수는 일 년 매출액의 30-40%를 차지한다. 라마단이 "과식과 쇼핑의 시간으로 전락했다"는 탄식이 나오는 것도 이 때문이다.

이슬람권에서 전통을 중시하는 무슬림들에게 라마단은 여전히 중요한 종교적 의무를 수행하기 위해 절제하고 엄수해야 할 명절임이 분명하다. 라마단 기간에 이프타르(Iftar)와 수후르(Suhur) 외엔 음식물을 입에 대지 않고 사원에서 기도를 하는 신실한 이들이 여전히 적지 않다. 하지만 이슬람 사회도 변하고 있다. 라마단은 더 이상 종교의 영역에만 갇혀 있지 않고, 일상생활 전반에 영향을 끼치는 '사회현상'으로 변하고 있다. 현대 이슬람 사회에서 '금식월' 라마단이 가지는 의미는 금식과 폭식, 절제와 과소비의 갈림길 어딘가에서 찾아볼 수 있을 게다.

라마단 후일담, 밥보다 잠

기도하느라 잠을 설치고 먹느라 잠잘 틈이 없다. 금식월 뒤 밀려드는 잠·잠·잠, 밥보다 잠이 더 고프다. 전세계 무슬림들은 해마다 라마단을 맞이한다. 2009년도 헤지라력 1430년도 라마단은 8월 22일부터 9월 20일까지(지역마다 하루 이틀의 라마단 기간 시작에 차이가 있다) 진행되었다.

라마단 금식월이 끝나면 여러 가지 풍경이 펼쳐진다. 금식월 덕분에 가장 결핍된 것은 영양이 아니라 '잠'이다. 라마단 한 달간 낮과 밤 없이 지낸 덕에 잠잘 틈이 없다. 경건과 절제 훈련을 하느라 잠을 설치기도 하지만, 낮 동안 참았던 음식을 해 진 뒤 먹고 마시느라 잠잘 틈이 없는 이들도 있다. 많은 무슬림들은 이런저런 사연을 안고 라마단 기간 내내 졸음과 싸우면서 낮과 밤을 보낸다.

아이 돌보랴 음식 장만하랴, 한 달 내내 피곤한 삶이 주부들의 몫. 싸이드(38)는 라마단 기간 동안 아침 7시에 피곤한 눈을 비비며 잠자리에서 일어났다. 세수를 하고 잠시 숨을 고른 뒤 8시쯤에 조금은 한적한 거리를 차로 5분여 달려, 자신의 일터인 암만 시내 중심지에 자리한 문구용품 도매상점으로 향했다. 오후 4시 전후해 다시 집에 돌아온 싸이드는 간단하게 몸을 씻고 라마단 금식을 마치고 처음 먹는 식사 '이프타르'(Iftar) 전까지 잠시 잠을 청한다. 아마도 1시간 안팎은 되는 것 같다. 이프타르를 한 다음 같은 건물 윗층에 사시는 부모님을 찾아 가족들과 시간을 같이한다. 싸이드는 4층 건물에 부모님과 형제들과 한 층씩 자리 잡고 살고 있다. 새벽 4시 전후한 시각에 잠자리에 든다. 그전 금식 들어가기 전에 마지막으로 먹는 식사 '수후르'를 가볍게 먹은 뒤의 일이다. 아침 7시가 조금 지난 시각에 다시 일어나 출근 준비를 한다. 이렇게 하루하루 라마단을 살아갔다.

와파(29)는 삼남매를 둔 6년차 전업주부이자 싸이드의 부인이다. 남편이 출근하고 아이들이 학교에 간 뒤 설거지와 집안 정리를 하느라 잠잘 겨를이 없다. 잠시 잠이라도 청할라치면 7개월 된 나예프가 보챈다. 그나마 오전 중에는 잠시라도 단잠을 청할 수 있다는 것이 다행이다. 아이들 돌보랴, 라마단 음식 장만하랴, 금식월 내내 피곤이 쌓여 있다. 새벽 3시 안팎까지 밤잠을 자지 못하고 버텨야 하는 하루하루는 쉽지 않다. 거의 날마다 친척을 초대하거나 초대받아 오가곤 한다. "음식 장만할 때 간을 볼 수 없기에 그냥 감각으로 음식을 장만해야 한다. 완전한 금식은 낮 시간에 음식의 간을 보는 것조차 금지되기 때문이다." 라마단 기간 내내 평균 잡아 하루에 4-5시간은 자는 것 같다.

라마단 기간에 만나게 되는 아랍 이슬람 지역의 현지인들은 공통적으로 수면 부족을 언급한다. 명절에 먹고 마시면서 날밤을 새우는 사람들도 졸리지만, 경건하게 라마단을 지키려는 이들도 졸린 것은 매한가지다. 때에 따라 사원에 가서 기도도 하고, 꾸란도 읽고, 정성껏 금식을 지키다 보면 속은 개운해도 잠에 빠져드는 것을 어찌할 수 없다. 게

다가 불규칙한 생활로 라마단 기간에 불면증에 시달리는 이들도 있다. 그야말로 불면과 수면, 졸음과의 전쟁이 벌어지는 셈이다.

이사(52)는 2년 전 메카 성지순례까지 다녀온 정부 공무원으로 사남매의 아버지다. 라마단 기간동안 단축 근무를 한 덕분에 평소 8시에 출근하던 직장에 9시에 출근한다. 그는 라마단 금식 정신을 잘 지키려고 애를 쓴다. 이사는 라마단 기간에 이프타르와 수후르(Suhur) 외엔 음식물을 입에 대지 않았다. 그것은 "절식에 의미가 있는 까닭이고 급한 식사와 과식이 건강에도, 라마단 전통 지키기에도 해롭기 때문"이다. 정해진 시간에 출퇴근을 해야 하는 것은 또 다른 도전이다. 초등학교 4학년과 5학년에 다니는 우르바와 제이나 두 귀여운 딸, 고등학교 졸업반인 함무데(17)와 대학생 무하마드(20)의 등하교도 도와야 한다. 2년 전부터는 초등학교 4학년인 막내 우르바도 라마단 금식에 참여했다. 대개 10살 정도가 되면 라마단 금식에 참여시킨다. "어릴 때부터 라마단 금식에 훈련이 되지 않으면 커서는 더욱 힘들다"는 이사는, 우르바가 힘들어하면서도 잘 견뎌낸 것이 대견하단다. "졸린 것이 힘들다. 운전 중에도 순간순간 졸음운전을 하곤 한다." 퇴근해 잠시 쉬었다가 이프타르를 한 다음 자정 무렵까지 잠을 청한다. 다시 일어난 이후에는 밤을 지새운다. 수후르를 먹고 난 다음에 다시 잠을 청하는 이들도 많지만, 이사는 뜬눈으로 있다가 아침 출근을 한다.

그런데 라마단 기간 내내 늦은 새벽까지 무엇을 하면서 시간을 보낼까? "새벽 2-3시가 될 때까지 이런저런 이야기를 나누거나 TV를 본다"는 싸이드의 말처럼 대화와 영상물 시청은 라마단 밤문화의 필수적인 도구다. 위성방송은 라마단 특집 방송으로 가득 차 있다. 프로그램은 드라마와 영화가 대세다. 사람들은 TV의 라마단 특별 프로그램에 몰입하곤 한다. 방송사들은 라마단 한 달 동안 시청률 경쟁에 매달린다. 광고수입이 달려 있기 때문이다. 주로 드라마로 승부를 건다. 아랍·이슬람 지역의 경우, 정보를 얻는 주요한 경로가 TV 같은 영상 매체다. 특별 프로그램들이 있는 한, 시간 보내기에는 문제가 없다. 시내 곳곳의 DVD 판매점에 가면 극장 개봉 중인 최신 영화조차 우리 돈 1,500원 정도에 구입할 수 있다. 물론 무단 복제품이다. DVD 판매점이 호황을 누리는 것을 보면 라마단의 저녁시간 보내기가 내수 경기를 살리는 듯하다.

수면 부족으로 힘들어하는 이들이 많은 라마단 기간 중에 택시를 타는 것은 때로 위험천만한 모험이다. "오늘도 택시를 탔는데, 아침부터 운전기사가 졸음운전을 하는 게다. 사고를 당할 뻔했다." 요르단 생활 2년차인 한 한인 거주자는 라마단 기간 중의 졸음운전을 자주 목격한다고 했다. 평소보다 과속하는 차량들이 눈에 많이 보인다. 신호가 바뀌었는데도 꿈쩍 않는 차량들도 목격된다. 운전자가 신호대기 하는 그 짧은 순간에도 꾸벅꾸벅 조는 경우가 있는 것이다.

라마단이 끝나면 나흘간의 달콤한 연휴, '이둘 피트르'(이드 Eid ul-Fitr)가 이어진다. "명절 연휴, 그럼 밀린 잠이나 자볼까?" 그러나 그런 엄두도 내지 못한다. 더욱 분주하고 돈도 많이 드는 일과가 기다리고 있기 때문이다. 아이들에게 새 옷을 입히고 명절 음식을 나눠 먹고 연휴 내내 가족들과 친지들을 방문하고 초대하는 일이 연휴의 가장 일반적인 일상이다.

경건한 졸음, 불경건한 졸음이 뒤엉킨다. 해마다 한 달간의 알찬 라마단 금식을 마칠 이들은 더할 나위 없는 축복된 기억으로 가득 찰 것이다. 일종의 종교적인 성취감도 얻는다. 절제와 경건을 훈련할 수 있었기 때문일 것이다. 그러나 라마단은 더 이상 종교의 영역에만 갇혀 있지 않다. 라마단 정신 없이도 라마단이라는 명절과 절기가 이어지고 있는 것 같다. 일상생활 전반에 영향을 끼치는 일종의 '사회현상'으로 변하고 있다. '금식월' 라마단은 허기와 졸음을 이겨내야만 한다. 경건한 졸음과 불경건한 졸음, 그 깊이의 차이가 있을지 모르지만, 깊은 단 '잠'에 빠지고픈 갈망은 유혹이다.

20. 세속화를 향하여

무슬림 이름을 가지고 무슬림 가정에서 태어나 자랐고, 이슬람 교육을 받으며 성장했다. 그렇지만 평생 사원을 가지 않는 이들도 많고, 일 년에 한 차례도 이슬람 사원을 가지 않거나 활동을 하지 않는 무슬림들이 늘고 있다. 그래도 이들도 법적으로 문화적으로 무슬림이다. 정통 교리에 충실한 사람이지만 종교적이지 않은 이들보다 더 세속적일 수 있다. 세속적이라는 단어는 세상의 일반적인 풍속을 따르는 또는 그런 것이라는 의미로 풀이한다. 정통교리에서 금지하거나 권장하지 않는 말과 행동을 하는 것을 세속적이라고 할 수 있다. 막 기도를 마치고도 아무런 거리낌 없이 손님을 속일 수도 있다. 라마단 금식을 하면서 바가지를 씌우거나 서로 싸울 수도 있다. 알라의 이름을 걸고서도 거짓말로 맹세를 할 수 있다. '왈라히'(맹세코)라고 목에 힘을 주고 자신이 독실한 무슬림이라고 하는 이들로부터 속은 적도 적지 않다. '예'는 예라고, 아니면 '아니'라고 말할 수 있는 사람이 더 정직한 경우도 보았다.

명목상의 무슬림

이름뿐인 무슬림들도 우리들은 무슬림으로 간주한다. 그러나 종교를 거부할 자유가 없는 이슬람권의 특성을 고려하면 현실은 복잡하다. 몇몇 연구 자료에 따르면 이른바 이슬람 종교활동에 무관심한 명목상의 무슬림 인구 비율이 80% 안팎에 이른다. 물론 연구 방법과 시기, 지역에 따라 차이는 있다. 그렇지만 일 년에 한 번도 이슬람 사원에 가지 않는다는 비율이나 중요한 이슬람 절기에도 사원을 찾지 않는다는 응답자를 명목상의 무슬림으로 간주할 수 있다.

만수르 모앗델(Mansoor Moaddel)을 비롯한 연구자들의 레바논인의 인종성과 가치관에 관한 연구 결과를 보면 그 실마리를 찾아볼 수 있다. 무슬림은 하루 5번씩 기도한다는 고정관념이 편견이라는 것을 알 수 있다.

사원 출석	수니파	시아파
전혀 가지 않는다	25%	21%
가끔 참석한다	20%	16%
1년에 한 차례 정도 간다	2%	2%
명절에만 간다	10%	7%
한 달에 한 번 정도 간다	6%	2%
한 주에 한 번 정도 간다	18%	27%
한 주에 한 번 이상 간다	19%	26%

아랍 이슬람 세계와 맞닿아 있는 이란은 아랍 세계의 내면을 짐작할 수 있도록 돕는다. 이슬람 신정 체제를 유지하고 있는 이란은 BBC 방송의 조흐레 솔레이마니(Zohreh Soleimani)[11]의 보도에 따른다면 이슬람 국가 중 가장 낮은 사원 출석률을 보여준다. 이코노미스트지[12]의 보도에서 인터뷰에 응한 이슬람 성직자는 70%의 이란인이 기도에 무관심하고, 단지 2%도 안 되는 이들이 금요일 사원 예배에 참여하고 있다고 말한다.

11_ 2008년 10월 1일 BBC 방송은 <혁명의 아이들>이라는 제목의 다큐멘터리를 방송했다.
12_ 2003년 1월 16일자.

2005년 5월 LA에서 열린 미국 심리학회 연례 세미나에서 사회학자 제레미(Jeremy Ginges)가 발표한 자료가 있다. 1999년 5월 예루살렘 미디어와 커뮤니케이션 센터가 팔레스타인 지역에서 조사한 자료가 인용된 것이다. 자료에 따르면 팔레스타인 아랍 무슬림의 사원 출석 현황을 알 수 있다. 응답자의 60% 정도가 사원 출석에 큰 관심을 두지 않고 있다.

　　명절에만 사원을 찾는다(24%).
　　명절과 금요일에 사원을 찾는다(36%).
　　매주 한 차례 이상 사원을 찾는다(22%).
　　하루 한번 정도 사원을 찾는다(18%).

　　이슬람 본토 무슬림들의 사원 출석률도 그렇지만, 이민사회 무슬림의 사원 출석률 또한 그리 높지 않다. 통상적으로 이민사회나 교회 같은 종교기관 출석률이 높게 나타나곤 한다. 그것은 교회가 종교활동 외에도 만남과 정보교환 등의 다양한 역할을 기대하는 이들이 찾고 있기 때문이다. 네덜란드의 경우 전체 무슬림 82만여 명 가운데 절반 정도가 사원 출석을 전혀 안하거나 거의 안하고 있다. 1/4 정도의 무슬림이 매주 한 차례 이상 정기적으로 사원을 찾고 있다. 프랑스의 경우도 이와 크게 다르지 않다.

"별자리 운세로 하루를 보람되게!"

　　"1967년 3월 1일생입니다." "사자자리네요, 로맨틱하고 조용하며…." 2009년 5월 17일 아침, 요르단의 로타나 방송을 듣고 있었다. 그런데 청취자들과 전화 연결을 통해 별자리를 맞춰주고 별자리에 얽힌 '운'을 말해주는 것이었다.
　　아랍 신문이나 잡지 한쪽과 온라인 사이트에 약방에 감초처럼 자리하고 있는 것이 있다. "오늘의 별자리 운세"이다. 물론 서양 별점으로 오늘의 하루를 점쳐보는 것이다. 물병자리, 물고기자리, 양자리, 황소자리, 쌍둥이자리, 게자리, 사자자리, 처녀자리, 천칭자리, 전갈자리, 궁수자리, 염소자리… 서양 별자리 운세와 같다.

무슬림들은 우상숭배도 안 하는데 별점을 보다니! 이상하게 생각할지 모른다. 그러나 현지 언론에 별자리 운세 이야기가 빠지지 않는 것을 보면 현지인들이 이것을 즐기고 있거나 최소한 거부감을 드러내지 않는 모양이다. 그렇지 않고서야 이렇게 모든 매체마다 별자리 점괘로 가득 채울 수는 없는 일이기 때문이다.

무슬림이 별자리 운세를 흥미로든 재미로든 접하는 것을 두고 종교적 금기 '하람'이며 불신앙 '쿠프르'라고 말한다. 쉐이크 싸에드 무함마드나 쉐이크 유수프 알까라다위 같은 이는 "진정한 무슬림이라면 별자리 운세를 기웃거리지 않는다." 선지자의 언행록인 하디스에 따르면 "운세를 보는 무슬림의 기도는 40일간 응답되지 않을 것이다"라고 말하기도 한다.

그럼에도 불구하고 별자리 운세에 관심 갖는 이들이 늘어가고 있다. 아랍 무슬림들 가운데 별자리 운세 보기가 늘어나는 것은 해외에 체류 중(이민자, 이중 국적 보유가 가능하다)이거나 체류 경험을 가진 현지인들의 영향도 적지 않다. 요르단의 경우 2004년 한 해 동안 출국한 자국민의 수가 130만 명 이상이었다. 다른 한편으로는 명목상의 무슬림들에게 별자리 운세 보기나 무속적인 요소들은 성가신 일이 아닐 것이다.

도박과 요행

이른바 종교적 금기라는 것이 있다. 도박은 일반적인 의미에서 이슬람의 종교적 금기사항에 속한다. 그러나 금기 위반이냐 오락이냐를 두고 설왕설래한다.

배팅족, '인터넷 원정 도박'도 불사한다. '이르바하!(일어봐?!)' 우리말로 치면 '돈을 따라!'에 해당하는 도박장이나 경품 사이트의 구호이다. 도박을 허용하지 않는 이슬람 세계에서 상상하기 힘든 구호로 생각할지 모른다. 중동에서 도박은 법적으로나 종교적으로 금기사항이고, 레바논을 제외한 대부분의 아랍 국가들은 공식적으로 오프라인 카지노도 허용하지 않는다. 이를 어기면 엄한 처벌이 뒤따른다. 그럼에도 일부 도박은 합법적으로 허용이 되고 있고, 일부 국가에서는 도박장이 성행하고 있다. 혹시나 하는 마음으로 도박에 손을 대는 이들도 늘고 있다.

온라인 이야기이다. 대부분의 나라에서 도박 사이트 개설은 금지되어 있다. 아랍지역에서는 내수용이든 외수용이든 도박 사이트를 개설하면 금세 추적을 받고, 이내 폐쇄되어 버린다. 대부분의 아랍 국가에서 공식적인 아랍판 사이버 도박장이 존재하지 않는 것도 이런 이유 때문이다. 인터넷 검열이 심한 나라에서 인터넷 도박장도 접근금지 대상이다. 그러나 경품을 내거는 게임 형태의 도박들은 늘어가고 있다.

마음만 먹으면 인터넷 도박을 하는 것은 어렵지 않다. 외국에서 개설돼 아랍어나 영어로 서비스되는 치고 빠지는 도박 사이트에 접속하는 내국인 이용자의 실태도 파악하기가 어렵다. 게다가 요르단 등 일부 아랍 국가들은 정부가 인터넷을 통제하지 않고 있어 도박 사이트에 접속하는 것은 식은 죽 먹기이다. 국제전화요금도 아랍지역을 단일권으로 규정해 동일 요금을 적용하기 때문에 싼 편이다. 아랍의 도박꾼들은 이집트나 레바논, 요르단 등의 인터넷서비스제공업체(ISP)를 이용해 도박 사이트에 접속한다. 사이버 세계가 막 붐을 타고 있는 까닭에 아랍지역 대부분의 나라들은 관련 법규나 제도적 장치가 완비되지 않은 상황이다. 요르단에도 경찰청 안에 컴퓨터범죄단속반을 구성했지만 아직까지 활동성적은 미미한 편이다.

오프라인 도박장도 늘고 있다. 이유인즉 관광객 유치이다. 카지노

도박장이 법적으로 허용된 나라들로는 팔레스타인 자치지구와 이집트, 레바논 등이 대표적이다. 특히 이집트에서는, 형식상으로 내국인에게는 금지되어 있지만, 실제 카지노와 사이버 카지노가 모두 허용되고 있다. 이집트의 카지노는 메리요트, 나일 힐튼, 쉐라톤, 뫼벤빅 등의 고급 호텔에서 운영하고 있다. 그러나 내외국인 출입에 제한을 두고 있지 않다.

복권족, "다음은 당신 차례입니다." 소박한 수준의 도박은 확산되어가는 복권과 경품권이다. "대박을 기대하십시오! 내일 추첨입니다. 몇 장 안 남았습니다." 요르단 암만의 거리는 물론이고 아랍 국가를 가다보면 다양한 복권 판매상을 볼 수 있다. 축구복권, 주택복권 등 복권의 종류도 다양해지고 대형 매장에서 내걸고 있는 자동차 경품권 같은 경품 복권도 늘고 있다. 신문이나 길거리 광고에도 복권 당첨자들을 소개하면서 복권 구입을 권유하는 광고 문안들을 자주 볼 수 있다. 금액이 큰 경우는 수만 달러에 이르는 경우도 있다. 복권 열기가 고조되는 것을 두고 사행심 조장이라며 복권 판매와 발행을 금지하여야 한다고 주장하는 목소리도 들을 수 있다. 이를 두고 종교계에서는 물론이고 사회 여론도 일치된 의견을 내고 있지 않다. 온건파 종교인들은 이런 종류의 경품 행사나 복권은 금지할 것이 못 된다고 종교 해석을 내놓기도 한다.

복권 구입가격은 당첨금이 클수록 비싸지는 추세이다. 대개는 2-3달러 정도 한다. 경기가 안 좋아질수록 복권 구입 열기는 높아가고 당첨금 규모도 커져만 간다. 그러나 대박의 꿈을 기대하는 마음에 '꽝' 되었어도 다시 한 번을 꿈꾸며 복권 당첨의 기대는 쉽사리 꺾이지 않고 있다.

"이르바하!"(돈을 따라!), 곳곳에서 대박의 꿈을 키워주는 목소리는 커져 가고 있다. "다음은 당신 차례입니다!"

경품족이 늘어간다. "긁어만 주세요, 행운이 다가갑니다." 자동차는 물론이고 컴퓨터에서 일반 생필품에 이르기까지 다양한 경품으로 고객을 유혹하는 일은 이제 어제 오늘의 일이 아니다. 경품을 내거는 업소는 대형 매장만이 아니다. 회사에서도 동네 작은 상점에서도 맥도널드 같은 패스트푸드 전문점에서도 너나 할 것 없이 경품잔치에 초대한다.

제 9 장

21세기, 기대감과 혐오감 사이에서

아랍의 주적은 이스라엘이 아니다.

테러와의 대전쟁이다.

이슬람 사원의 설교와

꾸란 해석도 통제하고,

히잡 착용을 금지하는 곳도 있다.

이런 와중에 새로운 혐오감도 자라간다.

기독교와 이슬람
그 만남이 빚어낸 공존과 갈등

21. 안보를 위하여

　　이슬람 국가도 하나의 국가일 뿐이다. 체제 유지와 사회 안보라는 이슈는 정권과 통치자의 주요 관심사이다. 이슬람 세계에서도 이슬람 원리주의는 경계 대상 1호이다. 그것은 무장 원리주의 운동이 반체제, 반정부, 반외세(반미) 등을 기본으로 설정하고 있기 때문이다. 민심이 원리주의에 빠져들수록 정부와 정권은 번거롭기만 하다. 그래서 이슬람원리주의의 확산과 무력 행동에 대해 전면전을 전개하고 있다. 아주 예외적인 경우를 제외한다면 국가주도의 테러를 국가나 정부의 존재목적으로 잡고 있는 경우는 없다. 이 지역 국가의 다양한 보안기구에서는 개인이나 집단, 내외국인을 대상으로 저지르는 무력 행위를 테러로 규정한다. 반정부 또는 반미, 반이스라엘 시위나 무력 행동도 사회 불안 요소로 간주하고 반테러 전쟁의 연장선에서 대응하고 있다. 그래서 재야 단체에서는 테러와의 전쟁이 인권운동과 재야를 옥죄는 수단으로 전락했다고 비난하고 있다. 그런 주장에도 어느 정도 일리가 있다. 정상적인 정부 비판조차도 규제하고 있기 때문이다.

설교 허가제

　　이슬람 왕정 국가 요르단의 의회는 2006년 9월 24일 이슬람 진영을 '통제'하는 일련의 법안을 마련했다. 요르단 정부는 "요르단 왕국

내 (이슬람) 사원이 극단주의 사상을 퍼뜨리는 도구로 사용되는 것을 막기 위한 것"이라고 입법 취지를 밝혔다. 개정된 주요 규정은 이렇다. 우선 온 나라 이슬람 사원에서 진행되는 금요예배 설교는 사전에 정부의 '허가'를 받아야 한다. 사원이나 이슬람 관련 기관에서 진행되는 종교 교육이나 세미나 등에 대해서도 주제와 강사에 대해 역시 정부의 사전 허가를 받도록 했다. 또 이슬람 사원의 새로운 설교자는 물론 사원 내에서 꾸란을 가르치는 교사 역시 사전에 정부의 서면 허가를 받아야 한다. 이 밖에 정부에서 인정한 이슬람위원회 외의 개인이나 단체는 이슬람법 해석(파트와)을 내릴 수 없도록 했다. 관련법을 위반한 경우는 구속 또는 한국 돈으로 14만 원의 벌금형에 처할 수 있다는 규정도 마련했다.

현재 요르단에는 4천여 개의 이슬람 사원이 있다. 이슬람 사원에 대한 지원과 통제는 정부의 몫이다. 요르단 정부는 이슬람 성직자(이맘)와 금요예배 설교자 임명권을 행사하고 있다. 금요예배 설교가 가능한 설교자의 수는 800명이 채 안 된다. 이 문제에 대해 이슬람 종교부 관계자는 "금요예배 설교자는 중요하다. 무슬림 예배자의 수준을 고려할 때 그에 걸맞은 품격과 덕망을 갖춘 사람이 설교해야 한다"고 말했다. 정부가 설교 지침서까지 마련해 이슬람 성직자들이 '바른' 설교를 할 수 있도록 하겠다는 것이다. 요르단 정부의 '극단주의' 견제 정책은 여기서 멈추지 않는다. 성직자들은 물론 이슬람 지도자들도 이제는 '유니폼'을 입고 다녀야 한다. 그동안은 개인의 재량일 뿐이었다. 이맘들은 하얀색 셔츠와 바지, 머리 덮개 '타키야'를 착용한다. 압둘 파타 살레 이슬람 종교부 장관은 "품위를 지키지 못하는 성직자들이 있어서 사회에서 이슬람 성직자의 품위를 유지하려는 조처"라고 말했다.

이슬람 종주국 사우디아라비아도 이슬람 변화에 참여하고 있다. 2005년 8월 현 압달라 국왕이 즉위한 이후 타종교와의 대화에 나서는가 하면 이슬람 세계 안팎의 이슈를 직접적으로 다루고 있다. 사우디아라비아 정부도 극단주의에 도전하고 있다. 사우디 종교성은 압달라 국왕 즉위 이후 2009년 3월까지 3,200여 명의 사우디아라비아 내 이슬람 사원의 설교자를 해임조치 했다고 밝혔다. 이들 해임된 설교자들은 알카에다 지지 발언을 했거나 극단주의 시각을 드러낸 종교 지도자들이다. 이를 두고 재야에서는 사우디 왕실을 반이슬람으로 규정하고 타도 대상으로 선포하기도 했다.

파트와 통제

파트와(Fatwa)는 이슬람 세계의 종교적 해석이다. 법적 강제력을 갖지 않지만 무슬림들에게 신앙심을 평가받는 하나의 기준이 된다. 파트와는 현실 이슈에 꾸란의 가르침을 적용하는 하나의 해석이다. 그런데 파트와가 남발되고 있다. 아랍어로 된 꾸란을 읽고 해석할 수 있는 무슬림들이 적다는 것은 1부에서도 지적한 바 있다. 그런 이유로 많은 무슬림들은 이슬람 정신의 적용에 대해 유명 이슬람 학자에게 해석을 의존하여야 한다. 아니면 어떤 전제를 가지고 자신의 뜻을 지지하는 무슬림 학자의 파트와를 찾아 떠돈다. 인터넷, 위성방송 등은 이들에게 파트와의 원천을 제공하고 있다.

2009년 7월 초순 팔레스타인의 최고 이슬람 지도자 셰이크 타이르 탐미미는 인플루엔자 A(H1N1, 신종플루) 바이러스에 감염되지 않았다는 것이 입증된 예비부부에게만 결혼증서를 발급하도록 하는 내용의 '파트와'를 내렸다. 2008년 10월 하순 이집트의 파트와위원회는 "아내에게는 자신을 방어하기 위해 남편을 때릴 적법한 권리가 있다"고 파트와를 내놓았다. 2008년 10월 쉐이크 무함마드 알무나지드는 "미키 마우스는 없어져야 한다"고 했다. "이슬람 율법에 따르면 쥐는 사탄의 첩자일 뿐더러 사악하고 부도덕한 생물로서 멸종시켜야 할 대상이기 때문"이라는 설명이다. 2008년 11월 하순 말레이시아 국가 파트와위원회는 "요가 금지"를 내놓았다. "요가는 힌두교의 요소를 포함하고 있어 무슬림 정신을 타락시킬 수 있다"는 이유에서이다. 2009년 1월 하순 인도네시아 울라마평의회에서도 같은 이유로 요가 금지 파트와를 내놓았다. 2008년 9월 하순 모로코에서는 9살 소녀도 결혼할 수 있다는 파트와를 내놓았다.

이 외에도 눈길을 끄는 파트와들이 있다. "이스라엘의 유대인 여성과 무슬림 남성의 결혼은 금지된다", 2006년 6월 초순 이집트의 그랜드 무프티 알리 고마는 "장식용 조각상을 가정에 두는 것은 우상숭배에 해당해 금지해야 한다"는 파트와를 냈다. "실제 사람모양의 마네킹을 거의 벗겨 놓거나 여성 속옷만 입힌 채 전시를 하는 것은 음란성을 조장하는 행위이다. 이는 이슬람 율법에 어긋나는 불온한 행위이다. 마네킹을 전시할 경우 머리 없는 것을 사용하라." 이 외에도 꾸란 낭송음을 벨 소리로 사용할 수 있다 없다는 논란도 있다. 각기 다른 입장의 파트와가 존재한다.

이런 파트와도 있지만, 위성방송 언론인에 대한 살해나 테러를 성전으로 규정하는 파트와가 국제 사회와 무슬림 사회에도 문제를 일으키고 있다. 이런 상황을 바탕으로 2009년 1월 사우디아라비아 메카에서 무슬림세계연맹 주최로 전세계 이슬람학자 170여 명이 모여 파트와 발행을 규제하는 '파트와 헌장'을 발표하기에 이르렀다. 아주 지엽적인 이슈에 대해서는 파트와를 내지 않으며, 살해 지시 같은 파트와에 대해서는 따르지 말 것을 권했다. 또 무슬림들과 비무슬림들까지 이해하기 쉽도록 파트와는 반드시 글로 쓰고 공인되지 않은 파트와가 확산하지 않도록 주의하라는 지침이 정리되었다.

파트와를 발행할 수 있는 이슬람 학자의 자격 요건은 "이슬람의 정의, 성숙, 지성, 이슬람법에 대한 심오한 지식이 있어야 한다"고 규정했고 나라별, 지역별로 파트와위원회를 만들어 학자 그룹들이 발표하도록 했다. 사실 파트와 이슈로 무슬림 학자들과 이슬람 종교 지도자들이 회의로 모인 것은 이번이 처음이 아니다. 2004년 11월 하순에도 아부다비에서 500여 명의 무슬림 학자들과 이슬람 종교지도자들이 이런 이슈를 논의하기도 했다. 메카 회의 이후 이집트에서는 2009년 1월 하순, 사전에 공인받지 않은 파트와를 내는 행위를 범죄로 규정하고 이에 대한 처벌 규정을 입법청원하기에 이르렀다.

아랍 이슬람 지역 전문가인 A 박사는 "2009년 1월 사우디아라비아에서 열린 종교적 극단주의를 막기 위한 이슬람 학자들의 모임은 그동안 이슬람 세계 역시 극단적인 무슬림들에게 시달리고 있었다는 반증이며 평소 이슬람의 관용 정신이 그들 안에서도 찾아보기 어려웠다는 것을 보여 준다. … 오늘날 온건하고 개방된 무슬림들의 목소리는 늘어나는 극단적인 무슬림들의 포효에 묻히고 만다"고 말했다. 극단적인 이슬람주의자들은 이슬람 세계 안팎에서 공공의 적이 되고 있다. 그러나 극단주의로 규정되는 이들 가운데 적지 않은 인사들은 반정부 재야인사들이 많다는 점이다.

21세기. 이제는 파트와도 첨단 기법으로 주어진다. 문자메시지와 텔레비전, 위성방송, 인터넷 등 사용 가능한 매체가 활용된다. 일상생활에서 이슬람 정신이 어떻게 적용될 것인가에 주목하는 무슬림과 이슬람 성직자의 대화 공간이다. "즉시 인출 가능 파트와"인 셈이다. 위성방송의 파트와 전문 채널의 경우 짭짤한 수입도 챙기고 있다. 시청자의 참여 코너를 통해 수신자 부담으로 상담도 이루어지고, 광고 수입도 생기고 있다. 이런 전문 채널의 경우 던져지는 질문도 그야말로 각양각색이다. "사원은 꼭 가야합니까?", "메카는 신종 인플루엔자로부터 안전합니까?" 마치 <무엇이든 물어 보세요> 코너 같은 인상이 든다. 무슬림의 실제 관심사가 종교적인 것만이 아닌 것을 볼 수 있어 재미있다.

히잡 착용 금지

이슬람 세계 밖에서는 히잡 착용을 무슬림 여성들의 전유물로 인식한다. 그러나 히잡 착용에 대한 논란이 많다. 히잡 착용은 무슬림 여성의 미덕으로 간주하고 강제하는 시선에서부터 그것을 금지하는 해석에 이르기까지 다양하다. 일부 아랍 이슬람 국가에서는 무슬림 여성들의 히잡 착용을 규제하고 있다. 이를 두고 이슬람 탄압이라는 비판이 일고 있다. 사우디아라비아나 걸프 산유국은 현지인 무슬림 여성이 얼굴을 드러냈다고 하여 법의 제재를 받고 있는 것과 대비된다.

무슬림 여성들이 쓰는 히잡(스카프)은 무슬림 여성의 상징처럼 받아들여진다. 사우디아라비아 등 일부 아랍 국가에서는 여성들이 외출할 때 히잡은 물론 눈만 빼고 얼굴 부위를 가리는 옷 니깝을 착용하고, 긴 검은 색 겉옷(아바야 또는 차도르)을 착용하도록 강제 규정하고 있다. 그렇지만 이를 금지하는 아랍 국가들도 있다. 북아프리카의 이슬람 국가 튀니지가 대표적이다. 튀니지 정부는 1990년대 초부터 공공장소에서 눈만 내놓은 여성 전통 복장인 '니깝' 착용을 금지해왔다.

이런 움직임은 이집트에서도 찾아볼 수 있다. 이집트 정부는 니깝을 한 여성 앵커의 텔레비전 출연을 금지했다. 카이로 근교 헬완 대학[1]을 비롯한 일부 대학에선 안전을 이유로 기숙사 여학생들의 니깝 착용을 금지했고, 친정부 성향이거나 관영·반관영 언론 매체에서는 니깝 착용을 금지하자는 운동을 벌이기도 했다. 나아가 2009년 11월 16일 파루크 호스니 이집트 문화부 장관의 '히잡 발언'을 둘러싼 논쟁도 일고 있다. 그는 이집트 일간 <알마스리 알윰>과의 인터뷰에서 "이집트에서 히잡(이집트에서는 '헤갑'이라 부른다)을 쓰는 여성들이 계속 늘고 있는 것은 시대에 역행하는 현상"이라고 주장했다. 논란이 일자 이집트 정부는 "장관 개인의 의견일 뿐"이라고 서둘러 진화에 나섰지만, 호스니 장관의 발언이 이집트 정부의 속내를 드러낸 것이란 지적도 만만찮다.

당연히 "정부가 지나치게 이슬람계를 통제하려 든다"는 반발이 적지 않다. '이슬람 행동전선'이나 '무슬림형제단' 같은 이슬람계 야당과 재야 진영은 "정부는 시온주의자들과 미국을 즐겁게 하느라 저항과

1_ 카이로 남쪽에 자리한 1975년에 개교한 이집트 공립대학이다.

니깝＋히잡 / 무슬림 여성의 얼굴과 몸을 가리는 방식은 다양하다. 가장 보편적인 형식이 머리만 덮는 '히잡'이고, 눈만 내놓거나 눈조차 가리는 '니깝'은 종교적 원칙주의자들을 통해 지켜지고 있다(이집트/카이로).

투쟁을 말하는 국민에게 재갈을 물리고 있다"고 주장한다. 민심을 따르자니 국익이 울고, 국익을 따르자니 민심이 요동친다. '반테러'란 명분이 어느새 아랍 이슬람 국가에서도 유용한 정권 안보의 수단이 되어가고 있는 모양새다.

팔레스타인

이스라엘 지도에는 팔레스타인이 없다. 아랍의 지도에는 이스라엘이 없다. 그렇다고 현실을 부인할 수도 부정할 수도 없다. 공존 아니면 파국의 길인데 선택의 여지가 없다. 공존으로 가야 한다. 이것은 일부 강경파들을 제외하면 이미 형성된 공감대이다. 그렇지만 실현 방안을 두고 논란과 갈등이 이어진다. 그 중심에는 팔레스타인이 자리하고 있다.

사우디아라비아 왕실이 성지 메카와 메디나의 수호자인 것처럼 예루살렘의 수호자는 사실 팔레스타인이 아니라 요르단 왕국이다. 예루살렘의 법적인 지위는 묘하다. 1947년 유엔은 예루살렘을 '특별한

예루살렘 구시가지의 황금사원이 눈에 들어온다. 이곳은 무슬림의 제3의 성지이다(이스라엘/예루살렘).

국제체제'라는 지위를 부여했다. 이것을 기준으로 한다면 예루살렘은 국제법상 어느 나라에도 속하지 않는 국제보호구역인 셈이다. 그러나 국제법이나 유엔의 어떤 결정에도 흔들리지 않는 이스라엘 정부는 예루살렘을 이스라엘의 수도로 표방하고 있다. 아랍 무슬림들의 예루살렘 지향성은 팔레스타인 문제에 맞닿아 있다. 이스라엘과 팔레스타인의 갈등 이슈에 아랍 이슬람권이 적극적이다. 그러나 겉보기에만 적극적이며 말만 무성하다. 어떤 면에서 예루살렘 이슈에 집착하면서도 팔레스타인의 지위 문제는 정치적인 언사를 늘어놓는 것에 불과해 보인다. 가자 전쟁이 일어났을 때도, 인티파다가 진행되는 상황에서도 아랍 이슬람 국가들은 소극적인 대응을 하고 있었고 아랍 연맹에서 외무장관 회의도 하고 아랍 정상 회담에서도 팔레스타인 문제를 다루지만 그뿐이다. 그러는 와중에 이스라엘과의 관계 정상화를 여러 모양으로 시도하고 있다.

사실 이스라엘과 팔레스타인 문제 해결의 묘책은 한 땅에 두 체제 및 두 국가가 공존하는 길 외에는 없다. 그렇지만 이 해결안이 자주 난관에 봉착하는 것은 예루살렘의 지위 문제이다. 예루살렘을 누구의 소

이스라엘에 의해 세워지고 있는 8미터 높이의 분리 장벽

유로 할 것이냐는 문제를 두고 강경 유대인들이나 이슬람주의자들 사이에는 양보가 없다. 정착촌 문제나 팔레스타인 실향민의 본토 귀향권 같은 것은 그것에 비하면 덜 이념적인 이슈로 보인다.

　　팔레스타인 자치정부가 하마스계에 의해 장악되었을 때 아랍 국가들 대다수는 팔레스타인에 대한 지원과 지지를 유보하거나 철회한 적이 있다. 지금 팔레스타인은 서안지구는 파타 진영에 의해, 가자지구는 하마스계에 의해 장악되어 있다. 그런 까닭에 아랍 세계의 팔레스타인 지지는 하마스계가 지배하지 않는 서안지구에 제한하고 있는 형편이다. 이것은 팔레스타인 지지 문제가 정치적임을 보여주는 단적인 예이다. 심지어 팔레스타인 자치정부조차 가자지구에 대한 지원에 인색하다.

　　이스라엘에 의해 진행 중인 분리 장벽2이 완성되면 이제 팔레스타인 땅은 3개 지역으로 쪼개지고 고립된다. 예루살렘 남쪽에서 시작되는 베들레헴 이남 지역과 예루살렘 북쪽에서 시작되는 라말라 이북 지

2_ 8미터 높이의 콘크리트 장벽으로 2002년부터 본격적으로 세워졌다. 이스라엘측은 안전 장벽 또는 보안 장벽, 테러방지 장벽 등으로 부른다.

역 그리고 지중해를 접하고 있는 가자지구 등이다. 팔레스타인은 점점 고립된 섬으로 전락하고 있다.

아랍의 주적은 이스라엘이 아니다

아랍지역에서는 해마다 군 특수작전장비 전시회(SOFEX)가 열린다. 전시회장은 세계 최고의 첨단 군수 물자로 가득하다. 2008년 요르단 SOFEX 당시에는 한국의 군수산업체도 참가했다. 미국을 비롯한 세계 유수의 군수업체들이 호객하느라 분주하다. 아랍 각국이 군수산업에 관심이 많다. 스톡홀름 국제평화 연구소(SIPRI: Stockholm International Peace Research Institute) 2010년 자료에 따르면, 아랍 이슬람 국가 가운데 GDP 기준 국방비 지출이 가장 큰 나라는 3위 사우디아라비아, 4위 오만, 5위 UAE, 8위 요르단, 10위 이라크, 12위 쿠웨이트 순이었다. 17위 레바논, 18위 시리아, 20위 예멘, 21위 알제리, 22위 모리타니아, 25위 바레인, 26위 지부티, 30위 모로코, 31위 수단 등 대부분의 아랍국가가 상위권을 차지하고 있다. 국방 예산 규모로는 사우디아라비아와 UAE가 각각 429억 달러와 157억 달러로 각각 8위와 16위를 차지했다. 이같이 아랍 국가는 너나 할 것 없이 국방에 신경을 많이 쓰고

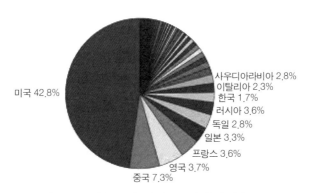

미국 42.8%

사우디아라비아 2.8%
이탈리아 2.3%
한국 1.7%
러시아 3.6%
독일 2.8%
일본 3.3%
프랑스 3.6%
영국 3.7%
중국 7.3%

전세계 국방비 지출 시장점유 현황 (2010년 기준 추정치)
(자료 출처: 스톡홀름 국제평화 연구소)

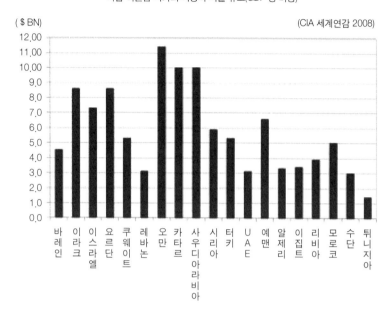

아랍 이슬람 국가의 국방비 지출 규모(GDP 중 비중)

($ BN)   (CIA 세계연감 2008)

바레인 / 이라크 / 이스라엘 / 요르단 / 쿠웨이트 / 레바논 / 오만 / 카타르 / 사우디아라비아 / 시리아 / 터키 / UAE / 예멘 / 알제리 / 이집트 / 리비아 / 모로코 / 수단 / 튀니지아

있다.

　그런데 궁금하다. 이들 나라의 주적은 누구인가? 아랍 각국은 저마다 국방을 위한 군수산업, 국가 안보를 위한 방위산업의 필요성을 역설한다. 그것을 설명하려면 적이 있어야만 한다. 그러면 주적은 이스라엘? 아니면 전세계를 위협에 빠뜨리는 테러집단? 누구를 막기 위하여 아랍 이슬람 국가들이 군수방위 산업에 집착하고 있는 것인지 의아스럽다. 인접한 다른 아랍 국가를 내심 위협적인 적대 국가로 생각하고 있는 것인지 모른다. 사실 인접국가와의 지역 분쟁이나 영토 분쟁이 끊이지 않는 것이 사실이다.

　2008년 요르단 SOFEX에서 만난 군 관계자들은 주적이 있음을 밝히곤 했다. 이스라엘과의 평화나 공존을 이야기해도 여전히 이스라엘은 이들의 엄존하는 주적이다. 헌법에 규정되어 있지는 않아도 9·11 이후 새롭게 만들어진 '테러'도 공공의 적이다. 걸프 지역 아랍 국가들은 자주 이란의 위협을 말한다. 이란 핵 이슈가 자리하면서 이란은 아랍 국가들 사이에 공공의 적이 되어 있다. 그러고 보면 아랍 이슬람 지역은 두세 개의 주적을 마주하고 있는 셈이다. 그 주적을 도와서 이롭게 하는 국가 또한 적대 국가가 된다. 그렇다면 아랍은 보이는 적과 보이지 않는 적을 대상으로 '국방'의 의무를 다하고 있는 것이다.

제 10 장

공존을 위한 내려놓음

이전에는 문명권이 분리되어
존재하거나 고립될 수 있었다.
그러나 지금은 섞여 살아야 하고
이미 섞여 살고 있다.
이미 공존할 수밖에 없는 상황에 처해 있는 것이다.
그렇지만 같이 살면서 갈등이 생긴다면
그것은 이제까지의 기독교와 이슬람이 빚어온 갈등보다
더 심각한 충돌과 후유증을 안겨줄 것이다.
그것은 갈등의 전선이 따로 없기 때문이다.

기독교와 이슬람
그 만남이 빚어낸 공존과 갈등

22. 강제와 수호 그 사이에

　　이슬람은 자기중심적인 경향을 보이곤 한다. 이슬람 다수 지역의 경우 다른 지역에 비해 타 문명과 동등하게 마주한 적이 많지 않았다. 비무슬림의 존재가 미미했던 것도 있고, 다수파의 문화적 우월성을 드러내는 것에 대해 아무런 제한도 두지 않았던 때문이다. 자기종교 우월주의 경향이 상대적으로 더 강하게 표출된다. 그런 까닭인지 비이슬람권에 이주해서도 자신들의 종교와 문화, 전통을 주류사회에 동화시키고 양보하기보다 더욱 강하게 그 정체성을 드러내려는 이들이 있다. 결국 주류문화와의 충돌이 빚어진다. 주류문화의 도전이나 응전을 두고 이슬람에 대한 탄압이나 공격으로 이념화시키기도 한다. 그러나 이런 태도는 다문화 사회, 다민족 사회에 걸맞지 않은 태도이다. 자신들의 종교나 관습에 대한 존중을 강조하면서도 오히려 다른 사회나 타종교에 대해 관용이나 존중의 태도, 평등성의 인정 등에는 너무 무관심하다. 무슬림 가운데는 그가 이슬람 다수지역에 있건 그렇지 않건 여전히 이슬람 우월주의에 젖어 있는 이들이 적지 않다.

　　아랍 언론에는 아랍 사회 정치권이나 지식인 집단을 이슬람주의자, 중도주의자, 민족주의자, 개혁주의자 등으로 구별하곤 한다. 무슬림들이 보는 이슬람주의자는 다른 이들보다 이른바 이슬람원리주의를 강조하는 그룹을 뜻한다. 이슬람주의자들은 다른 무슬림 지식인 집단이나 정치권보다 더 보수적이고 수구적인 경향, 배타적인 태도를 보이곤 한다. 2009년 12월 중순에 요르단 인권위원회에서 발표한 자료에 따르면, 이슬람주의자(요르단의 경우)는 다른 여타 정치권에 비해 인권이나 평등에 무관심하다는 평가를 내렸다. 배타주의와 더불어 남성우월주의가 이슬람원리주의 진영에 지배적이다. 그것은 이슬람주의의 입장에 서 있는 여성들에게도 동일하게 엿보이는 것이다. 여성운동이나 여권신장 운동을 반이슬람이라고 규정하는 무슬림 여성들이 그 단적인 예이다.

신앙과 종교의 자유를 매개로 하여 유럽이나 비이슬람 지역에서 이슬람 사원 건립을 추진하고 있지만, 이슬람 우위지역 국가 중 새로운 교회의 설립을 허가하지 않는 나라들이 아직 지배적이다. 그 중 대표적인 나라가 사우디아라비아이다. 쿠웨이트나 카타르, 오만이나 아랍에미리트 등은 정해진 기독교 종교활동 구역(컴파운드) 내에서의 종교활동을 허용하고 있다. 이슬람 활동에 대해서는 정부차원의 지원이나 협력이 일상적이지만, 기독교 활동에 대해서는 비판적이거나 비협조적인 분위기가 뚜렷하다. 이 때문에 이슬람이 서유럽 같은 비이슬람권에서 자기 권리를 말하려면 안방에서부터 먼저 타종교에 개방적인 태도를 가져야 한다고 비판을 받는다.

이슬람 비판은 신성 모독

이슬람이 국교가 아닐지라도 무슬림 다수 지역에서 이슬람을 비판할 수 없다. 시에 꾸란을 인용하는 경우도 이슬람법에 의해 신성 모독 또는 이슬람 폄하로 법의 제재를 받는 일들이 벌어진다. 이런 제재는 비기독교인이 이슬람을 비판할 경우에도 적용된다. 이슬람 비판은 지역 언론이 건드릴 수 없는 가장 대표적인 성역이다. 신성 모독 혐의는 무함마드 비난, 꾸란 비판에 주로 주목한다.

2005년 9월 네덜란드의 한 언론이 무함마드를 테러주의자로 묘사한 무함마드 만평 기사 때문에 전세계적인 홍역을 치른 일이 있다.

1988년 살만 루시디[1]가 <악마의 시>라는 책을 통해 예언자 무함마드를 모독했다고 하여 이란의 호메이니를 비롯한 원리주의 무슬림 집단의 살해 위협을 받는 일도 벌어졌다. 무슬림들이 자신이 가진 신앙에 대한 회의나 의구심을 공개적으로 드러낼 수 없는 것 같다. 이것은 이슬람 세계에는 성역이 엄격하게 존재하고 있음을 보여주는 것이다. 한 무슬림이 이슬람을 떠나 다른 종교를 받아들여도 이 또한 신성 모독 또는 배교 혐의로 처벌을 받거나 그런 위협에 처하곤 한다. 그렇지만 절대자는 스스로를 변증하고 보호할 수 있어야 한다. 신앙은 개인의 문제이다.

기독교 세계에서 성경의 권위를 부정한다고 하여, 하나님을 부인하고 예수를 모욕한다고 하여 실정법 제재를 받는 일은 없다. 기독교인은 물론 비기독교인이 이 같은 일을 저질렀다고 하여 법의 심판을 받는 일은 거의 없다. 그렇지만 아랍 이슬람 세계에서 기독교인이 이슬람에 대해 비판적인 주장을 하는 것이 쉽지 않다. 게다가 공개적인 비판은 생각할 수도 없는 일이다. 상대의 종교와 관점을 존중하면서도 비판은 가능한 것이다. 그렇지만 비판 자체를 받아들이지 않는다. 이슬람의 신성은 비판이 주어지지 않는다는 것이다. 게다가 라마단 금식월에 기독교인이 음식을 먹고 마시는 것도 실정법의 저촉을 받는다. 무슬림의 금식을 방해하였다는 혐의 비슷한 것을 적용받는다.

기독교가 이슬람 세계에 다양한 영향을 미쳤음에도 불구하고 여전히 금기와 성역으로 남아 있는 '신론' 이슈는 이슬람 세계의 가장 민감한 아킬레스건에 해당할는지 모른다. 이 불가침의 신의 영역을 수호한다는 이유로 특정 개인이나 집단이 신성불가침의 권력을 행사할 수도 있기 때문이다. 그것은 중세 유럽의 예에서도 어렵지 않게 찾아볼 수 있는 일이다.

1_ 살만 루시디 경(Sir Ahmed Salman Rushdie, 1947년 6월 19일 -), 인도계 영국작가.

신을 논하지 마라

유럽 사회는 이미 무신론, 반(反)신론에 더하여 다양한 반종교 사상이 득세한 지 오래이다. 신은 없다는 신학이나 철학 사상이 오래 전에 번져갔고, 신의 존재를 부정하는 것을 넘어서서 신을 조롱하는 말과 행동도 서슴지 않는다. 예수에 대해서도 마찬가지이다. 예수가 사생아라거나 예수가 막달라 마리아와 관계를 맺어 자녀를 두었다는 이른바 다빈치 코드2에 등장하는 식의 그런 이야기는 오래 묵은 이야기들이다. 신의 존재를 부정하고 조롱하는 목소리를 낸다고 하여 법이나 사회적으로 제재를 받는 것은 아니다. 종종 일부 종교인들과의 갈등이 벌어지지만 공권력이 이들의 사상과 목소리를 통제하지 않는다. 그야말로 개인의 사상과 종교의 자유는 신성한 영역에서도 인정받고 있는 셈이다. 더욱이 한 개인이나 단체, 집단이 말이나 행동, 글로 반신론 사상을 설파했다고 하여 그를 죽이려는 시도가 벌어지거나 불법으로 규정하거나 하는 일은 없다. 그렇지만 이슬람 세계는 아예 전혀 다르다. 만일 무슬림이 공개적으로 알라의 존재를 부인한다면 이것은 심각한 문제가 될 수 있다. 비무슬림이 이슬람을 비판하거나 무함마드 선지자에 대한 부정적인 해석을 하거나 꾸란에 대한 자유로운 해석을 해도 법에 저촉된다. 일부 집단이나 국가에 의해 처벌 위협을 받을 수도 있다. 살만 루시디의 예나 무함마드 만평을 실은 네덜란드 언론이 그 대표적인 경우이다. 이것은 이슬람 세계에는 성역이 엄격하게 존재하고 있음을 보여주는 것이다. 한 무슬림이 이슬람을 떠나 다른 종교를 받아들여도 이 또한 신성 모독 또는 배교 혐의로 처벌을 받거나 그런 위협에 처하곤 한

2_ 다빈치 코드(The Da Vinci Code)는 미국의 소설가 댄 브라운(1964~)이 2003년에 쓴 미스터리 추리 소설이다. 2006년 영화로도 상영되었다. 내용은 기호학자 로버트 랭던이 파리의 루브르 박물관에서 벌어진 살인사건을 조사하면서 시온 수도회와 오푸스 데이가 나사렛 예수 그리스도가 막달라 마리아와 결혼하여 아이를 가졌다는 사실을 추적하는 이야기이다. 영화가 상영되자 로마 가톨릭 교회로부터 비판을 받았고, 일부 기독교계의 영화 거부 운동이 벌어졌다. 왜곡된 기독교 역사를 담았다는 이유였다.

다. 그렇지만 신은 스스로를 변증하고 보호할 수 있어야 한다. 신앙은 개인의 문제이다. 이집트의 최고 성직자 알리 고마(60)가 2007년 7월에 언급했던 것처럼 "개인이 다른 종교를 선택한다고 할 때 그 심판은 알라가 할 일이다"는 말이 옳지만, 그것이 이슬람 세계 전체를 주도하는 생각이 아니라는 점이다.

기독교 세계의 다양한 영향이 이슬람 세계에 존재함에도 불구하고 여전히 금기와 성역으로 남아 있는 '신론' 이슈는 이슬람 세계의 가장 민감한 아킬레스건에 해당할지 모른다. 이 불가침의 신의 영역을 수호한다는 이름으로 특정 개인이나 집단이 신성불가침의 권력을 행사할 수도 있기 때문이다. 그것은 중세 유럽의 예에서도 어렵지 않게 찾아볼 수 있는 일이다.

종교간의 대화

최근 들어 이슬람과 기독교 사이의 공식적인 대화와 만남의 기회가 있다. 요르단이나 일부 아랍 국가에서는 종교간의 대화와 만남을 화두로 하는 연구소와 포럼 등을 열어왔다. 2009년 5월 중순, 교황 베네딕토 16세의 요르단과 이스라엘, 팔레스타인 지역 방문도 일종의 대화의 기회였다. 그동안의 대화는 기독교측에서의 주도가 많았다. 물론 이슬람권에서도 대화의 자리는 있었다. 이슬람 국가나 왕실이 전면에 나서서 이런 일을 주도한 것은 아니었다. 그러나 최근 아랍 이슬람 지역도 변했다. 특히 사우디아라비아 압둘라 국왕 즉위 이후에 많은 변화가 있다. 사우디아라비아는 이슬람 세계의 중심에 있는 이슬람 왕정국가이다. 사우디가 기독교와의 대화에 나서고 있는 것이다. 물론 기독교와만 만나려는 것이 아니다. 좀 더 넓은 의미에서 비이슬람 세계와 종교간의 대화를 지향하고 있다.

압둘라 국왕은 2007년 11월 사우디 국왕으로서는 처음으로 바티칸을 방문했다. 당시 공식 방문기간 동안 교황 베네딕토 16세를 만나는 등 서방 종교와 관계개선을 모색하는 움직임을 보였다. 2008년 3월 24일, 공식석상에서 이슬람과 기독교, 유대교 간 대화를 처음 제안했다. 압둘라 국왕은 사우디아라비아 수도 리야드에서 열린 '문화와 종교의 존중'을 주제로 한 세미나에 참석했다. 이 자리에서 "우리 모두 같은 신을 믿는 모든 일신주의 종교의 대표가 모든 종교에 대한 진정과 믿음 안에서 형제들과 한자리에 모이길 요청한다"고 밝혔다. 2008년 7월 16일부터 3일간, 스페인의 마드리드에서 세계 주요 종교간의 상호 이해를 위한 국제회의가 열렸다. 사우디아라비아 압둘라 국왕의 제안으로 세계이슬람연맹(MWL)이 주최하였다. 이슬람은 물론 기독교, 불교, 유대교, 힌두교 등 세계 주요 종교 지도자 약 200명이 참석했다. 압둘라 왕은 이 회의에서 "극단적 광신주의를 버리고 종교간 화합을 위해 노력하자"고 제안했다. 이에 대해 알카에다는 사우디 국왕 살해를 촉구했다. "이슬람을 다른 종교와 동등하게 여기는 것은 배교행위"라는 것이다. 2008년 11월 12일부터 이틀 일정으로 유엔총회가 열렸다. 세계의 평화와 안정을 강화하기 위한 종교간 대화의 중요성을 나누는 자리였다. 사우디아라비아의 제안으로 열린 이 총회에는 조지 부시 미국 대통령을 비롯한 10여 명의 국가 원수도 참석했다. 압둘라 국왕은 연설에서 테러와 증오범죄는 모든 종교와 사회의 적이며, 이는 관용이 없기 때문에 발생하는 것이라고 말했다.

이런 일련의 움직임들이 단순한 정치적인 몸짓이라는 비판도 따른다. 테러와의 대전쟁을 이유로 국내의 반정부 세력을 제압하는 수단으로 사용하고 있다는 비판이다. 사우디아라비아 국내의 종교의 자유나 인권에 대한 개선 의지가 부족하다는 비판을 피할 수도 없다. 종교 간의 대화는 상호 존중을 바탕으로 이루어져야 하는 것이다. 이른바 기독교 세계에서 이슬람 종교활동의 자유가 차별 없이 주어지는 것과 달리 이슬람 다수 지역에서는 기독교를 비롯한 비이슬람 종교에 대한 제한과 제약이 여전하다. 사우디아라비아 같은 나라도 아직도 공식적으로 교회가 존재하지 않는다.

종교선택의 자유

아랍 이슬람권에서 개종의 자유는 지속적인 이슈이다. 기독교인이 무슬림이 되는 것은 무조건 허용하지만, 무슬림이 기독교인이 되는 것은 거의 불가능하다. 개종했다고 주민등록상의 종교 기재 사항이 변경되지 않는다.

2009년 9월 이슬람에서 기독교로 개종한 이집트의 한 전직 경찰관이 최근 자신의 신분증(주민등록증)에 '무슬림'으로 기재된 부분을 '기독교인'으로 바꾸기 위해 내무부에 변경 신청을 냈다가 거절당하자 법원에 행정소송을 제기했다. 전직 경찰관 마헤르 알-고하리(Maher al-Gohari)의 소송이 이집트 사회의 관심사로 떠올랐다. 개종과 관련한 재판이 드물게 열리기 때문이다. 마헤르는 34년 전에 기독교로 개종한 인물이다. 그러나 마헤르의 소송은 2010년 6월 실패로 끝났다. 이집트 행정법원은 이슬람에서 다른 종교로의 개종을 허용하지 않는 이슬람법을 근거로 마헤르의 소송을 기각했다. 마헤르는 현재 이슬람 원리주의 진영의 보복을 피해 은둔하고 있는 것으로 알려졌다.

2009년 1월에도 이슬람에서 기독교로 개종한 이집트인 모함메드 헤가지(Mohammed Hegazy)가 유사한 소송을 행정법원에 제기(2007년 8월)했다가 패소했다. 하지만 이집트 행정법원은 2009년 2월 이슬람으로 개종한 이집트 정교회 신자 12명이 원래의 신앙으로 복귀했다며 청구한 신분증 변경 소송에서는 부분적으로 원고 승소 판결을 내렸다. 재판부는 이들에게 신분증에 이집트 정교회 신자(꿉티)라고 밝히는 것을 허가하면서 한동안 무슬림이었다는 점도 함께 명기하도록 판결한 것이다. 어쨌든 재개종이 허용된 것이다. 묘한 대목이다. 한번 무슬림이 되면 법적으로 그 신분을 되돌릴 수 없다는 것이 그동안의 판례였다. 이집트 인권단체의 조사로는 이집트 행정법원에서 소송 중인 재개종 건수는 165건에 이른다.

이런 논란 중에 흥미로운 사건이 있었다. 2007년 7월 이집트의 '그랜드 무프티(이슬람율법 해석 최고 권위자)'인 쉐이크 알리 고마(Sheikh Ali Gomaa)가 무슬림들도 다른 종교로 신앙을 바꿀 수 있다며 개종의 자유를 인정하는 의견을 내놓았던 것이다. 물론 이슬람 진영 안에서 논란이 일자 와전된 것이라며 발언을 취소한 바 있다. 이 일의 정황을 살펴보자. 쉐이크 알리 고마의 글은 워싱턴 포스트-뉴스위크의 '무슬림은 말한다'란 포럼에 그 해 7월 21일 실렸다. 그는 자신의 글에서 "우리가 당면한 본질적 문제는 무슬림이 이슬람이 아닌 다른 종교를 선택할 수 있는가이다. 대답은 '그렇다', 그들은 할 수 있다"[3]라며 이에 대해 "무슬림도 다른 종교를 선택할 수 있다"고 밝혔다. "이슬람을 포기하는 행위는 최후의 심판 날에 신으로부터 벌을 받을 죄이다"라고도 했다. 알리 고마의 말에 따르면 개종은 인간과 알라 사이의 문제라는 것이다.

그런데 걸프 뉴스에 자신의 뉴스위크(워싱턴 포스트)의 기고문 발언이 보도되면서 논란이 일어났다. 아마도 걸프뉴스가 쉐이크 알리 고마의 발언의 일부만 부각한 것으로 보인다. 어쨌든 논란이 일었다. 그러자 쉐이크는 2007년 7월 24일 성명을 발표했다. "이슬람은 다른 종교를 인정하고 있다. … 내가 말한 것은 이슬람이 무슬림의 개종을 금지하고 배교행위는 이슬람에서 처벌이 수반되는 죄임을 강조한 것, … 개종이 이슬람 사회의 토대를 해치는 경우에는 사법적으로 다루어야 한다"고 말했다. 쉐이크 알리 고마의 주장은 개종에 따른 알라의 형벌이 있고, 법에 따른 판단을 받아야 하지만 개인에 의한 보복을 반대하는 것이었다. 알라와 법의 권한에 있는 개종자의 이슈를 개인이나 민간 차원에서 취급해서는 안 된다는 입장이다.

아랍 이슬람 지역에서 종교의 자유에 대한 논란이 여전하다. 그 핵심은 물론 무슬림이 다른 종교를 선택할 수 있느냐는 것이다. 무슬림이 이슬람을 떠나는 행위 자체를 배교로 규정한다. 배교행위는 처벌받아

3_ 쉐이크 알리 고마의 기고문은 아래 워싱턴 포스트 온라인 사이트에 실려 있다 (newsweek.washingtonpost.com/onfaith/muslims_speak_out/2007/07/sheikh_ali_gomah.html).

기독교와 이슬람, 그 만남이 빚어낸 공존과 갈등

야 하는가 하는 논쟁과 처벌한다고 해도 어떻게 처벌하느냐는 논란이다. 적지 않은 무슬림 학자들은 배교행위가 일어날 때 본인이 배교를 취소하지 않으면 처벌받아야 한다고 말한다. 이슬람를 버렸기 때문이 아니라 반역행위를 했기 때문이라고 한다. 그렇지만 꾸란도 종교의 자유를 허용하고 있다고 주장하는 무슬림 학자들도 있다. 배교는 개인의 문제이고, 심판 날에 그 개인이 직면할 문제라고 말한다.

어떤 이들은 배교는 범죄행위이며, 무슬림 공동체의 안전과 고결함을 해치는 죄악이라고 말한다. 무슬림 공동체는 배교라는 행위가 무슬림 세계에 퍼지지 않도록 배교행위와 싸워야 한다고 말한다. 이런 행위도 지하드로 규정하는 이들이 적지 않다.

그러나 꾸란 해석학자인 쉐이크 이르판 아흐메드 칸(Sheikh Irfan Ahmed Khan)은 "신앙과 종교의 자유는 한 사람의 신앙을 바꾸는 자유가 없이는 의미가 없는 것이다"고 말한다. 이집트의 알아즈하르 파트와 위원회 전임 의장 쉐이크 가말 꼬틉(Sheikh Gamal Qotb)은 "배교행위는 죄이다. 그렇지만 꾸란과 수나 어디에도 배교행위에 대한 특정한 처벌을 규정하고 있지 않다. 하디스에도 배교행위에 대해 분명한 처벌이나 징벌을 언급하고 있지 않다. 배교행위가 배반이나 반역행위와 연관성이 있어야 한다"고 배교행위를 무작정 처벌하려는 생각들에 반대하고 있다. 일부 아랍 국가에서 무슬림 개인이 다른 종교를 갖는 것 자체를 엄격하게 처벌하지는 않는다. 그렇지만 이들의 신분증을 바꿔주거나 기독교인으로서 법적인 지위를 갖는 것을 허용하지는 않고 있다.

동서를 막론하고 열린 사회는 종교와 사상, 양심의 자유를 말한다. 그 가운데 종교 비판이나 종교 선택의 자유는 기본권 가운데 최고의 가치로 꼽힌다. 아무리 진리가 거부할 수 없는 진리일지라도 그것을 선택하거나 거부할 기본권이 주어졌다고 보는 것이다. 한 사회의 개방성은 바로 종교 비판과 선택의 자유 여부로 판단할 수 있다.

종교경찰

아랍지역에는 여러 종류의 경찰이 있다. 치안경찰이나 교통경찰 같은 일반적인 경우 외에도 관광경찰, 외교공관을 경계하는 외교경찰 같은 다양한 분야에서 경찰력이 움직인다. 그런데 보수적인 아랍 국가에만 존재하는 특수 경찰(공권력)이 있다. '무따와'로 부르는 종교경찰이다. 이들은 이슬람다움을 유지하고 보호하기 위한 특수 공권력이다.

사우디 같은 경우는 정보부와 더불어 막강한 권력을 행사한다. 여성들의 운전 감시, 기도시간에 상점이나 식당, 쇼핑 공간 등에 대한 폐쇄(영업중지) 조치, 기도시간 통제는 물론 정중하지 않은 복장 착용 단속, 남자가 동행하지 않는 여성들의 이동 금지, 음주단속, 동성애나 매매춘 등 사우디 내 내외국인의 집 밖 생활에 대한 통제력을 행사하고 있다. 대략 3,500명 정도가 종교경찰로 활동 중인 것으로 알려졌다. 그렇지만 지나친 단속 과정에서 생기는 주민과의 충돌과 위압적인 근무 태도 등으로 원성을 사기도 한다. 종교경찰도 개혁의 대상으로 지목을 받고 있다. 종종 언론의 도마 위에 오르고 개혁주창자들의 성토 대상이 된다.

그 대표적인 사례가 있다. 2002년 3월 11일, 메카의 한 여학교에서 불이 났다. 그런데 종교경찰이 불을 피해 도망치는 여학생들을 통제했다. 학교 밖으로 나가면서 머리 덮개(히잡)와 긴 겉옷(아바야)을 착용하지 않았고, 남자 보호자가 동행하지 않았다는 이유였다. 결국 15명이 사망하고 50여 명이 부상을 입었다. 2008년 8월에는, 한 젊은 여성이 기독교로 개종했다는 이유로 화형에 처해졌다. 지나치게 엄격하고 좁은 법 해석과 적용으로 적지 않은 이들의 불만을 사고 있다.

종교와 신앙의 영역은 개인의 자유와 권리에 해당하는 것이다. 그것을 통제하기 위한 이런 특수 공권력의 존재는 이슬람 사회 안팎에서 비판을 받고 있다. 정권 안보를 위한 수단으로 종교를 강요하거나 억압한다는 비판에서부터 비이슬람적이라는 비판에 이르기까지 다양한 도전에 직면하고 있다.

23. 공존을 향하여

새로운 변화의 물결이 밀려왔다. 21세기에 접어들면서 아랍 이슬람 세계도 더욱 급격하게 변하고 있다. 이른바 세계화의 영향 덕분이다. 체류 외국인들이 꾸준하게 증가하고 있다.

이슬람 세계의 비무슬림

"이슬람 국가에 웬 교회 십자가가?" 아랍 이슬람 세계를 무의식적으로 이슬람만 존재하는 나라로 생각하는 경우가 많다. 그래서일까? 이 지역에 출장 또는 파견되는 이들 가운데 기독교인들이 난감함을 느끼곤 한다. "이제는 교회도 못 다니고⋯." 그러나 이런 걱정은 쓸데없는 기우에 불과하다. 교회도 있고, 한인교회도 있고, 외국인 교회도 존재하기 때문이다. 이집트는 물론이고 시리아, 레바논 등 아랍지역을 방문하는 이들 가운데 곳곳에서 발견하는 교회 십자가를 보고 당황하곤 한다. 목에 십자가 목걸이를 하고 다니는 이들은 물론, 성경을 파는 성서공회나 기독교 서점도 어렵지 않게 찾아볼 수 있다. 이런 풍경은 어제 오늘의 일이 아니다. 공식 통계상으로 잘 드러나지 않지만, 사우디 체류 외국인들 가운데도 기독교인들이 존재하고, 기독교인들이 따로 모여 예배를 드리고 있는 것도 엄연한 사실이다.

카이로 국제공항에서 카이로 시내로 들어가는 길 좌우편에는 높

소수자로서의 기독교인들이 교황 베네딕토 16세 주관 미사에서 자국 깃발을 흔들면서 환호하고 있다(요르단/암만).

이 달린 십자가가 즐비하다. 어찌 보면 '십자가 반' 이슬람 사원의 '미나렛 반'처럼 보이기도 한다. 그만큼 많아 보인다. 전체 인구의 6-10%이지만, 1천만 명 정도의 교인이 있다. 전통적인 기독교인들이 자리하는 시리아나 이라크도 예외가 아니다. 대략 10% 안팎의 토착 기독교인들이 존재한다.

요르단에서는 최남단 아카바에서부터 북단 야르묵 강 주변까지 곳곳에서 비잔틴 시대의 교회터가 발견되었고, 지금도 발굴되고 있다. 기독교인의 존재는 과거의 일만이 아니다. 지금도 존재한다. 그러나 최근 기독교인의 비율은 크게 줄었다. 지금도 줄어들고 있다.

이라크 전쟁 이후 이라크는 기독교인들이 많이 빠져나가 기독교인 비율이 줄고 있다. 다종교 국가인 레바논도 상황은 비슷하다. 이들은 무슬림과 오랜 세월을 공존해왔다. 물론 그 와중에 충돌과 반목의 역사를 경험했고, 지금도 그런 갈등이 해소된 것은 아니다. 어찌 보면 해묵은 씁쓰름한 경험이 자리하고 있는 셈이다.

노동력을 제공하는 노동자로, 사업가로 다양한 이유로 이슬람 세계에 자리잡고 있는 비무슬림 인구 비율이 폭발적으로 증가하고 있다.

무슬림 자국민 인구 비율은 급격하게 줄어들고 있다. 인구 비율로 친다면 걸프 연안 국가 대부분은 자국민 무슬림 인구 비율이 마이너리티에 접어들었다. 이것은 걸프 지역 국가들처럼 외국인 노동력의 증가만으로 이루어진 현상이 아니다. 사실 쿠웨이트나 사우디아라비아, UAE 할 것 없이 이미 외국인 체류자의 수가 내국인의 3-4배가 된 지 오래이다. 아랍어보다 영어가 더 많이 사용되는 지경에 이르렀다. 무슬림 인구보다 비무슬림 인구가 절대적으로 앞서고 있는 셈이다. 이 지역을 찾은 외국인들 다수는 노동인력들이다. 주로 파키스탄, 방글라데시, 인도, 필리핀, 인도네시아 등지에서 유입된 이들이다. 필리핀이나 인도 지역 출신들 가운데 기독교인들이 상당수를 차지하고 있다.

　이슬람이 국교인 UAE의 경우를 살펴보자. 전체 상주인구 820만여 명 가운데 660만 명 정도가 외국인이다. 주요 체류 외국인으로는 인도인 175만 명, 파키스탄인 125만 명, 방글라데시인 160여만 명 정도이다. 전체 인구의 10% 정도가 기독교인이다. UAE 전역에 31개의 교회가 존재한다. 그러나 실제로는 200여 외국인 교회가 실제적으로 예배를 드리고 종교활동을 하고 있다. 가장 활발한 모임을 갖고 있는 교회는 한인교회이고, 가장 많은 교회는 인도인교회이다. 지역별·언어별로 따로 모여 예배를 드리고 있다. 전체 인구 가운데 20% 미만이 에미리트인이다. 그러나 타종교에 대해 적극적인 개방성을 부여하거나 비무슬림에 대한 배려가 눈에 띄게 변한 것은 없다. 그래도 변하고 있다. 현실을 반영한 결과로 이들 정부에서는 외국인을 위한 종교 부지를 제공하고 있다. 기독교인들이 예배드릴 수 있는 기독교인 부지도 제공하고 있다. 물론 이 부지 밖에서의 종교활동은 규제하고 있지만, 부지 안에서의 종교활동은 자유롭게 인정하고 있다. 대개의 경우 영국 성공회나 미국 기독교단이 이 구역을 소유하거나 관할하고 있다. 영국의 위임통치를 받은 흔적이다. 이슬람 종주국 사우디아라비아의 경우가 이른바 종교 부지가 공인되고 있지 않을 뿐이다.

　이 지역 무슬림들은 이슬람 다수지역에서 수적으로 마이너리티

경험을 갖기 시작했다. 그러나 여전히 그들은 주류의식을 갖고 있다. 수적 우위에 있는 외국인들이 마이너리티이다. 사회학적으로 소수자는 수적 열세 여부에 상관없이 특정하게 구분되어 권력 관계에서 하위에 속한 집단으로 정의되기 때문이다.[4] 자신들의 본토에서 다문화 사회를 직면하고 있다. 그렇지만 다문화 공존 경험이 짧은 탓에 수적인 소수에도 불구하고 텃세가 작용하고 있다. 텃세 문제는 이슬람 세계만의 것은 물론 아니다. 그렇지만 유럽 사회에서 비기독교인이나 무슬림에 대해 제공하는 그런 수준의 자유와 편의는 주어지지 않는다. 비무슬림은 그가 아랍인이든 비아랍인이든 불편을 감수하여야만 한다. 오랫동안 계속되어온 무슬림 중심의 사회체제나 법체제도 그대로이다. 법과 제도를 통한 비무슬림에 대한 차별이 엄연히 존재하고 있다. 자국민 기독교인은 물론 외국인 기독교인에 대해서도 차별과 제한이 존재한다. 특히 종교활동의 자유가 여러 가지로 제한되고 있다. 비이슬람 국가에서 종교와 선교의 자유가 허용되어 무슬림 선교사(다이)들의 활동이 다양하게 펼쳐지고 있다. 그렇지만 이슬람 다수 지역에서의 기독교 선교사들의 선교활동은 법과 제도에 의해 다양하게, 노골적으로 대개는 은밀하게, 은근하게 통제되거나 금지되고 있다.

　　요르단을 비롯한 중동 지역이나 이슬람 절대다수 지역의 한인들은 일요일에 주일 예배로 모이는 경우가 드물다. 대개의 경우 현지의 공휴일인 금요일 낮에 전체 예배로 모이고 있다. 요르단의 경우도 예외가 아니다. 이스라엘 지역은 안식일인 토요일 오전에 모인다. 학교도 관공서도 주일에는 모두가 정상적인 활동을 하고 있기에 주일 오전에 모일 수 없기 때문이다.

　　그런데 묘한 것은 현지 교회들 대부분은 일요일 오전에 주일 예배를 드리고 있다는 점이다. 이 예배에 참여하는 현지인들이라면 그 시간에 예배에 참석해도 아무런 문제가 없는 사람들일 것이다. 학교도 정상

4_ 이태숙·김종원 엮음, <서유럽 무슬림과 국가 그리고 급진 이슬람주의>, 2009, 아모르
　　문디.

수업 중이고 직장도 정상 근무 중인데 누가 그 시간에 예배에 참석하는 것일까? 사실 토박이 기독교인들은 현지 사회에 깊게 동화되지 않고 살고 있는 이들이 많다. 기독교 학교에 다니는 기독교인 자녀, 기독교 기관에서 일하는 사람들, 자영업자들, 직장에서 나름대로 자리매김이 된 중견급 인사들과 외국인 선교사들이 주를 이룬다. 그 시간에 예배에 참석해도 전혀 불편함이 없는 이들이 예배에 참석하고 있을 뿐이다. 외국인 교회들조차 현지 상황에 적응(?)하고 있는데 오히려 현지 토착교회(개신교와 구교를 포함하여)들은 자기 길을 가고 있다.

아랍 이슬람 지역에는 토착종교, 즉 이슬람 출현 이전에 기독교가 존재하던 이집트나 시리아, 레바논, 요르단 같은 나라가 있는가 하면, 전혀 기독교의 존재가 없던 나라도 있다. 이집트나 요르단, 이라크, 시리아, 레바논 같은 경우는 2천 년 안팎의 역사를 가진 기독교회가 존재한다. 나라마다 약간의 차이는 있지만, 새로운 예배당의 건축이 제한적으로 허용되고 있다. 신학교도 존재한다. 이슬람 이전부터 존재했던 기독교는 무슬림들에 의해서도 민족종교 또는 토착종교로서 받아들여진다. 그러나 19세기 말에 유입되기 시작한 개신교의 존재에 대한 반응은 각기 다르다.

아랍 이슬람 국가에서 기독교인이 자기 신앙을 유지할 수 있는 권리는 주어지지만, 자유로운 종교활동을 할 수는 없다. 이슬람을 비판하거나 기독교를 공개적으로 변명할 기회도 주어지지 않는다. 라마단을 비롯한 이슬람 절기에 이슬람 전통을 거스르는 것은 용납되지 않는다. 라마단 금식을 위반했을 때 종교법 저촉을 받아 법의 제재를 받는다. 이것은 자국민 기독교인에게도 동일하게 적용된다. 이슬람 다수국가 안방에서 비무슬림과의 만남이 일상화되면서 자연스럽게 기독교 바로 알기도 이루어지고 있는 셈이다. 단일종교체제로서의 이슬람 국가가 변하고 있다. 그렇지만 유일신 종교로 인정하는 기독교, 이슬람, 유대교 외의 다른 종교는 받아들이지 않는다. 교회당과 회당, 이슬람 사원 외의 다른 종교 시설물은 인정하지 않는다.

24. 다문화 사회를 향하여

　이슬람 절대 우위지역인 아랍 이슬람 지역에서는 2007년 12월 하순 이슬람 최대 명절 희생제와 성탄절이 조우했다. 32년 만의 일이다. 이슬람과 기독교 두 명절은 서로 다른 배경 속에서 시작되고 이어졌지만, 서로는 여러 면에서 닮은꼴을 보여주고 있다. 두 명절은 종교적인 축제로 시작되었지만, 지금은 특정 종교의 종교성이 퇴색되고 있다는 공통점이 있다. 하나의 절기이고 명절일 뿐이다. 이슬람의 희생제가 양을 잡아 알라에게 드리고 죄 사함을 구하는 의미가 있었지만, 양고기를 먹는 절기로 그 의미가 변하고 있다. 기독교의 성탄절이 예수 그리스도의 탄생을 축하하는 절기였지만 산타클로스가 맹활약하는 과소비의 연말연시 주요 절기로 변한 것과 비슷하다.

　무슬림이 맞이하는 성탄절이 서양에서 횡행하는 연말 축제기간의 하나인 것처럼, 기독교인이 맞이하는 희생제도 이슬람권에서 시작된 하나의 종교 축제일 뿐이다. 이슬람 다수 지역인 아랍 이슬람 지역에서 이 두 절기를 맞이하는 무슬림이나 기독교인들이 보여주는 생활 모습도 비슷하다. 옷을 깔끔하게 차려입고 친척들과 이웃들을 방문하는 것이 가장 일상적인 풍경이다.

이슬람 명절, 희생제

"오늘은 이슬람 명절 희생제를 즐기고 내일은 크리스마스를 누린다." 희생제는 이슬람력 12월 순례달(하지달)이 끝나면서 이어지는 양을 잡는 축제이다. 라마단 직후 이어지는 개식절과 더불어 이슬람 최대 명절을 이루고 있다. 2007년에는 이틀 간격을 두고 희생제 연휴 직후에 크리스마스가 이어졌다.

"꿀 암므 엔툼 비케이르!"(매년 좋은 일 가운데 있기를 바랍니다). 이슬람의 희생제 명절은 사흘 동안 계속되었다. 희생제 전날 동네의 이발소는 손님들로 넘쳐났다. 희생제를 앞둔 의류상가는 번잡하기 그지없었다. 대목을 맞이했다. 명절 옷을 준비하려는 발걸음 덕분이다. 희생제가 시작된 후 새벽잠을 제대로 자지 못했다. 집에서 50여 미터 정도 떨어진 이슬람 사원에서 새벽부터 꾸란 낭송 소리가 귓전을 울린 덕분이다. 희생제 첫날 새벽, 곳곳의 이슬람 사원에서 특별 기도를 하는 이들이 낭송하는 꾸란 경구가 울려 퍼졌다. "라 일라하 일랄라…"(알라 외에 다른 신은 없다…).

관공서와 학교, 기업체가 모두 쉰다. 특별사면도 단행된다. 그래서인지 명절이 되자 거리는 그야말로 한산했다. 대부분의 재래시장이나 상가는 문을 닫았다. 대형 쇼핑 공간만 오르는 매상을 기대하며 손님을 맞이했다. 아침이 되자 거리 곳곳은 때때옷을 차려입은 아이들과 가족과 친지를 방문하기 위해 집을 나섰다. "친지 방문은 다 마쳤나요?" "양은 잡으셨나요?" 명절 기간 중에 전화 통화로 주로 나누는 대화이다. 도시화되기 전에는 가정에서 양을 잡곤 했다. 아직도 농촌 지역에서는 집에서 양을 잡는 경우가 많다. 대도시로 변모한 요즘도 일부 가정에서는 집에서 양을 잡는 풍경을 연출한다. 그러나 대개는 도시의 한적한 공터가 양을 잡는 장소가 되고 있다.

도시 곳곳에 희생제용으로 준비된 수천 마리의 양 떼가 손님들을 맞이하고 있었다. 희생제물로 잡는 양이나 염소는 대개 6개월 정도 된 어린 양들이었다. 뉴질랜드 등에서 수입해온 수입 양들도 희생제물로 드려진다. 희생제 기간에 잡는 양은 가족과 일가친척, 이웃과 나누는 풍습이 있다. 그렇지만 요즘은 이웃에게 고기를 나누는 일은 점점 드물어지고 있다. 각박해지는 인심을 보여주기라도 하는 듯하다. 명절 기간 동안 특별한 민속놀이는 없다. 가족과 친척, 이웃 방문 명절인 셈이다.

그런데 희생제 절기 동안 왜 양을 잡는 것일까? "왜 양이나 염소를 잡지요?" 답은 이구동성이다. "선지자 아브라함이 자신의 큰아들 이스마엘을 알라에게 제물로 바치려 했을 때 알라가 양을 희생시킨 것"을 기억하기 위한 것이란다. 그러나 요즘은 종교적이고 교과서적인 희생제보다는 그냥 하나의 절기나 명절일 뿐이다. "왜 양을 잡나요?" "양을 잡는 명절이기 때문이지요." 이런 식의 대화가 오간다. 형식은 이어져도 의미는 퇴색된다. 이슬람 명절도 변하고 있는 것이다. 아이들은 용돈 받아서 좋은 날, 새 옷 입을 수 있어서 기쁜 날이다. 마치 한국에서 설이나 추석 명절이 연휴의 의미로 자리잡힌 것을 연상시켜준다.

아랍에 산타 오셨네!

"아니 이슬람 국가에서도 크리스마스가 있나요?" 연말이면 곳곳에서 이런 질문이 던져진다. 이슬람권에서도 방송은 물론 거리 곳곳에서 크리스마스 캐럴이 울려 퍼진다. 성탄 트리가 곳곳에 장식되어 눈길을 끈다. 이슬람 국가에서 맛보는 크리스마스, 화이트 크리스마스 분위기와는 색다른 맛으로 다가온다.

몇 년 전까지만 해도 대부분의 아랍 이슬람 국가의 연말연시 분위기는 조용한 밤의 연속이었다. 기독교인만을 위한 명절일 뿐이었다. 아랍인 교회나 외국인들이 모이는 교회를 가야 예배당 안에서 울려 퍼지는 크리스마스 노래를 들을 수 있을 뿐이었다. 그러나 지금은 눈에 띄게 변했다. 공영방송에서는 크리스마스 캐럴이 흘러나오고 크리스마스 장식품으로 한껏 멋을 낸 업소들이 늘어났다. 대형 매장 한쪽에는 크리스마스 장식품을 판매하는 특설 코너가 운영된다.

이제 아랍 이슬람권의 크리스마스는 외국인들만의 것이 아니다. 현지의 적지 않은 무슬림들도 크리스마스 절기를 즐긴다. 물론 볼멘 감정 섞인 목소리도 터져 나온다. "이슬람 국가에서 기독교의 크리스마스를 축하하는 것이 이슬람적이냐 아니냐"는 논쟁도 인다. "예수는 이슬람에서도 최고의 선지자인데 그 선지자의 탄생을 축하하는 것은 문제될 것이 없다"는 생각을 요즘 많이들 하고 있다. 그러나 이 지역의 크리스마스에는 예수는 없고 산타클로스가 주인공일 뿐이다. 선물 주고받는 명절, 연말 세계인의 축제의 하나일 뿐이다.

연말연시 장식의 대표적인 것이 크리스마스 트리이다. 종교와 무관하게 크리스마스 트리를 장식하는 현지 무슬림들도 늘어간다. 세계인의 송년 축제 분위기를 자아내기 때문이다. 대형 매장에 장식된 크리스마스 트리 곁에서 기념사진을 찍어대는 현지 무슬림들을 만나는 것은 어렵지 않다. 이것도 세계화의 한 물결이라 할 수 있을까?

그동안 성탄절은 기독교인들만 쉬던 기독교인만의 공휴일이었다. 그러나 크리스마스가 공휴일로 자리잡은 나라들이 늘고 있다. 지난 2003년 1월 이집트 정부는 이집트 정교회의 크리스마스인 1월 7일을 국가 공휴일로 정했다. 이슬람 국가인 이집트에서 다른 종교의 명절을 허용할 수 없다는 이슬람계의 반발도 작지 않았지만, 소수 기독교인에 대한 차별을 해소하기 위한 조처였다. 이보다 앞선 1996년 이슬람 왕정 국가인 요르단에서는 12월 25일 크리스마스를 법정 공휴일로 지정했다. 크리스마스 예배 실황이 TV로 생방송되거나, 정부 관계자가 자리를 같이해 축하의 메시지를 전해주기도 한다. 이 밖에도 시리아·레바논·지부티·팔레스타인 등이 크리스마스를 공휴일로 정해놓고 있다.

이런 여러 가지 변화는 종교적인 관심 때문이 아니다. 기독교와 기독교인에 대한 아랍 무슬림들의 배려와 관심 덕분도 아니다. 오히려 정치적인 배려와 상업적인 이해가 어우러진 결과이다. 무엇보다도 세계를 호흡하려는 젊은이들이나 중상류층의 문화적 갈망이 큰 몫을 하고 있다. 크리스마스를 즐기는 것은 문화적 이벤트인 셈이다. 아랍 젊은이들 가운데 번져가는 발렌타인데이, 핼러윈데이5처럼 특별한 이벤트를 벌이는 날로 여겨지고 있다.

　　그래도 이슬람권에서 '아기 예수' 탄생의 의미를 나누는 크리스마스를 즐기는 것은 나름의 의미가 있을 터이다. 크리스마스라는 세계인의 연말연시 이벤트를 함께 즐기면서, 기독교와 이슬람의 문명간 '충돌'이 아닌 대화와 공존을 실험하는 마당이 될 수도 있을 테니까.

　　희생제와 성탄절이 이어지던 2007년 아랍 이슬람 지역의 연말 분위기는 독특했다. 암만 시내는 저녁이면 곳곳이 막혔다. 특히 대형 쇼핑몰 주변의 교통 혼잡은 대단했다. 쇼핑 공간은 손님을 끌기 위한 다양한 성탄절 장식과 할인 안내 광고로 넘쳐났다. 이슬람의 희생제 분위기보다 연말의 쇼핑 축제, 성탄 할인 축제가 더 눈길을 끌었다. 문화 이벤트가 많지 않은 이곳에서 크리스마스는 더욱 화려해지고 많은 사람들이 즐기는 절기가 된 것이다.

　　아랍 이슬람권은 여러 번 새해를 맞이한다. 2009년 12월 18일은 이슬람력으로 1431년 1월 1일 새해(무하르람)를 맞이한다. 요르단의 경우 2010년 1월 1일도 공휴일로 지키지만 2010년 12월 7일의 이슬람 새해(이슬람력 1432년)는 당연한 휴일이다. 이른바 이중과세인 셈이다. 2007년, 2009년 연말연시는 정말 분주하게 흘러갔다. 이슬람 명절 희생제(2009년 11월 28일)에 연이은 크리스마스, 그리고 신년 새해가 이어졌다. 아랍 이슬람 지역의 언론 매체는 물론 공문서에도 이슬람력과 우리가 사용하고 있는 서력을 같이 사용하고 있다. 마치 단기와 서기를 병용하고 있는 우리나라의 경우가 연상된다. 설과 신년을 두 번 휴일로 지켜야 한다. 그래서 안 된다는 논쟁마냥 이곳도 새해를 두 번 맞이할 수 없다는 이중과세 논쟁이 일곤 한다. 그래도 쉬는 날이 많으면 좋다는 생각이 일반인들 생각에 번져간다.

5_ 10월 31일 미국 등지에서 지키는 풍습으로 귀신흉내내기 놀이 문화의 일종이다.

민족 대이동은 다문화, 다종교 사회를 만들었다(UAE/두바이).

이제 아랍 이슬람 세계도 기독교와 이슬람, 서구와 아랍 전통이 함께 어우러지는 문화 공간으로 변모하고 있다. 종교로서의 기독교와 이슬람이 아닌 문화로서의 기독교, 문화로서의 이슬람은 많은 면에서 서로 영향을 주고받고 있다. 만남은 소통을 낳고 있다. 긍정적이든 부정적이든.

무슬림 아니라도 금식하라

내게는 라마단 후유증 또는 신드롬이 있었다. 괜히 먹을 것 먹고, 마실 것 마시면서도 의식적으로 주변을 살피곤 했다. 라마단 한 달이 지난 다음에 벌어지는 심리적인 압박감 또한 만만치 않다.

"무슬림이 아닌 타종교인이 라마단 기간에 공공장소에서 먹고 마셔도 불편하지 않나요?"

마크툽 비즈니스(busincss.maktoob.com)에서 2009년 9월에 진행한 설문조사에서 응답자의 20% 정도가 비무슬림 외국인들이 먹고 마시는 것을 허용하여야 한다고 응답했다. 그러나 60% 이상은 라마단 금식 규정은 강제되어야 한다고 반응했다. 자신들의 신앙의 유익을 위한 금식을 위하여 타인들의 먹고 마실 권리를 제한하는 것을 당연하게 생각하는 것은 집단주의, 텃세의 다른 유형일 것이다.

라마단이 한창일 때 카이로의 한 시내에서 모함메드(32세)를 만났다. 아침 시간이었지만 골목 한쪽에서 물담배를 즐기고 있는 한 무슬림이 있었다. 그 안에는 아이를 데리고 온 한 부부가 먹을 것을 챙기고 있다. 이 장면을 지적하면서 모함메드에게 "괜찮냐?"고 물었다. 돌아온 대답은 관계없다는 것이다. "금식은 자발적으로 자기 신앙 고백일 뿐 남에게 보이려고 하는 것이 아니다. 남이 하고 안 하고가 중요하지 않다"는 반응이었다. 사실 라마단 기간에 공식적으로는 금식하면서도 비공식적으로 먹고 마시는 무슬림이 적지 않다. 위의 설문 응답자들은 남이 하지 않아도 내가 금식하면 그것이 진정성이 있는 것이고, 가난한 사람들의 형편을 더욱 헤아릴 수 있다는 금식의 장점을 이야기한다.

먹고 마시고 담배를 피워도 신경을 안 쓰는 이들이 있는 반면, 비무슬림의 먹고 마시는 행위가 금식을 어렵게 하는 것은 아니지만 지역 관습과 법을 존중하지 않는 행위라고 생각하는 사람들도 있다. 많은 무슬림들은 금식을 위반하는 행위는 아주 위험천만한 행동이라고 판단했다. 아랍에미리트는 라마단 금식을 위반하면 65만 원까지 벌금을 내야 한다. 지난 3년 동안 라마단 금식 위반으로 두바이 경찰 당국에 적발되어 구속되거나 벌금형을 받은 사람은 24명이다. 지난해 라마단에도 2명의 아랍인과 한 명의 유럽인이 라마단 사범으로 체포되었다.

이집트는 그동안 라마단 금식기간 동안 공공장소에서 먹고 마시는 것에 크게 신경을 쓰지 않았다. 그런데 2010년 라마단 기간에는 이집트 남단 관광도시 아스완에서 무차별 단속을 벌였다. 155명을 구속했다. 이집트 정부는 라마단 위반자들에게 1개월 징역이나 미화 350달러 상당의 벌금에 처했다고 한다. 이를 두고 이집트 인권단체 등에서는 위법적인 조치라며 항의를 했다. 구속된 이들 가운데서도 라마단 금식을 위반하지 않았다고, 무작위적 검거조치였다고 항의했다. 이집트 북부 다칼리야 지역에서는 길거리에서 흡연하던 청년 7명이 체포되었다가 벌금 11만 원을 내고 풀려났다. 심지어 홍해변의 대표적인 휴양도시 후루가다 지역에서도 낮에 카페와 식당 등을 폐쇄조치했다. 이뿐만이 아니다. 북부 알렉산드리아는 물론 이집트 곳곳에서 라마단 금식 위반자들을 색출하는 일대 소동이 벌어진 것으로 현장 목격자들은 이야기한다.

요르단이나 다른 아랍 국가에서도 라마단 금식 위반에 대한 단속 규정이 있다. 단속에 걸릴 경우 라마단 기간 동안 강제 금식에 처해진다. 구속조치되기 때문이다. 때문인지 몰래몰래 차를 마시거나 다른 후미진 공간에서 낮 시간에 음식을 섭취하는 장면들을 보곤 한다. 물론 집에서 먹고 마시는 것까지 단속하는 일은 없다.

라마단 기간에 종종 인근 국가를 여행한 적이 있다. 그런데 비행기 안에서 벌어지는 풍경은 묘하기만 하다. 2009년 9월의 일이다. 인천에서 대한항공편으로 카이로로 향하던 일부 무슬림들의 행동이 눈길을 끌었다. 금식시간이 언제 끝났느냐는 논쟁이 무슬림들 사이에 벌어졌다. 시차 때문이다. 출발지 시각 기준이면 이미 낮 금식을 마치고 먹고 마실 수 있는 시간이었다. 그런데 비행기 밖은 여전히 낮이었다. 설왕설래 후에 어느 시점에서 모여든 무슬림들은 기도를 마치고 식사를 주문하여 먹고 마셨다. 이들의 진지한 종교적 고민과 행동은 내게도 고민을 안겨줬다.

어떤 면에서 종교는 개인의 영역이다. 자신의 종교에 충실할지 안 할지는 개인의 자유이며 선택이고 권리이다. 설령 그것이 국가종교라 할지라도 개인의 선택을 억압하는 것은 일종의 폭력이다. 정부나 국가는 특정 종교의 수호와 전파만을 위하여 존재할 수 없을 것 같다. 지금 우리는 중세나 근대 시대가 아닌 21세기에 살기 때문이다. 이런 강제된 종교 행위가 개인의 종교적 위선과 타종교인에 대한 집단적이거나 공개적인 차별을 유도할 수 있다. 더욱이 자신의 신앙 유지를 위하여 타인의 자유와 권리를 억압하는 행위는 다문화 사회에 걸맞지 않은 전근대적인 태도로 보인다. 진정한 종교적 자유와 결단은 주위의 상황과 무관한 것이라 생각한다. 평소에 무슬림들이 기도하지 않는 비무슬림들에 둘러싸여서도 기도하듯이, 금식하지 않는 이들이 수두룩한 상황에서도 자발적인 금식으로 할 필요가 있다.

　라마단 금식 이야기를 하다 보니 북반구 지역에 살고 있는 이슬람권 이주자들의 모습이 떠오른다. 해가 일찍 떠서 늦게까지 떠 있기에 남반구 무슬림들보다 금식시간이 길다. 통상 18시간 안팎을 낮 금식을 하여야 할 지경이다. 이들에게 여름철 라마단은 가히 엄청난 훈련의 시간이 될 것 같다.

　이슬람 세계에 살면서 나름 현지 이슬람 문화와 질서를 존중하고 인정하려고 애를 썼던 것 같다. 그러면서도 아쉬운 점은 있었다. 자신의 종교적 신념을 위하여 타인을 억압하거나 강제하는 행위가 주는 폭력성에 대한 불편한 느낌이다. 내가 금식을 하기 위하여, 금식을 방해할 가능성이 있다는 이유로 상대방의 먹을 권리를 제한하는 것은 집단적인 무력일 수도 있다. 진정한 금식이나 종교적 자유는 스스로 그 행위를 결단하고 선택하고 지키는 것에서 찾아볼 수 있는 것이기 때문이다. 아울러 비이슬람 세계에서 본국에서와 같은 종교의 자유와 환경을 요구하는 것도 어리석다는 것이다.

제 11장

이슬람 본토 밖에서
만나는 무슬림

민족 간의 이동은 급격하다.

이슬람 본토박이들이

비이슬람 세계,

서구로 빠져 들어간다.

꿈을 찾아 그들의 땅을 떠나고 있다.

아메리칸 드림, 유로피안 드림….

기독교와 이슬람
그 만남이 빚어낸 공존과 갈등

25. 비서구 세계의 무슬림

비이슬람권의 무슬림 공동체에 얽힌 이야기를 시작하면서 중국 내 무슬림 공동체와 타이(태국)에 번져가는 이슬람 문화 공간을 만나보고자 한다. 이것은 이슬람 인구의 유입이 보여주는 다양한 비종교적 측면들을 짚어볼 수 있기 때문이다. 이슬람권 이주자의 확산을 종교적 이슬람의 확산으로 보거나 이슬람 종교의 유입으로만 볼 수 없다는 교훈을 얻을 수 있을 것이다.

방콕, 아랍어만으로 넉넉해

'싸왓디 캅'(타이), '키이팍'(페르시아만 지역), '이자이 약'(이집트). 타이의 한 거리를 방문하면 불교국가인 이곳에서 뜻밖에도 아랍 각국의 사투리를 들을 수 있다. 수도 방콕 시내 한복판에서 타이어 인사에 더해 '안녕하세요'를 뜻하는 걸프연안과 이집트 등 아랍 각국의 사투리가 어우러지고 있다. 9·11 동시 테러 이후 아랍인들 사이에서 불고 있다는 동남아 열풍을 실감하는 순간이다.

방콕 시내의 나나 플라자와 수쿰윗 3가가 만나는 주변 지역은 우리나라의 역 앞 풍경을 떠올리게 한다. 호텔과 여인숙 등 숙박시설은 물론이고 쇼핑센터와 전통상가, 상점, 식당과 주점, 카페 등이 넘쳐난다. 밤이면 각종 클럽으로 불야성을 이룬다. 그 한복판에 '아랍거리'가

방콕 시내에 아랍거리가 확장되고 있다(태국/방콕).

자리를 잡고 있다.

거리에 들어서면 이곳이 불교국가 타이라는 사실을 전혀 알아차
릴 수 없을 지경이다. 아랍어 간판은 물론이고 아랍 음식점과 아랍인들
이 현지인들과 또 다른 외국인들과 뒤섞여 있는 모습이 흡사 아랍의 여
느 도시에 온 느낌이다. 알라딘의 마술 램프에서 솟아나온 외계인인 양
신기하기까지 하다. 거리를 걷다 보면 현지어인 타이어보다 아랍어가
더 많이 들려온다. 아랍어만으로도 넉넉하게 살 수 있는 공간이 되어
있는 게다.

아랍인들이 즐겨 찾는다는 '그레이스 호텔'로 들어서 보자. 호텔
안은 바깥 거리보다 아랍풍이 더욱 거세다. 일하는 직원들을 제외하면
대개가 사우디아라비아나 아랍에미리트, 이집트 등지에서 온 아랍인들
로 북적인다. 리셉션에는 '맘누앗 타드킨'(금연)이라는 아랍어 안내판
이 붙어 있을 정도이다. 로비 주변은 물론 호텔에 딸린 각종 상점과 서
비스 업소는 타이어와 아랍어를 함께 사용하고 있다. "아마 이 호텔 고
객의 80-90%는 아랍인들일 겁니다. 다른 호텔보다 아랍인들이 편하게
느낄 수 있는 조건들을 갖췄고, 숙박비도 다른 곳보다 저렴하기 때문이

죠.” 호텔에 딸린 양복점에서 일하는 한 파키스탄 직원의 얘기다.

그레이스 호텔을 왼쪽으로 끼고 골목 안으로 들어선다. 아랍거리 ‘소이 아랍’이 시작된다. 골목을 오가는 이들 대다수가 역시 아랍인들이다. 골목골목 가득하게 아랍 냄새와 문화의 향취가 느껴진다. ‘낫세르 엘마스리’라는 카페에 들어서자 아랍 전통 복장을 한 무슬림들이 여기저기서 물담배를 피워물고 있다. 어깨를 어긋 맞대고 볼을 비비는 아랍식 인사를 나누는 이들도 있다.

그 곁으로 이슬람법에 따라 도살한 고기만을 취급하는 케밥 등 아랍식 음식점들이 이어진다. ‘마뜨암 알이라키’ 같은 이라크 음식 전문 식당뿐만 아니라 각종 아랍 음식과 이슬람 음식을 취급하는 식당가가 펼쳐진다. 값싼 여인숙은 물론 아랍 각국을 잇는 항공권을 판매하는 티켓 대리점들도 많다. 무슬림 여성의 머리 덮개인 히잡 차림을 한 타이 여성들이 업무를 보는 경우도 상당수다. 여행사 안에 들어서면 “케이프 할락”(안녕하세요) 하고 아랍어 인사를 건넨다. 시장 골목 한편에는 주요 아랍어 신문을 복사해 판매하는 좌판대까지 들어서 있다. 넘쳐나는 아랍풍 분위기가 신기한 듯 주변을 살피는 제3국 여행자들의 눈길도 인상적이다.

“왜 이 지역이 아랍인들이 즐겨 찾는 명소가 됐나요?” 같은 질문을 던져보지만 진단과 반응은 다양했다. ‘닭이 먼저냐 달걀이 먼저냐’는 입씨름과도 같다. 이집트 분위기가 풍기는 식당 ‘알아흐람’에서 만난 아흐메드는 “주변에 좋은 시설의 병원들이 많고 시내 한복판에 자리하고 있으며 아랍 음식점들도 많은 여러 이유 때문에 이곳이 점점 아랍화되어 가는 것”이라며 “1990년대에 접어들면서 아랍거리가 점점 활성화되기 시작했고, 9·11 동시 테러 이후 아랍 방문자들이 폭발적으로 증가하고 있는 것 같다”고 말한다. 설명은 다양했지만, 공통적으로 지적하는 것은 9·11 동시 테러가 아랍인들의 ‘동남아 열풍’에 중요한 변수였다는 점이다. 9·11 이후 서구 출입에 어려움이 생긴데다, 물가도 비싸고 환대하는 분위기도 아닌 유럽보다 상대적으로 물가도 싸고 볼거리와 살 것도 많은 동남아시아를 선호하게 됐다는 게다.

여기에 치료를 받기 위해 동남아를 찾는 아랍인 '의료관광객'이 늘고 있는 것도 '아랍화'를 부추기고 있다. 대표적인 명소는 범룽랏 병원이다. 외래 환자들은 대체로 아랍에미리트와 쿠웨이트 등 걸프연안 국가 출신이다. 범룽랏 병원은 아랍어 통역 직원을 통해 아랍인들에게 최대한 편의를 제공하고, 아랍어로 쓰인 수술 동의서를 비롯한 서류 양식도 비치하고 있었다. 입원실에선 <알자지라> 등 아랍 위성방송도 볼 수 있다.

아랍 무슬림들의 방콕 나들이가 늘면서 타이 현지 무슬림들에게도 직·간접적인 영향을 끼치고 있다. 타이 무슬림[1]은 전체 인구의 약 5.8%인 390만여 명[2]에 이르며, 전국 76개 주 중 64개 주에 걸쳐 3494 곳의 이슬람 사원이 있는 것으로 알려졌다. 이 가운데 2255곳의 사원이 말레이시아와 접한 사툰·얄라·빠따니·송클라·나라티왓 등 남부 5개 주에 몰려 있고, 55곳이 방콕에 자리하고 있다.

일자리를 위한 생계형 무슬림들도 늘고 있다(타이/방콕).

1_ 2005년 태국 통계청 자료에 따르면 220만 명으로 당시 4950만 인구의 4.5%였다.
2_ 2009년 퓨 연구소 통계.

타이 무슬림들은 소수파가 겪는 각종 어려움을 안고 살고 있다. 이슬람과 테러를 동일시하는 경계의 시선이 따가운데다, 남부지방을 중심으로 한 이슬람 진영이 방콕까지 세를 넓힐지 모른다는 정부의 우려와 견제도 무슬림들을 위축시키고 있다. 이런 가운데 아랍인들의 동남아 열풍은 타이 무슬림들이 무슬림으로서 정체성을 강화하는 계기가 되고 있다. 일상에서 이슬람을 접하고 이해할 기회가 많아졌기 때문이다. 게다가 2005년 19만여 명이던 아랍지역 출신 관광객들이 2010년 상반기에만 26만여 명에 이르면서, 아랍어를 구사할 줄 아는 타이 무슬림들의 일자리도 많아지고 있다. 이런 와중에 생계형 무슬림 개종자들도 늘고 있다.

중국, 무슬림의 뿌리 찾기

이슬람 역사와 문화를 접하게 되면서 중국에 대한 관심이 커졌다. 이슬람 역사에서 비단길을 통한 이슬람 세계와 중국의 만남이 이슬람 제국 초기부터 이어졌다는 점이 먼저 눈길을 끌었다. 중국을 통해 한반도에 전달된 이슬람 문화나 종교는 단절되었는데 중국에서는 아직까지 존재한다는 사실이 호기심을 자극했다. 이런 숙제를 안고 중국을 방문하여 이슬람 공동체를 접할 때에도 드는 의문점이 있다. 중국 내의 이슬람 공동체는 이슬람 본토라 할 수 있는 아랍 이슬람 세계와 어떤 상관성을 맺어오고 있는가? 어떤 면에서 본류 이슬람과 같고 어떤 면에서 달라졌는가이다. 오랜 시간 흩어져 존재하면서 비슷하면서도 다른 면을 갖게 된 것이 본토 이슬람과 중국 이슬람이 아닌가 싶다.

"중국에도 무슬림이 있나요? 있다고 해도 소수겠지요?"

중국 무슬림을 이야기할 때 듣게 되는 가장 일반적인 반응이다. 그러나 중국에도 무슬림이 존재하고 무슬림 공동체의 역사가 13세기 이상을 흘러 전해져 내려오고 있다. 중국에는 56개 민족이 뒤엉켜 살고 있다. 이 중 한족을 제외한 55개 민족을 소수민족이라 부른다. 그러나

후이 무슬림이 베이징의 니우지에 사원에서 금요예배를 드리고 있다(중국/베이징).

실제 고유문화를 가진 소수민족은 410개에 달한다. 이 가운데 무슬림 인구는 전체 인구의 1%가 넘는 2,000만여 명에서 최대 1억 명에 이른다. 4만여 개의 사원과 기도 처소가 있다. 이슬람 소수민족으로는 후이족(回族 회족), 위구르족(維吾爾族), 카자흐족(哈薩克族), 동시앙족, 키르기스족 등 10여 개이다. 그 중 후이족은 약 860만 명으로 대부분이 닝샤(寧夏)후이족자치구에 거주하고, 위구르족은 대개 신장웨이우얼자치구에 살고 있다.

중국에서 이슬람의 정착과 발전 양상은 후이족과 위구르족을 통해 볼 수 있다. 651년 당나라 때 상업과 여러 가지 목적으로 중국에 들어온 아랍 상인들에 의해 이슬람이 확산되었다. 그 결과가 후이족의 뿌리이다. 한편 돌궐의 후예인 터키계 위구르족은 9-10세기경 아랍족에 의해 강제로 이슬람화된 이후 청나라 건륭황제(1711~1799) 시대에 중국에 편입한 경우이다. 이런 이유로 중국 이슬람 역사를 다룰 때 본류는 위구르 이슬람 역사가 아니라 후이족을 중심으로 한 이슬람 역사이다.

중국과 이슬람 세계, 무슬림과의 접촉은 장안(오늘날의 시안, 西安)

을 수도로 하던 당나라 시기로 거슬러 올라간다. 이 시기 당나라의 개방 정책은 이슬람 세계와도 많은 교류를 가능하게 했다. 상업상의 이유로 수십만 명의 무슬림 상인들이 항구도시들을 중심으로 자치를 누렸다. 중국 문명에 동화된 무슬림 2-3세들 중에는 과거를 통해 관직에 오른 이들도 있다. 송나라 시절에는 더욱 화려한 칭전쓰(淸眞寺)[3]들이 세워졌다. 원나라 때도 주로 아랍 이슬람 지역 출신의 무슬림 외국인들(色目人)이 특권층으로 부상했다. 이 시기는 중국 이슬람의 전성시대였다. 그러나 명대에 들어서면서 중국 무슬림들은 많은 변화를 겪었다. 명나라의 대외 관계의 변화는 외국과의 교류와 접촉이 줄어들었다. 이 과정에서 중국 무슬림들의 다른 지역 이슬람 세계와의 접촉도 줄어들 수밖에 없었다. 결국 한족화의 길이 강제되는 결과를 맞이하였다. 외국식 이름 사용은 금지당했다. 외국 여행은 제한되고 바닷길이 유럽세력에 의해 장악되면서 무슬림들의 중국 출입이 제한을 당했다. 한족식의 옷과 음식, 이름을 사용하고 언어도 중국어를 사용하게 되었으며, 한족과의 결혼도 늘었다. 외형상의 차이점은 급격하게 줄어들게 되었다.

후이족은 중국과의 만남 초기부터 이슬람의 중국 토착화에 앞장섰다. 혈통상으로는 한족(漢族), 몽고족(蒙古族), 위구르족 등과 섞여 살면서 형성된 혼혈민족이다. 이슬람 사상을 유교 체계로 번역하는가 하면 사원 건축 양식은 물론이고 옷차림새에 이르기까지 중국 토착화의 길을 걸어왔다. 소수민족 중 분리주의 운동이 일고 있는 위구르족과 중국화되어 외형상으로는 한족과 차이점이 보이지 않는 후이족의 정체성 고민은 남다르다. 언어와 문화는 물론 생김새조차도 한족과 구별이 되지 않는 이들은 민족 정체성을 이슬람에서 찾을 수밖에 없다. 결국, 소수민족으로 정체성 찾기에 나선 후이족의 발걸음은 이슬람의 원류 아랍 이슬람 지역을 향하고 있다.

3_ 중국 내의 이슬람 사원 건축 양식은 철저하리만치 중국화되었다.

북경(北京)과 텐진(天津, 천진)과 닝샤후이족자치구(寧夏回族自治區, 영하회족자치구)의 인촨(銀川 은천)市와 신장웨이우얼자치구(新疆維吾爾自治區, 신강위구르자치구)의 우루무치(烏魯木齊, 위룸치)를 중심으로 이런 상황을 엿볼 수 있다. 베이징 남부의 누이지에(牛街) 거리, 약 1,000년 전부터 무슬림들이 모여 살고 있다. 이 지역 주민의 20% 정도가 후이족으로 추산된다. 관광 효과를 고려한 듯 특수지구화된 느낌이 든다. 소수민족 후이족의 이국적인 맛과 멋, 풍치가 풍겨나는 곳이다. 주변에 중국의 전통적인 가옥 구조를 가진 이슬람 사원이 자리하고 있는가 하면 이슬람 식당(清眞)⁴이 곳곳에 즐비하다. 이런 거리들을 통칭 칭전거리로 부른다. 얼핏 생김새는 한족과 차이가 없다. 옷차림새로 구별이 될 뿐이다. 무슬림 남자들은 머리에 착용하는 작은 건(巾)을 쓰고 있고, 여성들은 히잡을 착용한 경우들이 많다. 텐진의 칭전거리도 분위기는 비슷했다. 베이징 누이지에 거리가 번화가로 탈바꿈되었다면 텐진의 칭전거리는 여전히 오래된 도시임을 보여주는 낡고 허름한 분위기로 다가온다. 이슬람법에 따라 만든 음식이라는 표시로 칭전이라고 붙여 놓은 음식점과 길거리 음식들이 이슬람 마을임을 느끼게 한다.

　　베이징과 텐진, 시안에서 후이족의 칭전쓰(清眞寺)를 찾았다. 중국에서는 이슬람 사원을 이같이 부른다. 사원 건축양식은 겉만 보면 이슬람 사원으로 인식하지 못할 정도다. 전형적인 당나라 건축 양식이다. 미나렛 같은 것도 없다. 세정(洗淨)을 행하는 장소도 화장실에 달려 있다. 예배시간에 들려오는 꾸란 독경소리는 아랍어가 아니다. 기도 중에 꾸란은 아랍어로 읽게 되어 있는데 필자가 들은 독경은 분명히 아랍어가 아니었다. 예배가 끝나기를 기다렸다가 후이 무슬림에게 물었다. 그런데 아랍어를 전혀 모르는 후이 무슬림들이 꾸란을 읽는 비결이 있었다. 그것은 꾸란의 아랍어를 중국어(漢語)로 음역한 번역본이 비결이었다. 이 음역본을 중국식 성조까지 넣어 아랍어 꾸란을 대신하여 읽고

4_ 이슬람법에서 허용하는 할랄 음식을 가리킬 때도 칭전이라는 이름을 사용한다. 그러나 정확히는 칭전차이(清眞菜)이다.

있었던 것이다. 그러다 보니 콩글리시 마냥 희한한 발음으로 읽혀지고 있던 것이다. 마치 전라도나 경상도 억양을 가득 넣어서 영어를 읽는 모양새다. "꾸란을 이해하면서 읽으시나요?" "뜻은 잘 모릅니다. 다만 꾸란을 읽도록 의무로 규정하고 있기에 이렇게라도 꾸란을 읽고 있는 것이지요!" 열심히 중국어로 음역된 꾸란을 읽고 있는 후이 무슬림들과 나눈 이야기이다. 2009년 9월 라마단이 한창이던 때 누이지에 사원을 찾았다. 금요일 정오 예배시간, 평소와 달리 이날의 설교는 아랍어로 이루어졌다. 아홍이 아랍어 설교문을 읽고 있었다. 5백여 명의 예배자들이 자리를 같이했다. 예배가 끝나고 나서 젊은 예배자들을 만났다. 전혀 알아들을 수 없는 아랍어 설교를 한 것이었다. 라마단 기간 중 금요예배라서 아홍이 특별 설교를 한 셈이었다. 이 지역의 무슬림 성직자들 '아홍'[5]조차도 아랍어에 그리 밝지 않았다. 이 지역의 이슬람 사원을 찾은 예배자들은 수도 적었고 나이든 이들이 대부분이었다.

그렇다고 이것이 후이족 무슬림의 현재를 다 보여주는 것은 아니다. 닝샤자치구의 인촨의 몇몇 이슬람 사원을 방문하고 그곳에서 만난 이슬람 신학생들과 성직자들은 베이징이나 톈진과는 다른 것을 보여주었다. 아홍 중 적지 않은 사람들이 아랍어를 훨씬 잘 이해하고 있었고, 아랍어 연구에 마음을 쏟는 모습이었다. 낮에는 이슬람 사원 예배에 참여하지 못하지만 저녁시간 이슬람 신학교에서(정부의 인가를 받지 않은 가정 신학교) 이슬람 신학을 전공하고 있는 다수의 젊은이를 볼 수 있었다. 이들 신학생들과 일부 성직자들은 이슬람의 본류인 중동의 이슬람을 배우고 싶어했다. 메카보다 이집트 카이로의 알아즈하르 대학[6]을 선호하는 경향도 보여주었다.

우루무치는 중국 속의 이방지역이었다. 낯익은 얼굴과 음식, 문화가 그곳에 있었다. 영락 없는 이슬람 세계였다. 우루무치(烏魯木齊, 현지

5_ 중국인들은 이슬람 성직자를 '아홍'(阿訇)으로 호칭한다. 이란어 akhoond에서 유래한 것으로 보인다.
6_ 알아즈하르 대학은 이슬람 세계 최고의 명문대학이다.

우르무치의 위그르 여성들(우루무치).

위구르어로는 '위룸치'의 아침은 묘하게 시작되었다. 오전 10시가 되어서야 겨우 날이 밝기 시작하는 것이다. 공식 업무도 대개 오전 10시에 시작되고 있었다. "왜 이렇게 게으를까?" 오해할지도 모른다. 그런데 아침 10시라는 시각은 중국 베이징 표준 시각에 따른 것이다. 중국에서는 전역에서 베이징 표준시를 그대로 적용하고 있다. 국제 표준시로 친다면 위룸치와 베이징은 2시간 시차가 발생한다. 그것을 베이징 타임으로 하니 아침 10시에 해가 뜨는 진기한 풍경이 벌어지고 있는 것이다.

신장 자치주에는 위구르족 이외에도 한족과 카자흐족, 회족, 키르기스족, 몽골족, 타지크족 등 다른 민족도 살고 있다. 그러나 신장은 지금 중앙 정부의 서부 개발의 일환으로 한족화가 진행 중이다. 서부 개발은 충칭(重慶)시, 쓰촨(四川), 구이저우(貴州), 윈난(雲南), 산시(陝西), 깐수(甘肅), 칭하이(靑海)성, 시장(西藏)자치구, 닝샤(寧夏)후이족자치구, 신장(新疆)위구르자치구, 내몽골자치구, 광시(廣西)장족자치구 등 12개 직할시·성·자치구를 지칭한다. 이들 지역 대부분이 무슬림들이 많이 몰려 사는 지역으로 중국에서 손꼽히는 낙후지역이다.

우루무치는 중국의 개혁·개방 이후 한족이 꾸준히 이주해 와 위구르족과 한족 인구가 거의 반반이다. 자본력을 앞세운 한족들은 지난 10여 년간 우루무치 시내 곳곳의 중요한 자리를 차지할 수 있었다. 소수민족 자치구인 이유로 중국어와 위구르어를 병기하고 있다. 그러나 아예 위구르어를 표기하지 않는 경우가 늘고 위구르어 학교는 재정문제로 문을 닫고 있는 지경이다. 종교활동도 위축받고 있다. 안으로는 한족의 유입으로, 밖으로는 서구화의 격랑으로 위구르인들은 정체성으로 갈등하고 있다.

우루무치 시내 곳곳에서는 외형적으로는 위구르족보다 후이족 이슬람 사원이 더 눈에 띈다. 몇몇 대표적인 위구르족이 모이는 사원과 후이족이 모이는 사원에 구별이 있다. 법적인 제한이 있어서가 아니다. 정서적으로 후이족 무슬림과 위구르족 무슬림이 자유롭게 뒤엉키지는 않는다. 위구르족이 주로 모이는 사원, 낮 기도시간을 전후하여 찾아보면 나이든 위구르인들을 볼 수 있다. 후이족 사원보다 세련된 아랍어 필체로 사원 곳곳이 장식되어 있다. 물론 공지사항을 적어둔 공고문에도 아랍어가 눈에 띄었다. 위구르인들은 자신들의 말을 아랍어에서 빌려서 표기하고 있다. 그 까닭에 한자를 사용하는 후이족보다 아랍어 꾸란에 더 친근할 수 있다. 그러나 그 친근함이 있는 것과 꾸란을 잘 이해하는 것과는 별개이다. 더욱 정확한 발음으로 읽을 뿐 여전히 꾸란은 평범한 위구르족 무슬림에게는 닫힌 경전이었다. 이것은 한문을 배웠지만 한자를 마음대로 풀이하지 못하는 것이나 영서를 읽어도 뜻을 모르는 것과 다르지 않다. 우루무치 유일의 정부 인가 이슬람 신학교 주변에서 만난 신학생과 교수 요원도 이 같은 지적을 인정했다. 꾸란과 이슬람을 더 잘 알고 믿기 위해 아랍어와 아랍 문화를 배우고 싶어하는 것이다.

중국 정부도 백 투 메카(back-to-Mecca)이다. 실크로드의 영광을 재현하기 위하여 중앙아시아를 넘어 중동으로 쏠리고 있다. 중앙아시아를 넘어서는 것은 이슬람 국가들이 강화해가고 있는 대 이슬람경제권에 보다 깊숙이 자리매김하는 기회가 된다. 중국 정부는 중국 속의 이슬람 세계인 위구르 자치지역을 적극적으로 활용하고 있다. 위구르족은 종교 이슬람, 인종 문화적으로 중앙아시아인들과 서로 닮은 점을 최대한 활용하고 있다. 아울러 후이족 무슬림 자치구인 닝샤 자치구도 그 발판으로 사용하고 있다. 이곳에 이슬람경제특구를 만들려고 시도하는 것이다. 최근 들어 더욱 강화되고 있는 중국 정부의 중동과 대 이슬람권 외교는 대 이슬람 경제권에 적극적으로 참여하여 지분을 얻겠다는 목표가 있다.

이런 분위기는 이슬람에서 민족 정체성을 찾아야 하는 후이족이나 위구르족에게 아랍 이슬람 세계에 대한 관심을 부채질하고 있다. 메카 성지 순례길에 나서는 중국 무슬림들도 늘고 있다. 아울러 중국 이슬람 역사를 소개하기 위한 중국 무슬림들의 노력도 점차 증가하고 있다. 중국 밖의 무슬림 공동체와의 교류도 더 빈번해지고 있다. 무슬림 밀집 지역에는 이미 아랍어와 아랍 문화를 가르치는 학원들이나 교습자들이 늘어가고 있다. 중국 무슬림들은 아랍어를 하고 아랍문화에 익숙한 이들의 도움이 필요한 상태이다. 중국 내 무슬림들의 이슬람 바로 알기, 중동 깊이 보기 열풍은 백 투 메카인 셈이다.

26. 서구 세계의 무슬림 이민자

무슬림, 마이너리티가 되다

무슬림의 본토, 무슬림 인구가 절대다수를 차지하고 있고, 무슬림들이 주류를 형성하고 있는 곳은 그 어디서나 무슬림의 텃세가 작용한다. 이런 현상이 이슬람 세계만의 것은 아니다. 사람 사는 곳은 다 똑같은 법이다. 토박이들은 자신들이 원하든 원치 않든 텃세라는 영향력을 행사하게 된다. 그렇지만 마이너리티에게 텃세는 불편한 일임이 분명하다. 토박이들은 그것이 기득권이라는 생각을 못 할 정도로 몸에 익숙한 현실일 뿐이다. 어쨌든 무슬림 다수 사회에서 무슬림은 무슬림으로 살아가는 것에서 어떤 제약이나 불편함이 없다.

오랫동안에 이슬람 세계는 무슬림 절대다수 문화를 이어왔다. 사회 모든 영역은 무슬림을 중심으로 운영되고 유지되어 왔다. 제도와 관습 모든 면에서 이슬람은 만고불변의 원칙이 되었다. 그런 까닭에 무슬림이 이슬람 다수 국가를 벗어나서 다른 세계로 간다는 것은 처음으로 마이너리티가 됨을 의미한다. 그런데 마이너리티임에도 마치 자신들의 본국에서처럼 텃세나 기득권을 주장하게 된다면 그곳에서 토박이들이나 이미 정착한 다른 문화 배경을 가진 이들과 갈등을 빚게 될 것은 당연한 일이다.

그런데 이런 일이 곳곳에서 현실로 드러났다. 자신들의 본국에서와 같은 종교활동의 자유를 요구하는 목소리를 내기도 하고, 이 때문에 그곳 토박이들과의 갈등을 불러일으키기도 하고, 토박이 비무슬림들의 마음을 불편하게 만들기도 한다. 이주자들이 본토 문화를 뒤흔든다고 볼멘 목소리를 내기도 한다. 그래서 종종 문화 충격을 넘어서는 문화 충돌도 나타난다. 이것을 두고 일부에서는 기독교와 이슬람의 문명 충돌의 증거로 내세우기도 한다.

이민자의 꿈

스페인과 프랑스, 네덜란드, 벨기에, 영국, 미국 등 여러 나라에서 다양한 배경을 가진 다양한 무슬림을 알게 되었다. 전철역, 트램 기차 안, 맥도널드, KFC, 광장, 기차역, 공항, 박물관, 시내 중심지, 한적한 지방 도시 등 곳곳에서 여러 모양의 무슬림과 아랍인들을 만났다. 미국이나 서유럽 곳곳에서 무슬림이나 아랍인은 무소부재(無所不在)한 셈이다.

유럽 곳곳에서 팔라펠이나 쇼와르마 같은 전형적인 아랍 식당을 찾아볼 수 있다. 그런데 필자가 만난 이들을 아랍계나 무슬림으로 알아볼 수 있었던 점은 그 생김새도 한몫하지만(물론 필자가 아랍 이슬람 지역에서 20여 년 가까이 지낸 경험이 한몫한다), 외지인의 시선에는 그들이 아랍인이나 무슬림인 것을 쉽게 인지할 수 없을 것이다. 그것은 일부 무슬림 여성들이야 머리덮개(히잡)를 하고 있기에 추정이 가능하지만 일반 평범한 옷을 입은 아랍, 이슬람계 여성들이나 남자들은 쉽게 구별이 안 될 것이다.

유럽 사회 무슬림의 생활 표정을 담으려는 필자에게 하나의 기본적인 고민이 다가왔다. 그것은 평상복을 입은 아랍인이나 무슬림의 모습은 사진에 담아도 독자들에게 변별력을 안겨주기 힘들 것이라는 점이었다. 그러다보니 이른바 무슬림다운 옷차림새를 한 무슬림의 표정을 담아야만 하는 한계에 봉착했다. 있는 그대로의 무슬림의 표정을 담은 것이 아니라 기존의 고정관념에 필자 또한 부응하여야 했기 때문이다.

유럽이 이슬람 인구로 폭발하고 있다는 이야기를 들으면, 이슬람권에서 어떤 의도나 전략을 가지고 유럽을 잠식하고 있다고 생각하게 된다. 그러나 유럽 사회에 늘고 있는 이슬람권 이주자들은 유럽의 요청에 따른 것이었다. 서유럽국가들은 노동력 부족을 해결하기 위하여 적극적인 노동 이민정책을 펼쳤다. 1960년대의 일이다. 한국에서도 이 시기에 독일 등으로 취업 이민을 떠난 광부나 간호사 출신의 유럽 이민 1세대가 존재한다. 그런데 나라마다 노동 이민 인구의 출신 지역이 달랐다.

　　서유럽의 이민정책은 1990년대에 들어서면서 달라지기 시작했다. 단순 노동인력보다 고급인력 이민정책으로 전환하고 있다. 그런데 이런 이민정책 전환은 1990년대 이후 유럽 전역에 번진 경기침체도 큰 원인이다. 반이민정서도 커갔다. 반이민 정서의 확산과정에는 불법체류자들이나 밀입국자들의 증가도 한몫했다.

　　유럽이나 미주로 이주해 들어온 이슬람권에서 온 이민자들은 어떤 꿈을 가지고 있는 것일까? 이들도 우리와 다르지 않은 이유, 아니 다른 지역 출신 이민자들과 아무런 차이가 없는 이유로 이민자 대열에 참여하고 있을 뿐이었다. 기독교인 중에는 무슬림들의 국외 이주를 유럽과 미주 지역을 이슬람화하기 위한 이슬람 전사나 선교사로서 온 것으로 생각한다. 유럽 국가 가운데 가장 많은 무슬림 인구가 있는 지역은 프랑스 파리, 네덜란드 암스테르담과 로테르담, 벨기에 브뤼셀이 가장 대표적이다. 물론 다른 유럽국가에도 무슬림 인구가 적지 않다. 이들 나라와 영국, 스페인 등 필자가 방문했던 나라들의 무슬림 이야기를

프랑스
▶ 결혼 이민자에게 500시간 무상 언어 교육 제공

독 일
▶ 전문적인 기술인력 유치 추진, 이민자 2세 대상 문화 및 사회 적응 훈련

스웨덴
▶ 숙련 노동자 등 자국에 필요한 고급 인력 위주로 유치

덴마크
▶ 의사, 변호사, 회계사 등 전문인력의 이민이 용이하도록 정책 변경

영 국
▶ 이민자들의 문화적 특수성을 고려한 다문화 정책 시행

아일랜드
▶ 이민자 2세에 아일랜드 문화와 풍습 교육 및 자녀 학습 위한 부모 교육 확대

주요국가 이민 정책

정리해본다.

아랍 이슬람 지역 대부분의 이슬람 사원은 예배로 모이고 이내 흩어지는 장소이다. 평소에 꾸란을 공부하는 꾸란 학습 과정이 개설되기도 하지만 친교의 장소이기보다 예배 장소의 성격이 강하다. 그런 이유로 현지 이슬람 사원에 다른 국적의 무슬림이 예배에 참석해도 크게 어색하지 않다. 예배만 드리고 자리를 피하는 것이 아무런 부담이 없기 때문이다. 예배 출석 통계도 없다. 예배에 출석하지 않는다고 이슬람 사원에서 성직자들이 심방을 오거나 심방 예배 같은 것도 강제되지 않는다. 무슬림으로서 정해진 예배에 부담이 있으면 길을 가다가 가까운 사원에 들러 예배에 참석해도 아무렇지 않다. 무슬림이 절대다수인 지역, 즉 무슬림의 본토에서 보이는 이슬람 사원의 일반적인 풍경이다.

외국인 노동자들이 많은 걸프 연안 국가의 이슬람 사원 풍경은 그 중간치이다. 낮 시간에 이슬람 사원에서 보게 되는 이들은 일자리를 찾아온 다른 이슬람권 출신 무슬림 노동자들이다. 정해진 시간에 무슬림 예배에 참석하는 것은 아무런 장애도, 제재도 받지 않는다. 현지인 무슬림들이 별로 보이지 않는 걸프 연안 국가의 이슬람 사원, 정해진 예배에서 절대다수를 차지하는 것은 이들 무슬림 노동자들이다.

그러나 미국이나 유럽 등 비이슬람 국가에서 만나는 대부분의 이주자들의 이슬람 사원은 이와는 다른 풍경이 연출된다. 그곳은 다양한 민족이 무슬림이라는 하나의 공통분모를 가지고 모인다. 정해진 예배가 전부가 아니다. 예배시간을 전후하여 꾸란 공부는 물론이고 다과를 함께 하며 교제의 시간을 가진다. 그런 성격으로 이슬람권 출신 이민자들의 생활에 활력소를 제공해준다. 이민 선배들의 조언도 듣고 유학생들의 애환도 나눌 수 있다. 민족이나 국적이 문제가 되지 않는다. 그러다 보니 자연스럽게 이슬람 형제애가 자리하고 있다. 이슬람 다수국가의 이슬람 사원이 은근하게 타민족에 대하여 배타적인 성격을 지니는 것과는 판이하게 다른 풍경이 연출되는 것이다.

영국 속의 이슬람

영국 런던 히드로 국제공항이나 주요 국경지역을 오갈 때면 파키스탄인으로 보이는 이주자들을 만날 수 있다. 영국 잉글랜드의 북쪽지역에 자리한 맨체스터(Manchester) 지역, 그곳 무슬림들은 또 다른 고민을 하고 있었다. 일몰 시각이 늦은 까닭에 일몰 예배와 저녁 예배(거의 자정에 가까운 시각이었다) 시간을 일일이 지키다 보면 다음 날 아침을 맞이하는 때도 있다는 것이다. 긴 낮을 경험하여야 하는 북반구 지역의 이슬람 공동체들이 겪는 고민이다. 그래서 일부 사원에서는 아예 일몰 예배(마그레브 예배)와 저녁 예배(에샤 예배)를 통합하여 한 번에 드리는 긴급 조치를 시행하고 있었다. 기도시각도 고정되어 있다. 비이슬람 사회에서 바쁜 일상을 사는 무슬림들이 날마다 바뀌는 기도시간을 제대로 챙길 수 없는 것을 받아들인 것이다.

맨체스터 시에서 시리아계 이맘을 만났다. 그가 담임하고 있는 이슬람 사원은 원래 교회당 건물이었다. 몰락한 교회를 인수하였지만 아직까지도 내부 개조 중이다. 예산이 없어서이기도 하고, 교회 건물 구조가 지니는 부적절함 때문이기도 하다. 천정은 높고 홀은 크다. 그런

히잡을 두른 무슬림 여성들이 일상을 살고 있다(영국/맨체스터).

기독교 교회당에서 이슬람 사원으로 변경되는 경우가 있다(영국/맨체스터).

데 건물 앞쪽 면이 메카 방향에서 어긋나 있다. 기도를 하려면 건물의 오른쪽 귀퉁이 쪽으로 서야만 한다. 그곳이 메카 방향이기 때문이다. 예배를 드릴 때도 대열을 지은 꼴이 그리 정돈되어 보이지 않는다.

"무슬림이 2080년까지 세계를 이슬람화한다는 목표를 세우고 1차 대상지로 선택한 영국이 급속하게 이슬람화된 것을 보면 경악을 금치 못하겠다"7 "1976년 런던에서 이슬람교 국제회의가 열렸을 때 무슬림들은 런던만 손에 넣으면 서방 세계 전체를 장악하기 어렵지 않다고 장담하였다. 그 후 그들은 10년 내에(편집자 주 : 주장대로라면 1986년에) 런던에 1,500개의 회교도 사원을 세웠고, 기독교인과 같은 교회를 사용하며 공동예배를 드리고, 함께 크리스마스 축제를 열고 이슬람을 국립학교 교과목으로 채택하기도 했다. 그러나 교회는 수수방관하고 있었다."8

7_ 국민일보 2007년 3월 17일자.
8_ 슐링크.B. 이정림 역. 『알라냐 하나님이냐?』(서울 : 생명의 말씀사, 1988) pp.10-12, 압둘 마시히, 이동주 역, 『무슬림과의 대화』(서울: 기독교문서선교회, 2001), p.4 편저자

이런 주장은 사실과는 거리가 있다. 2008년 11월 현재 영국 내에 존재하는 이슬람 사원의 수는 최대 추정치가 2,000여 개에 이른다. 최초의 이슬람 사원은 1860년 Cardiff에 생겼고, 1961년에는 7개의 사원밖에 없었다. 영국 무슬림 사이트의 하나인 Salaam.co.uk 에 따르면 모두 1,689개의 이슬람 사원(비등록 예배처 포함)이 있다. 영국 정부에 이슬람 사원이나 종교 건물로 등록된 수(2006년 6월 기준)는 754개에 불과하다. 많은 이들이 인용하고 있는 자료와는 상당한 수치상의 차이가 있다.9

영국 내 무슬림 인구는 대부분 동남아시아 출신 이민자들로 구성되어 있다. 파키스탄, 방글라데시, 인도 출신 이민자들과 이들의 2세, 3세들이다. 전체 무슬림 인구의 70%를 차지한다. 2001년 영국 인구조사에 따른 인종별 무슬림 현황을 보면 이런 상황을 어렵지 않게 알 수 있다.

문을 닫는 교회가 이슬람 사원으로 전용되고 있다는 주장이 있다. 그러나 사실과는 거리가 멀다. 일부 이슬람 사원이 교회당을 인수하여 구조변경을 통해 이슬람 사원으로 사용하고 있는 것은 분명히 사실이다. 그러나 교회당이 사원으로 변경할 수 있는 가장 훌륭한 조건을 갖춘 부동산은 전혀 아니다. 메카 방향을 향해 기도하는 무슬림들에게 이

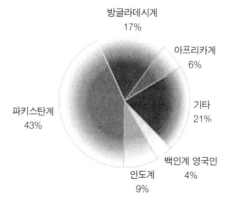

인종별 무슬림 현황 (자료: 2001년 영국 인구조사)

서문 중에서.

9_ 1997년 당시 영국 정부에 종교법인으로 등록한 이슬람 사원은 모두 582개에 불과했다.

슬람 성직자 설교단의 위치나 기도 표지판이 중요하다. 그러나 설교단의 위치 선정이 자유로운 교회당을 사원으로 사용하기 위해서는 용도변경이 필수적이다.

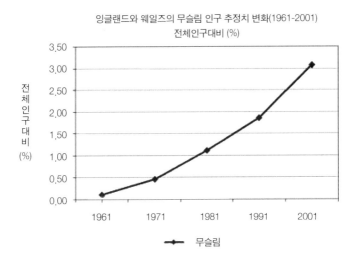

영국 내에 모두 47,635개(2005년 기준)의 교회가 존재하고 있다. 영국 성공회 교회 가운데 재활용되고 있는 교회 수는 1,689개에 이른다. 문을 닫은 교회들은 이슬람 사원보다 오히려 다른 용도로 용도 변경되

는 경우가 일반적이다. 영국성공회 관련 자료[10]를 살펴보면 용도 변경이 이루어진 구체적인 상황을 알 수 있다. 건물이 너무 낡아서 해체시킨 경우가 374건, 문화, 예술, 공공장소로 용도 변경된 경우가 283건, 주거 공간으로 변경된 경우가 223건, 다른 교회 소유로 소유권이 변경된 경우가 121건 등이다. 교회가 이슬람 사원으로 바뀐 경우도 영국 성공회의 경우는 공식적으로 한 건도 보이지 않았다. 단지 2곳의 교회가 시크교 신전으로 바뀐 경우가 있을 뿐이다. 이슬람 때문에 기독교 영향력이 줄어드는 것은 아니었다.

미국 속의 이슬람

미국 캘리포니아주 LA 근교의 한 이슬람 사원의 금요일 풍경이 다가온다. 동남아시아와 중동 등 각지에서 온 무슬림 이민자들이 함께 모여 금요예배를 드리고 있었다. 설교는 영어, 아랍어가 섞여 진행되고 있었다. 영어나 아랍어가 모국어가 아닌 예배 참가자들이 절대다수를

뉴욕 브로클린 거리에서 만나는 무슬림 이민자(미국/뉴욕).

10_ 영국 성공회 공식 웹사이트 참조(http://www.cofe.anglican.org/about/churchcommissioners/redchurches/stats/list.doc).

이루고 있었다. 이슬람권 이민자라는 공통점이 있을 뿐이었다. 설교 내용도 알아듣지 못하면서 사원 예배에 참석하고 있었다. 사실 무슬림 예배에서 설교의 비중이나 중요성은 크지 않았다. 미주 지역의 이슬람 사원 대부분은 이렇게 다국적 무슬림들이 함께 모이고 있다. 이집트 무슬림 사원, 모로코 무슬림 사원, 파키스탄 무슬림 사원 하는 식의 민족만이 따로 모이는 그런 이슬람 공동체는 거의 찾아보기 힘들다. 이들 무슬림들은 이민자로서 결코 쉽지 않은 일상을 살아가고 있다. 무슬림의 경우 금요예배가 더 소중하게 인정되지만 그날은 미국이나 유럽의 경우 평일이다. 그런 이유로 자영업자나 학생 같은 경우를 제외한다면 자유롭게 사원 예배에 참석할 수 있는 사람은 많지 않다. 그래서 일요일 낮 예배를 금요예배만큼 소중하게 여기는 경우도 볼 수 있다. 비이슬람 사회에 적응한 결과이다.

시카고 시내의 무슬림 밀집 지역, 이곳의 이슬람 사원 중 일부에서는 주일날 무슬림의 금요예배에 버금가는 일요일 예배를 드리고 있다. 일요일이 휴일인 미국 상황에 적응시키고 금요 낮 예배에 참석하지 못하는 다른 무슬림들과 그 지역의 기독교인이나 타종교인들을 염두에 둔 조치였다. 즉 이슬람 선교와 이방 땅에 살고 있는 무슬림들을 배려한 것이다. 심지어 예배시간을 단축시키는 조치도 취하는 사원들이 많다. 사실 무슬림의 기도시간은 날마다 변한다. 시카고의 이슬람 사원의 경우 낮 예배시간을 아예 오후 1시로 잡아두고 있다. 날마다 2-3분의 차이가 나지만 1시가 예배시간으로 지켜지고 있다.

애틀랜타 지역의 사원들 대부분은 비아랍계가 주도하는 사원들이다. 설교도 예배 진행도 영어로 진행한다. 이민자 사회에서도 아랍계가 있는 사원이면 으레 아랍어 설교와 영어 설교를 겸하여야 한다. 플로리다 게인스빌의 이슬람 사원은 독특했다. 일반 건물을 빌려서 사원으로 활용하고 있다. 인근 대학에서 교수로 있는 아랍계 무슬림 교수들이 돌아가면서 설교를 한다. 전담 이맘이 없다. 사원 내부는 기도할 때면 번거로운 형태로 모여야 한다. 각이 안 맞는 것이다. 건물 왼쪽 귀퉁이가 끼블라 메카이다. 학생들 중 상당수가 아랍계인 까닭에 설교는 아랍어와 영어가 혼용되고 있다. 금요일이 평일임에도 학생과 교수들이 중심이 된 사원 특성 덕분에 사원 예배실 가득한 100여 명 이상의 무슬림 예배자들이 금요일마다 모이고 있다.

디트로이트 디어본 시내에서는 이라크 시아파가 주로 모이는 사원을 볼 수 있다. 대부분의 이민자 사원도 수니파가 주도하고 있다. 수니파와 시아파는 기도 드리는 방식에 차이가 있다. 그래서 겉으로만 보아도 확연하게 차이가 난다. 그런 이유로 수니파가 모이는 사원은 웬만해서는 시아파 무슬림들이 찾지를 않는다. 사원 안에는 시아파 이맘 알리의 초상이 그려져 있다. "… 미국에서는 미시간 주(州), 그 중에서도 특히 디트로이트(市)가 무슬림의 근거지이다. 현재 디트로이트 市 인구의 50% 이상이 무슬림이거나 무슬림 배경을 가진 것으로 추정된다. 디어본의 경우 그 비율이 무려 90%에 육박한다. 이곳 정치지도자의 상당수는 무슬림이다. 디어본에서는 이슬람의 하루 5차례 기도시간을 알리는 소리가 스피커를 통해 전 도시에 울려 퍼진다."11

이 내용은 F 신문을 비롯한 각종 매체에 보도되었다. 그렇지만 이 주장은 근거가 부족하다. 미국 동부 미시간(Michigan)주의 인구는 2009년 7월 1일 기준으로 910,920명(광역 4,403,437명)으로 추산한다.12 그 가운데 30만여 명의 레바논 출신 이민자를 비롯한 다양한 아랍계가 많이 살고 있다. 20만 명 정

미국의 흑인 무슬림 역사를 어렵지 않게 살펴볼 수 있는 애틀랜타의 한 이슬람 사원 사무실 풍경

11_ 2007년 9월 초순 서울 종로5가 기독교회관에서 E 단체 주관으로 있었던 이슬람 세미나에서 한 미국인 목사가 주장한 내용이다.

12_ 참고: http://en.wikipedia.org/wiki/Michigan#Religion.

도를 무슬림으로 추산하고 있다. 미시간 주 전체 인구의 2%에 해당하는 수치이다. 한편 58%의 개신교 인구를 포함하여 82%의 기독교 인구가 이 지역에 살고 있다. 미국 정부 공식 자료에는 구체적인 종교 인구 실태를 밝히지 않고 있다. 다양한 민간 연구기관의 조사 결과에 바탕을 두고 미국 내 종교 인구 실태를 추정할 수밖에 없다.

한편 미시간의 디트로이트 광역시에 자리한 디어본(dearborn) 시(市)의 인구는 2008년 현재 97,750명으로 추산하고 있다. 디어본은 미시간 주(州)에서 가장 큰 도시이며, 미국 내에서 가장 아랍계의 비중이 큰 도시이다. 디어본의 아랍계 인구는 30,000여 명 정도로 전체 주민의 30%가 넘는다. 아랍계 중에서도 레바논계가 다수를 차지하고 있고, 아랍계의 90% 정도를 무슬림으로 추산한다. 이 지역 무슬림 인구는 30,000여 명 정도로 무슬림의 90% 이상이 아랍계이고, 나머지 10% 정도가 다양한 인종으로 구성되어 있다.

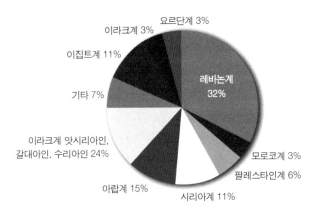

〈표 1〉 아랍계 미국인의 출신국가 현황(2000년도 미국 인구통계 반영)

미국 내 아랍 이슬람권 출신자들에 대한 종교인구 조사는 시사하는 면이 많다. 아랍 이민자들 단체에 따르면 미국 내 거주 아랍인들(아랍어를 국어로 사용하는 22개국)은 최소한 350만 명에서 700여만 명으로 추산한다. 그런데 아랍 단체들에서 나온 종교인구 조사 결과는 상징적

이다. 아랍 이슬람권의 종교 인구는
무슬림이 전체 국민의 90%를 훨씬 넘
고 있다. 그 중 개신교인의 수는 1%에
도 미치지 못한다. 그런데 미국 내 아
랍인의 종교인구 조사는 전혀 의외의
결과를 보여준다. 무슬림의 인구는
24% 정도이고 개신교인 11%를 비롯
하여 기독교 인구가 63%에 달하고 있
는 것이다(표 2 참조). 혹자는 원래 기

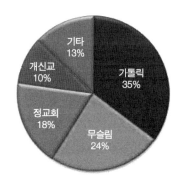

〈표 2〉 아랍계 미국인 연구소(Arab
American Institute)의 통계

독교인이었던 사람들이 이민한 때문이라고 이것을 분석하기도 한다.
그러나 표 1에서 볼 수 있듯이 기독교 인구가 별로 없는 지역에서 이민
온 이들이 다수를 차지하고 있다는 점을 감안하면 이 같은 평가는 적절
하지 못하다. 또 다른 분석은 무슬림들이 이민와서 기독교 신앙을 갖게
된 것이라 한다. 그런 측면도 있을 것이다. 그러나 무엇보다도 이슬람
권에서 사실상의 종교인구 조사가 이루어지지 않고 있는 까닭에 공식
적 법적으로는 무슬림, 비공식적으로는 기독교인인 사람들이 많다는
평가 또한 가능하다.

　　익명의 기독교인들이 이슬람권 안에 가득하다고 판단하는 것은
전혀 무의미하거나 근거가 없는 것이 아니다. 사실상의 개인 종교를 조
사한다면 지금과 같은 무슬림이 90% 이상이라는 통계는 나오지 않을
것이다. 아마도 미국 내의 아랍 인구 종교 실태 조사와 같거나 그와 비
슷한 결과가 나올 것이다.

프랑스 속의 이슬람

　　"사우디나 이란과 같은 무슬림 종주국들은 유럽을 이슬람화시키기
위한 첫 번째 나라로 프랑스를 꼽고 있다"거나 "… 프랑스에서는 국민
의 10% 정도인 600만 명의 무슬림이 있지만 신생아 4명 중의 한명은 무

슬림 자녀라고 하니 25%의 신생아들이 무슬림이라는 말이다….”13

　　프랑스 곳곳에서 무슬림을 어렵지 않게 발견할 수 있다. 2009년 12월 24-26일 사이에 찾은 프랑스 파리의 풍경은 익숙했다. 아랍 이슬람 지역에서 보던 풍경을 곳곳에서 만날 수 있었기 때문이다. 저녁이 되자 파리의 중심지 샹젤리제 거리나 에펠탑 주변에 몰려드는 인파 가운데 가족 나들이를 나온 무슬림 이민자들이 눈에 아주 많이 띄었다. 평범한 옷차림새를 한 이들도 다양한 억양의 아랍어 방언을 구사하고 있었다. 머리에 히잡을 쓴 여성들도 넘쳐났다. 옷차림새가 아니라도 이들이 무슬림인 것을 인지하는 것은 어렵지 않다. 그런데 이곳에서 만난 아랍 무슬림 젊은이들 가운데 아랍어를 제대로 구사하지 못하고 프랑스어만 말할 줄 아는 이들이 적지 않았다. 그 때문인지 무슬림 공동체가 상대적으로 많은 지역이라고 해도 아랍어로 된 간판이나 안내문을 찾아보는 것은 쉬운 일이 아니었다.

　　이곳에서 만난 아랍 무슬림 가운데 절대다수는 모로코 출신들이었다. 모로코계 프랑스 거주자로 표현하는 것이 적절할 것 같다. 이민 1.5세나 2세들이 많았기 때문이다. 이들에게 아랍어보다 프랑스어는 더욱 편하게 느껴졌다. 말하는 것만 보면 이들이 아랍계(모로코계) 프랑스 주민이라는 것을 감지할 수 없을 정도였다. 나의 이런 느낌은 이들로부터 무슬림으로서의 어떤 종교적인 차이점이나 특징을 쉽게 볼 수 없었던 것도 한몫한다.

　　프랑스 파리에서 남동쪽으로 12킬로미터 떨어진 크레테이유 (Creteil)의 이슬람 사원 앗시하바, 이제까지 지켜본 다른 지역의 이슬람 사원과는 사뭇 다른 분위기이다. 32세의 담당 성직자 덕분인지 아니면 주변에 학교가 많아서인지 모르지만 사원 예배는 사뭇 진지하고 잘 준

13_ 선교타임즈 2007년 9월호에도 실린 내용이다. 인터넷에서는 아래의 출처를 참고하라 (http://bbs.kcm.co.kr/NetBBS/Bbs.dll/missiontime1/qry/zka/B2-qCI-s/qqo/PRMY/qqatt/ %5E).

비된 분위기였다. 미리 예배시간 한 시간여 전부터 사원에 와서 꾸란을 읽고 있거나 생각을 가다듬고 있는 무슬림 학생들이 적지 않았다. 이렇게 진지한 무슬림 예배자들을 그동안 별로 볼 수 없었던 나로서는 적지 않은 도전이었다. 사원에서 멀지 않은 곳에 자리한 시장거리 곳곳에서도 이슬람 식품을 취급하는 상점들을 볼 수 있다.

프랑스 식민지였던 알제리나 모로코 출신의 이주자들이 사회 각계각층에 자리하고 있다. 알제리계 이민자 2세인 지네딘 지단[14] 같은 경우는 우리에게도 아주 친숙한 인물이다. 이런 식으로 가면 멀지 않아 프랑스가 이슬람 국가가 될 것이라는 경고가 담겨 있는 주장이다. 이슬람 사역자 H가 강연회와 여러 기회에 주장한 내용의 하나이다. 그렇지만 프랑스 정부의 공식 통계상에 종교 인구는 등장하지 않는다. 신생아의 부모들이 어떤 종교를 가졌는지도 모를 일이다. 다만 민간의 연구 보고서를 통해 대략적인 종교 인구 현황을 가늠해볼 수 있을 뿐이다.

프랑스 인구는 6,582만 명(2011년)이다. 이 가운데 북아프리카계 이민자의 수는 326만 명에 이른다. 많은 연구기관들은 최대 5-6백만 명

프랑스 곳곳에서 어렵지 않게 이슬람권 이주자들을 만날 수 있다(프랑스/파리).

14_ 지단(Zinedine Yazid Zidane, 38세)은 알제리계 프랑스 이민자 2세로 태어난 프랑스 최고의 축구 선수이다. 2006년 월드컵 우승 당시의 주역이기도 했다.

의 무슬림이 프랑스에 있다고 추측할 뿐이다. 종교 현황을 보면 개신교 1백만, 60-70만 명의 유대인, 60만 명의 불교인, 15만여 명의 정교회 교인들, 18만여 명의 힌두교인들이 있다. 2007년 1월에 발표된 Le Monde des Religions의 통계자료[15]에 따르면 가톨릭 51%, 개신교 3%, 유대교 1%, 무슬림 4%, 31%는 불가지론자 또는 무신론자이다. 10%가 기타 종교 또는 무응답이었다.

프랑스에서는 무슬림 여성들이 눈만 내놓고 모든 신체를 검은색 천으로 감싸고 다니는 아바야(차도르) 착용을 금지하고 있다. 이것은 종교적 믿음이 아니라 여성의 굴종을 상징해 여성을 비하한다고 생각해서이다. 이것이 논쟁이 되고 있다. 사실 전신을 감추는 복장을 입고 다니는 무슬림 여성의 수는 수백 명에 불과하다고 한다. 2005년 10월 하순 파리 북동부 외곽에서 시작된 무슬림 폭동이 프랑스 다문화 사회에 대한 관용정책 톨레랑스에 파문을 일으켰다. 최근의 여론조사[16]에서도 프랑스의 이슬람권 이주자들 가운데 자신의 우선되는 정체성을 종교나 무슬림으로서의 정체성보다 국민됨을 우선순위로 한다는 비율이 46%로 다른 지역 이주자들보다 높았다.

프랑스 국립 통계 경제 연구소(INSEE)의 자료에 따르면 2001년 1월부터 2006년 1월까지 5년 동안 이루어진 자연증가는 1,233,600여 명이었고, 이민으로 인한 증가는 578,500명이었다. 같은 기간에 늘어난

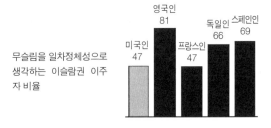

무슬림을 일차정체성으로 생각하는 이슬람권 이주자 비율

미국인 47 | 영국인 81 | 프랑스인 47 | 독일인 66 | 스페인인 69

2007년 4월 PEW 연구소 자료

15_ 출처: www.wikipediaondvd.com/nav/art/b.html#_note-religion.
16_ 2007년 4월 퓨 연구소 여론 조사.

인구는 181만 2,100여 명인 것을 감안하면 60% 넘는 자연증가 추세를 보여주고 있다. 그런데 자연증가율에서 눈에 띄는 대목은 프랑스에서 혼외관계(미등록 부부 등)로 태어난 신생아 비율이 48.4%(2005년 기준)에 이른다는 점이다. 어떤 근거로 무슬림의 자녀 출생이 신생아 출생의 1/4에 해당한다고 하는 것인지 모르겠다. 또한 프랑스의 자연증가율의 증가는 프랑스 정부 당국의 정책에 바탕을 둔 것이다. 지난 2006년 출생률(fertility rates)은 2.0% 수준으로 유럽 7개국 중에서는 가장 높은 수치를 보였다. 그런데 이런 증가가 이슬람권의 공략에 의한 것이 아니었다. 프랑스 정부가 지난 1970년 이후 그동안 꾸준하게 추진해온 출산 장려정책의 결과이다. 물론 이민자 증가와 사망률의 감소도 한몫하고 있다. 그러나 그것이 주된 요인이 아니다.

이슬람권 출신 이민자들이 당연히 자녀를 많이 둘 것이라고 생각한다. 그러나 사실과 거리가 있다. 프랑스 내 이슬람권 출신 이민자 가정의 평균 자녀수는 본국과 차이가 있었다. 알제리계 이민자는 2.57명이었지만 알제리의 평균 자녀수 3.64명보다 적었다. 모로코계의 경우는 2.97명(본국 3.28명), 튀니지계의 경우 2.90명(본국 2.73명), 아프리카계 2.86명(본국 5.889명), 터키계 3.21명(본국 1.92명) 등이었다. 이민 가정

파리 루브르 박물관 나들이에 나선 무슬림 가정(프랑스/파리).

의 어려움은 자녀수가 줄어드는 경향을 보여주고 있다. 오히려 자녀수가 두드러지게 늘고 있는 이민자들은 다름 아닌 유럽계 출신 프랑스 이민자들이었다. 스페인계는 1.52명(본국 1.23명), 이탈리아계 1.60명(본국 1.24명), 포르투갈계 1.96명(본국 1.49명), 다른 EU계 1.66명(본국 1.44명) 등과 같았다. 이슬람권 이민자들이 유달리 아이를 많이 갖는다는 주장은 근거가 부족해 보인다.

벨기에 속의 이슬람

유럽의 수도로 불리는 벨기에의 브뤼셀, 오가는 여성들 가운데 거의 1/4 가량이 무슬림 여성으로 보인다. 머리에 히잡을 쓴 여성은 물론 아랍어나 이슬람 국가 특유의 인사법으로 서로를 맞이하는 여성들을 본다. 전철 안에서 기차역이나 거리에서, 상점에서 너무 쉽게 접할 수 있는 풍경이다. 벨기에는 유럽의 작은 나라이다. 다른 나라들과 달리 식민 지배 경험을 가지고 있지 않다. 최근 벨기에는 무슬림 인구가 차지하는 비율이 유럽에서 가장 높은 나라 가운데 하나가 되었다. 특히 벨기에의 수도이면서 유럽 연합의 수도에 해당하는 브뤼셀은 서유럽국가 중 무슬림 인구 비율이 가장 높다. 거리 곳곳에서 히잡을 쓴 무슬림 여성을 쉽게 만날 수 있다. 파리나 암스테르담 같은 도시와도 비교가 될 정도로 무슬림들이 더 쉽게 눈에 띄었다.

2009년 12월 28일 이른 아침 브뤼셀에서 가장 손꼽히는 무슬림 인구가 가장 많은 지역인 몰렌 지역을 찾았다. 아침 6시경의 브뤼셀의 아침 공기가 차가왔다. 비크켄트 역에서 내려 몰렌비크 지역에 들어서기 전부터 역 주변에서 히잡을 쓴 무슬림 여성과 아랍어를 구사하는 주민을 만날 수 있었다. 20개가 넘는 이 지역의 이슬람 사원 가운데 대표적인 사원 알칼릴 사원을 찾았다. 벨기에에서 가장 많은 무슬림 예배자가 모이는 곳이었다. 이곳에서 만난 모로코계 이민자 하싼(52)은 알칼릴 사원(이맘 압델 카림 알쳅다니)의 금요일 예배 참석자가 1천여 명을 족

새벽기도에 참여하고 있는 무슬림 이민자들(벨기에/브뤼셀).

히 넘는다고 한다. 새벽예배(쌀라트 파즈르 : 먼동예배)가 6:45분이었는데 예배 훨씬 전부터 젤라바(Djellaba)로 부르는 모자가 달린 긴 겉옷을 입은 북아프리카 옷차림새를 한 예배자들이 속속 몰려들고 있었다. 7시가 가까워지자 거의 100여 명이 넘는 예배자가 모였다. 먼동 예배 시각이 6:45분이었는데, 그보다 조금 늦은 시각에 아잔이 사원 내부에서 확성기로 올려 퍼졌다. 개인적으로 꾸란을 읽거나 다른 예배자와 담소를 나누거나 혼자 생각에 잠겨있는 등 다양하게 시간을 갖던 무슬림들이 아잔이 끝나자 예배 인도자를 중심으로 길게 횡대로 늘어섰다. 15분에 걸친 새벽기도가 끝났다.

사원은 최대 500여 명 정도가 함께 모일 수 있는 공간이었다. 사원 안에서 눈에 띄는 안내문을 발견할 수 있었다. 아랍계가 절대다수인 까닭인지 안내문도 아랍어로만 적혀있었다. "이웃에게 관용을 표현하기를 바라고, 사원 앞에서 모이지 마세요"라는 내용이었다. 새벽예배 때는 주변 이웃들이 잠을 자고 있기에 방해해서 안 된다는 이유가 있지만, 낮에 사원 예배를 마친 예배자들도 사원 앞에서 모이는 것이 금기시되었다. 그 이유는 혹시라도 주변 비무슬림 이웃들에게 거부감을 안겨줄 수 있다는 조심스런 행동이었다. 이슬람 사원의 가장 큰 특징인 미나렛도 없었고, 아잔을 퍼뜨리는 확성기도 설치되어 있지 않았다. 이슬람 사원임을 알리는 어떤 간판이나 안내문도 없었다. 아는 사람만 아는 공간인 셈이다. 그래도 건물 외벽을 흰색으로 칠해 두어 이슬람 사원 분위기를 자아낼 정도였다. 사원 바깥벽에는 누군가가 써놓은 "사원을 죽여라"는 프랑스어로 기록된 반이슬람 낙서가 눈에 들어왔다.

마지드나 오마르나 다른 예배자들 가운데 대다수는 벨기에 이민 1세대였다. 이민 경력이 30년이 넘었고, 이곳에서 배우자를 만나 결혼하여 이민 2세를 둔 평범한 모로코계 이민자들이었다. 사원 분위기는 모로코계 이민자가 절대다수였고, 이민 1세들인 50-60대 예배자가 주를 이루고 있었다. 이민 1세대로서 갖는 고민은 평범했다. 집안에서 자녀와 아랍어로 대화가 잘 안 된다는 점과 이민 2세들의 정체성을 유지하는 것에 관한 것이었다. 사원에서 주말에 두 차례 정도 열고 있는 아랍어 교실이 유일하게 후손들에게 아랍어를 교육할 수 있는 길이라고 한다. 아랍어를 모르고 이슬람 정신을 잃어가고 있는 자녀에게 무슬림으로서의 정체성을 심어주고자 하는 고민이 엿보였다. 사실 이런 모습은 미국이나 유럽에 이주한 한국인 이민자들에게도 가장 일반적인 고민이다.

알칼릴 사원 주변은 겉으로만 본다면 이곳이 무슬림 밀집 지역이라는 어떤 특징적인 모습도 찾아볼 수 없다. 고작 한 두 개 정도의 아랍어와 프랑스어, 네덜란드어로 적힌 간판을 어렵게 찾아볼 수 있을 정도다. 그러나 안으로 들어가면 다르다. 프랑스어나 네덜란드어로 이슬람 방식으로 잡은 고기라는 표시가 된 안내문은 물론 무슬림 이름을 가진 상점들이 이어진다. 상점 안에서 울려 퍼지는 꾸란 낭송 소리는 물론 술 대신에 아랍 커피 향이 가득하다. 골목 귀퉁이나 거리에서 아랍식으로 서로를 환대하는 풍경도 낯설지 않다.

브뤼셀 시내 중심지 유럽연합 건물 뒤편에 자리한 공원 Parc du Cinquantenaire에는 미나렛도 눈에 띄는 전형적인 이슬람 사원 '브뤼셀 사원'이 자리하고 있다. 그러나 실제 찾는 예배자는 그리 많지 않았다. 상징적인 벨기에 무슬림의 중심지일 뿐이었다. 이 사원은 1967년 파이

벨기에에서 미나렛을 갖춘 사원은 보기 힘들다(벨기에/브뤼셀).

잘 사우디 국왕이 벨기에를 방문하였을 때 우호관계의 한 표현으로 사우디 정부에 기증한 것이 이슬람 사원이 된 것이다.

벨기에는 전체 인구의 6% 정도에 이르는 63만 명 정도의 무슬림 인구가 존재한다. 브뤼셀의 경우는 25%를 차지한다. 벨기에 전체의 이슬람 사원의 수는 380여 곳으로 독립된 사원 건물은 한 곳에 불과하다. 다른 사원들은 미나렛이나 이슬람 건축 양식의 특징이 없는 예배처로 사용하고 있다. 모로코인 이민자의 인구가 26만 5천 명 정도로 가장 많고, 다음으로 터키계가 16만 명 정도로 두 번째를 차지하고 있다. 이들 가운데 대부분은 1960년대 노동자로 벨기에에 유입되었다. 그 이후 가족 재결합 형식의 가족 초청 이민으로 이민사회가 나름 자리를 삽았다.

브뤼셀 자유대학(Université libre de Bruxelles)의 2005년 연구 자료에 따르면 벨기에 무슬림 인구의 10% 정도가 한 주에 한번 이상 이슬람 사원 예배에 참여하는 등 이슬람 활동에 참여하고 있다. 나머지는 명목상의 무슬림에 해당한다. 이민사회에서 이슬람이 인종적 배경이나 문화적 정체성으로 받아들여지는 대목이다.

27. 같은 이민자 다른 무슬림

이슬람 세계를 떠나 유럽과 미국 등지로 이주한 무슬림들은 이민자라는 공통점 이상으로 다양한 삶의 정황을 갖고 살고 있다. 북미와 서유럽에 거주하고 있는 무슬림 이주자들에게 서로 다른 특징을 찾아볼 수 있다.

기독교 세계의 무슬림들

군이 서구사회를 표현하자면 기독교 문화권이라고 할 수 있다. 기독교가 여전히 국교인 나라들도 존재한다. 그렇지만 기독교 외의 타종교의 활동을 법으로 규제하거나 개인의 종교의 자유가 제한을 받는 것은 아니다.

기독교 유럽과 이슬람 중동이 마주하고 있던 시절에도 유럽 사회에는 이슬람권 이주자들이 존재했다. 그러나 그 숫자는 미미했고, 거주지역도 아주 제한적이었다. 유럽 통치자들이 어떤 제한이나 통제를 했기 때문이 아니다. 기독교 유럽과 이슬람 문명의 만남이나 접촉이 제한된 지역에서 이루어졌기 때문이다. 이슬람이 지배했던 스페인이나 포르투갈은 유럽과 이슬람 세계의 만남을 연결하던 가장 중요한 연결고리였다. 스페인과 포르투갈의 영향력이 확대되면서 이슬람의 문화적 영향도 유럽 사회에 깊이 스며들었다.

이슬람권 이주자들이 본격적으로 유럽에 들어가기 시작한 것은 산업혁명 전후이다. 그렇지만 그 수는 여전히 미미했다.

1차 대전으로 오스만 튀르크 이슬람제국이 영국과 프랑스 등의 유럽 세력에 의해 무너지면서 큰 변화가 일어났다. 아랍지역이 영국과 프랑스의 지배로 들어가게 되면서 영국과 프랑스를 비롯한 식민 종주국으로 이주하는 아랍 무슬림들이 늘어났다.

그러나 급격하게 유럽사회로 이주하는 아랍 무슬림들이 증가하게 된 것은 21세기적인 현상이다. 세계화가 거세게 이루어지면서 다양한 이슬람권 이주자들이 비이슬람권 이주자들과 큰 차이 없이 유럽이나 미국 사회에 들어가기 시작했다.

미국 무슬림과 유럽 무슬림 미국 내 이슬람권 이민자들 가운데는 고학력의 전문직업인이 상대적으로 많다. 그러나 유럽의 경우는 단순 노동자가 미국 내 무슬림보다 높은 편이다. 미국 내 무슬림 공동체는 다양한 인종과 출신 배경을 가진 이들이 모인 집단이다. 그래서 특정 언어 집단의 무슬림이 미국 내 이슬람 사회를 좌우할 수가 없다. 그렇지만 유럽 내의 이슬람권 이민자들은 특정 민족 출신의 무슬림이 이슬람 사회를 주도할 수 있는 개연성을 가지고 있다. 무슬림 인구 중 차지하는 절대비율이 높은 민족이 있기 때문이다. 미국 내 이슬람 사원의 경우는 인종별로 모이는 사원을 찾아볼 수 없다. 물론 디어본의 일부 사원에 출석하는 무슬림이 이라크 시아파라든지 특정 민족 출신이 주를 이루는 경우가 있지만, 그것은 아주 예외적인 경우이다. 그렇지만 유럽 내 이슬람 사원의 경우는 영국 런던의 파키스탄계 사원이나 벨기에의 모로코계 사원, 독일의 터키계 사원 등으로 부를 수 있을 정도의 특정 민족이 지배적인 사원들이 많다.

유럽에 거주하는 대부분의 무슬림들은 눈에 띌 정도로 집단 거주를 하고 있다. 물론 미국 안에도 아랍계 무슬림 집단 거주지역이 있는 것이 사실이다. 중북부 미시간주 디트로이트의 디어본, 캘리포니아의 오렌지카운티 지역, 뉴욕의 브루클린 등 손에 꼽는 장소들이 있다. 그러나 차지하는 절대 인구비율도 낮고 게토(ghetto)[17]화되지 않았다. 유럽의 경우는 게토화되고 슬럼화된 경우들이 적지 않다. 파키스탄계가 주를 이루는 영국 런던의 화이트채플 지역 등이 대표적이다. 유럽 내 무슬림이 사회에 대한 불만을 키울 가능성이 훨씬 높다. 2005년 10월, 프랑스의 무슬림 폭동도 이런 측면에서 이해할 수 있다. 주류 사회로부터 차별을 받고 있다는 집단의식이 커갈수록 무슬림 공동체 의식도 강화될 수 있다. 사실 이민자들은 어떤 형태로든 개인이 아니라 집단이나 공동체를 구성하고자 한다. 그것이 이민사회의 소수자로서의 위기감을 덜 수 있는 현실적인 대안이 되기 때문이다. 같은 민족이 몰려 사는 경우는 민족 공동체를 형성할 수 있다. 한인타운이나 차이나타운 같은 경우가 대표적인 예이다. 그러나 이민사회에서 같은 종족집단의 수가 미미하거나 하여 집단화를 시키지 못할 경우에 소수파 이민자들의 위기감은 적지 않다. 이럴 때 이슬람권 이민자들이 무슬림 움마를 내세워 물리적으로 연대할 수가 있다. 그것이 실제 이루어지고 있기도 하다.

미국의 <퓨리서치>가 2006년 6월 발표한 조사를 보면, 유럽의 무슬림은 한 나라의 국민이란 정체성보다는 무슬림으로서의 정체성을 더 강하게 느낀다. 특히 영국이 그 비율이 높아 81%가 무슬림 정체성이 영국인이란 정체성에 우선한다고 답했다. 영국인으로서의 정체성이 우선한다고 한 사람은 7%에 지나지 않았다. 동화정책의 영향으로 유럽 안에서 국가 정체성을 가장 많이 갖고 있는 것(42%)으로 나타난 프랑스에서조차 무슬림 정체성이 우선한다는 의견(46%)이 더 높았다. 실제로 이슬람권 이주자들 가운데 히잡을 쓰거나 수염을 기르는 등 무슬림 상징을 드러내는 일이 확산되고 있다.

미국 내 무슬림은 이슬람권 밖에 살고 있는 무슬림 가운데 가장 크게 종교의 자유를 누리고 있다고 평가할 수 있다. 그것은 미국 사회가

17_ 특별한 인종, 민족 또는 종교집단이 거주하는 도시 안의 특별한 구역을 가리키는 말인데, 사회경제적으로 낙후된 지역일 경우가 많다.

다종교, 다문화 사회로의 경험이 오래되었기 때문이다. 그렇지만 유럽 속의 무슬림 공동체는 제2의 종교집단이라는 것과 최근 밀입국 등 다양한 방법으로 집단이주 양상이 벌어지는 것에 대한 거부감과 반발 등으로 미국에 비해 단일 종교 문화권이 오랫동안 유지되어왔던 유럽 사회의 경직성으로 미국 내 무슬림에 비해 상대적으로 제약을 받고 있다.

이슬람 혐오감과 안티 기독교

이슬람 절대다수 지역에는 기독교혐오감이, 이슬람 소수지역에는 이슬람 혐오감이 번져가고 있다. 그런데 오래된 선입견이나 고정관념, 주입된 정보는 물론 '…카더라' 식의 유언비어에 영향을 받은 경우가 대부분이다. 사실 유언비어에 쉽게 현혹되는 것도 그 마음 가운데 고정된 어떤 이미지가 들어 있기 때문일 경우가 많다.

아랍 이슬람 지역에서 여러 모양으로 만났던 현지 무슬림들은 기독교인인 필자에게 그들이 기독교에 가지고 있는 생각들을 솔직하게 드러내주곤 했다. 어떤 것은 정당한 비판을 담고 있었고, 어떤 때는 변명 또는 해명이 필요하거나 교정이 필요한 이해와 시각들도 있었다. 종종 이슬람 사원이나 이슬람 종교 서적에서 반기독교주의를 주장하거나 선동하는 경우들도 볼 수 있었다. 물론 이런 목소리가 다수를 차지하고 있지 않다는 것은 분명하다. 그럼에도 불구하고 많은 무슬림들의 생각에는 기독교인들이 동의하지 못하는 기독교에 얽힌 해석과 부정적인 이미지들이 자리하고 있다. 또 한편으로는 기독교인들도 이슬람에 대해 못지않은 거부감과 선입견을 쉽게 찾아볼 수 있다. 일부 무슬림의 말과 행동을 일반화시키거나 원리주의 행동 방식을 보면서 이슬람의 본질로 규정하기도 한다.

이슬람 세계의 반미 반서구 경향이 개인적인 성향에 연결되고 있다면, 유럽과 북미 등 서구에서의 반이슬람 정서는 사회적인 경향이라는 특징이 있다. 그런 흐름에 한국인도 예외는 아닌 것 같다. 아랍 정세가 악화되면 한국민의 국민 정서는 반이슬람 경향을 보이곤 한다. 몇 개 안 되는 국내 이슬람 사원 주변은 특별 경계에 들어간다. 일부 과격한 집단이나 개인들이 저지른 테러와 위협의 피해자인 평범한 무슬림과 이슬람 지역에 사는 개인들이 가해자로 자리가 바뀌는 순간이다. 바로 아는 것은 혐오감과 두려움을 제거해줄 것이다. 이슬람과 무슬림에 대한 일방적 지지나 두둔, 비난을 넘어서야 할 것 같다.

이슬람포비아　　최근 들어 유럽이나 미국 사회에 반이슬람 정서가 종종 발견된다. "유럽이 이슬람화하고 있다. 이슬람 세력이 기독교 세계를 잡아먹고 있다. 이렇게 나가면 수십 년 안에 유럽이 이슬람화될 것이다", "유럽은 이슬람의 한 지방이자 식민지가 되어가고 있다!"는 식의 이슬람 공포증이 유럽 사회에 출현하고 있다. 유럽과 아라비아를 합성한 유라비아라[18]는 말이나 런던과 파키스탄 같은 '스탄'자가 들어간 나라를 합성한 런더니스탄[19] 같은 단어가 등장한 지 오래이다. 일종의 '이슬람 혐오증' 또는 '이슬람 공포증'이라고 해석할 수 있는 '이슬람포비아(Islamophobia)'로 볼 수 있다. 이 단어는 이미 유럽인들이나 서구인들에게는 낯설지 않은 단어이다. 이슬람 공포증이나 이슬람 혐오감은 같은 존재이다. 이들에 의해 반이민 정서가 커지고, 아랍게나 이슬람 사회에 대한 부정적인 목소리도 번져가고 있다. 이민자들에 대한 다양한 형태의 규제와 차별을 시도하는 움직임도 이전에 비해 두드러지고 있다. 프랑스에서 독일에서, 스위스에서, 네덜란드[20]에서 그리고 여타 유럽국가에서 이슬람권 이민자들에 대한 차별 정책이 논란이 되

18_ 유라비아는 무슬림 인구가 이슬람권 이민자들의 증가와 그들의 높은 출산율 덕분에 얼마 되지 않아 유럽의 다수를 차지할 것이라는 생각이다.
19_ 런던+파키스탄의 합성어로 보는 것이 적절하다. 런던 거주 이슬람권 출신 이주자의 상당수가 파키스탄계이기 때문이다. 영국 내 무슬림 인구의 20% 정도를 차지한다. 이 때문에 영국 내에서는 파키스탄계 무슬림을 무슬림의 전형으로 받아들이곤 한다.
20_ 네덜란드는 2001년 이후 이민자들에게 네덜란드어를 배울 것을 의무화했다. 이슬람권 이민자들도 예외가 아니다. 이 조치가 무함마드 만평 사건 이후 입안되었다는 면에서 이슬람권 이민자들을 표적 삼았다는 이슬람계의 비난을 받기도 했다.

고 있다.[21] 터키의 EU 가입 건이 지지부진한 이유도 터키가 이슬람 국가라는 유럽의 경계심이 작용하고 있는 것이 사실이다. 이런 주장들에는 선입견이나 이를 바탕으로 한 잘못된 정보와 해석에 바탕을 두는 경우가 많다. 결국은 인종주의의 다른 표현이다.

인종 혐오 범죄의 주요한 타깃 중 하나가 아랍계나 무슬림을 대상으로 하는 범죄이다. 종종 유럽이나 미국, 중동에서 테러 사건이 발생할 때면 자국 내 아랍계나 무슬림에 대한 범죄 위협이 증가하곤 한다. 2009년 11월 5일 오후(현지 시각) 텍사스 미군기지 포트 후드에서 벌어진 하산 소령의 총기 난사 사건, 2005년 7월 7일 벌어진 런던 테러, 2005년 9월 말부터 야기된 네덜란드 무함마드 만평 후폭풍, 2005년 10월말 번진 프랑스 무슬림 이주자 폭동, 2005년 12월 중순 벌어진 호주 아랍계 유혈 충돌 사건 등은 반아랍·반무슬림 정서 확산에 기여한 대표적인 사례이다.

2005년 7월 7일, 이른바 7·7 런던 테러가 발생하자 해당 사건을 이슬람 극단주의자들의 소행으로 언급한 토니 블레어 당시 영국 총리조차 "런던 테러의 범인들은 이슬람의 이름으로 범행을 저질렀다. 그러나 무슬림 대다수는 테러를 혐오하고 법을 준수하는 사람들"이라며, 반이슬람 정서를 지적했다. 런던 테러를 이슬람이라는 특정 종교와 연결시켜서는 안 된다고 강조한 것이다. 영국 언론들도 아랍권과 무슬림에 대한 혐오 보도를 추구하지 않았다. 이슬람 세계를 싸잡아 비난하는 보도도 크게 두드러지지 않았다. 무슬림들도 테러의 가해자가 아니라 희생자이기 때문에 이는 당연한 태도였다. 그러나 민심은 달랐다. 테러 직후 반이슬람·반무슬림 시위가 곳곳에서 벌어졌다. 7·7테러 이후 1주일 동안에만 이슬람 사원 5곳이 불타고 유리창이 깨졌다. 보복공격만도 100여 건을 넘었다. 영국을 방문한 파키스탄인이 단지 무슬림이라는 이유만으로 집단 폭행을 당해 숨지기도 했다.

21_ 이슬람권 이민자들을 표적으로 삼지 않고 진행되는 정책임에도 불구하고 반이슬람 정책이라고 비난받기도 한다.

대개의 경우는 반아랍·반이슬람 정서가 집단적으로 벌어지는 것은 아니다. 정부 차원에서 아랍계나 이슬람계 이주자들에 대해 조직적이거나 공권력을 동원한 탄압이나 차별을 하지는 않는다. 당사자들 가운데 일부가 그렇게 느끼고 있을지는 모르지만, 일반적인 판단은 나름 공정하게 취급하고 있다고 생각된다. 물론 공항이나 국경 출입국 심사 등에 아랍계나 무슬림에 대한 일종의 차별 행동이 발견된다. 일단 의심하고 보자는 것이 공항 보안 당국의 입장일 것이기 때문이다. 그런데 흥미로운 풍경이 있다. 아랍지역에서도 접경지역을 오갈 때 차량이나 사람들에 대한 검문검색을 한다. 이때 아랍계(자국민을 포함한)에 대해서는 조금 자세하게 살펴보지만, 외국인에 대해서는 쉽게 일을 처리하는 경우가 많다. 아랍권 국가에서도 아랍계에 대해 조금 더 유심히 살펴보고 있는 셈이다.

프랑스, 독일, 스위스, 네덜란드 그리고 여타 유럽국가 안에서 이슬람권 이민자들에 대한 차별정책 논란이 일고 있다. 관공서 등 공공기관과 직장, 학교에서의 무슬림 여성 스카프(히잡) 착용을 금지하는 움직임이 커지고 있다. 물론 외형적으로는 이들 장소에서의 모든 종교적 상징물 착용을 금지했지만 그 타깃은 무슬림을 겨냥하고 있다는 평가가 가능하다.

영국은 북아프리카 출신의 이슬람 성직자 중 폭력을 조장한다고 여기는 이들을 언제든 내쫓을 수 있는 법을 만들고 있다. 스카프 착용 논쟁에서부터 취업제한 시비에 이르기까지 다양한 형태로 갈등이 빚어지고 있다. 이슬람 극단주의자를 무너뜨리기 위하여 '무슬림 감시 특별부대'를 창설할 계획으로 알려졌다.

독일은 공립학교에서 무슬림 교사들의 히잡 착용을 금지했다. 네덜란드는 범죄와 연루됐다고 판단되는 이슬람 사원을 폐쇄했다. 프랑스 등에서 입법 시행되고 있는 무슬림 여성의 머리 스카프 '히잡'이나 니깝 착용 금지가 이슈이다. 이 결정을 두고도 많은 이슬람 국가에서는 종교 탄압으로 규정하고 항의하고 있다. 불공평하다는 것이다. 자신들의 신앙을 유지하고 표현할 자유를 제한하는 것이 인권의 제약이라고 말한다. 무슬림들은 자신들이 이런 대접을 받는 것이 서구 세계에 가득한 이슬람 혐오증의 결과라고 말한다. 그런 측면이 전혀 없는 것은 아니다. 그러나 일면 기독교 주류 사회의 소수파로서의 무슬림들이 겪어야 할 하나의 현실인 것도 사실이다.

미국은 이와는 조금 다른 상황이다. 얼마 전 9·11을 맞아 꾸란 소각 소동을 일으킨 미국인 목사 테리 존스 이야기가 언론에 보도되었다. 그 이후인 9월 23일자 뉴욕타임스는 이슬람포비아가 무슬림에 대한 직장내 차별로 이어지고 있다고 보도했다. 이 기사에 따르면 연방 평등고용기회위원회(EEOC)에 제소된 무슬림에 대한 차별 건수는 2009년 1,490건을 기록했다. 이 수치는 2007.10-2008.9보다 20%, 2005년보다 60% 가량 증가한 것이다. 올해는 작년 수준을 훨씬 넘어설 것으로 전망하고 있다. 신문이 보도한 무슬림 노동자들이 겪은 직장내 차별로는 상사나 동료로부터 '오사마(빈 라덴)', '알카에다', '탈레반', '테러리스트' 등의 이름으로 불렸다.

정치적 반미 경향

"아랍인들, 무슬림들 반미의식이 강하지요?" 너무 자주 듣는 질문 중의 하나이다. 그러나 우리의 예상과는 달리 이슬람 세계는 반미 정서가 심하지 않다. 이슬람 사회에서는 미국이나 유럽 문화가 생활 깊숙이 큰 저항감 없이 받아들여지고 있다. 미국의 대외정책은 반대해도 미국 문화는 수용한다. 감정적 반미나 반서구 경향은 흔하지 않은 풍경이다. 이슬람 세계에서 반기독교 운동이 거세게 불어 닥치고 있는 것이 아니다. 일부에서 반기독교 지하드를 외치기도 했지만, 그것은 화려한 정치적인 언사 또는 공허한 메아리였다. 21세기 이슬람 세계의 정서를 흔히들 반기독교 또는 반미로 표현한다. 그러나 정확하게 말한다면 정치적 반미일 뿐이다. 종교나 문화적으로 반기독교나 반서구, 반미가 아니다. 2005년 1월 중순, 존 케리 미 민주당 대선 후보가 카이로 시내 시장거리를 버젓이 돌아다녔다. 묘한 것은 민주당 관계자들의 중동 방문 때보다 미 공화당 관계자들의 중동 방문에 반대 목소리가 높았다는 점이다. 이것은 선택적 반미, 정치적 반미를 대표적으로 보여주는 예이다.

현대사를 맞이하면서 아랍 이슬람 세계는 미국을 만난다. 2차 대전 이후로 '미국 = 기독교', '기독교 = 미국'이라는 공식이 자리 잡았다. 1990년대 들어 아랍 이슬람 세계 전역에는 반기독교 정서가 번져 갔다. 앞선 세대를 통해 유입되었던 기독교 세계에 대한 거부감이 경험을 통해 굳어지고 확신되었다. "역시, 듣던 것과 다르지 않아, 맞아" 이런 식이었다. 그 전환점이 바로 1991년 1월 벌어진 걸프전쟁이다. 아랍 지성은 물론 아랍 세계와 이슬람 세계가 이에 항의했다. 무슬림 사회에 패배감과 자괴심도 감지되었다. 일부 이슬람 원리주의 지도자들은 이것을 종교전쟁으로 인식하고 미국을 상대로 성전을 펼치라고 주장하기도 했다.

그로부터 10여 년이 지난 2001년 9·11이 터지자 적지 않은 아랍 무슬림 민중들은 환호했다. "미 제국주의 타도 만세!" 이것은 논리적인 반응을 넘어서는 감정적 반응이었다. 아랍 사회에 9·11 음모론이 여전히 넓게 퍼져 있는 것도 심정적인 반미 정서 때문이다. 그러나 이 사건은 미국과 아랍 이슬람 세계의 문명충돌 양상으로 비화하였다. 새로운 패권주의자 미국의 심장부를 강타한 사건 때문에 다시금 이슬람권은 미국에 의해 정조준된 상태였다. 테러와의 대전쟁의 출발이었다. 테러와의 대전쟁은 아랍 이슬람 국가 대부분 통치권에서도 반기는 이슈가 되었다. 그것은 자국 내의 반정부적인 재야 세력과 이슬람주의자들에 대한 통제 명분이 될 수 있었기 때문이다. 그러면서 2001년 아프간 전쟁, 2003년 이라크 전쟁이 이어졌다. 지금도 아프가니스탄과 이라크에서 미군을 비롯한 주둔군과 무장조직 사이의 전쟁은 계속되고 있다. 전선도 좁혀지지 않고 있다. 조지 부시 대통령 시절 한때 이라크 다음 표적으로 시리아와 이란이 회자되었다.

9·11은 미국 보수 기독교인들이 반이슬람 정서에 확신을 갖게 된

계기를 제공했다. 소수의 극단적인 행동을 이슬람의 본질적인 폭력성으로 악용한 측면이 적지 않았다. 이런 반이슬람 정서는 더욱 적극적인 친이스라엘 움직임으로 이동하였다. 부시 행정부는 눈에 띄게 반아랍, 친이스라엘 정책을 견지했다. 반미, 반기독교 정서를 자극한 측면이 적지 않다. 부시 스스로도 이라크 전쟁을 두고 신십자군 전쟁을 운운했다. 자극받은 아랍 이슬람 세계에서 반기독교 정서가 확산되었던 것은 이상할 것이 아니었다. 그렇다고 자국 내의 자생적인 교회가 표적이 되거나 외국 기독교인에 대한 무작위적 테러로 번져간 것은 아니었다.

테러관련 뉴스를 보도하는 아랍 언론들은 몇 가지 공통점을 보이고 있다. "무차별한 테러는 반이슬람적이다. 무슬림들도 테러의 희생자일 뿐 가해자가 아니다. 이스라엘 점령지나 이라크에서 벌어지고 있는 영국과 미국의 일방주의가 테러의 구실을 제공하는 것도 사실이다"는 입장을 보여준다.

이와 비슷한 일이 아랍지역이나 이슬람 지역 언론에 자주 등장한다. 반기독교 정서가 그 이슈가 되기도 한다. 반기독교 정서는 기독교를 미국이나 서구의 이데올로기로 치부하는 경향과 연결되어 있다. 기독교의 일부 극단적 보수주의 그룹이 보여주는 친이스라엘주의 경향을 마치 기독교 본질의 모습인 양 왜곡하는 기사도 눈에 띈다. 이슬람 언론에 종종 기독교를 기독교 제국주의나 신십자군 이념과 상관성을 두고 만평이나 기사, 논평들이 존재한다. 이 경우 주로 이슬람 성직자나 지식인의 발언을 재인용하거나 인터뷰 기사로 처리한다.

정치적 반미 정서가 확산하는 와중에도 아랍 이슬람 세계 깊숙한 곳에 미국식 문화와 가치관은 번져갔다. 미국 다국적 기업의 진출은 거침 없었고, 미국식 먹을거리, 옷차림새는 대세를 이뤘다. 이른바 선택적 반미 정서를 보여준 것이다. 이른바 일부 친미국가에서만 이런 현상이 벌어진 것은 아니다. 사실 이 지역의 정권 대부분이 친미 성향으로 바뀌었다. 영원한 반미의 기수처럼 보였던 리비아의 국가원수 카다피도 친미적 입장으로 변신하였다. 2006년 5월 15일 미국과 리비아는 26

년 만에 국교를 정상화하였다. 아랍 이슬람 지역에서 반미 국가는 이제 시리아 정도만 남아 있는 셈이다. 그렇지만 시리아도 선택적 반미로 돌아선 지 오래이다. 이런 분위기 가운데 자연스럽게 일상 속에 미국 문화가 유입되고 확산되었다. 대형 쇼핑공간에 자리잡은 멀티 상영관에서는 할리우드 영화가 주목을 받고 있다. 위성방송에서도 미국 드라마와 영화, 음악을 24시간 송출하는 MBC(중동방송) 1, 2, 3, 4 같은 채널이 인기를 끌고 있다. 선택적 반미는 정치적 입장에서 미국의 일방주의 중동 정책에 대한 반대로 표출될 뿐, 미국 문화 반대 같은 쪽으로 확산되는 것은 아니었다. 종종 미국 상품 불매운동도 벌어지지만 큰 반향을 일으키지는 못하고 있다. 오히려 일상은 친미 문화로 달려가고 있다.

버락 오바마 미국 대통령은 2009년 6월 4일 이슬람권을 대상으로 한 메시지를 전달했다. 그 가운데 아래와 같은 내용이 담겨 있었다. "이슬람과 서구와의 관계는 수세기에 걸친 협력과 공존뿐 아니라 분쟁과 종교 전쟁의 역사도 아우르고 있습니다. 가장 최근에는 수많은 무슬림의 권리와 기회를 부정하는 식민주의 그리고 무슬림이 다수를 차지하는 국가들이 자신들의 바람과는 무관하게 종종 대리물로 취급된 냉전에 의해 갈등이 증폭되어 왔습니다. 뿐만 아니라, 현대화와 글로벌화에 따른 광범위한 변화로 말미암아 무슬림들은 서구가 이슬람 전통에 적대적이라고 인식하게 되었습니다." 이슬람 세계가 갖는 서구 세계 또는 기독교 문명권에 대한 반감과 적대감은 서구의 침탈과 착취, 이스라엘에 대한 일방적 편애 등에서 비롯된 것이다. 이슬람 혐오증이나 기독교 혐오증은 어제 오늘의 일이 아니다.

제12장

코리안 드림과
이슬람포비아

무슬림을 만나거나
이슬람 음식을 대하기가 쉬워졌다.
곳곳의 공단 지역,
경기도 안산의 원곡등,
서울 한남동 이태원 지역만이 아니다.
우리의 일상에서도 만날 수 있다.
이들의 코리안 드림은 무엇이며
어떻게 살고 있을까?

기독교와 이슬람
그 만남이 빚어낸 공존과 갈등

28. 한류 이야기

"아랍 이슬람 국가는 한국을 잘 알고 있을까?" 이렇게 의문을 던지면, "아니, 그곳에 한류 열풍이 불고 있는데 잘 알고 있지 않겠어요?" 확신 어린 대답이 돌아온다. 그렇지만 사실은 그렇지 않다. 우리가 아랍 이슬람 지역에 거의 문외한인 것 이상이다. 한국에 요르단 전문가, 이라크 전문가, 레바논 전문가가 없고 전문 서적도 없는데 그곳 사람들이 한국에 대한 전문 지식이나 상식을 갖추고 있을 것을 기대하는 것은 지나친 상상일 뿐이다. 아니 어떤 면에서는 그동안 이 지역과 문화교류가 거의 없었다가 이제 이루어지고 있다 보니 감개무량해서 그런 것은 아닌지 모르겠다.

"이것은 4,650여 년 전에 만들어진 것입니다. 이집트 통일왕국의 역사가 5,200여 년 전에 형성되었고요⋯." "이 지구라트는 바벨탑의 원형입니다. 기원전 4,000년 전후한 우르 3왕조 시대에 건축이 된 것이지요." "이곳은 철기 시대 유적지인데요, 3,200여 년 전 모압 왕국의 역사 현장입니다." "페니키아 문명에서 알파벳의 기원을 찾고 있지요. 이곳은 바로 그 페니키아 문명의 모태라고 할 수 있습니다." "이 알렉산드리아 도서관은 기원전 3세기부터 기원후 4세기까지 700년을 이어온 문화의 산실이었지요. 그 당시에 소장된 책만도 80만여 권이 넘었고요."

중동의 과거 역사를 듣고 보면 기가 죽는다. 아랍 이슬람권은 그야

한국사회에서 아랍 문화를 접할 기회가 늘고 있다. 제3회 아랍문화축전(2010. 5월)에서 공연 중인 이라크 전통 무용단(서울).

말로 문명의 땅이었다. 유프라테스 강과 티그리스 강 유역을 중심으로 펼쳐진 고대 메소포타미아 문명은 물론 나일 강을 중심으로 전개된 이집트 문명, 고대 알파벳의 기원이 된 페니키아 문명 등 너무나 많다. 과거는 그랬다.

"글쎄 나를 보고 한국에서 왔다고 정확히 맞추는 사람들이 많지 않아요." "한국을 자동차나 위성 수신기, 이동통신 등으로 기억하는 이들이 많아요. 그렇지만 한국인이나 한국 문화를 구체적으로 알고 있는 사람들은 그리 많지 않은 것 같아요." 아랍인들에게 한국인은 매우 잘 알려졌다고 믿는 이들이 있다. 그러나 여전히 많은 아랍인들에게 한국인은 낯선 존재이다. 가장 많이 받는 질문 중에는 "한국인들은 개고기를 먹느냐?"에서부터 "한국인들 혹시 아직도 사람 잡아먹느냐?"는 이야기까지 황당한 버전들이 널려 있다. 최근 이곳에서 아랍어 연수 중인 대학 후배들을 만났다. "한국인들이 사람 잡아먹는다면서?" 이곳에서 연수 중인 한 여학생이 현지 여학생들로부터 받은 황당한 질문이었다. 여전히 많은 아랍 이슬람권 현지인들에게 한국 상품이 아닌 한국인과 한국은 낯선 나라임이 분명하다.

그런 와중에 우리는 중동에도 한류가 불고 있다는 이야기를 주고받는다. 정말 한류 열풍인가? 한류 열풍은 과연 있는 것일까? 도대체 한류 바람이 뭔데? 궁금함이 넘쳐난다. 아랍어에 '한류'라는 단어가 존재하고 아랍인들도 한류를 알고 있을까? 답은 "아니오"이다. 중동의 한류 열풍은 사실 과장되거나 부풀려진 면이 적지 않다. 무엇보다도 일본에서 일었던 한류 열풍처럼 중동에서 한류가 독특한 자리를 가지고 있지 않은 것은 분명하다. 오히려 아랍 이슬람 세계 전체의 개방화 분위기와 다국적 문화의 범람 속에 한국 문화도 한자리 차지하고 있는 것으로 평가할 수 있다. '겨울연가'나 '궁', '대장금' 같은 드라마가 몰고 온 한국 문화에 대한 관심은 분명히 열풍은 아니다.

한국어 강좌가 개설되거나 한국어과가 설치된 중동 국가는 이집트(아인샴스대 한국어과), 요르단(요르단대, 야르묵대), 튀니지(한국어 강좌) 정도이다. 가장 활발한 곳은 이집트이다. 많은 진전이라고 관계자들은 이야기 한다. 이것도 다 한류의 영향이라고 말한다. 그러나 사실 중동에서 한류(韓流)는 한류(漢流)에 비해 뒤처진 것이 사실이다. 일본의 일류(日流)보다도 뒤떨어졌다. 이미 중국어는 이집트 초·중등학교의 제2 외국어로 채택됐다. 2002년 4월 하순 양국 사이에 협정을 맺었다. 이집트와 중국은 아랍어와 중국어 교환 교육과 커뮤니케이션, 멀티미디어, 소프트웨어 기술 분야의 상호 협력협정도 맺었다. 양국은 또 언어학자와 기술 분야 전문가들로 공동위원회를 구성해 지속적인 협력을 도모하기로 합의하기도 했다. 더 나아가 중국 정부는 이집트의 중국어 교육을 장려하기 위해 중국어 교사들을 지원하고 언어교육 관련 교재와 프로그램도 공급하기로 협의를 마쳤다. 이미 아프리카의 16개국 120여개 학교에서 중국어 교육이 이루어지고 있고, 중국 정부는 200여 명의 중국어 교사를 파견하였다. 수단의 경우는 450여 명의 학생들이 중국어 교육을 받아왔다.

많은 아랍인들에게 브루스 리(이소룡)나 재키 찬(성룡), 이연걸 같은 중국계 인물들은 아주 친숙하다. 공영방송에서 중국이나 일본 드라마

한국 문화 공연을 보며 열광하고 있는 요르단 청소년들. 한국과 한국 문화에 관심을 갖는 이들이 늘고 있다(요르단/암만).

가 방영된 것도 우리보다 훨씬 앞섰다. 이들 두 나라가 이런 현상을 두고 일류(日流)니 한류(漢流)니 하는 말을 한 것 같지는 않다.

반미와 북한 그리고 한류 2006년 4월과 8월 하순 카이로 거리를 걷고 있었다. 칸엘칼릴리 주변에서 근무 중이던 경찰 하급 간부가 손짓했다. 다가섰더니 한국인이냐고 묻는다. 한국인이라고 하자 엄지손가락을 치켜 올리면서 "꾸리 꾸와이쓰", 한국 최고란다. 북한이 미국한테 굴하지 않고 저렇게 당당하게 버텨주지 않느냐는 것이다. 그러다가 그런데 어디서 왔느냐고 묻는다. "남한이냐, 북한이냐…. 어쨌든 한국인 최고야" 하면서 이 경찰관은 말을 주워담는다. 이런 식의 아랍인들과의 만남은 한두 번이 아니다. 그 대상에는 공무원도, 길거리에서 만난 평범한 사람들도, 군인들도 있다. 요르단에서 이집트에서 팔레스타인 거리에서… 묘하게도 이런 반응을 보여주는 이들은 이라크 사담 후세인에 대하여도 좋게 평가하는 경향을 보였다. 미국 문화는 좋아하지만 미국의 정책을 싫어하는 반미정서가 민심 가득히 깊이 자리잡고 있기 때문이다.

**월드컵이 가져다 준
한류 열풍**

2002년 한일 월드컵 열기는 중동에도 한류 열풍을 몰고 왔다. 신문과 방송에서는 중동 체류 한인들의 응원 열기가 가득히 넘쳐났고, 한인들은 스타가 된 기분을 만끽했다. 경기가 끝나기 무섭게 휴대폰이 울려댔다. "마부루크!"(축하합니다) 알고 지내던 현지인들의 축하 전화가 이어졌다. 아랍인들은 의미가 뭔지도 모르면서도 응원구호를 따라 했고, 한국인을 향해 연방 엄지손가락을 치켜세웠다. 현지 언론은 물론 중계방송 아나운서까지 나서서 한국팀에 우호적인 태도를 보여주었다.

한국팀의 선전은 상대적으로 폐쇄적인 이라크·시리아에도 한국 열풍을 몰고 왔다. 사담 후세인의 장남 우다이가 운영하던 <샤밥>(청년) TV는 월드컵 경기를 생방송으로, 물론 중계방송권 없이 중계했다. 한국의 미수교국 시리아의 다마스커스 거리에서는 때 아닌 태극기가 목격되기도 했다. 시내 중심의 메리디언 호텔 주변의 고급 카페 골목과 구시가지의 하미디에 시장 곳곳에서 목격된 태극기는 한국 쪽에서 나눠준 것이 아니었다. 외교장벽을 넘어 한국 축구가 바람을 몰고 온 것이다. 시리아의 대학생들이 월드컵 시즌을 이유로 기말시험 연기를 요구하는 촌극도 벌어졌었다.

**한국 읽는 아랍 Vs
아랍 읽는 한국**

아랍 이슬람 지역에서 한국에 대해 글로 접할 기회는 거의 없다. 종종 아랍 현지 언론 매체에 한국 관련 특집이 실리는 것이 그나마 다행이다. 웬만큼 배웠다는 현지인들조차 한국에 대한 정보나 이해 수준은 기초적인 범주를 벗어나지 못한다. 공공 도서관이나 서점에서 한국 관련 아랍어 책자를 찾는다는 것은 '사막에서 바늘 찾기'이다.

요르단대 도서관에서 자료 검색을 해보았다. 한국 관련 아랍 서적으로 37권이 떠올랐다. 그러나 한국에서 만든 자료는 2권에 불과했다. 그것도 정부에서 발행한 관광 안내 책자였다. 한 권은 요르단대에서 편집한 <조용한 아침의 나라>라는 연구 도서였다. 반면 북한 관련 책자는 20권으로 55.6%에 해당했다. 다른 책자들은 카이로, 베이루트 등지에서 발간된 책자로 책 안에 한국 관련 내용이 일부 들어 있는 경우였다.

일본이나 중국의 경우는 한국보다 5배 안팎이나 높은 검색 결과가 나왔다. 특이한 점은 일본이나 중국에서 발간한 아랍어판 중국 관련 책자도 있었지만, 중동 현지에서 현지 학자나 저술가들에 의해 쓰인 중국, 일본 관련 책자들이 대다수를 차지하고 있다는 점이다. 현지 아랍 학자들 사이에 일본학이나 중국학은 한국에 대한 연구보다 훨씬 앞서 있다. 최소한 학문 영역에서 한류는 존재하지 않는 셈이다.

아랍어판으로 번역된 한국 관련 서적의 경우도 드물다. 최근 이집트나 요르단 같은 경우 국립대에 한국어과가 개설되면서 한국어 학습 교재가 아랍어판으로 나왔고, 중동 지역에 한국을 소개하기 위한 책자가 정부 차원에서 번역된 것이 일반적인 경우이다. 국립 도서관을 둘러보아도 아랍어판은 물론 영어판 한국 관련 서적도 찾아보기 힘들다. 중동에 '한류'가 불고 있다고 하지만 그나마 손에 잡히는 한류의 흔적은 턱없이 부족한 셈이다.

그 와중에도 아랍어로 번역된, 그러나 우리나라나 아랍 이슬람권 현지에서도 잘 알려지지 않은 도서들이 있다. 염상섭의 <삼대>, 한수산의 <부초>, 김주영의 <천둥소리> 등 국내소설 3권과 시집 <한국현대시선> 1권 등이다. 한국 문학 작품이 아랍어로 소개되기 시작한 것은 2005년 <한국대표단편선>이 처음이다. 수필, 평론, 동화, 희곡 등 다른 장르는 한 편도 없다.

아랍 서적이 한국어로 번역된 경우도 그리 많지 않다. 가장 대표적인 번역물은 <아라비안나이트>(천일야화)이다. 그러나 아랍 문학 작품을 완역한 것이 아니라 영역판을 번역한 것들이다. 아랍권 작가 중 가장 많은 작품이 한국어로 번역된 경우는 칼릴 지브란이 대표적이다. <예언자>를 비롯해 칼릴 지브란의 대부분의 작품들이 한국어로 소개되었다. <보여줄 수 있는 사랑은 아주 작습니다>, <사랑도 때로는 휴

식이 그립습니다>, <사랑이 손짓하면 따라가라> 등 헤아릴 수 없을 정도이다. 그러나 이 번역물 역시 영어판을 우리말로 옮긴 것이다. 우리말로 옮겨져 소개된 아랍 출판물은 <개발라위의 아이들>,<우리동네 아이들> 등으로도 번역되었다. <도적과 개들> 같은 노벨 문학상 수상작가인 이집트의 나집 마흐푸즈의 작품 일부나 이라크 전쟁 직후 번역 출판된 사담 후세인의 <자비바와 왕> 같은 정도이다. 가싼 카나파니의 영역본에서 옮긴 <불볕 속의 사람들>과 <뜨거운 태양 아래서>, 단편소설 모음 <천국에도 그 여자의 자리는 없다>, 이집트 (여성) 작가 나왈 알싸으다위 외 24명이 공동 저술한 시집 <걸프만의 이방인>, 풍자서 <수전노> 등이다. 그나마 문학 서적이 주를 이룬다. 아랍어판 서적이 곧장 한국어로 번역 출판되는 경우는 극히 제한적이다. 이런 현상은 번역 출판되어도 독자층이 형성되지 않고 시장성이 없기에 엄두를 내지 못하기 때문이다.

아랍지역의 문자해독률은 그리 높지 않다. 15세 이상의 문자해독률은 평균 66% 정도이다. 세계에서 가장 낮은 문자해독률을 보이고 있다. 한국은 99.0%로 20위를 차지했다. 전쟁 전 바그다드를 방문했을 때의 경험이다. 2002년 10월의 일이다. 군인들이 경계 근무 중인 한 시설물을 찾았다. "여기는 접근금지 구역입니다." 당시 이라크 정부에서 제공한 공문서 한 장을 내밀었다. "체류 기간 중의 편의를 제공할 것입니다"라는 내용이 당시 부통령의 사인과 함께 담겨 있었다. 근무 중이던 군인은 공문서를 읽는 듯했지만 사실 아랍어 문장을 따라 시선이 움직이지 않았다. 아랍어를 모르는 것이었다. 종종 주변에서 아랍어 공문서를 거꾸로 들고 읽는 척했다는 현지 아랍인의 이야기도 듣는다.

유엔개발계획(UNDP) 2009 보고서에 따르면 아랍 이슬람 지역에서 가장 높은 문자해독률을 보이는 곳은 쿠웨이트(76위, 94.5%)와 팔레스타인(93.8%)이다. 팔레스타인의 경우 이스라엘과의 끊임없는 유혈충돌을 빚고 있는 상황을 고려할 때 교육열이 대단한 것을 알 수 있다. 그 다음으로 카타르(84위, 93.1%), 요르단(92위, 91.19%), UAE(98위, 90.0%),

레바논(101위, 89.65%), 바레인(104위, 88.8%), 리비아(113위, 86.8%), 사우디아라비아(116위, 85.0%)가 중위권을 차지하고 있다.

시리아(119위, 83.1%), 오만(124위, 81.4%), 튀니지(128위, 77.7%), 알제리(132위, 75.4%), 지부티(143위, 70.3%), 이집트(148위, 66.4%), 수단(156위, 60.9%), 예멘(158위, 58.9%), 모리타니(161위, 55.8%), 모로코(162위, 55.6%) 등이 하위권에 머물러 있다. 아울러 이 지역 여성들의 문자해독률은 남성들보다 낮다.

29. 기독교와 이슬람 한국에 오다

한국에서 만나는 기독교와 이슬람

기독교나 이슬람이나 한반도에 유입된 종교이다. 유입된 시기도 거의 비슷해 보인다. 물론 기독교가 이슬람보다 한발 앞서서 소개되었다. 그것은 종교적 접근이라기보다 문화적 접촉과 수용으로 보는 것이 옳을 것 같다.

기독교 한국으로 한반도에 기독교가 유입된 사례는 멀리 신라시대로 거슬러 올라간다. 흔히들 개신교는 120년 전쯤, 천주교(가톨릭)는 200년 전쯤이라 생각한다. 그러나 기독교가 유입된 시기는 이보다 훨씬 앞서고 있다. 물론 종교로서 유입된 것인지 문화나 문물로서 유입된 것인지 쉽게 단정하기는 어렵다.

고고학적 자료를 바탕으로 한다면 우리나라에 기독교가 처음 소개된 시기는 1,300여 년으로 거슬러 올라갈 수 있다. 1950년대 경주에서 출토된 몇 가지 유물이 그 반증이 되고 있다. 성모마리아상(聖母瑪利亞像),[1] 1956년 경주 불국사에서 발견됐다는 높이 24.5㎝의 돌 십자가,

---

1_ 숭실대 한국 기독교 박물관에 소장된 것으로, 7.2㎝의 찰흙으로 만든 상이다. 불교적인 표현 양식으로 보이지만, 성모 마리아가 아기 예수를 안고 있는 모습을 표현한 것으로 볼 수 있다. 이것은 중국 당나라를 통해 유입된 것으로 판단한다.

원형과 십자가 형태가 어우러진 동제(銅製) 십자 무늬장식, 화살촉 모양의 십자 무늬장식 등이다. 정수일(일명 무하마드 깐수) 한국문명교류연구소장처럼 '고대 기독교 전래의 유력한 증거물'이라고 보는 학자도 있지만 상당수의 문화재 전문가들은 '기독교 유물'이라는 데 대해 부정적인 입장이다.

<삼국유사>의 신라 신문왕(681-691 재위) 때의 고승 혜통(慧通)[2]에 관한 글[(찬문 讚文) 혜통강룡(惠通降龍)]에 아래와 같은 내용이 나온다. 盡教魔外遠京華(진교마외원경화), 한글로 풀이하면 '마귀와 외도(外道)를 모두 서울(서라벌 오늘날의 경주)에서 멀리했도다'는 뜻이다. 이 이야기에서 마(귀)는 '용' 등으로 표현되던 질병을 안겨주던 존재, 즉 병마를 형상화한 개념 같다.

알부 학자들은 삼국유사 등에 나오는 전설 가운데 성경의 이야기와 비슷한 것이 있다고 주장한다. 그 가운에 몇 가지를 언급하면 아래와 같다. 삼국유사 기이편 신라시조 혁거세왕(新羅始祖赫居世王)에 관한 이야기에 다음과 같은 내용이 나온다.

"사량리(沙梁里)[3]에 있는 알영정가[4](어떤 이는 아리영정이라고 함)에 계룡(鷄龍)이 나타나서 왼쪽 갈비에서 어린 계집애를 낳았다. 어떤 이는 용이 나타났다가 죽었는데 그 배를 가르고 계집애를 얻었다고 했다. 얼굴과 모습이 매우 아름다웠다." 박혁거세 시조 이야기에 나오는 그의 왕비에 관한 내용이다. 이 이야기를 가지고 '창세기'에서 하나님이 아

2_ 중국 당나라에 들어가 밀교의 선무외삼장에게 사사한 후 그의 천거에 의해 주술로 고종(650-683 재위)을 알게 되고, 그의 딸의 병을 고쳐 준 고승이다. 고종은 경교를 정식으로 받아들인 태종에 이어 당나라에서 경교를 부흥시킨 장본인의 한 사람이다. 그는 모든 주에 경교사(경교 예배당)를 짓도록 할 정도로 경교에 열심이었다. 이런 당 고종과 친분관계를 맺고 있는 혜통이 당에 전해진 경교와 친숙해졌을 가능성은 크다. 따라서 그가 '마귀와 외도를 모두 서울에서 멀리했다'는 말에서 '외도'가 곧 이 경교를 지칭하며. 이 외도를 '서울에서 멀리했다'는 것은 경교가 신라 안에 이미 들어와 있었다고 볼 수 있다. 혜통은 신라 효소왕 시대에 국사(國師)로 존경을 받았다.

3_ 지금의 경주시 탑동 지역.

4_ 왕비 알영이 태어난 우물이라는 뜻이다.

담의 갈빗대로 여자를 만들었다는 내용과 비슷하다고 주장한다. 삼국유사 춘추공5 편에는 다음과 같은 이야기가 전해진다. 백제 의자왕 당시에 백제 도성에 일어났다는 기이한 재앙을 담고 있다. "(659년경) 4월에는 청개구리 수만 마리가 나무 위에 모였다. 왕도(부여) 시정인(市井人, 시민)들이 까닭 없이 놀라 달아나는 것이 누가 잡으러 오는 것 같았다. 놀라 넘어져 죽은 자가 100여 명이나 되었고 재물을 잃은 자는 수없이 많았다." 이를 두고 출애굽기의 재앙 관련 이야기를 연상하는 이들이 있다.

발해(698-926)의 솔빈부(率賓府, 현 연해주) 아브리코스 절터에서 십자가가 발견되고, 한때 수도였던 동경 용원부(현 훈춘) 팔련성 제2절터에서 발견한 아미타삼존불이 눈길을 끈다. 중심에 아미타여래가 자리하고, 오른쪽의 협시불6인 관세음보살이, 왼쪽의 협시보살이 뚜렷한 십자가를 목에 걸고 있다. 한편 발해의 서변에 자리한 우순(撫順) 지역에서도 수백 점의 십자가가 발견되었다고 정수일 교수는 밝히고 있다.

이와 관련된 연구가 계속되고 있고, 논쟁이 더 필요한 부분이 많다. 그렇지만 고대 동방기독교가 우리의 생각보다 훨씬 일찍 신라에 전해졌다는 심증은 분명하다. 그것이 종교의 형식이든 문화의 형식이든 다양한 형태였을 것이다. 그러나 정확한 전래 시점은 불분명하다.

이슬람 한국으로 이슬람의 한반도 유입 역사에 대해서는 큰 이견이 없어 보인다. 물론 유입이라고 하여 집단적인 무슬림 이주자들이 발생했다는 것은 아니다. 이슬람 세계가 한국 사회와 만났다는 정도의 뜻이다.

727년 왕오천축국전7을 쓴 신라 고승 혜초는 불법을 깨닫고 불경

5_ 신라 29대 왕으로 본명은 김춘추, 태종 대왕으로 불렸다.

6_ 좌우에서 모시고 있는 불상이란 뜻으로, 협시보살로도 부르며, 중심에 자리한 부처에 따라 협시불도 달라진다.

7_ 왕오천축국전(往五天竺國傳)은 신라 성덕왕(또는 경덕왕) 때 승려 혜초가 인도 5국(五國) 부근의 여러 나라를 순례하고 그 행적을 적은 여행기이다. 현존하는 가장 오래된 우

을 가져오고자 천축, 즉 인도에 갔다가 돌아오는 길에 이미 이슬람화가
이루어진 지 70-80여 년이나 되었던 페르시아와 대식국, 즉 아랍 이슬
람제국까지도 방문하였다. 그의 여정의 끝부분이었다. 인도의 서천축
이나 북천축 지역도 이슬람화의 영향이 존재했다. 혜초가 전한 이슬람
제국 '대식'에 관한 묘사를 잠시 짚어보자.

"다시 파사국(페르시아)에서 북쪽으로 열흘을 가서 산으로 들어가
면 대식국(大寔國)[8]에 이른다.[9] 그 나라 왕은 본국에 살지 않고 소불림국
(小拂臨國)[10]에 가서 살곤 한다. 땅에는 낙타, 노새, 양, 말, 모직물, 모포
가 나며 보물도 있다. 옷은 가는 모직으로 만든 헐렁한 적삼을 입고, 또
그 위에 한 장의 모직 천을 걸친다. 이것을 겉옷으로 한다. 왕과 백성의
의복은 한 가지로 다름이 없다. 여인 또한 적삼을 입는다. 남자는 머리
카락은 깎고 수염은 그대로다. 여자는 머리를 기른다. 귀천을 가리지
않고 같이 먹으며, 한 가지로 한 그릇으로 먹는다. 손이 수저였다. 매우
악한 것을 보았다. 자기 손으로 잡은 것을 먹으면 무한한 복을 얻는다
고 한다. 이 나라 사람은 살생을 좋아하고 하늘을 섬기나 불법을 알지
못한다.[11] 이 나라 법에는 무릎을 꿇고 절하는 것이 없다."

혜초를 통해 개략적이지만 아랍 이슬람 세계의 문명과 종교에 대
한 사실적인 현장 이야기가 전해진 셈이다. 신라와 통일신라시대 유물
에서도 다양한 형태의 이슬람 문명 유입의 흔적을 엿볼 수 있다. 경북
경주시 (남쪽) 외동읍에는 괘릉[12]이 있고, 그곳을 무인석상 한 쌍이 수호

리 책이다. '천축'은 인도를 가리키는 중국식 옛 이름으로 '5천축국'이 있었다. 즉 동천
축, 서천축, 남천축, 북천축, 중앙천축으로 나뉘어 있었다.

8_ 지금의 아라비아 반도를 지칭하는 것으로 보는 이들이 있다. 그렇지만, 아랍 이슬람제
국을 통칭하는 표현으로 보는 것이 옳다. 그것은 페르시아에서 북쪽 산으로 10일 길에
갔다고 적은 표현 등의 지리적 정보에서 추론할 수 있다. 그곳은 바로 네이샤부르, 즉
현재의 이란의 마샤드로 보는 것이 적절하다.

9_ 又從波斯國北行十日入山 至大寔國.

10_ 터키 지역을 지칭한다. 혜초는 그의 견문록에서 소불림국을 대불림국과 구분하여 사
용하고 있다. 대불림국은 동로마제국을 표현한 것이다.

11_ 事天不識佛法.

12_ 이 무덤은 신라 제38대 원성왕(元聖王, 출생 미상~798년, 재위: 785~798년)의 무덤

하고 있다. 그런데 그 생김새가 우리 민족이 아니다. 곱슬한 머리카락과 구레나룻, 움푹 파인 큰 눈, 우뚝 선 매부리코, 우람한 체격 등이 영락없는 아랍 남성의 용모이다. 음식 문화에도 영향을 끼쳤고, 각종 유리 기구, 구슬과 기호품 등이 일상생활과 불교 문화에도 영향을 끼쳤다.

고려사에 따르면 1024년과 1025년에 100명 이상의 아랍 상인 사절단이 와서 고려조정과 교역을 했던 것으로 보인다. 이들은 수은, 몰약(방부제), 소목13과 같은 방물을 가지고 들어왔다. 그렇지만 한반도에 이슬람 종교와 문화가 본격적으로 유입되는 시기는 고려 말기와 조선 초기(13-14세기)로 간주한다. 중국 원나라는 이슬람을 적극 수용했다. 원나라의 간섭을 받던 고려에 '회회인'이라고 불리는 튀르크계 위구르 무슬림들이 원나라 관리로 고려에 들어와서 당시 재정과 교역 행정업무를 대부분 관장하였던 것으로 보인다. 고려에 정착한 무슬림들은 수도 개경을 중심으로 종교, 민족적 공동체도 형성하고, 이슬람 사원인 예궁(禮宮)에서 회회사문14의 인도 아래 집단예배의식인 '대조회송축(大朝會頌祝)'15을 열었고, 종종 궁중하례의식에도 초청을 받았다.

얼마 전 한국의 금세기 최고의 커플로 불리는 장고(장동건-고소영) 커플이 탄생했다고 화제가 되었다. 장동건 씨는 아랍의 왕자 같다는 말이 있다. 그는 덕수 장씨의 후손이다. 오늘의 덕수16 장씨의 시조는 1274년 고려 충렬왕 비인 원나라 쿠빌라이의 공주(齊國大長公主) 홀도로게리미실(忽都魯揭里迷失)의 시종관으로 와서 왕으로부터 장순룡이란 이름을 얻고 고려 여인과 결혼하여 고려 사회에 동화된 아랍계(어떤 이는 위그르)17 무슬림이었다. 그가 고려에 오기 전 원나라에서 필도치18

으로 추정하고 있다.
13_ 외과용 약재.
14_ 回回沙門, 이슬람의 종교지도자 이맘을 뜻한다.
15_ 금요일 정오에 이루어진 무슬림 예배의식을 말한다.
16_ 황해도 개풍군(開豊郡)에 속해 있던 옛 지명이다.
17_ <덕수장씨세보>에 의하면 그는 아라비아 사람으로 소개된다.

라는 벼슬을 지냈다.

조선왕조실록 등 여러 사료에 회회인(또는 회회교도, 즉 무슬림)에 관한 기록이 나온다. 무슬림은 조정에서 특별한 배려 속에 살고 있었음을 기록하고 있다. 인간관계와 상술에 능한 무슬림들은 조정과의 관계에 특별히 신경을 썼던 것으로 보인다. 무슬림들은 그들 특유의 복장을 하고 이슬람 관습에 따라 행동할 수 있었다. 불교 승려들과 동동한 서열로 정부 행사에도 참석하였다.

"일본 단주(丹州)의 사자가 대궐에 나와 하직하였다. 회회사문 도로(都老)가 처자를 데리고 함께 와서 머물러 살기를 원하니, (태종) 임금이 명하여 집을 주어서 살게 하였다."[19][20]

(세종) 임금이 면복(冕服) 차림으로 세자와 백관을 거느리고 망궐례[21]를 행하고, 원유관(遠遊冠)과 강사포(絳紗袍) 차림으로 근정전에 나아가 여러 신하의 조하(朝賀)를 받았다. 왜인·야인·회회 승도(回回僧徒)[22]들도 신하들의 반열에 따라나왔다.[23][24]

그러나 귀화한 무슬림에 대해 한국화할 것에 대한 요구가 빚어졌다. 이것은 갈등의 국면이라기보다 귀화한 무슬림에 대한 배려의 측면도 있었다.

18_ 원나라의 관직명으로 '서기'라는 뜻으로, 문서담당관에 해당한다. 조선 기준으로 하면 정3품이나 정4품에 해당한다. 오늘날의 차관보급이다.

19_ 태종 13권, 7년(1407 정해년) 1월 17일 임신 1번째 기사.

20_ 회회인이라는 명칭은 전체 무슬림을 가리키기보다 위구르, 페르시아 계통을 가리킨다. 태종 때 귀화한 무슬림 도로는 이후 금강산, 순흥, 김해 등지에서 수정을 캐라는 지시를 받았다. 태종 12년(1412년) 2월 24일, 3월 29일, 13년(1413년) 7월 16일의 일이다. "회회사문(回回沙門) 다라(多羅)에게 쌀 10석을 내려 주었다. 임금이 양옥(良玉)을 내어 다라에게 주며 각서(刻署)하여 바치도록 하였다."<태종 12년(1412년) 9월 5일>, 회회인(回回人) 서지(西地)에게 쌀 5석을 내려 주었다."<태종 13년(1413년) 2월 24일>.

21_ 설, 단오, 한식, 추석, 동지 등 주요 절기와 왕과 왕비의 생일날 예를 올려 임금 내외의 만수무강을 빌던 의식이다.

22_ 회회사문의 무리를 지칭한다. 당시 많은 이슬람 종교지도자들이 한반도에 머물고 있었음을 보여준다.

23_ 세종 8년(1426년) 1월 1일.

24_ 세종 8년(1426년) 11월 15일.

"예조에서 계하기를… <회회교도(回回敎徒)는 의관(衣冠)이 보통과 달라서, 사람들이 모두 보고 우리 백성이 아니라 하여 더불어 혼인하기를 부끄러워합니다. 이미 우리나라 사람인 바에는 마땅히 우리나라 의관을 좇아 별다르게 하지 않는다면 자연히 혼인하게 될 것입니다. 또 대조회(大朝會) 때 회회도(回回徒)의 기도(祈禱)하는 의식(儀式)도 폐지함이 마땅합니다>하니, 모두 그대로 따랐다."[25]

오래 전의 일이다. KBS 대하드라마 대왕세종에서 한 회회인이 등장하여 해부하는 장면이 묘사되었다. 드라마의 허구가 있기는 하나 조선시대에 있어 이슬람 과학 기술의 수용이 두드러졌던 것을 반영한 것이다. 이슬람 역법의 도입, 천문학의 도입으로 천문기상학과 천문관측기기의 제작이 이루어졌다. 조선시대 초기까지 사용되던 역법은 '중국 수시력'으로, 회회력(이슬람 역법)에 중국의 기후 자료(해가 뜨고 지는 시간이라든지)를 더하여 만든 것이어서 우리나라에는 잘 맞지 않았다. 그래서 정인지 일행이 중국 유학을 통해 그 원리를 연구하고, 우리나라의 자료를 적용하여 만든 것이 '칠정산외편'이라고 한다. 이것이 오늘날 우리가 쓰는 음력의 기원이 되었다.

무슬림과의 만남에서 문명의 유입이 이루어졌다. 공예기술에서도 도자기의 청색 안료인 회회청[26]이 들어왔다. 한국에 처음 전래된 것은 고려 말인 14세기 말이며, 본격적으로 생산된 것은 15세기 중엽 이후로 보인다. 백자가 주종을 이루다가 세종 때에 이르러 청화백자가 만들어진다. 언제부터 회회청을 수입하여 국내에서 청화백자를 제작했는지는 분명하지 않다. 회회청을 수입한 이후 국내에서 회회청을 생산하기 위한 노력이 기울여졌다. 주요 생산지는 전라도 강진이었다. 예종실록(예종 1년, 1469년 10월 5일)에 이어 세조실록에 아래와 같은 내용이 나온다.

"전라도 경차관(全羅道敬差官) 구치동(丘致)이 회회청(回回靑)을 강

25_ 세종 9년(1427년) 4월 4일.
26_ 도자기에 올리는 푸른 물감의 한 가지로 아라비아에서 수입한 것으로 알려진다.

진(康津)에서 얻어 바치었다."[27]

　그러나 위에서 소개한 회회인(무슬림) 대부분은 아라비아 반도 본토 출신들은 아니었다. 주로 중앙아시아에서 유입된 튀르크게 위구르인들[28]로 보인다. 그들은 점차 조선화되는 과정을 겪었고, 그 수도 미미한 상태로 지속되었다.

　1920년대는 무슬림들이 집단을 형성해 한반도에 이주하여 정착한 시기이다. 대부분 1917년 소련 볼셰비키 혁명 후 만주를 거쳐 한반도에 망명한 러시아 터키게 무슬림들이다. 약 200여 명에 이르렀다. 1950년 한국 전쟁 발발 전까지 서울, 부산, 대구는 물론 신의주, 평양, 혜산 등지에 거주하였다. 일제하에서는 일본 총독부의 보호를 받으면서 생업에 종사했다. 해방 후 이들 무슬림들은 또 다른 곳으로 이주를 하게 되었다. 한국 전쟁 때문이다. 친일인물로 이들이 지목을 받은 위협감도 한몫했을 법하다.

　현대 한국 무슬림 공동체의 형성시초는 한국 전쟁에 파견된 터키군에 의해 시작되었다. 1955년 터키군인의 다와(선교) 활동을 통하여 한국 무슬림들이 생기자 터키 무슬림 지도자들이 한국에 입국하기 시작했다. 1955년 9월, 한국 무슬림들에 의해 이슬람협회가 만들어졌다. 1976년 서울 이태원에 이슬람 중앙사원이 세워졌다. 터키군으로 참전한 터키 무슬림들이 한국 전쟁 당시 기도하던 자리였다는 유래가 있다.

한국 기독교와 이슬람의 만남　　한국의 고대사나 근현대사에서 이슬람과 기독교의 만남이 어떤 형식과 양상으로 이루어졌는지는 알 수 없다. 기독교가 한국 사회의 주요 종교로 자리잡아 가는 근대사 시기에 이슬람은 두드러진 어떤 움직임을 보이지 않고 있었다. 앞서 살펴본 것에 나타나는 1920년대 전후 무슬림 집단이 한국 내에 점차 자리를 잡던 시기에도 기독교와 이슬람의 어떤 공식적인 종교적·문화적

27_ 세조 9년(1463년) 5월 24일.
28_ 이들 가운데 대표적인 가문이 경주 설씨이다. 축구선수 설기현도 이 가문의 후손이다.

양고기 또는 닭고기로 구워 빵에 싸먹는 케밥은 이제 한국인들에게도 익숙하기만 하다(서울).

만남은 드러나지 않았다.

　그러다가 20세기 후반부터 21세기에 들어서면서 한반도 안에서도 기독교와 이슬람의 만남이 구체화하고 있다. 그 만남은 다소 충돌의 측면과 갈등의 양상으로 드러나기도 한다. 한국 기독교의 이슬람권과의 만남은 한국의 대 중동과의 접촉 강화를 통해 서서히 이루어진 것으로 볼 수 있다. 1970년대 초 오일 쇼크와 중동 건설 붐일 것이다. 이 시기에 아랍 이슬람 지역은 한국 근로자들을 중심으로 한 한국과의 만남을 맛보고 있었다. 그러나 그것이 한국 기독교와의 만남은 아니었다. 1970년대 들어서면서 한국 사회가 아랍 이슬람 지역과의 만남을 시작한 이후에도 문화, 문명적인 교류가 크게 진척되지 않았다는 점이다. 아울러 친이스라엘 정서는 오히려 커졌다. 새마을운동을 추진하던 10월 유신 이후 이스라엘의 키부츠 운동을 새마을 운동의 성공사례로 강력하게 소개한 것도 한몫 한 것 같다. 그 반면 아랍 이슬람 국가는 열사의 땅, 석유 공급처 정도에 불과했다. 친이스라엘은 반아랍 정서를 확산하는 데 도움을 준 것이다. 이런 과정에서 무슬림들이 직간접적으로 한국 사회를 만났고 일부는 한국 기독교와 만났다. 그러나 지엽적이었고, 종교적인 만남도 아니었다.

한국 기독교와 이슬람의 만남은 한국 교회의 아랍 이슬람 지역 선교와 연결해 보는 것이 좋겠다. 사실 선교는 많은 면에서 종교적인 측면을 담고 있기 때문이다. 한국 기독교인(선교사)과 아랍 무슬림과의 만남은 대략 아래와 같은 분야에서 이루어졌다. 먼저는 한인교회이다. 쿠웨이트를 비롯하여 한국인 근로자와 주재원들이 많은 지역에서 한인교회가 시작되었다. 나라별로 상세한 고찰이 쉽지 않지만, 대략 1970년대 말의 일이다. 쿠웨이트 한인교회가 대표적이다. 일차적으로는 건설 현장의 한인들을 대상으로 현장 교회로 시작했다. 중동 건설 붐이 찾아들면서 교민들과 주재원 등을 중심으로 정착된 한인교회가 시작되었다. 카이로 한인교회(1978년), 두바이 한인교회(1979년) 쿠웨이트 한인교회(1980) 등이 역사를 가진 한인교회들이다. 지금은 아랍 이슬람 지역에 30여 개의 한인교회가 존재한다.

그러나 한인교회는 한국인을 대상으로 하는 활동이 전부였다. 그것이 현지 무슬림들과의 만남이나 접촉의 장이 된 것은 아니었다. 한국 기독교와 이슬람의 만남은 사실 한국인 선교사를 통해 이루어진 것으로 보아야 한다. 한국 교회의 이슬람권 선교는 1970년대 후반으로 거슬러 올라간다. 이슬람 외의 다른 종교활동에 제한을 두는 현지법에 따른 제약 등으로 그 접촉 범위가 넓지는 않았지만, 한국 기독교인과 아랍 무슬림의 만남이 종교적인 차원에서 이루어진 셈이다. 아랍 이슬람 지역 한인 선교사들의 수와 활동은 늘어나 지금은 400여 명 정도로 추산하고 있다. 물론 직업 선교사와 전문 직업을 가지고 있는 종교성이 강한 기독교인을 포함한 수치이다. 종종 공격적 선교로 물의를 빚기도 하는 일이 아랍 이슬람 지역에서 빚어졌지만, 이것은 거주 선교사에 의한 것이 아니었다. 단기로 방문하였던 일부 한국 기독교인과 단체들이 현지 문화나 풍습에 대한 배려와 고려 없이 저지른 과오들이었다.

이슬람 세계와 한국 기독교 선교는 일부 단체의 주도로 이루어진 대규모 평화행진 행사로 한 획을 그었다. 2000년 카자흐스탄에서 있었던 실크로드 2000년을 비롯하여 2004, 2005년 8월 예루살렘평화대행진, 2006년 아프가니스탄 평화대행진 등으로 이어졌다. 그 중간중간 수백에서 수천 명이 동원한 다양한 대규모 행사가 이스라엘과 이집트 등 인근 국가에서 진행되었다. 이를 둘러싸고 한국 기독교계에서는 논란이 빚어졌다. 물론 이 논란은 기독교계의 논쟁에 끝나지 않았다.

**한국 사회
적대적 인식 확산**
한국 기독교의 이슬람 지역 선교를 통해 이슬람에 대한 비판적이거나 적대적인 감정이 번져나간 측면도 있다. 종종 한국 기독교계 안에서도 '공격적 선교'가 이슈가 되곤 한다. 한국 교회에는 공공연하게 이슬람 세계는 닫혀 있는 지역이고, 무슬림들의 마음이 폐쇄적이라는 목소리가 자주 전해졌다. 그런 이유로 이슬람 세계를 바라보는 한국 기독교인들은 대부분 이슬람 지역을 위험하고 힘들고 번거로운 지역쯤으로 생각하고 있다. 아랍 이슬람 국가들과 개인들이 기독교 선교를 방해하고 탄압하고 있다는 선입견을 품은 기독교인들이 의외로 적지 않다. 가장 구체적으로 다양한 곳에서 아랍 이슬람을 만난 이들에 의한 이런 목소리는 힘을 얻고 영향을 끼쳤다. 덕분에 이슬람이나 이슬람 세계에 대한 균형 잡힌 시선이나 바로 보기 시도는 친이슬람적인 시도로 내몰리기도 했다. 이슬람은 극복되어야 할 대상이며 악의 축이나 악의 화신, 기독교의 최대의 적 정도로 몰아붙이는 이들이 적지 않기 때문이다.

이런 분위기에 기름을 부은 격이 된 사건이 2004년 6월 김선일 씨 피살, 2007년 7월 배형규 목사와 심성민 씨 피살, 2009년 3월 한국인 여행자 4명 자살폭탄 테러로 사망, 6월 엄영선 씨의 피살사건이었다. 이런 사건을 경험하면서 다수의 한국 기독교인들은 물론 한국인들은 아랍 무슬림이나 이슬람의 과격성을 절감한 계기가 되었다. 그렇지만 이 사건들은 한국 기독교에 대한 현지 이슬람의 공격으로 보기에는 무리가 있다. 물론 사건이 발생하고 나서 가해 집단에서 종교 문제로 포장을 한 것은 사실이지만, 다분히 이 사건들은 정치적인 이슈였다. 외국인을 대상으로 한 무차별적인 테러였고, 범죄행위의 하나로 보아야한다. 물론 이들 사건이 일어난 지역에서는 자국민을 대상으로 하는 납치와 테러, 살인 사건이 벌어지고 있다. 이 사건 외에도 아랍 이슬람 지역에서 한국인이 납치되는 등의 위협을 받은 일들이 있었다.

레바논 도재승 서기관 피랍사건 = 1986년 1월 31일, 레바논 주재한국 대사관에 근무중이던 도재승 서기관이 베이루트 시내 한국 대사관 공관 앞에서 무장 이슬람 단체에 의해 납치됐다. 1987년 10월 납치된 지 1년 9개월 만에 정부와 민간의 다각적인 노력 끝에 몸값을 지급하고 풀려나 귀국했다.

예멘, 주재 한국 외교관 가족 등 피랍사건 = 1998년 1월 5일, 예멘수도 사나 중심지에서 당시 주예멘 한국 대사관 허진 1등 서기관의 부인 유상옥 씨와 딸 규원 양, 현지 교민 고용준 씨(자동차 중개상)가 현지소수 부족 하다족 무장괴한에 납치됐다. 현지 교민들이 부족 마을을 직접 찾는 등 협상에 나서 풀려 나왔다.

이라크, NGO 관계자 등 피랍사건 = 2004년 4월 5일, 이라크 남부 안나시리야 지역에서 지구촌나눔운동의 한재광 사업부장과 무역업체 직원인 박모 씨 등 2명이 시아파 지도자 무크타다 알-사드르 추종 민병대원들에 의해 억류되었다 14시간 만에 풀려났다.

이라크, 한국인 목사 일행 피랍 = 2004년 4월 8일, 바그다드 서쪽250킬로미터 지점 팔루자 지역에서 허민영 목사 등 한국인 목회자 7명이 바그다드로 차량 이동 중 이라크 무장세력에 의해 피랍됐다가 7시간 만에 풀려났다.

한국 기독교의 이슬람권 선교에 적지 않은 영향을 끼치고 있는 논점이 있다면 친이스라엘 경향이다. 미국 정부와 보수 기독교의 친이스라엘 정책의 기조를 이루는 것은 세대주의 신학[29]이다. 정도의 차이는 있지만 예루살렘 지향성을 보여준다. 예루살렘과 이스라엘에 대립하는 적대적인 세력 또는 방해 세력으로 이슬람 국가들을 생각한다. 기독교 복음이 다시 예루살렘까지 전파되어야 하는데, 그것을 방해하는 57개 이슬람 국가들을 넘어서야 한다"고 생각하는 이들이 적지 않다.

이런 적대적인 입장에서 이슬람 세계의 인식이 바라보고 체험(?)하는 이들에 의해 아랍 무슬림이나 이슬람 세계를 보다 더 부정적이고 비판적인 시각으로 덧씌워지고 있다. 선부르게 경험되었거나 주입된 반아랍(반이슬람) 또는 아랍(무슬림)에 대한 비우호적인 분위기가 여전히 대세를 이루고 있다. 아랍 이슬람 지역에서 목회활동을 하는 정형남 목사는 이 문제에 대해 한국 기독교가 "시온주의자들의 친구도 아니고 친이스라엘적인 집단도 아니라는 사실을 보여주는 것이 되어야 한다." 고 주장한다. 그러나 이런 주장은 여전히 소수파의 목소리로 남아 있다. 이론과 논리상으로는 어떤지 몰라도 심정적으로는 유대교보다 이슬람을 극복대상으로 받아들이고 있다.

29_ 지금의 이스라엘(국민)이 하나님의 선민이라 보고 이에 대립하는 아랍인(무슬림)들을 사탄으로 본다. 이스라엘의 국가회복을 교회의 회복으로 보면서 시오니즘으로 나아간다. 1948년 이스라엘의 건국은 종말의 징조라고 믿는다. 예루살렘 성전산에 있는 이슬람 사원을 무너뜨리고라도 성전을 세워야 한다고까지 주장한다.

30. 21세기, 무슬림 한국에서 만나다

다문화 사회

이제 어디를 가나 외국인을 볼 수 있다. 행정안전부 '2010년 지방 자치단체 외국계주민 현황'(2010년 1월 1일 기준)을 보자. 우리나라에 거주하고 있는 외국계 주민(국적 취득자와 90일 이상 장기체류자 포함)수는 1,139,283명(남성 51.5%, 여성 48.5%)이다. 이는 주민등록인구(49,773,145명)의 2.3%에 해당한다. 이 중 한국국적을 가지지 않은 자는 920,887명(80.8%), 한국국적 취득자는 96,461명(8.5%), 외국계주민 자녀는 121,935명(10.7%)이다. 한국국적을 가지지 않은 자(외국계 주민) 가운데는 외국인근로자가 558,538명(49.0%), 국제결혼이민자 125,087명(11.0%), 유학생 80,646명(7.1%), 재외동포 50,251명(4.4%), 기타 106,365명(9.3%)이다. 한국국적 취득자는 혼인귀화자 56,584명(5.0%)과 기타사유 취득자 39,877명(3.5%) 등으로 나타났다.

국적별로는 한국계중국인(조선족)을 포함한 중국 국적자가 636,507명(55.9%), 동남아시아(21.8%), 미국(5.6%), 남부아시아(3.8%), 일본(2.2%), 대만(2.1%) 등의 순이다. 외국인근로자는 인도네시아, 말레이시아 등이 포함된 동남아시아 출신 25%, 방글라데시, 파키스탄 등이 포함된 서남아시아가 5.7%, 우즈베키스탄, 카자흐스탄, 키르키스스탄 등이 포함된 중앙아시아는 2.6%를 차지하고 있다. 거주 지역별로는 경기(29.7%), 서

한국 사회 속에 이슬람권 이주자들과 방문자들이 늘고 있다(서울).

울(29.5%), 인천(5.6%) 등 수도권에 64.8% (2009년 65.1%)가 몰려 살고 있다. 1만 명 이상의 외국인들이 사는 곳은 34개 자치단체 지역이며, 이 중 거주인구 비율 5%가 넘는 곳도 15개 자치단체로 나온다. 가장 많은 인구를 보이는 곳은 서울 영등포(44,281명), 경기 안산(43,190명), 서울 구로(33,700명), 경기 수원(31,552명) 등의 순이다.

무슬림 한국에 살다

최근에도 여러 모양으로 여러 곳에서 무슬림들을 만났다. 거리에서, 버스나 전철 안에서, 이슬람 사원 안팎에서, 학교와 공항, 고속도로 휴게소 같은 공공장소 등 그야말로 다양한 곳이었다. 만난 대상도 다양했다. 단순하게는 아랍계와 비아랍계, 아랍어를 할 줄 아는 이들과 못하는 이들, 한국어 구사가 가능한 이들과 그렇지 못한 이들, 다양한 목적의 체류 사연을 갖고 있는 이들을 만났다. 이미 우리 사회 속에 함께하고 있는 이들은 어떤 속내를 드러내 보이고 있는 것일까? 그 짧은 나들이를 시작해 보자.

한국을 찾은 이슬람권 이주자들은 대개 경제적인 이유가 크다. 취업과 결혼도 마찬가지 목적을 갖고 있다. 생계형 이주인 셈이다. 국적도 다양하듯이 그들의 생활형편도 다양하다. 한국에 오기 위하여 적잖은 돈을 들여야 했다. 수백만 원에서 3천만 원에까지 이른다. 그것도 경쟁이 치열하다.

고용허가제로 입국한 이주 노동자들은 자국 정부기관에 항공료, 비자 발급비, 기타 송출비 등의 입국 비용을 지불하여야 한다. 인도네시아 241만 5,000원, 파키스탄 207만 7,500원, 우즈베키스탄 154만 원, 키르키즈스탄 150만 원, 방글라데시 138만 3,300원 등이다. 중개인 또는 송출기관에 지불한 총비용은 방글라데시 590만 원, 파키스탄 525만 7,800원, 인도네시아 427만 5,000원, 카자흐스탄 240만 원, 우즈베키스탄 235만 4,500원 등이다. 고용허가제 외의 방법으로 중개인을 통해 한국에 입국할 경우의 비용이 훨씬 높다. 해당국가의 임금 체계를 고려하면 엄청나게 큰 금액이다.

그런 이유로 노동자들 가운데는 빚을 내서 온 경우가 적지 않다. 한쪽에서는 한국을 이슬람화하기 위하여 위장 침투한 것이라는 비판 섞인 시선이 있다. 그렇지만 다수의 경우는 그런 종교적인 것이 한국 체류의 목적은 아니다. 무슬림 이주자들 상당수는 공단 지역에 밀집되

이주 노동자 평균 입국비용[30]   (단위 : 만 원)

국 가	고용 허가제	고용허가제 외
방글라데시	138.33	590.00
인도네시아	241.50	427.50
카자흐스탄	-	240.00
파키스탄	207.75	525.78
우즈베키스탄	154.00	235.45
키르키즈스탄	150.00	-

30_ 경남외국인노동자상담소에서 2009년 8월에 실시한 경남지역 이주 노동자 400명에 대한 설문조사에서 드러난 결과이다.

어 있다. 그러나 공단 내 무슬림들만 모여 사는 공간은 없다. 여타 이주 노동자들과 뒤엉켜 살고 있다. 이주 노동자들의 상당수는 비이슬람권 노동자들이다.

한국에서 만나는 무슬림

한국이슬람교중앙회에 따르면 국내 이주 무슬림은 15만 명 정도31 이다. 2010년 5월 중순, 서울 종로 식당가에서 두 명의 사우디인을 만났다. 한국에 파견근무 중인 이 두 사람은 더위를 식히기 위하여 시원한 음료를 마시고 있었다. 가족들과 더불어 일 년 정도 파견근무 중인데, 그 가운데 한 사람은 벌써 2번째 한국 근무라고 말한다. 다시 한국에 오기를 알라에게 기도한다고 말했다. 고속도로 휴게소에서 만난 모로코인, 대구에서 만난 요르단인, 부산에서 만난 사우디인, 지하철 안에서 만난 요르단인, 시내버스에서 만난 모로코인, 명동에서 만난 리비아인, 서초동 법원 청사 근처에서 만난 파키스탄인 등 이슬람 사원이 아니라해도 어디를 가나 아랍인들과 무슬림을 볼 수 있고 만날 수 있다.

한남동은 이슬람권 이주자들에게 심리적인 중심지이다. 한국에서 그나마 그곳에 가면 이슬람스러움을 잠시라도 느낄 수 있다. 이태원역에서 내려 유흥시설들을 지나 한남동 사원으로 가는 길 좌우편에 작고 허술하지만 할랄 식품 취급점도 있고, 이슬람 책방과 여행사, 음식점도 눈에 띈다. 무슬림들은 인종은 달라도 무슬림이라는 유사성이 주는 안도감을 느끼곤 한다. 그렇지만 30여 곳 남짓한 무슬림 대상 공간들은 주변 환경에 비하면 허름하기 그지없다. 사원에서 멀지 않은 곳에는 좁은 방에 기거하는 이슬람권 노동자들도 있다. 주거비를 줄이기 위하여 함께 모여살곤 하지만, 취사시설, 욕실도 없는 작은 방이다. 그럼에도 코리안 드림을 꿈꾸는 공간이다.

31_ 물론 공식 통계는 없다, 추정치이다.

한남동 이슬람 사원은 무슬림들은 물론 이슬람 문화에 관심 있는 다양한 이들이 찾는 곳이다(서울).

　　외국인들에게 이태원만큼이나 알려진 곳은 안산시 원곡동의 300
여 미터 정도되는 다문화거리이다. 그곳에 가면 그야말로 이태원과는
사뭇 다른 분위기의 이국정서를 맛볼 수 있다. 가장 많이 눈에 띄는 것
은 중국어 간판들과 중국어를 주고받는 우리와 너무 닮은 사람들이다.
조선족 중국동포들과 중국인들 사이사이로 인도네시아나 파키스탄 등
에서 온 노동자들을 만날 수 있다. 다문화거리는 물론 원곡동 곳곳에
서 이국적인 간판과 이방인들을 볼 수 있다. 이곳에는 두 곳의 이슬람
사원이 자리하고 있다. 하나는 공인된 이슬람 사원으로 안산이슬람센
터는 세워진 지 5년 된 사원이다. 다른 하나는 인도네시아인들이 자발
적으로 모금하여 마련한 자신들만의 '모임터'이다. 인도네시아인들은
자신들의 모임 공간을 사원으로 일컫고 있다. 사원 주변으로 할랄 식
품점 등이 일부 눈에 들어온다. 대개 동남아시아에서 들여온 물품들
이다.
　　부산에 이슬람 사원이 세워진 것은 30년 전의 일이다. 이태원만큼
은 아니라고 해도 나름 이국적인 분위기를 맛볼 수 있을 것이라는 기대
는 하지 말라. 30년의 역사와는 달리 사원 주변의 풍경은 그리 달라진

것이 없다. 사원 주변이 아파트 단지로 흰색 건물이 이슬람 사원인 것을 알려줄 뿐이다. 사원 오른쪽에 있는 터키식 식당 카파도기야가 부산 지역의 이슬람 문화와 풍경을 보여주고 있을 뿐이다. 이런 형편은 이슬람 사원 주변이 무슬림 거주지가 아니라는 것도 한몫하고 있다. 금요일이면 150여 명의 무슬림들이 모이는데 대부분의 예배 참가자들은 인도네시아 노동자들이다.

경기도 광주의 이슬람 사원은 만 29년이 되었다. 금요일이면 50여 명의 예배자들이 모여든다. 평소에도 서너 명 또는 한 두 명씩 이곳을 찾아 기도를 올린다. 최근 들어 방글라데시 등의 이주 노동자들이 늘면서 5-6곳의 자그마한 식품점과 음식점이 선을 보이고 있다. 그러나 이곳을 찾는 이들은 한국인들이 아니다. 대구의 이슬람 사원은 다른 지역 사원들에 비해 지역 사회 참여활동이 활발한 곳 중 하나이다. 사원 주변으로 4-5개 정도의 할랄 식품점과 식당, 중개업소 등이 자리하고 있다. 대구 성서공단을 비롯한 인근 지역의 파키스탄인들과 대구에 기반을 둔 무슬림들이 즐겨 찾는 곳이다. 서울 이태원이나 부산 사원을 제외하면 대개 수십 명이 모여 예배드릴 수 있는 자그마한 예배실을 갖추고 있다. 한국에서 만난 외국인 이맘들의 경우 대개 혼자 머물고 있다. 가족들이 일시적으로 한국에 들어와 살았지만 대개의 경우 높은 생활비와 교육비 등으로 천 달러 안팎의 사례비만으로는 버틸 수 없어서 혼자 국내에 체류하곤 한다. 자신들의 나라보다 좋은 자연 환경은 마음을 열게 한다. 오랜 한국 거주로 한국말도 서툴게 하지만, 여전히 한국 사회와 한국 문화에 적극적으로 참여하기에는 역부족이다. 한국 거주 27년이나 되는 전주 이슬람 사원의 시리아계 학 압부(본명 압둘와합) 이맘이나 한국 체류 13년인 이태원 사원의 터키계 파룩 준불 선교사 등은 예외적이긴 하다.

서바이벌 코리아, 일상을 살다　한국 사회 속에 살고 있는 이슬람권 이주자들은 저 나름의 사연을 갖고 한국 사회에 적응 또는 부적응하고 있다. 가장 기본적이라 할 수 있는 의식주를 통해 이들의 형편을 짚어보는 것은 의미 있다. 먼저 이들의 옷차림이다. 겉만 보고도 그가 이슬람권 이주자인 것을 알아차릴 수 있는 경우도 있지만, 그렇지 않은 경우가 더 많다. 긴 잿빛이나 흰색 통옷에 속에 바지를 걸쳐입는 경우는 서남아시아 출신들이 많다. 무슬림 전통 복장 또는 자국의 전통복을 입는 비율은 파키스탄, 방글라데시, 아프가니스탄, 걸프 연안 국가에서 온 이들의 경우 높아 보인다. 인도네시아나 말레이시아 지역에서 온 이들의 경우는 머리 덮개 정도를 착용하는 경우가 눈에 띈다. 터키에서 온 경우는 자국에서도 서구식의 옷차림을 선호하기 때문에 옷차림에 있어서는 상대적으로 자유롭다. 여타 아랍지역 출신의 경우는 전통복을 입고 다니는 경우가 많지 않다. 종종 남성용 머리덮개인 슈마흐를 목도리 삼아서 하고 다니는 경우는 있지만, 완전한 전통 복장 차림을 한 경우는 보기 힘들었다. 사실 이슬람권에서도 전통 복장이나 무슬림 복장보다 서구화된 옷차림새가 늘고 있다.

필자가 아랍 이슬람 지역에 살면서 힘들었던 것 중의 하나는 음식이었다. 현지에서 공급되는 음식을 먹기는 했지만, 종종 김치나 한국스

한국사회에서 아랍 문화를 접할 기회가 늘고 있다. 제3회 아랍문화축전(2010년 5월)에서 공연 중인 이라크 전통 무용단(서울).

러운 맛에 대한 갈증이 컸다. 무엇보다도 김치였다. 요르단의 경우 10여 년 전에는 가을철에 배추가 나오곤 했지만 지금은 일 년에 절반 정도의 기간은 배추를 구할 수 있게 되었다. 사실 한국인들에게는 음식의 금기가 없다. 다른 민족들이 먹지 않는 것도 먹을 수 있기에 사실 음식 문제는 입맛의 문제가 있을 뿐 심각하지는 않다. 그러나 무슬림들, 그것도 종교성이 강하고 종교적 규례에 따라 살려고 하는 무슬림들에게는 난제이다. 이른바 금기 식품이 있기 때문이다. 금기를 지키면서 음식을 가려서 먹는다는 것이 쉽지 않다. 돼지고기나 돼지기름은 물론이고, 이슬람 도살 방식으로 잡지 않은 육류 섭취도 기피 대상이다. 곡류는 일부 수입 식품점에서 구입할 수 있다. 그러나 이슬람 식료품점의 수는 아주 제한적이다. 이태원 정도에만 여러 곳 있을 뿐, 대도시 이슬람 사원 주변에서 자그마한 이슬람 식품점을 찾을 수 있을 뿐이다. 파키스탄과 방글라데시 등에서 온 이들의 음식 습관이 조금은 더 종교적이다. 터키계가 케밥 전문점 같은 곳을 열고 식당도 운영하지만, 그것은 한국인이나 외국인, 이슬람권 이주자를 대상으로 하는 영업행위에 해당한다. 다른 지역 출신 무슬림에 비해 터키나 중앙아시아 등지에서 온 이주자들의 한국 음식 선호도가 높아 보인다. 사실 이 지역은 다른 지역보다 세속화가 많이 이루어져 있다.

　<미녀들의 수다>, <러브 인 아시아> 같은 프로그램에서 보는 이슬람권 이주자들은 물론 거리에서도 한국어를 구사하는 적잖은 무슬림을 만날 수 있다. 모로코에서 일자리를 찾아 여러 차례 한국을 찾은 알리의 경우 지하철 노선도를 꿰차고 있었고, 아주 기본적인 한국어 회화도 구사할 수 있었다. 어느 누구에게나 의사소통의 수단은 중요한 이슈이다. 국내 이주 무슬림들 가운데 이주 노동자나 결혼 이주 여성들의 경우 영어로 원활한 의사소통이 가능한 예는 그리 많지 않을 것이다. 결국 한국에서의 의사소통은 자국어와 한국어가 관건이 된다. 중앙아시아 출신 무슬림들의 한국어 습득 능력이 다른 지역 출신보다 높은 것으로 보인다. 웬만한 한국어 일상 회화를 구사하는 이들을 만나는 것이

어렵지 않다. 그동안 만났던 무슬림들 중 한국어를 유창하게 하는 이슬람권 이주자 가운데는 터키 출신과 일부 파키스탄 출신이 기억난다. 많은 경우 공장지역에서 생활하는 이주자들의 한국어 습득이 앞선 것으로 보인다. 이른바 생계형, 실존형 언어 습득인 셈이다.

무슬림 여성,　한국에 시집온 여성들 가운데 무슬림 여성의
한국에 시집오다　수도 적지 않다. 2010년 12월 31일 현재 국제
결혼 상황을 보자. 외국인 배우자를 둔 국제결혼은 모두 141,654건이다. 이 중 외국인 신부가 123,093명(87%), 외국인 신랑은 18,561명(13%)이다. 여자가 7배 정도 더 많다. 국적별 외국인 신부 현황을 보면 베트남(35,191명), 중국(31,429명), 일본(9,603명), 필리핀(7,272명), 태국(2,494명), 몽골(2,366명) 등이다. 범이슬람권 외국인 신부로는 중앙아시아 우즈베키스탄 여성이 1,678명으로 제일 많고, 키르키즈스탄(319명), 카자흐스탄(187명), 동남아시아의 인도네시아(412명), 말레이시아(71명), 방글라데시(37명) 등의 순이다. 거의 2,700명에 이른다. 이슬람 국가 출신 남자의 경우 파키스탄(621명), 방글라데시(375명)의 순이었다. 이들 이슬람권 결혼 이주 여성의 한국인 배우자의 종교는 대개 무슬림이 아

한국을 찾는 이슬람권 이주자들이 늘면서 이슬람에 대한 과장된 거부감도 늘고 있다(경기도 안산).

기독교와 이슬람, 그 만남이 빚어낸 공존과 갈등

니다. 이들 이주 여성들과 그 자녀들의 모국어는 당연히 아랍어가 아니다. 비아랍권 무슬림으로서 아랍어 구사가 자유로운 사람들은 아주 드물고, 아랍어 교육을 시키는 경우도 드물다.

이들 이슬람권 결혼 이주 여성들의 경우 10대 후반에서 20대 초반의 초혼 여성으로, 어떤 면에서 생계형 결혼이 다수를 차지하고 있다. 국제결혼한 이주 여성들의 경우 한국인 배우자와의 연령 차이가 12살에 가깝다. 결혼 이주 여성들이 겪는 어려움도 있다. 이질 문화권의 소수자로서, 초보 주부와 며느리로서, 약소국가 출신의 여성으로서 겪는 다양한 아픔도 있다. 2007년 여성가족부 통계에 따르면 가정 폭력을 당한 이주여성은 47.7%에 이른다. 절반에 가까운 수준이다. 통계에 잡히지 않는 가정 폭력을 고려하면 훨씬 더 높은 비율의 이주 여성들이 가정 폭력에 노출되어 있는 것이다.

우즈베키스탄인 아내와의 국제 결혼·이혼 현황

	2002	2003	2004	2005	2006	2007	2008	2009	2010	비율
이혼	3	16	67	75	105	112	160	174	174	2.1
결혼	183	328	247	332	314	351	492	365	317	1.5

파키스탄인 남편과의 국제 결혼·이혼 현황

	2002	2003	2004	2005	2006	2007	2008	2009	2010	비율
이혼	3	9	15	25	33	35	32	35	38	1.0
결혼	126	130	100	219	150	134	117	104	102	1.3

이혼도 큰 이슈가 되고 있다. 국제결혼 여성의 1/4 정도가 이혼을 경험하고 있다. 우즈베키스탄 출신 결혼 이주 여성의 경우 절반 가까운 여성이 이혼하고 있다. 결혼 이주 여성의 경우 이혼사유로는 남편과 시집 식구들의 폭력을 비롯한 부당한 대우가 손꼽힌다. 경제적인 어려움과 갈등, 생활양식과 가치관 차이, 배우자의 부정과 악의적인 유기 등이 그 뒤를 잇고 있다. 국제결혼 이주 여성들이 적잖은 어려움과 부당

한 대우를 받는 것에는 국제결혼을 위해 한국인 남성이 지불하는 비용도 한몫한다. 2009년 9월 26일 한국소비자원이 같은 해 6-7월 동안 등록된 국내 결혼중개업소 1,040개소에 대해 우편 설문조사를 실시했다. 설문조사 결과에 따르면, 국제결혼시 한국인 배우자가 부담하는 비용이 가장 많은 국가는 우즈베키스탄으로 1,326만원으로 나타났다. 국제결혼 대상국가(복수 응답)로는 베트남이 전체국가 중 86.2%를 차지해 가장 높았다. 그 다음이 중국 70.9%, 필리핀 40.9%, 캄보디아 39.0%, 우즈베키스탄 24.2%, 몽골 22.0% 등으로 나타났다. 결혼을 위해 한국인 남성이 출국해서 배우자와의 맞선과 결혼 절차와 외국인 배우자의 국내 입국까지의 소요 시간은 약 3개월 정도이다.

이슬람권 출신 배우자를 둔 가정의 출산율이 다른 다문화 가정이나 한국 일반 가정과 비교하여 높다는 어떤 구체적인 근거는 없다. 오히려 출산율이나 자녀수가 적다는 추정이 가능하다. 이혼 현황에 따르면, 이슬람권 출신 배우자를 둔 가정의 평균 자녀수가 자녀가 아예 없는 경우가 90% 안팎에 이르고 있다.[32] 국제 결혼한 외국인 배우자들이 한국 내 정착의 어려움 등으로 출산을 꺼리고 있다는 다양한 연구 결과들이 있다. 결혼 이주 여성이 한국에 동화하여야 하고, 자녀들도 한국인으로 키워야 하는 것에서 갖는 문화적 장벽도 존재할 수 있다. 대개 이중국적을 허용하는 자국의 법과 하나의 국적만을 인정하는 한국법으로 인해 국적 포기를 둘러싼 심리적 갈등도 존재한다.

사원은 만남의 장소   이주 무슬림들에게 있어서 이슬람 사원은 만남의 장소이다. 물론 기도하고 예배 드리는 종교적 기능을 배제하는 말은 아니다. 안산 다문화거리에 2009년 하반기부터 인도네시아 사원이 생겼다. 표지판도 그렇게 붙여두었다. 그렇지만 정식 이슬람 사원은 아니다. 인도네시아 이주자들이 안산에 있는 이슬

32_ 통계청의 2010년도 혼인 이혼 통계 자료 참조.

람 사원 대신에 자신들만의 공간을 따로 만든 것이다. 평일에도 수시로 인도네시아 청년들이 이곳을 오가고 있다. 종교적인 기능보다 만남의 보금자리로 활용하는 예이다. 중앙아시아 이주자들의 결집력은 상대적으로 약해 보인다. 구소련의 영향과 개인주의 경향 등도 한몫하고 있는 것 같다. 인도네시아나 다른 지역 출신 무슬림보다 덜 종교적이다.

정규 이슬람 사원의 경우 이 같은 교제의 장이 만만치 않다. 정규 예배와 기도 시간에 주로 사원이 활용되기 때문이다. 예배가 끝나면 여지없이 짧은 인사와 교제 후에 흩어지는 것이 일반적인 사원 풍경이기 때문이다. 더욱이 남녀가 어우러져 교제하는 장면은 상상할 수도 없는 금기사항이다. 대구 달서구 죽전동의 이슬람 사원 우스만 빈 아판 사원의 금요일 오후, 사원에서 거행된 무슬림 주례 정기 예배를 마치자, 무슬림들은 사원 건물에서 나와 거리에서 인사를 주고 받았다. 10여분이 흐르자 대부분의 무슬림들은 자리를 떴다. 이와는 조금 다른 풍경을 보여주는 사원도 있다. 안산 단원구 원곡동의 이슬람 사원은 3층으로 되어 있는데 2층 예배실과 1, 3층 주거 공간으로 구성되어 있다. 다른 숙소를 잡지 못한 무슬림들이 이곳에서 기거하고 있다. 파키스탄에서 온 무슬림 A는 숙박비를 내고 이곳에 거주하고 있다. 사원 운영에도 도움이 되고, 개인의 숙박 문제도 해결하는 1석2조라고 했다.

미국 교포사회에서 교회가 보여주는 것처럼, 한국 내 이슬람권 이주자들에게도 사원은 다목적 공간으로 자리잡고 있다. 한국 내 이슬람 사원의 위치를 보면 그런 특징을 쉽게 알 수 있다. 사원이 생기고 무슬림이 모여든 것이 아니라 무슬림이 많은 곳에 공식·비공식적인 모임이 잦아지고, 그러면서 모금이 되고, 그러다가 사원이 만들어진 경우가 대부분이다.『한국의 이슬람』에 따르면, 현재 50-60개의 이슬람 센터는 신자의 수와 기능이 커지게 되면 정규 사원으로 발전하게 된다. 그러나 사원도 무슬림 여성들이 마음 편하게 찾을 수 있는 공간은 아니다. 한국 문화와 생활환경의 제약 등으로 편하게 사원을 찾을 수 있

여러 가지 이유로 한국을 찾는 이슬람권 출신들이 많다. 이슬람 사원을 찾아 기도 중인 사우디 무슬림 방문자들(부산).

는 것도 아니다.

　한국 사회에서 무슬림에 대한 대부분의 시선은 까칠한 면이 없지 않다. 중동 정세가 악화되면 이내 한국인의 국민 정서는 반이슬람 경향을 보이곤 한다. 몇 개 안 되는 국내 이슬람 사원 주변은 특별 경계에 들어간다. 일부 과격한 집단이나 개인들이 저지른 테러와 위협의 피해자인 평범한 무슬림과 이슬람 지역에 사는 개인들이 가해자로 자리가 바뀌는 순간이다. 최근에도 파키스탄 탈레반 조직원 혐의를 받던 파키스탄인 노동자 살림 모함메드(39)에 대한 재판에서 그 혐의가 받아들여지지 않았다. 탈레반 활동을 양형에 고려해 달라는 검찰의 주장에 대해 재판부는 "법관의 합리적 의심을 배제할 정도의 증명력을 갖춘 증거에 의해 증명되지 않은 것을 양형 조건으로 삼아 처벌할 수는 없다"고 밝혔다. 밀입국(출입국관리법위반) 혐의만 인정되어 징역 10월에 집행유예 2년형이 선고되었다. 증거도 없이 혐의를 둔 경우로 보인다.

이슬람 혐오증

한국 사회의 이슬람에 대한 태도는 '이슬람포비아'에 가깝다. 온라인상에서 이루어지는 이슬람이나 무슬림에 대한 인종편견과 모욕적인 태도를 어렵지 않게 볼 수 있다. 유럽이나 미국 사회에서 이슬람 혐오증이 번져가는 것은 나름 이해가 될 수 있다. 오랜 역사 속에서 좋든 나쁘든 관계를 맺어오면서 쌓인 감정도 있기 때문이다. 그런데 한국은 지난 역사에서 이슬람 세계와 적대감을 가질 그런 일들이 없었다. 그런데도 한국 사회의 이슬람 관련 분위기는 의외로 거칠게 느껴진다.

한국 사회에는 특정 민족이나 국민에 대한 배타성이 엿보인다. 특히 한국보다 경제적으로 열등한 관계에 있는 이슬람 국가 출신에 대해 인종편견 등의 다양한 심리가 뒤엉키고 있는 것으로 보인다. 다문화 가정이 늘어나고 다문화 자녀도 늘어나고 있다. 이들 다문화 가정 자녀의 경우 혼혈아로 차별하던 옛날보다는 나은 대접을 받고 있다. 그러나 그것도 엄마나 아빠의 국적 나름이다. 한국보다 못한 나라의 유색 인종 자녀에 대한 차별과 냉대는 크게 달라지지 않았다. 파키스탄인과 방글라데시인이 그 주된 타깃이 되고 있다. 파키스탄 수도 카라치에서 만난 한 한국인 여성은 자녀 교육을 둘러싼 곤혹감이 다문화 가정에 있다고 말한다. "학교나 동네에서 자녀에 대한 주변의 따가운 눈총 때문에 한국을 포기하고 파키스탄에 들어온 한국 여성들도 있다"고 주변 분위기를 전해주었다. 이 여성은 파키스탄 사업가와 결혼하여 카라치에 살고 있다. 인터넷 공간에는 이 두 나라 노동자들에 대한 인종 혐오감이 묻어나는 발언과 주장들이 많다. 특정 국가 출신자 일부가 한국 내에서 범죄 행위를 저질렀다고 그 국민 전체에 대한 규제 조치를 운운하는 예도 있다. 이들 국민의 입국 금지, 국제결혼 금지까지도 주장하고 있다.

다른 하나는 한국 사회가 미국의 시각에 크게 영향을 받고 있는 것에서 찾아볼 수 있다. 특히 한국 보수 기독교계가 미국 시각을 절대적

제3회 아랍문화축전(2010년 5월)에서 전시장을 찾은 한국인을 안내중인 아랍인. 한국 사회 속에 아랍문화가 조금 더 익숙해지고 있다(서울).

으로 신뢰하는 것에서 그 원인을 짚어볼 수 있을 것이다. 미국 언론과 미국 기독교계 일각에 엄연히 자리하고 있는 이슬람 혐오증이 그대로 한국으로 전달되고 있다. 무비판적으로 이런 자료와 시각을 수용하고 간접경험자의 큰 폐단이라 할 감정 증폭의 과정을 거쳐 더 감정적으로 이슬람 혐오감을 표출하고 있는 것은 아닌지 모를 일이다.

그 동안 한국 사회의 주류는 애써서 이슬람을 변명하려는 이들과 불균형적인 지식과 경험을 바탕으로 일반화를 서슴없이 추구하는 이들을 통해 전달된 균형잡히지 않은 이슬람 이해가 다수를 차지하고 있다. 특히 후자의 경우는 기독교인들 사이에서 성행하는 현상으로, 이슬람에 대한 부분적인 정보를 바탕으로, 이슬람＝악의 화신 정도의 고정된 시선을 변증하기 위한 정보의 곡해가 주를 이루고 있다. 큰 흐름은 이슬람에 대한 공포감과 혐오감이다.

편 가르기에는 객관성과 진실이 들어설 자리가 없다. 내 편 아니면 적이 되기 때문이다. 한 상황에 대한 해석이나 적용은 개인의 몫일 수 있고, 자유로울 수 있을 것이다. 그러나 사실과 관련한 정보는 객관적이어야 한다. 객관적인 자료를 객관적으로 관찰하는 것에서 바로 보기,

바로 풀기, 바로 알기, 바로 만나기가 가능할 것이다. 그러나 온라인 공간의 난상토론과 댓글에는 무슬림에 대한 거부감과 그들을 부정하는 목소리가 커지고 있다. 이슬람을 비판하는 목소리는 옳게 받아들이지만, 균형잡힌 시선을 강조해도 친이슬람으로 찍히는 그런 분위기이다. 모 언론사 기자는, 나름 객관성을 가지고 기사를 썼는데도 항의 전화를 많이 받았다고 하소연할 정도이다. 한국 교회는 흑백 이데올로기 분쟁을 넘어 이제는 친·반이슬람 갈등이 자리하고 있는 듯하다.

이 글을 마무리할 때쯤 책방 나들이를 했다. 예전에 볼 수 없었던 수많은 이슬람 관련 서적들이 눈에 들어왔다. 잘 알려진 책들도 있었고, 읽어봄직한 번역서들은 물론 한국인 저자들의 책도 눈길을 끌었다. 전철 안에서, 시내버스에서 거리와 상점에서 어렵지 않게 아랍 이슬람 지역이나 다른 여타 무슬림 다수 국가 출신 이주자들을 만나곤 한다. 이슬람 음식 전문점도 늘고 있고, 거의 패스트푸드로 변신한 케밥 같은 이슬람 음식도 낯설지 않다. 그만큼 우리 일상 깊숙한 곳에도 무슬림들이 한 자리를 차지하고 있는 것이다. 그렇지만 아직도 그들은 우리 속의 이방인들일 뿐이다.

오늘날의 아랍 이슬람 지역에는 기독교와 유대교, 이슬람이 공존하고 있다. 과거에도 공존했으며 앞으로도 공존할 것이다. 때로 갈등과 반목도 있었지만 공존과 대화, 타협도 존재했다. 헤즈볼라와 이스라엘과의 갈등이 계속되는 레바논에도 유대인이 존재하며, 이라크와 이집트, 이란에도 흩어진 유대인들이 아직도 잔존하고 있다. 이들 지역의 유대인 공동체의 역사는 2,000년 이상을 넘어서기도 한다. 종교가 달라도 같은 국가의 구성원으로 존재하고 있는 셈이다. 다름이 있지만, 같음도 많기 때문이다. 그렇지만 서구가 이 지역에 개입하면서 그 갈등의 폭이나 깊이가 달라졌다. 격해졌다.

이슬람과 기독교의 만남, 아니 이슬람 세계와 서구 기독교 세계의 다양한 만남들도 다양한 반향을 만들어 왔다. 그러나 그 깊숙한 곳에는 정치와 권력이 자리하고 있었다. 힘을 얻기 위하여 힘을 쓰고, 종교를 명분과 이데올로기로 사용한 경우가 적지 않았다. 그것은 예전에도 그랬고 지금도 그런 일은 계속되고 있다. 기독교, 유대교, 이슬람 할 것 없이 언제나 선으로만 존재한 것도 아니고 악으로만 치부될 것도 아니었다. 선과 악의 모습이 공존했다. 출발점이 틀렸어도 나중에 바로 선 경우도 있고, 그 반대의 경우도 물론 있었다. 원리가 옳다고 그 결과가 항상 옳다고 단정지을 수 없고, 결과가 옳았다고 그 과정이 정당화될 수 있는 것도 아니었다. 기독교와 유대교, 이슬람은 앞서거니 뒤서거니 하면서 역사는 이어졌다.

만남이 없이는 이해가 없다. 이해가 없이는 서로 인정하는 것이 불가능하다. 그 만남의 출발점을 어디서 무엇으로 찾아야 하는지 물어보아야 한다. 그 가운데는 상식이 자리하고 있다. 나와 다르지 않은 사람이라는 바탕에서 만남은 가능할 것이다. 그리고 진리는 힘의 대결이 아니라 섬김의 능력에 의해 평가되어야 한다. 기독교와 이슬람이 힘의 논리를 내세우지 않고 마주한다면 거기에는 만남이 가능하다. 만남은 이해를 낳을 것이다.

한국 사회도 때 아닌 9·11을 겪으면서 이슬람 세계에 대한 관심이 높아졌다. 이전에 비한다면…. 그렇지만 다소 이론적이거나 종교적 목적을 가진 담론이 주를 이루고 있다. 현장과 현실이 반영된 대화와 토론이 아쉽다. 지금도 엄연히 존재하는 이론의 잣대로 이슬람 세계의 현실을 곡해하거나 규정하는 흐름은 극복되어야 할 과제이다. 진정한 만남은 원론이나 공론이 아니라, '지금 이 자리'에 함께 서는 것에서 시작된다. 과거사를 뒤지고 흠을 잡기 위하여 애를 쓰는 것을 넘어, 같은 시대를 사는 살아 있는 존재로서 공감대를 넓히는 것에서 그 만남을 시작하면 좋겠다.

인격체 사이의 열린 만남이 깊은 나눔을 가능하게 할 것이다. 그 과정에 서로를 알아가는 기쁨과 아픔도 있을 것이다. 한국의 기독교인은 물론 한국인들이 우리 사회 속에 자리잡고 있는 이슬람 세계 출신 이주자들을 선입견을 넘어 만날 수 있었으면 하는 바람을 담는다. '무슬림이니까…'라거나 '이슬람은…' 이런 식의 기계적이고 선험적인 잣대를 조심하기 바란다. 다수의 무슬림들이 무슬림을 대표하여 이곳에 있지 않다. 이슬람 전사로 우리 곁에 자리한 것도 아니다. 21세기를 살아가는 또 다른 인격체로 함께 하고 있다.

기독교와 이슬람
그 만남이 빚어낸 공존과 갈등